INHALTSVERZEICHNIS

Vereinbarung

zum

Fallpauschalensystem für Krankenhäuser für das Jahr 2024 (Fallpauschalenvereinbarung 2024 – FPV 2024)

zwischen

dem GKV-Spitzenverband, Berlin,
und
dem Verband der Privaten Krankenversicherung, Köln,
gemeinsam und einheitlich

sowie

der Deutschen Krankenhausgesellschaft, Berlin

Präambel

Gemäß § 17b Absatz 1 und 3 Krankenhausfinanzierungsgesetz (KHG) ist für die Vergütung der allgemeinen Krankenhausleistungen ein durchgängiges, leistungsorientiertes und pauschalierendes Vergütungssystem eingeführt worden. Seit dem Gesetz zur Stärkung des Pflegepersonals (Pflegepersonal-Stärkungsgesetz, PpSG) erfolgt die Vergütung der Pflegepersonalkosten für die unmittelbare Patientenversorgung auf bettenführenden Stationen außerhalb des G-DRG-Systems in einem Pflegebudget. Gegenüber der Vorjahresfassung erfolgten zur Berücksichtigung diverser Effekte Korrekturen des DRG-Volumens. Die in diesem Jahr gefundene Lösung zur Ausgliederung des Kostenvolumens für Hybrid-DRG-Fälle aus dem DRG-Katalog stellt kein Präjudiz für zukünftige Ausgliederungen für den Hybrid-Leistungsbereich dar. Unterschiedliche Auffassungen der Vertragspartner bestehen insbesondere nach wie vor beim Thema der Ausgliederung von Gemeinkosten.

Der GKV-Spitzenverband und der Verband der Privaten Krankenversicherung vereinbaren gemeinsam mit der Deutschen Krankenhausgesellschaft gemäß § 17b Absatz 2 KHG auch dessen jährliche Weiterentwicklung und Anpassung, insbesondere an medizinische Entwicklungen, Kostenentwicklungen, Verweildauerverkürzungen und Leistungsverlagerungen zu und von anderen Versorgungsbereichen, und die Abrechnungsbestimmungen, soweit diese nicht im Krankenhausentgeltgesetz (KHEntgG) vorgegeben werden. In diesem Zusammenhang vereinbaren sie gemäß § 9 Absatz 1 Nummern 1 bis 3 KHEntgG einen Fallpauschalenkatalog nach § 17b Absatz 1 Satz 4 KHG, einen Katalog ergänzender Zusatzentgelte nach § 17b Absatz 1 Satz 7 KHG, einen Pflegeerlöskatalog nach § 17b Absatz 4 Satz 5 KHG sowie die Abrechnungsbestimmungen für diese Entgelte.

In Erfüllung dieses gesetzlichen Auftrages vereinbaren die Parteien das Folgende:

ABSCHNITT 1: ABRECHNUNGSBESTIMMUNGEN FÜR DRG-FALLPAUSCHALEN

§ 1 Abrechnung von Fallpauschalen

(1) Die Fallpauschalen werden jeweils von dem die Leistung erbringenden Krankenhaus nach dem am Tag der voll- oder teilstationären Aufnahme geltenden Fallpauschalen-Katalog und den dazu gehörenden Abrechnungsregeln abgerechnet. Im Falle der Verlegung in ein anderes Krankenhaus rechnet jedes beteiligte Krankenhaus eine Fallpauschale ab. Diese wird nach Maßgabe des § 3 gemindert; dies gilt nicht für Fallpauschalen, die im Fallpauschalen-Katalog als Verlegungs-Fallpauschalen gekennzeichnet sind; für diese Verlegungsfälle sind die Regelungen des Absatzes 3 entsprechend anwendbar. Eine Verlegung im Sinne des Satzes 2 liegt vor, wenn zwischen der Entlassung aus einem Krankenhaus und der Aufnahme in einem anderen Krankenhaus nicht mehr als 24 Stunden vergangen sind.

(2) Ist die Verweildauer eines Patienten oder einer Patientin länger als die obere Grenzverweildauer, wird für den dafür im Fallpauschalen-Katalog ausgewiesenen Tag und jeden weiteren Belegungstag des Krankenhausaufenthalts zusätzlich zur Fallpauschale ein tagesbezogenes Entgelt abgerechnet. Dieses wird ermittelt, indem die für diesen Fall im Fallpauschalen-Katalog ausgewiesene Bewertungsrelation mit dem Basisfallwert

multipliziert wird. Die Zahl der zusätzlich abrechenbaren Belegungstage ist wie folgt zu ermitteln:

Belegungstage insgesamt (tatsächliche Verweildauer nach Absatz 7) + 1

- erster Tag mit zusätzlichem Entgelt bei oberer Grenzverweildauer

= zusätzlich abrechenbare Belegungstage

(3) Ist die Verweildauer von nicht verlegten Patienten oder Patientinnen kürzer als die untere Grenzverweildauer, ist für die bis zur unteren Grenzverweildauer nicht erbrachten Belegungstage einschließlich des im Fallpauschalen-Katalog ausgewiesenen ersten Tages mit Abschlag ein Abschlag von der Fallpauschale vorzunehmen. Abweichend von Satz 1 gilt die Abschlagsregelung auch für die Abrechnung von Verlegungs-Fallpauschalen. Die Höhe des Abschlags je Tag wird ermittelt, indem die für diesen Fall im Fallpauschalen-Katalog ausgewiesene Bewertungsrelation mit dem Basisfallwert multipliziert wird. Die Zahl der Abschlagstage ist wie folgt zu ermitteln:

Erster Tag mit Abschlag bei unterer Grenzverweildauer + 1

- Belegungstage insgesamt (tatsächliche Verweildauer nach Absatz 7)

= Zahl der Abschlagstage

(4) Erfolgt die Behandlung sowohl in Hauptabteilungen als auch in belegärztlichen Abteilungen desselben Krankenhauses, ist die Höhe der Fallpauschale nach folgender Rangfolge festzulegen:

1. nach der Abteilungsart mit der höheren Zahl der Belegungstage
2. bei gleicher Zahl der Belegungstage in Haupt- und Belegabteilungen nach der Hauptabteilung

Ist im Ausnahmefall eine Fallpauschale für belegärztliche Versorgung nicht vorgegeben, ist die Fallpauschale für Hauptabteilungen abzurechnen. Ist bei einer belegärztlichen Versorgung im Rahmen der Geburtshilfe (MDC 14) für eine Fallpauschale eine Bewertungsrelation für die Beleghebamme in den Spalten 6 bzw. 7 nicht vorgegeben, so sind die Bewertungsrelationen der Spalte 4 bzw. 5 maßgeblich.

(5) Für jedes Neugeborene, das nach der Versorgung im Kreißsaal weiter im Krankenhaus versorgt wird, ist ein eigener Fall zu bilden und eine eigene Fallpauschale abzurechnen. In diesem Falle ist für die Mutter und das Neugeborene jeweils eine Rechnung zu erstellen. Die Fallpauschale für das gesunde Neugeborene ist mit dem für die Mutter zuständigen Kostenträger abzurechnen. In diesem Fall ist auf der Rechnung für das Neugeborene die Versichertennummer der Mutter anzugeben. Die Fallpauschale für das krankheitsbedingt behandlungsbedürftige Neugeborene ist mit dessen Kostenträger abzurechnen. Nicht krankheitsbedingt behandlungsbedürftig in diesem Sinne sind alle Neugeborenen, für welche die DRG-Fallpauschale P66D, P67D oder P67E abgerechnet werden kann. Ist im Fallpauschalen-Katalog für das Krankenhaus, in dem die Geburt stattfand, eine Mindestverweildauer für die Fallpauschale vorgegeben und wird diese nicht erreicht, ist die Versorgung des Neugeborenen mit dem Entgelt für die Mutter abgegolten und nicht als eigenständiger Fall nach § 9 zu zählen. Im Falle einer Verlegung gilt Absatz 1 Sätze 2 bis 4. Erfolgt ein Verbleib der gesunden Mutter aufgrund des krankheitsbedingt behandlungsbedürftigen Neugeborenen oder des Neugeborenen in der DRG-Fallpauschale P67D, so ist ab Erreichen der abgerundeten mittleren Verweildauer der vollstationären DRG-Fallpauschale für die Mutter der Zuschlag für Begleitpersonen abzurechnen; § 1 Absatz 2 findet in diesem Fall für die Fallpauschale der gesunden Mutter keine Anwendung.

(6) Zur Einstufung in die jeweils abzurechnende Fallpauschale sind Programme (Grouper) einzusetzen, die vom Institut für das Entgeltsystem im Krankenhaus zertifiziert sind. Für Art und Höhe der nach dieser Vereinbarung abzurechnenden Entgelte ist der Tag der voll- oder teilstationären Aufnahme in das Krankenhaus maßgeblich. Für die Abrechnung tagesbezogener teilstationärer Leistungen gilt als Aufnahmetag in diesem Sinne jeweils der erste Behandlungstag im Quartal. Ist bei der Zuordnung von Behandlungsfällen zu einer Fallpauschale auch das Alter der behandelten Person zu berücksichtigen, ist das Alter am Tag der Aufnahme in das Krankenhaus maßgeblich. Soweit und solange vor- bzw. nachstationäre Behandlungen nicht gesondert vergütet werden, sind deren Diagnosen und Prozeduren bei der Gruppierung und der Abrechnung der zugehörigen vollstationären Behandlung zu berücksichtigen (Neugruppierung); dies gilt nicht für Diagnosen und Prozeduren im Rahmen belegärztlicher Leistung. Ergibt sich aus der Neugruppierung eine andere Fallpauschale, ist diese für die Abrechnung sowie für weitere Prüfungen maßgeblich.

(7) Maßgeblich für die Ermittlung der Verweildauer ist die Zahl der Belegungstage. Belegungstage sind der Aufnahmetag sowie jeder weitere Tag des Krankenhausaufenthalts ohne den Verlegungs- oder Entlassungstag aus dem Krankenhaus; wird ein Patient oder eine Patientin am gleichen Tag aufgenommen und verlegt oder entlassen, gilt dieser Tag als Aufnahmetag. Für den Fall von Wiederaufnahmen gilt § 2 Absatz 4 Satz 4. Vollständige Tage der Beurlaubung sind gesondert in der Rechnung auszuweisen und zählen nicht zur Verweildauer. Eine Beurlaubung liegt vor, wenn ein Patient oder eine Patientin mit Zustimmung des behandelnden Krankenhausarztes die Krankenhausbehandlung zeitlich befristet unterbricht, die stationäre Behandlung jedoch noch nicht abgeschlossen ist. Bei Fortsetzung der Krankenhausbehandlung nach einer Beurlaubung liegt keine Wiederaufnahme im Sinne von § 2 vor.

(8) In der Rechnung des Krankenhauses sind der sich nach dem Fallpauschalen-Katalog ergebende Betrag für die Fallpauschale sowie Abschläge, weitere Entgelte und Zuschläge gesondert auszuweisen; das Verfahren nach § 301 des Fünften Buches Sozialgesetzbuch (SGB V) bleibt unberührt.

§ 2
Wiederaufnahmen in dasselbe Krankenhaus

(1) Das Krankenhaus hat eine Zusammenfassung der Falldaten zu einem Fall und eine Neueinstufung in eine Fallpauschale vorzunehmen, wenn

1. ein Patient oder eine Patientin innerhalb der oberen Grenzverweildauer, bemessen nach der Zahl der Kalendertage ab dem Aufnahmedatum des ersten unter diese Vorschrift zur Zusammenfassung fallenden Krankenhausaufenthalts, wieder aufgenommen wird und
2. für die Wiederaufnahme eine Einstufung in dieselbe Basis-DRG vorgenommen wird.

Eine Zusammenfassung und Neueinstufung nach Satz 1 wird nicht vorgenommen, wenn die Fallpauschalen dieser Basis-DRG bei Versorgung in einer Hauptabteilung in Spalte 13 oder bei belegärztlicher Versorgung in Spalte 15 des Fallpauschalen-Katalogs gekennzeichnet sind.

(2) Eine Zusammenfassung der Falldaten zu einem Fall und eine Neueinstufung in eine Fallpauschale ist auch dann vorzunehmen, wenn

1. ein Patient oder eine Patientin innerhalb von 30 Kalendertagen ab dem Aufnahmedatum des ersten unter diese Vorschrift zur Zusammenfassung fallenden Krankenhausaufenthalts wieder aufgenommen wird und

2. innerhalb der gleichen Hauptdiagnosegruppe (MDC) die zuvor abrechenbare Fallpauschale in die „medizinische Partition" oder die „andere Partition" und die anschließende Fallpauschale in die „operative Partition" einzugruppieren ist.

Eine Zusammenfassung und Neueinstufung nach Satz 1 wird nicht vorgenommen, wenn einer der Krankenhausaufenthalte mit einer Fallpauschale abgerechnet werden kann, die bei Versorgung in einer Hauptabteilung in Spalte 13 oder bei belegärztlicher Versorgung in Spalte 15 des Fallpauschalen-Katalogs gekennzeichnet ist.

(3) Werden Patienten oder Patientinnen, für die eine Fallpauschale abrechenbar ist, wegen einer in den Verantwortungsbereich des Krankenhauses fallenden Komplikation im Zusammenhang mit der durchgeführten Leistung innerhalb der oberen Grenzverweildauer, bemessen nach der Zahl der Kalendertage ab dem Aufnahmedatum des ersten unter diese Vorschrift zur Zusammenfassung fallenden Aufenthalts, wieder aufgenommen, hat das Krankenhaus eine Zusammenfassung der Falldaten zu einem Fall und eine Neueinstufung in eine Fallpauschale vorzunehmen. Eine Zusammenfassung und Neueinstufung wird nicht vorgenommen bei unvermeidbaren Nebenwirkungen von Chemotherapien und Strahlentherapien im Rahmen onkologischer Behandlungen. Die Absätze 1 und 2 gehen den Vorgaben nach den Sätzen 1 und 2 vor. Die Sätze 1 und 2 ergänzen die Vorgaben nach § 8 Absatz 5 KHEntgG.

(4) Bei der Anwendung der Absätze 1 bis 3 ist für jeden Krankenhausaufenthalt eine DRG-Eingruppierung vorzunehmen. Auf dieser Grundlage hat das Krankenhaus eine Neueinstufung in eine Fallpauschale mit den Falldaten aller zusammenzuführenden Krankenhausaufenthalte durchzuführen. Hierbei ist eine chronologische Prüfung vorzunehmen. Zur Ermittlung der Verweildauer sind dabei die Belegungstage der Aufenthalte in diesem Krankenhaus zusammenzurechnen. Die obere Grenzverweildauer, die nach Absatz 1 Satz 1 Nummer 1 für die Fallzusammenführung maßgeblich ist, ergibt sich aus dem Aufnahmedatum und der DRG-Eingruppierung des ersten unter diese Vorschrift zur Zusammenfassung fallenden Aufenthalts in diesem Krankenhaus. Hat das Krankenhaus einen der zusammenzuführenden Aufenthalte bereits abgerechnet, ist die Abrechnung zu stornieren. Maßgeblich für die zusätzliche Abrechnung von tagesbezogenen Entgelten ist die Grenzverweildauer, die sich nach der Fallzusammenführung ergibt; für die Ermittlung der Verweildauer gilt Satz 3 entsprechend. Die Sätze 1 bis 7 gelten nicht für Krankenhausaufenthalte, bei denen der Tag der Aufnahme außerhalb der Geltungsdauer dieser Vereinbarung nach § 12 liegt oder soweit tagesbezogene Entgelte nach § 6 Absatz 1 KHEntgG abzurechnen sind.

(5) Sind mehrere Aufenthalte in einem Krankenhaus aufgrund der Regelungen zur Wiederaufnahme nach den Absätzen 1 bis 3 zusammenzuführen und erfolgte bei mindestens einem Aufenthalt eine Verlegung, sind vom zusammengeführten Fall Verlegungsabschläge nach den Vorgaben des § 1 Absatz 1 Satz 3 in Verbindung mit § 3 zu berechnen.

§ 3
Abschläge bei Verlegung

(1) Im Falle einer Verlegung in ein anderes Krankenhaus ist von dem verlegenden Krankenhaus ein Abschlag vorzunehmen, wenn die im Fallpauschalen-Katalog ausgewiesene mittlere Verweildauer unterschritten wird. Die Höhe des Abschlags je Tag wird ermittelt, indem die bei Versorgung in einer Hauptabteilung in Spalte 11 oder bei belegärztlicher Versorgung in Spalte 13 des Fallpauschalen-Katalogs ausgewiesene Bewertungsrelation mit dem Basisfallwert multipliziert wird. Die Zahl der Tage, für die ein Abschlag vorzunehmen ist, wird wie folgt ermittelt:

Mittlere Verweildauer nach dem Fallpauschalen-Katalog, kaufmännisch auf die nächste ganze Zahl gerundet
- Belegungstage insgesamt (tatsächliche Verweildauer nach § 1 Absatz 7)
= Zahl der Abschlagstage

(2) Im Falle einer Verlegung aus einem anderen Krankenhaus ist von dem aufnehmenden Krankenhaus ein Abschlag entsprechend den Vorgaben des Absatzes 1 vorzunehmen, wenn die im Fallpauschalen-Katalog ausgewiesene mittlere Verweildauer im aufnehmenden Krankenhaus unterschritten wird. Dauerte der vorangegangene voll- oder teilstationäre Aufenthalt im verlegenden Krankenhaus nicht länger als 24 Stunden, so ist im aufnehmenden Krankenhaus kein Verlegungsabschlag nach Satz 1 vorzunehmen; bei einer frühzeitigen Entlassung durch das aufnehmende Krankenhaus ist die Regelung zur unteren Grenzverweildauer nach § 1 Absatz 3, bei einer Weiterverlegung die Abschlagsregelung nach Absatz 1 anzuwenden.

(3) Wird ein Patient oder eine Patientin aus einem Krankenhaus in weitere Krankenhäuser verlegt und von diesen innerhalb von 30 Kalendertagen ab dem Entlassungsdatum eines ersten Krankenhausaufenthalts in dasselbe Krankenhaus zurückverlegt (Rückverlegung), hat das wiederaufnehmende Krankenhaus die Falldaten des ersten Krankenhausaufenthalts und aller weiteren, innerhalb dieser Frist in diesem Krankenhaus aufgenommenen Fälle zusammenzufassen und eine Neueinstufung nach den Vorgaben des § 2 Absatz 4 Sätze 1 bis 7 in eine Fallpauschale durchzuführen sowie Absatz 2 Satz 1 anzuwenden. Kombinierte Fallzusammenführungen wegen Rückverlegung in Verbindung mit Wiederaufnahmen sind möglich. Hierbei ist eine chronologische Prüfung vorzunehmen. Prüffrist ist immer die des ersten Falles, der die Fallzusammenführung auslöst. Die Sätze 1 bis 4 finden keine Anwendung für Fälle der Hauptdiagnosegruppe für Neugeborene (MDC 15). Die Sätze 1 bis 5 gelten nicht für Krankenhausaufenthalte, bei denen der Tag der Aufnahme außerhalb der Geltungsdauer dieser Vereinbarung nach § 12 liegt oder für die anstelle einer Fallpauschale tagesbezogene Entgelte nach § 6 Absatz 1 KHEntgG abzurechnen sind.

(4) Ist in einem Krankenhaus neben dem Entgeltbereich der DRG-Fallpauschalen einerseits noch ein Entgeltbereich nach der Bundespflegesatzverordnung (BPflV) oder für besondere Einrichtungen nach § 17b Absatz 1 Satz 10 KHG andererseits vorhanden, sind diese unterschiedlichen Entgeltbereiche im Falle von internen Verlegungen wie selbstständige Krankenhäuser zu behandeln. Für den Entgeltbereich der DRG-Fallpauschalen sind die Absätze 1 bis 3 entsprechend anzuwenden.

(5) Abschläge nach den Absätzen 1 bis 3 sind nur dann vorzunehmen, insofern beide an der Verlegung beteiligten Krankenhäuser dem Geltungsbereich des Krankenhausfinanzierungsgesetzes unterliegen. Hiervon abweichend sind bei Leistungen, für die eine schriftliche Kooperationsvereinbarung zwischen den Krankenhäusern besteht, Abschläge nach Absatz 1 bis 3 vorzunehmen.

(6) Abschläge nach den Absätzen 1 und 2 sind nicht vorzunehmen, wenn ein invasiv beatmeter Patient oder eine invasiv beatmete Patientin in ein aufnehmendes Krankenhaus auf eine spezialisierte Beatmungsentwöhnungseinheit verlegt wird, das über eine Bescheinigung über eine bestandene Strukturprüfung gemäß § 275d Absatz 2 SGB V für die OPS-Kodes 8-718.8 oder 8-718.9 verfügt.

§ 4
Fallpauschalen bei bestimmten Transplantationen

(1) Mit Fallpauschalen nach Anlage 1 bzw. Entgelten nach Anlage 3a bei Transplantationen von Organen nach § 1a Nr. 1 des Transplantationsgesetzes (TPG), bei Transplantationen von Geweben nach § 1a Nr. 4 TPG sowie bei Transplantationen von hämatopoetischen Stammzellen werden die allgemeinen Krankenhausleistungen nach § 2 KHEntgG für die stationäre Versorgung eines Transplantatempfängers, einer Transplantatempfängerin oder bei der Lebendspende vergütet. Nicht mit den Fallpauschalen nach Anlage 1 der bzw. Entgelten nach Anlage 3a vergütet und folglich gesondert abrechenbar sind insbesondere folgende Leistungen:

1. Leistungen des Krankenhauses für eine Organentnahme bei möglichen postmortalen Organspendern oder Organspenderinnen
2. Leistungen der Koordinierungsstelle nach § 11 TPG für die Bereitstellung eines postmortal gespendeten Organs zur Transplantation einschließlich eines dafür erforderlichen Transports des Organs
3. Leistungen der Vermittlungsstelle nach § 12 TPG für die Vermittlung eines postmortal gespendeten Organs
4. Gutachtenerstellung durch die Kommission nach § 8 Absatz 3 Satz 2 TPG vor einer möglichen Lebendorganspende
5. ambulanten Voruntersuchungen gemäß § 8 Absatz 1 Satz 1 Nr. 1 Buchstabe c TPG, die im Hinblick auf die Transplantation eines bestimmten Transplantatempfängers durchgeführt werden, bei möglichen Lebendspendern oder Lebendspenderinnen, nicht jedoch die entsprechenden Untersuchungen bei tatsächlichen Lebendspendern oder Lebendspenderinnen
6. Transport von Knochenmark oder hämatopoetischen Stammzellen
7. Kontrolluntersuchungen nach § 115a Absatz 2 Satz 4 SGB V bei einem Transplantatempfänger oder einer Transplantatempfängerin; § 8 Absatz 2 Satz 3 Nr. 3 KHEntgG bleibt unberührt
8. Kontrolluntersuchungen nach § 115a Absatz 2 Satz 7 in Verbindung mit Satz 4 SGB V bei einem Lebendorganspender oder einer Lebendorganspenderin; § 8 Absatz 2 Satz 3 Nr. 4 KHEntgG bleibt unberührt

Krankengeld bzw. Verdienstausfallerstattung sowie Fahrkosten für Lebendspender oder Lebendspenderinnen sind keine allgemeinen Krankenhausleistungen und daher weder mit den Fallpauschalen nach Anlage 1 bzw. Entgelten nach Anlage 3a vergütet noch gesondert seitens des Krankenhauses abrechenbar.

(2) Für Transplantationen nach Absatz 1 Satz 1 ist jeweils eine Fallpauschale nach Anlage 1 bzw. ein Entgelt nach Anlage 3a gegenüber den Transplantatempfängern, den Transplantatempfängerinnen oder deren Sozialleistungsträgern abzurechnen.

(3) Für zum Zwecke einer Organ- oder Gewebeentnahme für einen bestimmten Transplantatempfänger stationär aufgenommene Lebendspender oder Lebendspenderinnen, bei denen

1. eine Organ- oder Gewebeentnahme vorgenommen wird oder
2. sich erst während der Entnahmeoperation herausstellt, dass das Organ oder das Gewebe nicht entnommen werden kann, oder
3. sich erst nach der Organentnahme herausstellt, dass das Organ nicht transplantiert werden kann, ist eine Fallpauschale nach Anlage 1 bzw. ein Entgelt nach Anlage 3a abzurechnen. Bei erfolgter Transplantation der entnommenen Organe ist die

jeweilige Fallpauschale nach Anlage 1 bzw. das jeweilige Entgelt nach Anlage 3a gegenüber den Transplantatempfängern, den Transplantatempfängerinnen oder deren Sozialleistungsträgern abzurechnen. Kommt es nicht zur Transplantation, ist die jeweilige Fallpauschale nach Anlage 1 bzw. das jeweilige Entgelt nach Anlage 3a gegenüber der Person, die zum Transplantatempfang vorgesehen war, oder gegenüber deren Sozialleistungsträger abzurechnen. Auf der Rechnung ist die Versichertennummer der Person, die das Transplantat empfangen hat oder für die Transplantation vorgesehen war, anzugeben. Werden hämatopoetische Stammzellen bei Familienspendern aus dem Ausland oder bei nicht-verwandten Spendern über in- oder ausländische Spenderdateien bezogen, wird anstelle der Fallpauschale nach Anlage 1 bzw. dem Entgelt nach Anlage 3a ein entsprechendes Zusatzentgelt abgerechnet.

(4) Die Leistungen des Krankenhauses nach Absatz 1 Satz 2 Nr. 1 sind gegenüber der Koordinierungsstelle nach § 11 TPG abzurechnen. Die Leistungen des Krankenhauses nach Absatz 1 Satz 2 Nr. 5 sind gegenüber den Personen, die zum Transplantatempfang vorgesehen waren oder gegenüber deren Sozialleistungsträgern abzurechnen.

ABSCHNITT 2:
ABRECHNUNGSBESTIMMUNGEN FÜR ANDERE ENTGELTARTEN

§ 5
Zusatzentgelte

(1) Zusätzlich zu einer Fallpauschale oder zu den Entgelten nach § 6 Absatz 1 KHEntgG dürfen bundeseinheitliche Zusatzentgelte nach dem Zusatzentgelte-Katalog nach Anlage 2 bzw. 5 abgerechnet werden. Die Zusatzentgelte nach Satz 1 sind mit Inkrafttreten der Vereinbarung (§ 13) abrechenbar.

(2) Für die in Anlage 4 bzw. 6 benannten, mit dem bundeseinheitlichen Zusatzentgelte-Katalog nicht vergüteten Leistungen vereinbaren die Vertragsparteien nach § 11 KHEntgG krankenhausindividuelle Zusatzentgelte nach § 6 Absatz 1 KHEntgG. Diese können zusätzlich zu den DRG-Fallpauschalen oder den nach § 6 Absatz 1 KHEntgG vereinbarten Entgelten abgerechnet werden. Für die in Anlage 4 bzw. 6 gekennzeichneten Zusatzentgelte gilt § 15 Absatz 2 Satz 3 KHEntgG entsprechend. Können für die Leistungen nach Anlage 4 bzw. 6 auf Grund einer fehlenden Vereinbarung für den Vereinbarungszeitraum 2024 noch keine krankenhausindividuellen Zusatzentgelte abgerechnet werden, sind für jedes Zusatzentgelt 600,00 Euro abzurechnen. Wurden für Leistungen nach Anlage 4 bzw. 6 für das Jahr 2024 keine Zusatzentgelte vereinbart, sind im Einzelfall auf der Grundlage von § 8 Absatz 1 Satz 3 KHEntgG für jedes Zusatzentgelt 600,00 Euro abzurechnen.

(3) Zusatzentgelte für Dialysen können zusätzlich zu einer DRG-Fallpauschale oder zu einem Entgelt nach § 6 Absatz 1 KHEntgG abgerechnet werden; dies gilt nicht für die Fallpauschalen der Basis-DRG L60 oder L71 oder der DRG L90B / L90C und dem nach Anlage 3b krankenhausindividuell zu vereinbarenden Entgelt L90A, bei denen die Behandlung des Nierenversagens die Hauptleistung ist.

§ 6
Teilstationäre Leistungen

(1) Teilstationäre Leistungen sind mit tagesbezogenen teilstationären Fallpauschalen oder mit Entgelten abzurechnen, die nach § 6 Absatz 1 Satz 1 KHEntgG krankenhausindividuell vereinbart worden sind.

(2) Werden Patienten oder Patientinnen, für die zuvor eine vollstationäre DRG-Fallpauschale abrechenbar war, zur teilstationären Behandlung in dasselbe Krankenhaus wieder aufgenommen oder wechseln sie in demselben Krankenhaus von der vollstationären Versorgung in die teilstationäre Versorgung, kann erst nach dem dritten Kalendertag ab Überschreiten der abgerundeten mittleren Verweildauer, bemessen ab dem Aufnahmedatum des stationären Aufenthalts der zuvor abgerechneten Fallpauschale, eine tagesbezogene teilstationäre Fallpauschale oder ein tagesbezogenes teilstationäres Entgelt nach § 6 Absatz 1 KHEntgG berechnet werden. Die bis dahin erbrachten teilstationären Leistungen sind mit der zuvor abgerechneten Fallpauschale abgegolten. Wurden bei der Abrechnung der vollstationären Fallpauschale Abschläge nach § 1 Absatz 3 oder § 3 vorgenommen, sind zusätzlich zu den Entgelten nach Satz 1 für jeden teilstationären Behandlungstag tagesbezogene teilstationäre Entgelte zu berechnen; höchstens jedoch bis zur Anzahl der vollstationären Abschlagstage. Die teilstationären Prozeduren sind nicht bei der Gruppierung der zuvor abgerechneten Fallpauschale zu berücksichtigen. Die Sätze 1 bis 3 gelten nicht für tagesbezogene teilstationäre Entgelte für Leistungen der Onkologie, der Schmerztherapie, die HIV-Behandlung, für Dialysen sowie Leistungen, die im Anschluss an die Abrechnung einer expliziten Ein-Belegungstag-DRG erbracht werden. Die Regelung nach findet für tagesbezogene Pflegeentgelte keine Anwendung.

(3) Wird ein Patient oder eine Patientin an demselben Tag innerhalb des Krankenhauses von einer tagesbezogen vergüteten teilstationären Behandlung in eine vollstationäre Behandlung verlegt, kann für den Verlegungstag kein tagesbezogenes teilstationäres Entgelt abgerechnet werden.

§ 7
Sonstige Entgelte

(1) Sonstige Entgelte nach § 6 Absatz 1 KHEntgG können krankenhausindividuell vereinbart werden für

1. voll- und teilstationäre Leistungen, die nach Anlagen 3a und 3b noch nicht mit DRG-Fallpauschalen vergütet werden,
2. unbewertete teilstationäre Leistungen, die nicht in Anlage 3b aufgeführt sind, und
3. besondere Einrichtungen nach § 17b Absatz 1 Satz 10 KHG.

Werden fallbezogene Entgelte vereinbart, müssen auch Vereinbarungen zu den übrigen Bestandteilen der Aufstellung für fallbezogene Entgelte nach Abschnitt E3.1 der Anlage 1 KHEntgG getroffen werden, damit die Entgelte von den Abrechnungsprogrammen verarbeitet werden können, die für die DRG-Fallpauschalen vorgesehen sind. Für den Fall der Verlegung eines Patienten oder einer Patientin in ein anderes Krankenhaus sind Abschlagsregelungen zu vereinbaren; dies gilt nicht, soweit Verlegungs-Fallpauschalen im Sinne des § 1 Absatz 1 Satz 3 vereinbart werden. Für den Fall der Wiederaufnahme eines Patienten oder einer Patientin in dasselbe Krankenhaus sollen für fallbezogene Entgelte Vereinbarungen getroffen werden, die den Vorgaben nach § 2 Absatz 1, 2 und 4 entsprechen.

(2) Für die Abrechnung von fallbezogenen Entgelten gelten die Abrechnungsbestimmungen nach § 8 Absatz 2 und 4 KHEntgG und nach § 2 Absatz 3 entsprechend.

(3) Tagesbezogene Entgelte werden für den Aufnahmetag und jeden weiteren Tag des Krankenhausaufenthalts abgerechnet (Berechnungstage); der Entlassungs- oder Verlegungstag, der nicht zugleich Aufnahmetag ist, wird nur bei tagesbezogenen Entgelten für teilstationäre Behandlung nach § 6 Absatz 1 Satz 1 abgerechnet.

(4) Für die in den Anlagen 3a und 3b gekennzeichneten Entgelte gilt § 15 Absatz 2 Satz 3 KHEntgG entsprechend. Können für die Leistungen nach Anlage 3a auf Grund einer fehlenden Vereinbarung für den Vereinbarungszeitraum 2024 noch keine krankenhausindividuellen Entgelte abgerechnet werden, sind für jeden Belegungstag 600,00 Euro abzurechnen. Können für die Leistungen nach Anlage 3b auf Grund einer fehlenden Vereinbarung für den Vereinbarungszeitraum 2024 noch keine krankenhausindividuellen Entgelte abgerechnet werden, sind für jeden Belegungstag 300,00 Euro abzurechnen. Wurden für Leistungen nach Anlage 3a für das Jahr 2024 keine Entgelte vereinbart, sind im Einzelfall auf der Grundlage von § 8 Absatz 1 Satz 3 KHEntgG für jeden Belegungstag 450,00 Euro abzurechnen. Zusätzlich zu den ungeminderten Entgelten nach den Sätzen 2 bis 4 sind die tagesbezogenen Pflegeentgelte nach § 7 Absatz 1 Nr. 6a KHEntgG abrechenbar.

§ 8
Tagesbezogene Pflegeentgelte

(1) Zusätzlich zu vollstationären und teilstationären Entgelten sind für alle ab dem 01.01.2024 aufgenommenen Patienten oder Patientinnen tagesbezogene Pflegeentgelte gemäß § 7 Absatz 1 Nr. 6a KHEntgG abzurechnen. Die Pflegeentgelte werden jeweils von dem die Leistung erbringenden Krankenhaus nach dem am Tag der voll- oder teilstationären Aufnahme geltenden Pflegeerlöskatalog und den dazu gehörenden Abrechnungsregeln abgerechnet.

(2) Das tagesbezogene Pflegeentgelt wird ermittelt, indem die maßgebliche Bewertungsrelation jeweils mit dem krankenhausindividuellen Pflegeentgeltwert multipliziert und das Ergebnis kaufmännisch auf zwei Nachkommastellen gerundet wird. Für die Rechnungsstellung wird der Entgeltbetrag nach Satz 1 mit der Anzahl der Berechnungstage je tagesbezogenem Entgelt multipliziert und in der Rechnung ausgewiesen.

(3) Für die Ermittlung der für den Pflegeerlös relevanten Bewertungsrelation ist die Zuordnung zu einem Entgelt gemäß den Vorgaben dieser Vereinbarung in der jeweils gültigen Fassung maßgeblich. Die Zahl der Berechnungstage richtet sich nach den Vorgaben zur Ermittlung der Verweildauer nach § 1 Absatz 7 und § 7 Absatz 3. Die Fallzählung bleibt von der neuen Pflegepersonalkostenfinanzierung ab dem Jahr 2020 unberührt und ergibt sich weiterhin aus den Vorgaben des § 9. Sofern die Höhe von Zu- oder Abschlägen anhand eines Prozentsatzes zu berechnen ist, richtet sich die Ermittlung nach den hierfür maßgeblichen gesetzlichen Vorgaben.

(4) Kann auf Grund einer fehlenden Vereinbarung für das Jahr 2020 noch kein krankenhausindividueller Pflegeentgeltwert angewendet werden, erfolgt die Abrechnung von Patienten, die ab dem 01.01.2024 in das Krankenhaus aufgenommen werden, nach den Vorgaben des § 15 Absatz 2a KHEntgG.

(5) Für Leistungen, die unter die Regelung nach § 7 Absatz 1 Satz 1 Nr. 2 und Nr. 3 (teilstationäre Leistungen, die nicht in Anlage 3b aufgeführt sind und besondere Einrichtungen) fallen, gilt eine Pflegebewertungsrelation von 1,0 für vollstationäre Fälle und

0,5 für teilstationäre Fälle, sofern die Vertragsparteien nach § 11 KHEntgG keine abweichenden Festlegungen treffen.

(6) Sofern die Budgetvereinbarung nach § 11 KHEntgG für das jeweilige Kalenderjahr unterjährig oder nach Ablauf des Vereinbarungszeitraums genehmigt wird, erfolgt die Abrechnung mit dem neuen genehmigten krankenhausindividuellen Pflegeentgeltwert für alle Aufnahmen ab dem Tag des Wirksamwerdens der Budgetvereinbarung.

(7) Die Regelungen zum Kostenträgerwechsel nach § 10 Satz 2 und 3 bleiben durch die Abrechnung von Pflegeentgelten unberührt.

ABSCHNITT 3: SONSTIGE VORSCHRIFTEN

§ 9 Fallzählung

(1) Jede abgerechnete vollstationäre Fallpauschale zählt im Jahr der Entlassung als ein Fall. Dies gilt auch für Neugeborene sowie für vollstationäre Fallpauschalen, die mit nur einem Belegungstag ausgewiesen sind. Bei einer Wiederaufnahme nach § 2 und einer Rückverlegung nach § 3 Absatz 3 ist jeweils nur die Fallpauschale zu zählen, die nach der Neueinstufung für die zusammengefassten Krankenhausaufenthalte abgerechnet wird. Bei Abrechnung von tagesbezogenen teilstationären Fallpauschalen wird für jeden Patienten oder jede Patientin, der oder die wegen derselben Erkrankung regelmäßig oder mehrfach behandelt wird, je Quartal ein Fall gezählt.

(2) Leistungen, für die Entgelte nach § 6 Absatz 1 KHEntgG abgerechnet werden, sind wie folgt zu zählen:

1. Jedes fallbezogene Entgelt für eine voll- oder teilstationäre Leistung zählt als ein Fall.
2. a) Bei Abrechnung von tagesbezogenen vollstationären Entgelten zählt jede Aufnahme als ein Fall.

   b) Bei Abrechnung von tagesbezogenen teilstationären Entgelten wird für jeden Patienten oder jede Patientin, der oder die wegen derselben Erkrankung regelmäßig oder mehrfach behandelt wird, je Quartal ein Fall gezählt.

§ 10 Kostenträgerwechsel

Vorbehaltlich einer anderweitigen gesetzlichen Regelung gilt:

Tritt bei Fallpauschalenpatienten oder -patientinnen während der stationären Behandlung ein Zuständigkeitswechsel des Kostenträgers ein, wird der gesamte Krankenhausfall mit dem Kostenträger abgerechnet, der am Tag der Aufnahme leistungspflichtig ist. Tritt hingegen während der mittels tagesbezogener Entgelte nach § 6 Absatz 1 KHEntgG sowie tagesbezogener teilstationärer Fallpauschalen vergüteten Behandlung ein Zuständigkeitswechsel des Kostenträgers ein, sind die Kosten der einzelnen Belegungstage mit dem Kostenträger abzurechnen, der am Tag der Leistungserbringung leistungspflichtig ist.

§ 11
Laufzeit der Entgelte

(1) Die Fallpauschalen nach Anlage 1 und die Zusatzentgelte nach Anlage 2 bzw. 5 sind abzurechnen für Patienten oder Patientinnen, die ab dem 1. Januar 2024 in das Krankenhaus aufgenommen werden. Können die Fallpauschalen noch nicht mit der für das Jahr 2024 vereinbarten oder festgesetzten Höhe des Landesbasisfallwerts gewichtet werden, sind sie nach Maßgabe des § 15 Absatz 1 KHEntgG mit der bisher geltenden Höhe des Landesbasisfallwerts zu gewichten und in der sich ergebenden Entgelthöhe abzurechnen.

(2) Bis zum Beginn der Laufzeit der nach § 6 Absatz 1 KHEntgG zu vereinbarenden Entgelte für teilstationäre Leistungen, die nicht in Anlage 3b aufgeführt sind und im Jahr 2024 nicht mit DRG-Fallpauschalen abgerechnet werden können, werden die für diese Leistungen bisher nach § 6 Absatz 1 KHEntgG vereinbarten Entgelte weiter abgerechnet.

ABSCHNITT 4:
GELTUNGSDAUER, INKRAFTTRETEN

§ 12
Geltungsdauer

Die Vorschriften der Abschnitte 1 bis 3 gelten vom 01.01.2024 bis zum 31.12.2024. Können die Entgeltkataloge 2025 erst nach dem 1. Januar 2025 angewendet werden, sind nach Maßgabe des § 15 Absatz 1 und 2 KHEntgG die Leistungen weiterhin nach den Anlagen 1 bis 8 abzurechnen. Solange noch keine neuen Abrechnungsregeln vereinbart oder in Kraft getreten sind, gelten die Abrechnungsbestimmungen nach dieser Vereinbarung weiter.

§ 13
Inkrafttreten

Diese Vereinbarung tritt zum 01.01.2024 in Kraft.

STICHWORTVERZEICHNIS ZUR FALLPAUSCHALENVEREINBARUNG 2024

ANLAGEN ZUR FALLPAUSCHALENVEREINBARUNG 2024

Anlage 1	Fallpauschalen-Katalog gem. § 1 Absatz 1 Satz 1 und Pflegeerlöskatalog gem. § 8 Absatz 1 Satz 2
Teil a	Bewertungsrelationen bei Versorgung durch Hauptabteilungen
Teil b	Bewertungsrelationen bei Versorgung durch Belegabteilungen
Teil c	Bewertungsrelationen bei teilstationärer Versorgung
Teil d	Bewertungsrelationen mit gezielter Absenkung in Abhängigkeit der Median-Fallzahl bei Versorgung durch Hauptabteilung
Teil e	Bewertungsrelationen mit gezielter Absenkung in Abhängigkeit der Median-Fallzahl bei Versorgung durch Belegabteilung
Anlage 2	Zusatzentgelte-Katalog (Liste) gem. § 5 Absatz 1
Anlage 3a	Nicht mit dem Fallpauschalen-Katalog vergütete vollstationäre Leistungen gem. § 7 Absatz 1 Satz 1 Nr. 1 und Pflegeerlöskatalog gem. § 8 Absatz 1 Satz 2
Anlage 3b	Nicht mit dem Fallpauschalen-Katalog vergütete teilstationäre Leistungen gem. § 7 Absatz 1 Satz 1 Nr. 1 und Pflegeerlöskatalog gem. § 8 Absatz 1 Satz 2
Anlage 3c	Pflegeerlöskatalog für Hybrid-DRGs
Anlage 4	Zusatzentgelte nach § 6 Absatz 1 KHEntgG (Liste) gem. § 5 Absatz 2
Anlage 5	Zusatzentgelte-Katalog (Definition und differenzierte Beträge) gem. § 5 Absatz 1
Anlage 6	Zusatzentgelte nach § 6 Absatz 1 KHEntgG gem. § 5 Absatz 2
Anlage 7	Zusatzentgelte nach § 6 Absatz 1 KHEntgG gem. § 5 Absatz 2 Zusatzentgelte-Katalog (Blutgerinnungsstörungen)
Anlage 8	Ergänzende Informationen zur Abrechnung von bewerteten Zusatzentgelten aus dem Zusatzentgelte-Katalog (Anlage 2 bzw. Anlage 5)

Fallpauschalen-Katalog gemäß § 17b Absatz 1 Satz 4 des Krankenhausfinanzierungsgesetzes Katalog ergänzender Zusatzentgelte gemäß § 17b Absatz 1 Satz 7 des Krankenhausfinanzierungsgesetzes Pflegeerlöskatalog gemäß § 17b Absatz 4 Satz 5 des Krankenhausfinanzierungsgesetzes

Die Bewertungsrelationen gelten für die Abrechnung von stationären Leistungen. Dies gilt für die Abrechnung von Fallpauschalen des aG-DRG-Katalogs nicht, soweit nach Paragraf 6 Absatz 1 Krankenhausentgeltgesetz sonstige Entgelte für bestimmte Leistungen nach Anlage 3a/b, teilstationäre Leistungen nach Paragraf 6 Absatz 1 Satz 1 Krankenhausentgeltgesetz oder besondere Einrichtungen nach Paragraf 17b Absatz 1 Satz 10 Krankenhausfinanzierungsgesetz vereinbart worden sind.

Die tagesbezogenen Bewertungsrelationen des Pflegeerlöskatalogs sind für die Abzahlung des Pflegebudgets nach Paragraf 6a Krankenhausentgeltgesetz zu verwenden. Die Werte 1,0000 und 0,5000 in Anlage 3a beziehungsweise 3b sind nicht kalkuliert; sie entsprechen den Vorgaben nach Paragraf 8 Absatz 5 der Fallpauschalenvereinbarung.

Abkürzungen:

CC	Komplikationen oder Komorbiditäten
MDC	Hauptdiagnosegruppe (Major Diagnostic Category)
OR	operativ (Operating Room)
ZE	Zusatzentgelt
ZE_D	Zusatzentgelt, differenziert
Partition "O"	operative Fallpauschalen
Partition "A"	andere Fallpauschalen, z. B. Koloskopie
Partition "M"	medizinische Fallpauschalen

Fußnoten:

1) Belegungstage, die der Kalkulation der Fallpauschale zu Grunde gelegt wurden.

2) Erster Belegungstag, an dem nach Paragraf 1 Absatz 3 ein Abschlag von der Fallpauschale vorzunehmen ist.

3) Erster Belegungstag, an dem nach Paragraf 1 Absatz 2 ein tagesbezogenes Entgelt zusätzlich zur Fallpauschale gezahlt wird.

4) Eine Zusammenfassung von Fällen bei Wiederaufnahme in dasselbe Krankenhaus nach Paragraf 2 Absatz 1 und 2 erfolgt nicht.

5) Wenn die Definition der DRG keine untere Grenzverweildauer und/oder keine obere Grenzverweildauer zulässt, dann werden im Katalog gegebenenfalls keine Werte angegeben.

6) Bei den in der DRG-Bezeichnung angegebenen Punktwerten für die intensivmedizinische Komplexbehandlung handelt es sich bei dem ersten Wert um die Aufwandspunkte für die intensivmedizinische Komplexbehandlung im Kindesalter (8-98d.*), bei dem zweiten Wert um die Aufwandspunkte für die Aufwendige intensivmedizinische Komplexbehandlung (8-98f.*) und bei dem dritten Wert um die Aufwandspunkte für die intensivmedizinische Komplexbehandlung im Erwachsenenalter (8-980.*).

Fallpauschalen-Katalog und Pflegeerlöskatalog
Teil a) Bewertungsrelationen bei Versorgung durch Hauptabteilungen

DRG	Partition	Bezeichnung [6]	Bewertungsrelation bei Hauptabteilung	Bewertungsrelation bei Hauptabteilung und Beleghebamme	Mittlere Verweildauer [1]	Untere Grenzverweildauer: Erster Tag mit Abschlag [2], [5]	Untere Grenzverweildauer: Bewertungsrelation/Tag	Obere Grenzverweildauer: Erster Tag zus. Entgelt [3], [5]	Obere Grenzverweildauer: Bewertungsrelation/Tag	Externe Verlegung Abschlag/Tag (Bewertungsrelation)	Verlegungsfallpauschale	Ausnahme von Wiederaufnahme [4]	Pflegeerlös Bewertungsrelation/Tag
1	2	3	4	5	6	7	8	9	10	11	12	13	
Prä-MDC													
A01A	O	Lebertransplantation mit Beatmung > 179 Stunden oder kombinierter Dünndarmtransplantation	19,986	-	45,3	14	0,993	63	0,356	-	x	x	3,2011
A01B	O	Lebertransplantation ohne kombinierte Dünndarmtranspl. mit Beatmung > 59 und < 180 Std. od. mit Transplantatabstoßung od. mit komb. Nierentranspl. od. m. kombinierter Pankreastranspl. od. Alter < 6 J. oder od. m. intensivm. Komplexbeh. > 980 / 828 / - P.	11,446	-	31,1	9	0,820	49	0,300	-	x	x	2,1973
A01C	O	Lebertransplantation ohne kombinierte Dünndarmtransplantation, ohne Beatmung > 59 Stunden, ohne Transplantatabstoßung, ohne komb. Nierentranspl., ohne kombinierte Pankreastranspl., Alter > 5 Jahre, ohne intensivmed. Komplexbehandlung > 980 / 828 / - P.	8,556	-	22,3	6	0,814	40	0,261	-	x	x	1,8430
A02Z	O	Transplantation von Niere und Pankreas	8,709	-	23,9	7	0,695	42	0,253	-	x	x	1,8464
A03A	O	Lungentransplantation mit Beatmung > 179 Stunden	24,445	-	60,0	19	0,966	78	0,404	-	x	x	3,1960
A03B	O	Lungentransplantation ohne Beatmung > 179 Stunden	11,518	-	29,0	9	0,776	45	0,325	-	x	x	2,2479
A04B	O	Knochenmarktranspl. / Stammzelltransf., allogen, außer bei Plasmozytom oder mit Graft-versus-Host-Krankheit Grad III und IV, mit Gabe best. Stammzellen od. Alt. < 18 J., mit best. Entnahme od. Stammzellboost od. intensivmed. Komplexbeh. > 2058 / - / - P.	20,555	-	56,1	18	0,897	74	0,435	-	x	x	3,1572
A04C	O	Knochenmarktransplantation / Stammzelltransfusion, allogen, < 18 J. od. GVHD Grad III/IV od. auß. b. Plasmozytom, mit Gabe best. Stammz. od. GVHD III/IV od. HLA-versch., mit best. Entn. od. SZ-Boost od. m. intensivm. Komplexbeh. > 1764 / 1932 / 2760 P.	17,443	-	53,5	17	0,909	72	0,284	-	x	x	2,9807
A04D	O	Knochenmarktransplantation / Stammzelltransfusion, allogen, mit Graft-versus-Host-Krankheit Grad III und IV oder außer bei Plasmozytom, HLA-verschieden oder mit Komplexbehandlung bei multiresistenten Erregern	10,265	-	37,8	12	0,729	56	0,244	-	x	x	1,7827
A04E	O	Knochenmarktransplantation / Stammzelltransfusion, allogen, außer bei Plasmozytom	8,985	-	34,4	10	0,744	51	0,236	-	x	x	1,9317
A05Z	O	Herztransplantation	23,324	-	54,5	17	0,889	73	0,270	-	x	x	2,0463
A06A	O	Beatmung > 1799 Stunden mit intensivmedizinischer Komplexbehandlung > 2940 / 5520 / 7360 Aufwandspunkte oder mit hochkomplexem Eingriff	48,001	-	125,7	-	-	144	0,344	-	x	x	4,2245
A06B	O	Beatmung > 1799 Stunden mit komplexer OR-Prozedur oder Polytrauma, ohne hochkomplexen Eingriff, ohne intensivmedizinische Komplexbehandlung > 2940 / 5520 / 7360 Aufwandspunkte	33,607	-	96,0	-	-	114	0,302	-	x	x	3,8343
A06C	O	Beatmung > 1799 Stunden, ohne komplexe OR-Prozedur, ohne Polytrauma, mit intensivmedizinischer Komplexbehandlung > 588 / 552 / 552 Aufwandspunkte	23,364	-	94,6	-	-	113	0,192	-	x	x	3,0598
A07A	O	Beatmung > 999 Stunden oder > 499 Stunden mit intensivmedizinischer Komplexbehandlung > 4900 / 4600 / 4600 Aufwandspunkte, mit komplexer OR-Prozedur oder Polytrauma und int. Komplexbeh. > 3920 / 3680 / 3680 P. oder mit hochkompl. oder dreizeitigem Eingr.	32,972	-	79,5	26	0,945	98	0,352	-	x	x	3,7714
A07B	O	Beatmung > 999 Stunden oder > 499 Stunden mit intensivmedizinischer Komplexbehandlung > 4900 / 4600 / 4600 P., mit komplexer OR-Prozedur und ECMO ab 384 Stunden oder mit Polytrauma oder Alter < 18 J. oder intensivmed. Komplexbeh. > - / 3220 / - P.	25,513	-	70,0	22	0,979	88	0,319	-	x	x	3,9034
A07C	O	Beatmung > 999 Stunden oder > 499 Stunden mit intensivmed. Komplexbeh. > 4900 / 4600 / 4600 Punkte, mit komplexer OR-Prozedur, ohne ECMO ab 384 Stunden, ohne Polytrauma, Alter > 17 Jahre oder mit intensivmed. Komplexbeh. > 2352 / 1932 / 2760 Punkte	19,389	-	57,9	18	0,932	76	0,230	0,298	-	x	3,7181
A07D	O	Beatmung > 999 Stunden ohne komplexe OR-Prozedur, ohne Polytrauma, Alter > 17 Jahre, mit intensivmedizinischer Komplexbehandlung > 1176 / 1380 / 2484 und < 2353 / 1933 / 2761 Aufwandspunkte, mit komplexer Diagnose oder komplizierender Konstellation	16,321	-	70,4	22	0,657	88	0,166	0,210	-	x	3,8469
A07E	O	Beatmung > 999 Stunden ohne komplexe OR-Prozedur, ohne Polytrauma, Alter > 17 Jahre, ohne komplexe Diagnose, ohne komplizierende Konstellation, mit intensivmedizinischer Komplexbehandlung > 392 / 184 / 368 Aufwandspunkte oder Beatmung > 1799 Stunden	12,978	-	63,3	20	0,596	81	0,141	0,197	-	x	2,8296
A07F	O	Beatmung > 999 Stunden ohne komplexe OR-Prozedur, ohne Polytrauma, Alter > 17 Jahre, ohne komplexe Diagnose, ohne komplizierende Konstellation, ohne intensivmedizinische Komplexbehandlung > 392 / 184 / 368 Aufwandspunkte, ohne Beatmung > 1799 Stunden	9,717	-	59,5	19	0,474	77	0,109	0,156	-	x	2,6173
A09A	O	Beatmung > 499 Stunden oder > 249 Stunden mit IntK > 2352 / 1932 / 2208 P., mit hochkomplexem Eingriff oder komplexer OR-Prozedur, Alter < 16 Jahre, mit IntK > 1764 / 1932 / - Punkten oder mit sehr komplexem Eingriff und IntK > - / 2208 / - Punkten	22,978	-	57,5	18	0,963	75	0,319	-	x	x	3,6644
A09B	O	Beatmung > 499 Stunden oder > 249 Stunden mit int. Komplexbeh. > 2352 / 1932 / 2208 Punkte, mit angeb. Fehlbild. oder Tumorerkr., Alter < 3 J. oder mit hochkompl. Eingr. oder mit kompl. OR-Proz. oder int. Komplexbeh. > 1764 / 1932 / - P., Alter < 16 J.	15,046	-	40,7	13	0,883	59	0,305	-	x	x	3,6570
A09C	O	Beatmung > 499 Stunden oder > 249 Stunden mit intensivmedizinischer Komplexbeh. > 2352 / 1932 / 2208 P., mit komplexer OR-Prozedur oder Polytrauma oder int. Komplexbeh. > 1764 / 1656 / 2208 P. oder mit komplizierender Konstellation oder Alter < 16 Jahre	11,828	-	33,2	10	0,935	51	0,243	-	x	x	3,7103

Fallpauschalen-Katalog und Pflegeerlöskatalog

Teil a) Bewertungsrelationen bei Versorgung durch Hauptabteilungen

DRG	Partition	Bezeichnung [6]	Bewertungsrelation bei Hauptabteilung	Bewertungsrelation bei Hauptabteilung und Beleghebamme	Mittlere Verweildauer [1]	Untere Grenzverweildauer: Erster Tag mit Abschlag [2), 5)]	Untere Grenzverweildauer: Bewertungsrelation/Tag	Obere Grenzverweildauer: Erster Tag zus. Entgelt [3), 5)]	Obere Grenzverweildauer: Bewertungsrelation/Tag	Externe Verlegung Abschlag/Tag (Bewertungsrelation)	Verlegungsfallpauschale	Ausnahme von Wiederaufnahme [4]	Pflegeerlös Bewertungsrelation/Tag
1	2	3	4	5	6	7	8	9	10	11	12	13	
A09D	O	Beatmung > 499 Stunden, ohne komplexe OR-Prozedur, ohne Polytrauma, Alter > 15 Jahre, ohne komplizierende Konstellation, mit intensivmedizinischer Komplexbehandlung > 1470 / 1380 / 1656 und < 1765 / 1657 / 2209 Aufwandspunkte	11,305	-	36,5	11	0,891	55	0,204	0,281	-	x	3,5576
A09E	O	Beatmung > 499 Stunden, ohne komplexe OR-Prozedur, ohne Polytrauma, Alter > 15 Jahre, ohne komplizierende Konstellation, mit intensivmedizinischer Komplexbehandlung > 1176 / 1104 / 1380 u. < 1471 / 1381 / 1657 Punkte, mit komplexer Diagnose oder Prozedur	10,020	-	36,5	11	0,779	55	0,189	0,245	-	x	3,6182
A09F	O	Beatmung > 499 Stunden, ohne komplexe OR-Prozedur, ohne Polytrauma, Alter > 15 Jahre, ohne komplizierende Konstellation, ohne intensivmedizinische Komplexbehandlung > 1176 / 1104 / 1380 Aufwandspunkte, ohne komplexe Diagnose oder Prozedur	8,205	-	30,7	9	0,790	48	0,179	0,248	-	x	2,8261
A11A	O	Beatmung > 249 Stunden oder > 95 Stunden mit intensivmedizinischer Komplexbehandlung > 1764 / 1656 / 1932 Aufwandspunkte, mit kompliz. Konstellation und best. OR-Prozedur, Alter < 16 Jahre oder mit intensivmed. Komplexbeh. > 1764 / 1656 / 2208 Aufwandsp.	18,811	-	46,5	14	0,952	64	0,304	0,300	-	x	3,4375
A11B	O	Beatmung > 249 Stunden oder > 95 Stunden mit intensivmedizinischer Komplexbehandlung > 1764 / 1656 / 1656 Aufwandspunkte, mit hochkomplexem Eingriff oder best. Eingriff und best. intensivmed. Komplexbeh. oder Alter < 2 Jahre bei angeborener Fehlbildung	13,709	-	36,6	11	0,847	55	0,279	-	x	x	3,3322
A11C	O	Beatmung > 249 Stunden oder > 95 Stunden mit intensivmed. Komplexbehandlung > 1764 / 1656 / 1656 Punkte, mit komplexer OR-Prozedur, Alter < 16 Jahre oder komplizierende Konstellation	9,647	-	20,8	6	0,938	37	0,321	-	x	x	3,3347
A11D	O	Beatmung > 249 h oder > 95 h mit IntK > 1764 / 1656 / 1656 P. mit best. OR-Prozeduren u. kompliz. Konstell. oder EHEC oder generalisierte Mukositis ohne IntK > 1764 / 1656 / 1932 P. oder mit kompl. Diagnose u. Alter < 3 J. oder IntK > 980 / 1104 / - P.	8,352	-	23,5	7	0,906	42	0,267	-	x	x	3,4577
A11E	O	Beatmung > 249 Stunden, mit komplexer OR-Prozedur, ohne hochkomplexen Eingriff, ohne int. Komplexbeh. > 1764 / 1656 / 1656 P., ohne kompliz. Konstellation, Alter > 15 Jahre oder mit intensivmedizinischer Komplexbehandlung > 588 / 828 / - Aufwandspunkte	6,756	-	21,5	6	0,873	37	0,200	-	x	x	3,3691
A11F	O	Beatmung > 249 Stunden oder > 95 Stunden mit intensivmedizinischer Komplexbehandlung > 1764 / 1656 / 1656 Aufwandspunkte, mit bestimmter OR-Prozedur oder kompliz. Konstellation oder intensivmed. Komplexbehandlung > - / - / 1104 P. oder Alter < 6 Jahre	6,504	-	22,3	6	0,793	40	0,178	0,241	-	x	3,2263
A11G	O	Beatmung > 249 Stunden, ohne komplexe oder bestimmte OR-Prozedur, ohne intensivmed. Komplexbehandlung > 588 / 828 / 1104 Punkte, ohne kompliz. Konstellation, Alter > 5 Jahre, mit kompl. Diagnose oder Prozedur oder Alter < 16 J. oder äußerst schwere CC	5,808	-	20,5	6	0,799	37	0,191	0,259	-	x	3,1703
A11H	O	Beatmung > 249 Stunden, ohne komplexe oder bestimmte OR-Prozedur, ohne IntK > 588 / 828 / 1104 Punkte, ohne komplizierende Konstellation, Alter > 15 Jahre, ohne komplexe Diagnose oder Prozedur, ohne äußerst schwere CC	4,213	-	19,1	5	0,693	34	0,146	0,209	-	x	2,9727
A13A	O	Beatmung > 95 Std. mit hochkompl. Eingriff oder mit int. Komplexbeh. > 1176 / 1380 / - P. oder mit kompl. OR-Prozedur oder bei Lymphom und Leukämie und int. Komplexbeh. > - / 1104 / 1104 P. oder mit kompliz. Konst. u. best. OR-Proz., Alter < 16 Jahre	11,392	-	31,6	10	0,818	50	0,284	-	x	x	3,0854
A13B	O	Beatmung > 95 Stunden mit sehr komplexem Eingriff oder mit komplexer OR-Prozedur und komplizierender Konstellation oder mit best. OR-Proz. und kompliz. Konst., Alter < 16 Jahre od. mit intensivmed. Komplexbeh. > - / 1104 / 1104 Punkte und kompliz. Konst.	8,571	-	20,2	6	0,742	38	0,254	-	x	x	2,6561
A13C	O	Beatmung > 95 Stunden mit komplexer OR-Prozedur, Alter < 6 Jahre oder mit bestimmter OR-Proz. und kompliz. Konstellation od. mit intensivmed. Komplexbeh. > - / - / 1104 Punkte od. Alter < 16 J., außer bei Lymphom und Leukämie, ohne kompliz. Konstellation	7,687	-	26,4	8	0,648	44	0,209	-	x	x	2,6700
A13D	O	Beatmung > 95 Stunden mit komplexer OR-Prozedur, Alter > 5 Jahre oder mit IntK > - / 828 / - Punkte oder kompl. OR-Prozedur od. mit best. OR-Prozedur od. kompliz. Konst. od. mit IntK > 588 / 552 / 552 Punkte od. Alter < 16 Jahre bei bösartiger Neubildung	6,179	-	20,0	6	0,632	38	0,159	-	x	x	2,5378
A13E	O	Beatmung > 95 Stunden, ohne komplexe OR-Prozedur, mit bestimmter OR-Prozedur oder komplizierender Konstellation oder mit intensivmedizinischer Komplexbehandlung > 588 / 552 / 552 Aufwandspunkte und < 1177 / 829 / 1105 Aufwandspunkte od. Alter < 16 Jahre	4,824	-	17,6	5	0,685	34	0,160	-	x	x	2,7332
A13F	O	Beatmung > 95 Stunden, ohne bestimmte OR-Prozedur, ohne komplizierende Konstellation, ohne intensivmed. Komplexbeh. > 588 / 552 / 552 Aufwandspunkte, Alter > 15 Jahre, mit komplexer Diagnose oder Prozedur od. intensivmed. Komplexbeh. > - / 368 / - Punkte	3,456	-	12,4	3	0,773	26	0,175	0,231	-	x	3,0347
A13G	O	Beatmung > 95 Stunden, mit bestimmter OR-Prozedur oder kompliz. Konstellation, mit äußerst schweren CC, verstorben oder verlegt < 9 Tage oder ohne best. OR-Proz., ohne kompliz. Konst., Alter > 15 J., ohne kompliz. Diagnose od. Prozedur, mit äuß. schw. CC	3,708	-	15,1	4	0,708	33	0,153	0,219	-	x	2,4384
A13H	O	Beatmung > 95 Stunden mit bestimmter OR-Prozedur oder kompliz. Konstellation, ohne äußerst schwere CC, verstorben oder verlegt < 9 Tage oder ohne best. OR-Proz., ohne kompliz. Konst., Alter > 15 J., ohne kompliz. Diagnose oder Proz., ohne äuß. schw. CC	2,507	-	11,0	3	0,599	24	0,151	0,196	-	x	2,7973

Fallpauschalen-Katalog und Pflegeerlöskatalog
Teil a) Bewertungsrelationen bei Versorgung durch Hauptabteilungen

DRG	Partition	Bezeichnung [6]	Bewertungsrelation bei Hauptabteilung	Bewertungsrelation bei Hauptabteilung und Beleghebamme	Mittlere Verweildauer [1]	Untere Grenzverweildauer: Erster Tag mit Abschlag [2), 5)]	Untere Grenzverweildauer: Bewertungsrelation/Tag	Obere Grenzverweildauer: Erster Tag zus. Entgelt [3), 5)]	Obere Grenzverweildauer: Bewertungsrelation/Tag	Externe Verlegung Abschlag/Tag (Bewertungsrelation)	Verlegungsfallpauschale	Ausnahme von Wiederaufnahme [4]	Pflegeerlös Bewertungsrelation/Tag
1	2	3	4	5	6	7	8	9	10	11	12	13	
A15B	O	Knochenmarktransplantation / Stammzelltransfusion, autogen, außer bei Plasmozytom, Alter < 18 Jahre oder bestimmte Entnahme oder intensivmedizinische Komplexbehandlung > 588 / 552 / 552 Aufwandspunkte	7,838	-	28,6	9	0,599	45	0,224	-	x	x	2,3792
A15C	O	Knochenmarktransplantation / Stammzelltransfusion, autogen, außer bei Plasmozytom, Alter > 17 Jahre, ohne bestimmte Entnahme oder bei Plasmozytom, mit bestimmter Entnahme oder intensivmedizinischer Komplexbehandlung > 392 / 368 / 368 Aufwandspunkte	5,303	-	23,8	7	0,495	36	0,196	-	x	x	1,2410
A15D	O	Knochenmarktransplantation / Stammzelltransfusion, autogen, bei Plasmozytom, ohne bestimmte Entnahme	3,760	-	19,3	5	0,433	28	0,173	-	x	x	1,1332
A17A	O	Nierentransplantation mit postoperativem Versagen des Nierentransplantates oder Alter < 16 Jahre oder AB0-inkompatible Transplantation oder schwerste CC	6,628	-	22,6	7	0,581	40	0,228	-	x	x	1,6264
A17B	O	Nierentransplantation ohne postoperatives Versagen des Nierentransplantates, Alter > 15 Jahre oder ohne AB0-inkompatible Transplantation, ohne schwerste CC	4,736	-	16,4	4	0,617	29	0,197	-	x	x	1,4489
A18Z	O	Beatmung > 999 Stunden und Transplantation von Leber, Lunge, Herz und Knochenmark oder Stammzelltransfusion	38,515	-	88,5	-	-	106	0,376	-	x	x	3,8387
A36A	O	Intensivmedizinische Komplexbehandlung > 980 / 1104 / 1656 Aufwandspunkte bei bestimmten Krankheiten und Störungen oder intensivmedizinische Komplexbehandlung > 588 / 552 / 552 P. bei Versagen und Abstoßung eines Transplantates hämatopoetischer Zellen	11,563	-	38,4	12	0,801	56	0,270	-	x	x	2,7194
A36B	O	Intensivmedizinische Komplexbehandlung > 588 / 552 / 828 und < 981 / 1105 / 1657 Aufwandspunkte bei bestimmten Krankheiten und Störungen oder komplizierende Konstellation bei Versagen und Abstoßung eines Transplantates hämatopoetischer Zellen	7,220	-	27,8	8	0,708	46	0,228	-	x	x	2,2727
A36C	O	Intensivmedizinische Komplexbehandlung > - / - / 552 und < - / - / 829 Aufwandspunkte bei bestimmten Krankheiten und Störungen	5,202	-	24,3	7	0,575	42	0,137	-	x	x	2,1984
A42A	A	Stammzellentnahme bei Eigenspender mit Chemotherapie oder mit schwersten CC, Alter > 15 Jahre	1,986	-	16,1	4	0,371	25	0,119	0,105	-	x	0,7507
A42B	A	Stammzellentnahme bei Eigenspender, Alter < 16 Jahre oder ohne schwerste CC	1,317	-	4,8	1	0,465	12	0,197	0,160	-	x	1,8020
A42C	A	Stammzellentnahme bei Eigenspender ohne Chemotherapie, Alter > 15 Jahre, ohne schwerste CC, ohne Sepsis, ohne komplizierende Konstellation	0,835	-	4,4	1	0,443	10	0,154	0,139	-	x	0,8825
A60A	M	Versagen und Abstoßung eines Organtransplantates, mehr als ein Belegungstag, mit Entfernung eines Organtransplantates oder komplexer OR-Prozedur oder äußerst schweren CC oder komplizierender Konstellation	2,380	-	16,4	4	0,401	34	0,128	-	x	x	1,0388
A60B	M	Versagen und Abstoßung eines Organtransplantates, mehr als ein Belegungstag, ohne Entfernung eines Organtransplantates, ohne komplexe OR-Prozedur, ohne äußerst schwere CC, ohne komplizierende Konstellation, Alter < 16 Jahre	0,898	-	5,2	-	-	13	0,167	-	x	x	1,4436
A60C	M	Versagen und Abstoßung eines Organtransplantates, mehr als ein Belegungstag, ohne Entfernung eines Organtransplantates, ohne komplexe OR-Prozedur, ohne äußerst schwere CC, ohne komplizierende Konstellation, Alter > 15 Jahre	0,629	-	5,5	-	-	14	0,102	-	x	x	0,7230
A60D	M	Versagen und Abstoßung eines Organtransplantates, ein Belegungstag	0,187	-	1,0	-	-	-	-	-	-	x	1,1281
A61A	M	Versagen und Abstoßung eines Transplantates hämatopoetischer Zellen mit äußerst schweren CC oder mit bestimmter akuter Graft-versus-Host-Krankheit, mehr als ein Belegungstag	3,006	-	19,2	5	0,486	35	0,159	0,143	-	x	1,4270
A61B	M	Versagen und Abstoßung eines Transplantates hämatopoetischer Zellen ohne äußerst schwere CC, ohne bestimmte akute Graft-versus-Host-Krankheit oder ein Belegungstag, mit schweren CC oder Alter < 10 Jahre	1,501	-	6,0	1	1,106	16	0,239	0,211	-	x	1,3837
A61C	M	Versagen und Abstoßung eines Transplantates hämatopoetischer Zellen ohne äußerst schwere oder schwere CC, ohne bestimmte akute Graft-versus-Host-Krankheit oder ein Belegungstag, Alter > 9 Jahre	0,904	-	4,6	1	0,718	11	0,183	0,150	-	x	1,1089
A62Z	M	Evaluierungsaufenthalt vor Herztransplantation	2,798	-	11,9	3	0,615	27	0,173	0,186	-	x	1,2756
A63Z	M	Evaluierungsaufenthalt vor Lungen- oder Herz-Lungen-Transplantation	1,902	-	10,9	3	0,421	21	0,154	0,141	-	x	0,9686
A64Z	M	Evaluierungsaufenthalt vor Leber-, Dünndarm- oder Nieren-Pankreas-Transplantation	1,824	-	10,0	2	0,522	23	0,156	0,142	-	x	0,8622
A66Z	M	Evaluierungsaufenthalt vor anderer Organtransplantation	1,028	-	3,7	1	0,410	10	0,310	0,177	-	x	0,9341
A69Z	M	Evaluierungsaufenthalt vor Organtransplantation ohne Aufnahme auf eine Warteliste	1,877	-	10,6	3	0,386	23	0,147	0,128	-	x	0,8559

Fallpauschalen-Katalog und Pflegeerlöskatalog

Teil a) Bewertungsrelationen bei Versorgung durch Hauptabteilungen

DRG	Partition	Bezeichnung [6]	Bewertungsrelation bei Hauptabteilung	Bewertungsrelation bei Hauptabteilung und Beleghebamme	Mittlere Verweildauer [1]	Untere Grenzverweildauer		Obere Grenzverweildauer		Externe Verlegung Abschlag/Tag (Bewertungsrelation)	Verlegungs-fallpauschale	Ausnahme von Wiederaufnahme [4]	Pflegeerlös Bewertungsrelation/Tag
						Erster Tag mit Abschlag [2, 5]	Bewertungsrelation/Tag	Erster Tag zus. Entgelt [3, 5]	Bewertungsrelation/Tag				
1	2	3	4	5	6	7	8	9	10	11	12	13	
MDC 01 Krankheiten und Störungen des Nervensystems													
B01A	O	Mehrzeitige komplexe OR-Prozeduren bei Krankheiten und Störungen des Nervensystems, mit komplizierender Konstellation oder Alter < 18 Jahre	6,752	-	19,8	6	0,583	36	0,225	0,198	-	-	2,1957
B01B	O	Mehrzeitige komplexe OR-Prozeduren bei Krankheiten und Störungen des Nervensystems, ohne komplizierende Konstellation, Alter > 17 Jahre	5,220	-	20,3	6	0,407	38	0,185	0,134	-	-	1,4388
B02A	O	Komplexe Kraniotomie oder Wirbelsäulen-Operation bei Neubildung des Nervensystems oder intensivmedizinischer Komplexbehandlung > 392 / 368 / - Punkte, Alter < 6 Jahre mit Eingriff bei BNB oder Alter < 16 Jahre und mehrzeitige komplexe OR-Prozedur	9,819	-	33,1	10	0,553	51	0,186	-	x	-	2,3257
B02B	O	Komplexe Kraniotomie oder WS-OP, Bestr. an mind. 9 T. od. best. Eingr. bei BNB mit intraop. Monit., Alt. < 18 J. od. b. BNB od. IntK > 392 / 368 / - P., mit schwersten CC, Alt. > 15 J. od. oh. mehrz. kompl. OR-Proz. od. Alt. > 5 J. od. oh. Eingr. bei BNB	7,541	-	42,4	13	0,418	60	0,141	-	x	-	1,1870
B02C	O	Komplexe Kraniotomie oder WS-OP, mehr als 8 Bestr., Alter > 17 J. oder ohne best. Eingr. bei BNB mit intraop. Monit. od. bei NB des Nervensystems oder IntK > 392 / 368 / - P., Alter > 15 J. od. oh. mehrz. kompl. OR-Proz. od. Alt. > 5 J., oh. schwerste CC	5,904	-	20,7	6	0,665	37	0,228	-	x	-	2,4343
B02D	O	Komplexe Kraniotomie oder Wirbelsäulen-Operation, außer bei Neubildung, ohne intensivmedizinische Komplexbehandlung > 392 / 368 / - Aufwandspunkte, Alter < 6 Jahre oder mit bestimmtem Eingriff, Alter < 18 Jahre oder mit best. komplizierenden Faktoren	3,771	-	11,5	3	0,459	24	0,177	-	x	-	1,3851
B02E	O	Komplexe Kraniotomie oder Wirbelsäulen-Operation, ohne bestimmten komplexen Eingriff, Alter > 5 Jahre, ohne bestimmte komplizierende Faktoren	3,272	-	10,9	3	0,658	25	0,210	-	x	-	1,6525
B03Z	O	Bestimmte Eingriffe an Wirbelsäule und Rückenmark bei bösartiger Neubildung oder mit intraoperativem Monitoring oder Eingriffe bei zerebraler Lähmung, Muskeldystrophie, Neuropathie oder nicht akuter Para- / Tetraplegie mit äußerst schweren CC	2,863	-	10,4	2	0,427	23	0,146	0,109	-	-	1,0579
B04A	O	Interventionelle oder beidseitige Eingriffe an den extrakraniellen Gefäßen mit äußerst schweren CC	3,733	-	15,5	4	0,589	32	0,139	-	x	-	1,7296
B04B	O	Beidseitige Eingriffe an den extrakraniellen Gefäßen ohne äußerst schwere CC oder mehrzeitige Eingriffe an den extrakraniellen Gefäßen oder äußerst schwere CC	3,485	-	13,9	4	0,468	28	0,111	-	x	-	1,4173
B04C	O	Eingriffe an den extrakraniellen Gefäßen, ohne mehrzeitige Eingriffe, ohne beidseitige Eingriffe, ohne äußerst schwere CC	1,315	-	4,9	1	0,406	10	0,088	-	x	-	0,9832
B05Z	O	Dekompression bei Karpaltunnelsyndrom oder kleine Eingriffe an den Nerven	0,496	-	2,4	1	0,136	5	0,065	0,065	-	-	0,8881
B07Z	O	Eingriffe an peripheren Nerven, Hirnnerven und anderen Teilen des Nervensystems mit äußerst schweren CC oder komplizierender Diagnose	4,145	-	15,0	4	0,497	31	0,089	0,152	-	-	1,2776
B09Z	O	Andere Eingriffe am Schädel	1,080	-	4,4	1	0,460	10	0,076	0,108	-	-	0,8375
B12Z	O	Implantation eines Herzschrittmachers bei Krankheiten und Störungen des Nervensystems oder perkutan-transluminale Gefäßintervention an Herz und Koronargefäßen	2,303	-	12,9	3	0,395	26	0,087	0,113	-	-	1,1434
B15Z	O	Strahlentherapie bei Krankheiten und Störungen des Nervensystems, Bestrahlungen an mindestens 8 Tagen	2,429	-	19,4	5	0,396	35	0,124	-	x	x	0,8269
B16A	O	Strahlentherapie bei Krankheiten und Störungen des Nervensystems, mehr als ein Belegungstag, Bestrahlungen an mindestens 5 Tagen	1,289	-	8,9	2	0,421	19	0,133	0,135	-	x	0,8265
B16B	O	Strahlentherapie bei Krankheiten und Störungen des Nervensystems, mehr als ein Belegungstag, Bestrahlungen an weniger als 5 Tagen	0,742	-	4,7	-	-	13	0,104	0,123	-	x	0,8987
B17A	O	Eingriffe an peripheren Nerven, Hirnnerven und anderen Teilen des Nervensystems oder Eingriff bei zerebraler Lähmung, Muskeldystrophie oder Neuropathie, mit komplexer Diagnose	2,122	-	4,9	1	0,398	12	0,113	0,134	-	-	1,0213
B17B	O	Eingriffe an peripheren Nerven, Hirnnerven und anderen Teilen des Nervensystems oder Eingriff bei zerebraler Lähmung, Muskeldystrophie oder Neuropathie, mit komplexem Eingriff	1,853	-	6,0	1	0,328	15	0,077	0,094	-	-	0,7251
B17C	O	Eingr. an periph. Nerven, Hirnnerven und and. Teilen des Nervensys. oder Eingr. bei zerebr. Lähmung, Muskeldystr. od. Neurop., mit best. kompl. Eingr., Alt. < 16 J. oder mit mäßig kompl. Eingr., Alt. < 19 J. oder mit schw. CC od. Impl. Ereignis-Rekorder	1,581	-	9,6	2	0,360	20	0,108	0,112	-	-	0,9340
B17D	O	Eingriffe an peripheren Nerven, Hirnnerven und anderen Teilen des Nervensystems oder Eingriff bei zerebraler Lähmung, Muskeldystrophie oder Neuropathie, mit mäßig komplexem Eingriff oder best. Eingriff und Alter < 19 J. oder schw. CC oder best. Diagnose	0,990	-	4,2	1	0,327	11	0,071	0,082	-	-	0,7693
B17E	O	Eingriffe an peripheren Nerven, Hirnnerven und anderen Teilen des Nervensystems oder Eingriff bei zerebraler Lähmung, Muskeldystrophie oder Neuropathie, ohne komplexe oder bestimmte Diagnose, ohne mäßig komplexen oder komplexen Eingriff	0,721	-	2,9	1	0,189	7	0,065	0,069	-	-	0,8389
B18A	O	Komplexe Eingriffe an Wirbelsäule und Rückenmark bei Krankheiten und Störungen des Nervensystems	4,072	-	19,9	6	0,330	37	0,081	0,110	-	-	1,0188

Fallpauschalen-Katalog und Pflegeerlöskatalog
Teil a) Bewertungsrelationen bei Versorgung durch Hauptabteilungen

DRG	Parti-tion	Bezeichnung [6]	Bewertungsrelation bei Hauptabteilung	Bewertungsrelation bei Hauptabteilung und Beleghebamme	Mittlere Verweil-dauer [1]	Untere Grenzverweildauer: Erster Tag mit Abschlag [2), 5)]	Untere Grenzverweildauer: Bewertungs-relation/Tag	Obere Grenzverweildauer: Erster Tag zus. Entgelt [3), 5)]	Obere Grenzverweildauer: Bewertungs-relation/Tag	Externe Verlegung Abschlag/Tag (Bewertungsrelation)	Verlegungs-fallpauschale	Ausnahme von Wieder-aufnahme [4]	Pflegeerlös Bewertungs-relation/Tag
1	2	3	4	5	6	7	8	9	10	11	12	13	
B18B	O	Bestimmte Eingriffe an Wirbelsäule und Rückenmark bei Krankheiten und Störungen des Nervensystems außer bei bösartiger Neubildung oder Revision eines Ventrikelshuntes oder operative Eingriffe bei nicht akuter Para- / Tetraplegie	2,114	-	9,1	2	0,353	21	0,070	0,096	-	-	0,8892
B18C	O	Andere Eingriffe an Wirbelsäule und Rückenmark bei Krankheiten und Störungen des Nervensystems außer bei bösartiger Neubildung	1,571	-	5,3	1	0,320	12	0,078	0,108	-	-	1,1242
B18D	O	Mäßig komplexe Eingriffe an Wirbelsäule und Rückenmark bei Krankheiten und Störungen des Nervensystems außer bei bösartiger Neubildung	1,464	-	5,8	1	0,266	14	0,064	0,079	-	-	0,9538
B19A	O	Implantation, Revision und Entfernung von Neurostimulatoren und Neurostimulationselektroden bei Krankheiten und Störungen des Nervensystems mit Implantation oder Wechsel eines Neurostimulators	1,419	-	3,5	1	0,393	9	0,060	0,067	-	-	0,8316
B19B	O	Implantation, Revision und Entfernung von Neurostimulatoren und Neurostimulationselektroden bei Krankheiten und Störungen des Nervensystems mit Implantation oder Wechsel eines permanenten oder temporären Elektrodensystems	1,502	-	2,8	1	0,085	6	0,061	0,064	-	-	0,8416
B19C	O	Implantation, Revision und Entfernung von Neurostimulatoren und Neurostimulationselektroden bei Krankheiten und Störungen des Nervensystems ohne Implantation oder Wechsel von Neurostimulatoren und Elektrodensystemen	0,834	-	3,0	1	0,342	6	0,063	0,066	-	-	0,8305
B20A	O	Kraniotomie oder große Wirbelsäulen-Operation mit bestimmter komplexer Prozedur, Alter < 18 Jahre oder mit komplizierenden Faktoren, Alter < 16 Jahre oder mit bestimmter intrakranieller Blutung	3,706	-	11,8	3	0,601	25	0,202	-	x	-	2,0418
B20B	O	Kraniotomie oder große WS-Operation mit kompl. Prozedur, mit kompliz. Faktoren, Alter > 15 Jahre, ohne best. intrakran. Blutung oder Alter < 1 J. mit interv. oder großem intrakran. oder best. Eingriff oder mit kompl. Diagnose od. bei bösart. Neubildung	2,739	-	8,8	2	0,437	18	0,172	-	x	-	1,1968
B20C	O	Kraniotomie oder große WS-Operation, Alter < 3 Jahre oder interventioneller Eingriff oder Alter < 18 Jahre mit großem intrakraniellen Eingriff oder mit kompl. Diagnose oder best. Eingriff, Alter < 16 J. od. bei bösartiger Neubildung, Alter > 0 Jahre	2,075	-	6,1	1	0,586	14	0,204	-	x	-	1,2575
B20D	O	Kraniotomie oder große WS-OP mit komplexer Prozedur oder ohne komplexe Prozedur, Alter > 2 Jahre, mit komplexer Diagnose oder bestimmtem Eingriff oder mit bestimmter Prozedur oder bei bösartiger Neubildung oder Alter < 16 Jahre	1,917	-	6,9	1	0,662	17	0,150	-	x	-	1,2033
B20E	O	Kraniotomie oder große Wirbelsäulen-Operation ohne komplexe Prozedur, Alter > 2 Jahre, ohne komplexe Diagnose, ohne bestimmten Eingriff, ohne bestimmte Prozedur, außer bei bösartiger Neubildung, Alter > 15 Jahre	1,528	-	6,6	1	0,467	16	0,137	-	x	-	1,1501
B21A	O	Implantation eines Neurostimulators zur Hirnstimulation, Mehrelektrodensystem, mit Sondenimplantation	7,273	-	10,9	3	0,258	18	0,095	0,087	-	-	0,8765
B21B	O	Implantation eines Neurostimulators zur Hirnstimulation, Mehrelektrodensystem, ohne Sondenimplantation	3,539	-	3,0	1	0,309	7	0,086	0,100	-	-	1,0322
B36A	O	Intensivmedizinische Komplexbehandlung > 1764 / 1656 / 1932 Aufwandspunkte oder > 1176 / 1104 / 1380 Aufwandspunkte mit bestimmter OR-Prozedur oder Alter < 10 Jahre bei Krankheiten und Störungen des Nervensystems	11,488	-	36,3	11	0,807	54	0,282	-	x	x	3,2934
B36B	O	Intensivmedizinische Komplexbehandlung > 1176 / 1104 / 1104 Aufwandspunkte ohne bestimmte OR-Prozedur oder > 588 / 552 / 552 Punkte mit best. OR-Prozedur oder best. hochaufw. Implantate oder Alter > 9 Jahre bei Krankheiten und Störungen des Nervensystems	7,518	-	22,0	6	0,897	39	0,288	-	x	x	3,3207
B39A	O	Neurologische Komplexbehandlung des akuten Schlaganfalls mit bestimmter OR-Prozedur, mehr als 72 Stunden mit komplexem Eingriff oder mit komplizierender Konstellation oder intensivmedizinischer Komplexbehandlung > 392 / 368 / - Aufwandspunkte	4,665	-	19,2	5	0,646	35	0,204	-	x	-	1,8611
B39B	O	Neurologische Komplexbehandlung des akuten Schlaganfalls mit bestimmter OR-Prozedur, bis 72 Stunden mit komplexem Eingriff oder mehr als 72 Stunden, ohne kompl. Eingriff, ohne kompliz. Konst., ohne intensivmed. Komplexbehandlung > 392 / 368 / - Punkte	2,557	-	11,2	3	0,525	24	0,132	-	x	-	1,5864
B39C	O	Neurologische Komplexbehandlung des akuten Schlaganfalls mit best. OR-Prozedur, bis 72 Std., ohne kompl. Eing., ohne kompliz. Konst., ohne intensivmed. Komplexbeh. > 392 / 368 / - P. oder and. neurolog. Komplexbeh. des akuten Schlaganf., mehr als 72 Std.	2,089	-	8,5	2	0,542	19	0,135	-	x	-	1,3412
B42A	A	Frührehabilitation bei Krankheiten und Störungen des Nervensystems bis 27 Tage mit neurologischer Komplexbehandlung des akuten Schlaganfalls oder fachübergreifende u. andere Frührehabilitation mit neurologischer Komplexbehandlung des akuten Schlaganfalls	3,094	-	23,1	-	-	35	0,093	0,127	-	-	1,5509
B42B	A	Frührehabilitation bei Krankheiten und Störungen des Nervensystems bis 27 Tage ohne neurologische Komplexbehandlung des akuten Schlaganfalls	2,412	-	21,2	-	-	31	0,079	0,108	-	-	1,1633

Fallpauschalen-Katalog und Pflegeerlöskatalog
Teil a) Bewertungsrelationen bei Versorgung durch Hauptabteilungen

DRG	Partition	Bezeichnung [6]	Bewertungsrelation bei Hauptabteilung	Bewertungsrelation bei Hauptabteilung und Beleghebamme	Mittlere Verweildauer [1]	Untere Grenzverweildauer: Erster Tag mit Abschlag [2, 5]	Untere Grenzverweildauer: Bewertungsrelation/Tag	Obere Grenzverweildauer: Erster Tag zus. Entgelt [3, 5]	Obere Grenzverweildauer: Bewertungsrelation/Tag	Externe Verlegung Abschlag/Tag (Bewertungsrelation)	Verlegungsfallpauschale	Ausnahme von Wiederaufnahme [4]	Pflegeerlös Bewertungsrelation/Tag
1	2	3	4	5	6	7	8	9	10	11	12	13	
B44A	A	Geriatrische frührehabilitative Komplexbehandlung bei Krankheiten und Störungen des Nervensystems mit neurologischer Komplexbehandlung oder anderer neurologischer Komplexbehandlung des akuten Schlaganfalls bei schwerer motorischer Funktionseinschränkung	2,258	-	25,1	-	-	39	0,066	0,085	-	-	1,0244
B44B	A	Geriatrische frührehabilitative Komplexbehandlung bei Krankheiten und Störungen des Nervensystems mit anderer neurologischer Komplexbehandlung des akuten Schlaganfalls oder schwerer motorischer Funktionseinschränkung	1,506	-	20,1	-	-	31	0,052	0,071	-	-	0,8508
B44C	A	Geriatrische frührehabilitative Komplexbehandlung bei Krankheiten und Störungen des Nervensystems ohne Komplexbehandlung des akuten Schlaganfalls, ohne schwere motorische Funktionseinschränkung	1,324	-	18,1	-	-	26	0,051	0,068	-	-	0,6743
B45Z	A	Intensivmedizinische Komplexbehandlung > 392 / 368 / 828 Aufwandspunkte bei Krankheiten und Störungen des Nervensystems	4,702	-	25,9	8	0,512	44	0,179	0,171	-	x	2,1431
B47A	A	Multimodale Schmerztherapie bei Krankheiten und Störungen des Nervensystems, mindestens 14 Behandlungstage	1,309	-	16,6	-	-	20	0,058	0,074	-	x	0,4684
B47B	A	Multimodale Schmerztherapie bei Krankheiten und Störungen des Nervensystems, weniger als 14 Behandlungstage	0,892	-	10,4	-	-	15	0,058	0,080	-	x	0,4775
B48Z	A	Frührehabilitation bei Multipler Sklerose und zerebellarer Ataxie, nicht akuter Para- / Tetraplegie oder anderen neurologischen Erkrankungen	1,539	-	17,7	-	-	22	0,060	0,081	-	-	0,5943
B60A	M	Nicht akute Paraplegie / Tetraplegie, mehr als ein Belegungstag	0,926	-	8,7	2	0,303	20	0,074	0,094	-	-	0,9094
B60B	M	Nicht akute Paraplegie / Tetraplegie, ein Belegungstag	0,211	-	1,0	-	-	-	-	-	-	-	1,1369
B61A	M	Bestimmte akute Erkrankungen und Verletzungen des Rückenmarks mit komplexem Eingriff, weniger als 14 Belegungstage, wegverlegt	3,583	-	8,5	2	0,562	16	0,141	-	x	-	2,0305
B63Z	M	Demenz und andere chronische Störungen der Hirnfunktion	0,610	-	6,4	1	0,379	16	0,069	0,088	-	-	0,8521
B66A	M	Neubildungen des Nervensystems mit äußerst schweren CC, mehr als ein Belegungstag, Alter < 10 Jahre oder mit komplizierender Konstellation	2,758	-	16,8	5	0,427	35	0,165	0,144	-	x	1,6084
B66B	M	Neubildungen des Nervensystems mit äußerst schweren CC, mehr als ein Belegungstag, Alter > 9 Jahre, ohne komplizierende Konstellation	1,498	-	14,9	4	0,286	29	0,074	0,091	-	x	1,2400
B66C	M	Neubildungen des Nervensystems, ein Belegungstag oder ohne äußerst schwere CC, Alter < 16 Jahre	0,654	-	3,5	1	0,264	8	0,175	0,136	-	x	1,9044
B66D	M	Neubildungen des Nervensystems, ein Belegungstag oder ohne äußerst schwere CC, Alter > 15 Jahre	0,623	-	5,5	1	0,379	14	0,079	0,095	-	x	1,0357
B67A	M	Morbus Parkinson mit äußerst schweren CC oder schwerster Beeinträchtigung	1,123	-	12,6	3	0,276	25	0,062	0,081	-	-	1,0671
B67B	M	Morbus Parkinson ohne äußerst schwere CC, ohne schwerste Beeinträchtigung	0,784	-	8,4	2	0,257	18	0,065	0,083	-	-	0,7714
B68A	M	Multiple Sklerose und zerebellare Ataxie mit äußerst schweren CC, mehr als ein Belegungstag	2,045	-	26,5	8	0,214	44	0,066	0,071	-	-	1,3366
B68B	M	Multiple Sklerose und zerebellare Ataxie, ein Belegungstag oder ohne äußerst schwere CC, Alter < 16 Jahre	0,821	-	4,9	1	0,570	12	0,163	0,136	-	-	1,1991
B68C	M	Multiple Sklerose und zerebellare Ataxie, ein Belegungstag oder ohne äußerst schwere CC, Alter > 15 Jahre, mit komplexer Diagnose	0,721	-	5,7	1	0,497	13	0,090	0,109	-	-	0,6278
B68D	M	Multiple Sklerose und zerebellare Ataxie, ein Belegungstag oder ohne äußerst schwere CC, Alter > 15 Jahre, ohne komplexe Diagnose	0,547	-	6,6	1	0,391	16	0,060	0,074	-	-	0,6637
B69A	M	Transitorische ischämische Attacke (TIA) und extrakranielle Gefäßverschlüsse mit neurologischer Komplexbehandlung des akuten Schlaganfalls und äußerst schweren CC	1,753	-	13,9	4	0,341	30	0,094	0,112	-	-	1,2828
B69B	M	Transitorische ischämische Attacke (TIA) und extrakranielle Gefäßverschlüsse mit neurologischer Komplexbehandlung des akuten Schlaganfalls > 72 Stunden	0,925	-	5,9	1	0,442	12	0,114	0,140	-	-	1,5374
B69C	M	Transitorische ischämische Attacke (TIA) und extrakranielle Gefäßverschlüsse mit neurologischer Komplexbehandlung des akuten Schlaganfalls ohne äußerst schwere CC oder mit anderer neurologischer Komplexbehandlung oder mit äußerst schweren CC	0,718	-	4,1	1	0,301	9	0,119	0,129	-	-	1,2465
B69D	M	Transitorische ischämische Attacke (TIA) und extrakranielle Gefäßverschlüsse ohne neurologische Komplexbehandlung des akuten Schlaganfalls, ohne andere neurologische Komplexbehandlung des akuten Schlaganfalls, ohne äußerst schwere CC	0,594	-	3,9	1	0,302	9	0,095	0,118	-	-	0,8327
B70A	M	Apoplexie mit neurologischer Komplexbehandlung des akuten Schlaganfalls, mehr als 72 Stunden, mit komplizierender Diagnose oder bestimmter neurologischer Komplexbehandlung > 96 Stunden	1,807	-	12,8	3	0,451	26	0,109	-	x	-	1,5670

Fallpauschalen-Katalog und Pflegeerlöskatalog
Teil a) Bewertungsrelationen bei Versorgung durch Hauptabteilungen

DRG	Parti-tion	Bezeichnung [6]	Bewertungsrelation bei Hauptabteilung	Bewertungsrelation bei Hauptabteilung und Beleghebamme	Mittlere Verweil-dauer [1]	Untere Grenzverweildauer: Erster Tag mit Abschlag [2), 5)]	Untere Grenzverweildauer: Bewertungs-relation/Tag	Obere Grenzverweildauer: Erster Tag zus. Entgelt [3), 5)]	Obere Grenzverweildauer: Bewertungs-relation/Tag	Externe Verlegung Abschlag/Tag (Bewertungsrelation)	Verlegungs-fallpauschale	Ausnahme von Wieder-aufnahme [4]	Pflegeerlös Bewertungs-relation/Tag
1	2	3	4	5	6	7	8	9	10	11	12	13	
B70B	M	Apoplexie mit neurologischer Komplexbehandlung des akuten Schlaganfalls, mehr als 72 Stunden oder mit komplexem zerebrovaskulären Vasospasmus oder intensivmedizinischer Komplexbehandlung > 196 / 184 / - Aufwandspunkte	1,288	-	8,3	2	0,423	18	0,110	-	x	-	1,4021
B70C	M	Apoplexie ohne komplexen zerebrovask. Vasospasmus, mit neurol. Komplexbeh. des akuten Schlaganfalls bis 72 Std., mit komplizierender Diagnose oder systemischer Thrombolyse oder mit anderer neurol. Komplexbeh. des akuten Schlaganfalls, mehr als 72 Std.	1,216	-	7,4	1	0,603	16	0,114	0,140	-	-	1,2950
B70D	M	Apoplexie ohne komplexen zerebrovaskulären Vasospasmus, ohne komplizierende Diagnose oder systemische Thrombolyse, mit neurol. Komplexbeh. des akuten Schlaganfalls bis 72 Std. oder mit bestimmter neurol. Komplexbeh. des akuten Schlaganfalls bis 72 Std.	0,926	-	6,0	1	0,455	14	0,102	0,124	-	-	1,1498
B70E	M	Apoplexie ohne neurologische Komplexbehandlung des akuten Schlaganfalls, ohne andere neurol. Komplexbeh. des akuten Schlaganfalls, mehr als 72 Stunden, mit komplizierender Diagnose oder systemischer Thrombolyse oder Alter < 16 Jahre	1,101	-	8,0	2	0,365	18	0,095	0,121	-	-	1,2176
B70F	M	Apoplexie ohne neurologische Komplexbehandlung des akuten Schlaganfalls, ohne andere neurologische Komplexbehandlung des akuten Schlaganfalls, ohne komplizierende Diagnose, ohne systemische Thrombolyse, Alter < 15 Jahre	0,777	-	6,5	-	-	15	0,083	0,089	-	-	0,8966
B70G	M	Apoplexie mit neurologischer Komplexbehandlung des akuten Schlaganfalls oder mit anderer neurologischer Komplexbehandlung des akuten Schlaganfalls, verstorben < 4 Tage nach Aufnahme	0,731	-	2,5	-	-	-	-	-	x	-	2,3958
B70H	M	Apoplexie ohne neurologische Komplexbehandlung des akuten Schlaganfalls, ohne andere neurologische Komplexbehandlung des akuten Schlaganfalls, verstorben < 4 Tage nach Aufnahme	0,595	-	2,4	-	-	-	-	-	x	-	2,3831
B70I	M	Apoplexie, ein Belegungstag	0,296	-	1,0	-	-	-	-	-	-	-	1,3438
B71A	M	Erkrankungen an Hirnnerven und peripheren Nerven mit komplexer Diagnose oder Komplexbehandlung der Hand, mehr als ein Belegungstag, mit äußerst schweren CC oder bei Para- / Tetraplegie mit äußerst schweren oder schweren CC	5,614	-	29,9	9	0,549	48	0,130	0,178	-	-	1,5660
B71B	M	Erkrankungen an Hirnnerven und peripheren Nerven mit komplexer Diagnose, mit schweren CC oder bei Para- / Tetraplegie oder mit Komplexbehandlung der Hand oder ohne komplexe Diagnose, mit äußerst schweren oder schweren CC, bei Para- / Tetraplegie	1,487	-	12,1	3	0,363	26	0,084	0,110	-	-	0,9555
B71C	M	Erkrankungen an Hirnnerven und peripheren Nerven ohne Komplexbehandlung der Hand oder mit komplexer Diagnose, mit äußerst schweren oder schweren CC, außer bei Para- / Tetraplegie	1,071	-	11,7	3	0,249	25	0,068	0,082	-	-	0,8453
B71D	M	Erkrankungen an Hirnnerven und peripheren Nerven ohne komplexe Diagnose, ohne Komplexbehandlung der Hand, ohne äußerst schwere oder schwere CC oder ohne Komplexbehandlung der Hand oder mit kompl. Diagnose, ohne schw. CC oder außer bei Para- / Tetraplegie	0,503	-	4,4	1	0,288	10	0,080	0,117	-	-	0,6598
B72A	M	Infektion des Nervensystems, Alter < 16 Jahre oder bestimmte Enzephalitis mit Intensivmedizinischer Komplexbehandlung > 0 / 0 / 184 Aufwandspunkte	1,329	-	10,3	2	0,464	23	0,127	0,117	-	-	1,2983
B72B	M	Infektion des Nervensystems, mehr als ein Belegungstag, ohne bestimmte Enzephalitis, ohne Intensivmedizinische Komplexbehandlung > 0 / 0 / 184 Aufwandspunkte	1,057	-	9,9	2	0,348	22	0,075	0,097	-	-	0,8060
B73Z	M	Virusmeningitis oder Infektion des Nervensystems, Alter > 15 Jahre oder ein Belegungstag	0,659	-	6,0	1	0,433	13	0,082	0,100	-	-	0,8037
B74Z	M	Komplexbehandlung bei multiresistenten Erregern bei Krankheiten und Störungen des Nervensystems	3,089	-	28,4	-	-	46	0,068	0,104	-	-	1,2787
B75Z	M	Fieberkrämpfe	0,440	-	2,7	1	0,208	6	0,112	0,117	-	-	1,2738
B76B	M	Anfälle, ohne komplexe Diagnostik und Therapie, mehr als ein Belegungstag mit äußerst schweren CC oder Alter < 3 Jahre oder komplexer Diagnose oder EEG, Alter < 1 Jahr, mehr als ein Belegungstag, mit komplexer Diagnose	1,643	-	11,8	3	0,405	26	0,096	0,124	-	-	1,5730
B76C	M	Anfälle, ohne komplexe Diagnostik und Therapie, mehr als ein Belegungstag, mit schweren CC, Alter > 2 Jahre, ohne komplexe Diagnose oder EEG, Alter < 1 Jahr, mehr als ein Belegungstag, ohne komplexe Diagnose	1,089	-	8,9	2	0,357	20	0,121	0,103	-	-	1,2730
B76D	M	Anfälle, Alter < 6 Jahre oder komplizierende Diagnose oder EEG, mehr als ein Belegungstag	0,583	-	4,1	1	0,332	10	0,099	0,114	-	-	1,1874
B76E	M	Anfälle, ein Belegungstag oder ohne komplexe Diagnostik und Therapie, ohne äußerst schwere oder schwere CC, ohne EEG, Alter > 5 Jahre, ohne komplexe Diagnose	0,507	-	3,8	1	0,268	8	0,091	0,105	-	-	1,0072
B77Z	M	Kopfschmerzen	0,446	-	3,1	1	0,218	7	0,094	0,106	-	-	0,7552
B78A	M	Intrakranielle Verletzung, Alter < 6 Jahre oder mit komplizierender Diagnose oder Intensivmedizinischer Komplexbehandlung > 196 / 184 / - Aufwandspunkte	0,859	-	6,0	1	0,518	15	0,094	0,115	-	-	1,3230
B78B	M	Intrakranielle Verletzung, Alter > 5 Jahre, ohne komplizierende Diagnose, ohne Intensivmedizinische Komplexbehandlung > 196 / 184 / - Aufwandspunkte	0,669	-	5,1	1	0,386	13	0,090	0,105	-	-	1,1514

Fallpauschalen-Katalog und Pflegeerlöskatalog

Teil a) Bewertungsrelationen bei Versorgung durch Hauptabteilungen

DRG	Partition	Bezeichnung [6]	Bewertungsrelation bei Hauptabteilung	Bewertungsrelation bei Hauptabteilung und Beleghebamme	Mittlere Verweildauer [1]	Untere Grenzverweildauer		Obere Grenzverweildauer		Externe Verlegung Abschlag/Tag (Bewertungsrelation)	Verlegungsfallpauschale	Ausnahme von Wiederaufnahme [4]	Pflegeerlös Bewertungsrelation/Tag
						Erster Tag mit Abschlag [2), 5)]	Bewertungsrelation/Tag	Erster Tag zus. Entgelt [3), 5)]	Bewertungsrelation/Tag				
1	2	3	4	5	6	7	8	9	10	11	12	13	
B79Z	M	Schädelfrakturen, Somnolenz, Sopor oder andere Kopfverletzungen und bestimmte Fraktur	0,513	-	3,5	1	0,276	8	0,098	0,109	-	-	1,3069
B80Z	M	Andere Kopfverletzungen	0,288	-	2,3	1	0,101	5	0,087	0,086	-	-	1,0802
B81A	M	Andere Erkrankungen des Nervensystems mit komplexer Diagnose oder bestimmter aufwendiger / hochaufwendiger Behandlung	1,078	-	9,1	2	0,357	20	0,099	0,099	-	-	1,1591
B81B	M	Andere Erkrankungen des Nervensystems ohne komplexe Diagnose, ohne bestimmte aufwendige / hochaufwendige Behandlung	0,585	-	4,9	1	0,331	12	0,080	0,098	-	-	0,7639
B82Z	M	Andere Erkrankungen an peripheren Nerven	0,346	-	3,3	1	0,159	7	0,076	0,081	-	-	0,6820
B84Z	M	Vaskuläre Myelopathien	1,228	-	9,1	2	0,401	20	0,093	0,120	-	-	0,9266
B85A	M	Degenerative Krankheiten des Nervensystems mit hochkomplexer Diagnose oder mit äußerst schweren oder schweren CC, mehr als ein Belegungstag, mit komplexer Diagnose oder bestimmter aufwendiger / hochaufwendiger Behandlung oder Alter < 6 Jahre	2,001	-	17,2	5	0,325	33	0,080	0,106	-	-	1,2223
B85B	M	Degenerative Krankheiten des Nervensystems mit äußerst schweren oder schweren CC, mehr als ein Belegungstag oder mit komplexer Diagnose, zerebrale Lähmungen oder Delirium, Alter < 2 Jahre	1,102	-	11,0	3	0,249	24	0,069	0,085	-	-	1,0745
B85C	M	Degenerative Krankheiten des Nervensystems ohne hochkomplexe Diagnose, ohne äußerst schwere oder schwere CC oder ein Belegungstag, mit komplexer Diagnose, zerebrale Lähmungen oder Delirium, Alter > 1 Jahr	0,675	-	6,7	1	0,469	16	0,074	0,093	-	-	0,9281
B85D	M	Degenerative Krankheiten des Nervensystems ohne hochkomplexe Diagnose, ohne äußerst schwere oder schwere CC oder ein Belegungstag, ohne komplexe Diagnose	0,510	-	4,2	1	0,281	10	0,083	0,096	-	-	0,8644
B86Z	M	Rückenmarkkompression, nicht näher bezeichnet und Krankheit des Rückenmarkes, nicht näher bezeichnet	0,614	-	5,1	1	0,302	12	0,080	0,099	-	-	0,7179
MDC 02 Krankheiten und Störungen des Auges													
C01A	O	Komplexer Eingriff bei penetrierenden Augenverletzungen oder bestimmte Orbitotomie	1,376	-	6,4	1	0,269	14	0,088	0,076	-	-	0,7594
C01B	O	Andere Eingriffe bei penetrierenden Augenverletzungen oder Amnionmembrantransplantation oder bestimmte Biopsie	0,791	-	5,1	1	0,374	12	0,060	0,082	-	-	0,7658
C02Z	O	Enukleationen und Eingriffe an Retina, Orbita und Augenlid oder Strahlentherapie bei bösartiger Neubildung	1,452	-	5,4	1	0,335	12	0,163	0,097	-	x	0,8698
C03A	O	Eingriffe an Retina, Orbita und Augenlid oder Entfernung Augapfel mit komplexem Eingriff oder komplizierenden Faktoren oder mit bestimmtem Eingriff oder bei bösartiger Neubildung, Alter < 16 Jahre	1,035	-	5,1	1	0,197	11	0,057	0,078	-	-	0,7910
C03B	O	Eingriffe an Retina, Orbita und Augenlid oder Entfernung Augapfel ohne komplexen Eingriff, ohne komplizierende Faktoren, mit bestimmtem Eingriff oder bei bösartiger Neubildung, Alter > 15 Jahre	0,790	-	3,2	1	0,116	7	0,058	0,086	-	-	0,7166
C03C	O	Eingriffe an Retina, Orbita und Augenlid oder Entfernung Augapfel, ohne komplexen oder bestimmten Eingriff, außer bei bösartiger Neubildung	0,658	-	2,9	1	0,119	6	0,060	0,063	-	-	0,7276
C04A	O	Hornhauttransplantation mit extrakapsulärer Extraktion der Linse (ECCE) oder Amnionmembrantransplantation oder komplexem Eingriff oder komplexer Diagnose oder Pars-plana-Vitrektomie oder Alter < 16 Jahre	1,429	-	5,8	1	0,248	13	0,151	0,069	-	x	0,6862
C04B	O	Hornhauttransplantation ohne extrakapsuläre Extraktion der Linse (ECCE), ohne Amnionmembrantransplantation, ohne komplexen Eingriff, ohne komplexe Diagnose, ohne Pars-plana-Vitrektomie, Alter > 15 Jahre	1,291	-	4,9	1	0,220	10	0,149	0,082	-	x	0,7012
C05Z	O	Dakryozystorhinostomie	0,656	-	2,9	1	0,089	6	0,056	0,063	-	-	0,7534
C06Z	O	Komplexe Eingriffe bei Glaukom	0,748	-	3,7	1	0,161	9	0,057	0,062	-	-	0,6607
C07A	O	Andere Eingriffe bei Glaukom mit extrakapsulärer Extraktion der Linse (ECCE) oder komplexem Eingriff am Auge oder bestimmten Eingriffen bei Glaukom oder Alter < 6 Jahre	0,528	-	2,6	1	0,039	5	0,059	0,060	-	-	0,7419
C07B	O	Andere Eingriffe bei Glaukom ohne extrakapsuläre Extraktion der Linse (ECCE), ohne komplexen Eingriff am Auge, ohne bestimmte Eingriffe bei Glaukom, Alter > 5 Jahre	0,394	-	3,1	1	0,151	7	0,058	0,059	-	-	0,7088
C08A	O	Beidseitige extrakapsuläre Extraktion der Linse (ECCE) oder extrakapsuläre Extraktion der Linse oder bestimmte andere Eingriffe am Auge bei komplexer Diagnose oder Alter < 10 Jahre	0,669	-	3,5	1	0,314	8	0,057	0,064	-	-	0,7723
C08B	O	Extrakapsuläre Extraktion der Linse (ECCE) ohne komplexe Diagnose oder bestimmte Eingriffe am Auge, Alter > 9 Jahre	0,414	-	2,5	1	0,077	5	0,058	0,060	-	-	0,8586
C10A	O	Eingriffe an den Augenmuskeln mit erhöhtem Aufwand	0,654	-	2,2	1	0,079	4	0,065	0,075	-	-	1,2277
C10B	O	Eingriffe an den Augenmuskeln ohne erhöhten Aufwand, mit komplexem Eingriff oder Alter < 6 Jahre	0,600	-	2,2	1	0,140	4	0,091	0,073	-	-	1,2160

Fallpauschalen-Katalog und Pflegeerlöskatalog
Teil a) Bewertungsrelationen bei Versorgung durch Hauptabteilungen

DRG	Partition	Bezeichnung [6]	Bewertungsrelation bei Hauptabteilung	Bewertungsrelation bei Hauptabteilung und Beleghebamme	Mittlere Verweildauer [1]	Untere Grenzverweildauer: Erster Tag mit Abschlag [2], [5]	Untere Grenzverweildauer: Bewertungsrelation/Tag	Obere Grenzverweildauer: Erster Tag zus. Entgelt [3], [5]	Obere Grenzverweildauer: Bewertungsrelation/Tag	Externe Verlegung Abschlag/Tag (Bewertungsrelation)	Verlegungsfallpauschale	Ausnahme von Wiederaufnahme [4]	Pflegeerlös Bewertungsrelation/Tag
1	2	3	4	5	6	7	8	9	10	11	12	13	
C10C	O	Eingriffe an den Augenmuskeln ohne erhöhten Aufwand, ohne komplexen Eingriff, Alter > 5 Jahre	0,523	-	2,1	1	0,069	4	0,066	0,067	-	-	1,0576
C12Z	O	Andere Rekonstruktionen der Augenlider	0,721	-	3,5	1	0,328	8	0,059	0,067	-	-	0,7197
C13Z	O	Eingriffe an Tränendrüse und Tränenwegen	0,483	-	2,9	1	0,139	6	0,062	0,066	-	-	0,8674
C14Z	O	Andere Eingriffe am Auge	0,419	-	2,9	1	0,111	6	0,060	0,064	-	-	0,7857
C15Z	O	Andere Eingriffe an der Retina	0,658	-	3,1	1	0,231	6	0,059	0,063	-	-	0,7685
C16Z	O	Aufwendige Eingriffe am Auge, Alter < 6 Jahre	0,834	-	2,9	1	0,133	7	0,107	0,080	-	-	1,4575
C20A	O	Eingriffe an Kornea, Sklera und Konjunktiva, Eingriffe am Augenlid oder verschiedene Eingriffe an der Linse, Alter < 16 Jahre oder mit bestimmter Transplantation am Auge oder bei bösartiger Neubildung am Auge	0,697	-	3,0	1	0,257	7	0,102	0,071	-	-	1,0046
C20B	O	Eingriffe an Kornea, Sklera und Konjunktiva, Eingriffe am Augenlid oder verschiedene Eingriffe an der Linse, Alter > 15 Jahre, ohne bestimmte Transplantation am Auge außer bei bösartiger Neubildung am Auge	0,509	-	2,9	1	0,118	6	0,059	0,063	-	-	0,7975
C60Z	M	Akute und schwere Augeninfektionen	0,517	-	6,3	1	0,316	12	0,057	0,070	-	-	0,7155
C61Z	M	Neuro-ophthalmologische und vaskuläre Erkrankungen des Auges	0,545	-	4,3	1	0,278	9	0,088	0,102	-	-	0,6727
C62Z	M	Hyphäma und konservativ behandelte Augenverletzungen	0,299	-	3,1	1	0,135	7	0,064	0,070	-	-	0,7706
C63Z	M	Andere Erkrankungen des Auges oder Augenerkrankungen bei Diabetes mellitus	0,436	-	3,9	1	0,238	9	0,076	0,087	-	-	0,7510
C64Z	M	Glaukom, Katarakt und Erkrankungen des Augenlides	0,209	-	2,4	1	0,087	5	0,060	0,060	-	-	0,7434
C65Z	M	Bösartige Neubildungen des Auges	0,523	-	3,7	1	0,229	9	0,096	0,107	-	x	1,0221
MDC 03 Krankheiten und Störungen des Ohres, der Nase, des Mundes und des Halses													
D01B	O	Kochleaimplantation, unilateral	6,081	-	4,1	1	0,275	8	0,131	0,112	-	-	0,7493
D02A	O	Komplexe Resektionen mit Rekonstruktionen an Kopf und Hals mit komplexem Eingriff oder mit Kombinationseingriff mit äußerst schweren CC	6,277	-	18,8	5	0,425	34	0,221	0,123	-	-	1,3451
D02B	O	Komplexe Resektionen mit Rekonstruktionen an Kopf und Hals ohne komplexen Eingriff, ohne Kombinationseingriff mit äußerst schweren CC	4,601	-	14,5	4	0,378	27	0,197	0,117	-	-	1,1643
D03A	O	Operative Korrektur einer Lippen-Kiefer-Gaumen-Spalte oder bestimmte plastische Rekonstruktion am Kopf mit Hartgaumenplastik oder bestimmte Knochentransplantation an Kiefer- und Gesichtsschädelknochen oder Alter < 2 Jahre	1,682	-	5,2	1	0,293	10	0,113	0,095	-	-	1,4909
D03B	O	Operative Korrektur einer Lippen-Kiefer-Gaumen-Spalte oder bestimmte plastische Rekonstruktion am Kopf ohne Hartgaumenplastik, ohne bestimmte Knochentransplantation an Kiefer- und Gesichtsschädelknochen, Alter > 1 Jahr	1,266	-	4,7	1	0,229	10	0,062	0,080	-	-	0,9355
D04A	O	Bignathe Osteotomie und komplexe Eingriffe am Kiefer oder Rekonstruktion der Trachea oder plastische Rekonstruktion der Ohrmuschel mit mikrovaskulärem Lappen, mit komplexem Eingriff	2,201	-	5,3	1	0,309	9	0,255	0,110	-	-	0,9726
D04B	O	Bignathe Osteotomie und komplexe Eingriffe am Kiefer oder Rekonstruktion der Trachea oder plastische Rekonstruktion der Ohrmuschel mit mikrovaskulärem Lappen, ohne komplexen Eingriff	1,675	-	5,4	1	0,306	10	0,208	0,112	-	-	0,9249
D05A	O	Komplexe Parotidektomie	1,413	-	4,0	1	0,211	8	0,071	0,084	-	-	0,7559
D05B	O	Komplexe Eingriffe an den Speicheldrüsen außer komplexe Parotidektomien	1,049	-	3,5	1	0,178	7	0,069	0,072	-	-	0,7778
D06A	O	Komplexe Eingriffe an Nasennebenhöhlen, Mastoid, Mittelohr, Speicheldrüsen, Rachen, Alter < 6 Jahre oder Alter > 15 Jahre mit komplexer Prozedur oder Diagnose, mit Resektion des Felsenbeins oder mit intrakraniellem Eingriff bei bösartiger Neubildung	1,401	-	6,0	1	0,297	13	0,072	0,085	-	-	1,2107
D06B	O	Andere Eingriffe an Nasennebenhöhlen, Mastoid, Mittelohr, Speicheldrüsen, Rachen, Alter > 5 Jahre und Alter < 16 Jahre oder Alter > 15 Jahre, mit komplexer Prozedur oder Diagnose, ohne Resektion am Felsenbein, ohne intrakraniellen Eingriff bei BNB	0,907	-	4,0	1	0,177	9	0,069	0,071	-	-	0,8374
D06C	O	Bestimmte Eingriffe an Nasennebenhöhlen, Mastoid, Mittelohr, Speicheldrüsen, Rachen, Alter > 15 Jahre, ohne komplexe Prozedur, ohne komplexe Diagnose, mit bestimmter Prozedur	0,733	-	3,2	1	0,183	6	0,059	0,090	-	-	0,6837
D08A	O	Eingriffe an Mundhöhle und Mund bei bösartiger Neubildung mit äußerst schweren CC	2,235	-	14,8	4	0,263	29	0,143	0,096	-	-	1,2478
D08B	O	Eingriffe an Mundhöhle und Mund bei bösartiger Neubildung ohne äußerst schwere CC	0,751	-	4,1	1	0,273	9	0,128	0,086	-	-	0,8120
D09Z	O	Tonsillektomie bei bösartiger Neubildung oder verschiedene Eingriffe an Ohr, Nase, Mund und Hals mit äußerst schweren CC	1,713	-	10,3	2	0,354	25	0,141	0,094	-	-	1,0856
D12A	O	Andere aufwendige Eingriffe an Ohr, Nase, Mund und Hals mit komplexer Diagnose	1,333	-	6,3	1	0,331	15	0,078	0,111	-	-	0,9020
D12B	O	Andere Eingriffe an Ohr, Nase, Mund und Hals ohne komplexe Diagnose	0,847	-	3,8	1	0,289	9	0,067	0,077	-	-	0,7988

Fallpauschalen-Katalog und Pflegeerlöskatalog
Teil a) Bewertungsrelationen bei Versorgung durch Hauptabteilungen

DRG	Partition	Bezeichnung [6]	Bewertungsrelation bei Hauptabteilung	Bewertungsrelation bei Hauptabteilung und Beleghebamme	Mittlere Verweildauer [1]	Untere Grenzverweildauer		Obere Grenzverweildauer		Externe Verlegung Abschlag/Tag (Bewertungsrelation)	Verlegungsfallpauschale	Ausnahme von Wiederaufnahme [4]	Pflegeerlös Bewertungsrelation/Tag
						Erster Tag mit Abschlag [2), 5)]	Bewertungsrelation/Tag	Erster Tag zus. Entgelt [3), 5)]	Bewertungsrelation/Tag				
1	2	3	4	5	6	7	8	9	10	11	12	13	
D13A	O	Kleine Eingriffe an Nase, Ohr, Mund und Hals mit komplizierender Diagnose oder bestimmtem Eingriff oder Alter < 16 Jahre mit äußerst schweren CC oder Alter < 1 Jahr	0,857	-	3,6	1	0,301	8	0,074	0,086	-	-	0,8910
D13B	O	Kleine Eingriffe an Nase, Ohr, Mund und Hals ohne komplizierende Diagnose, ohne bestimmten Eingriff, Alter > 15 Jahre oder ohne äußerst schwere CC, Alter > 0 Jahre	0,498	-	2,9	1	0,113	6	0,065	0,069	-	-	0,9600
D15A	O	Tracheostomie mit äußerst schweren CC oder mit radikaler zervikaler Lymphadenektomie oder Implantation einer Kiefergelenkendoprothese	3,549	-	17,4	5	0,320	33	0,077	-	x	-	1,1587
D15B	O	Tracheostomie ohne äußerst schwere CC, ohne radikale zervikale Lymphadenektomie	2,102	-	13,8	4	0,266	26	0,070	-	x	-	1,0571
D16Z	O	Materialentfernung an Kiefer und Gesicht	0,717	-	2,5	1	0,155	5	0,062	0,069	-	-	0,8056
D19Z	O	Strahlentherapie bei Krankheiten und Störungen des Ohres, der Nase, des Mundes und des Halses, Bestrahlungen an mindestens 9 Tagen	2,826	-	21,2	6	0,388	39	0,129	0,122	-	x	0,7497
D20A	O	Strahlentherapie bei Krankheiten und Störungen des Ohres, der Nase, des Mundes und des Halses, Bestrahlungen an mindestens 5 Tagen	1,186	-	7,4	-	-	15	0,154	0,135	-	x	0,7719
D20B	O	Strahlentherapie bei Krankheiten und Störungen des Ohres, der Nase, des Mundes und des Halses, Bestrahlungen an weniger als 5 Tagen	0,619	-	3,4	1	0,295	9	0,159	0,145	-	x	0,8149
D22A	O	Eingriffe an Mundhöhle und Mund, mit Mundboden- oder Vestibulumplastik, mit Eingriffen an Gaumen- und Rachenmandeln bei bösartiger Neubildung oder komplexe Eingriffe am Kopf	1,012	-	5,7	1	0,264	11	0,060	0,073	-	-	0,7460
D22B	O	Eingriffe an Mundhöhle und Mund oder Eingriffe an Hals und Kopf, ohne Mundboden- oder Vestibulumplastik, ohne Eingriffe an Gaumen- und Rachenmandeln bei bösartiger Neubildung, ohne komplexe Eingriffe am Kopf	0,575	-	3,1	1	0,161	7	0,070	0,075	-	-	0,8397
D24A	O	Komplexe Hautplastiken und große Eingriffe an Kopf und Hals mit äußerst schweren CC oder mit Kombinationseingriff ohne äußerst schwere CC	4,911	-	21,3	6	0,347	39	0,080	0,109	-	-	1,1500
D24B	O	Komplexe Hautplastiken und große Eingriffe an Kopf und Hals ohne äußerst schwere CC, ohne Kombinationseingriff	2,269	-	8,3	2	0,309	17	0,075	0,100	-	-	0,8740
D25A	O	Mäßig komplexe Eingriffe an Kopf und Hals bei bösartiger Neubildung oder mit Eingriff an den oberen Atemwegen mit äußerst schweren CC oder Strahlentherapie mit operativem Eingriff	5,946	-	36,9	11	0,342	55	0,134	0,108	-	-	1,1276
D25B	O	Mäßig komplexe Eingriffe an Kopf und Hals bei BNB oder mit Eingriff an den oberen Atemwegen, mit Laryngektomie oder Exzision von Tumorgewebe, ohne äußerst schwere CC oder außer bei bösartiger Neubildung mit äußerst schweren CC	3,873	-	19,2	5	0,287	35	0,069	0,084	-	-	1,1325
D25C	O	Mäßig komplexe Eingriffe an Kopf und Hals bei BNB oder mit Eingriff an den oberen Atemwegen, ohne Laryngektomie, ohne Exzision von Tumorgewebe, ohne äußerst schwere CC	1,687	-	7,3	1	0,365	15	0,170	0,088	-	-	0,8656
D25D	O	Mäßig komplexe Eingriffe an Kopf und Hals außer bei bösartiger Neubildung ohne äußerst schwere CC	1,189	-	4,8	1	0,515	10	0,072	0,078	-	-	0,8819
D28Z	O	Andere Eingriffe an Kopf und Hals mit komplexem Eingriff oder bei bösartiger Neubildung oder Rekonstruktion mit Gesichtsepithesen oder totale Auflagerungsplastik der Maxilla	1,297	-	4,2	1	0,598	9	0,185	-	x	-	0,8435
D29Z	O	Operationen am Kiefer und andere Eingriffe an Kopf und Hals außer bei bösartiger Neubildung	1,063	-	4,0	1	0,394	8	0,069	0,102	-	-	0,8093
D30A	O	Tonsillektomie außer bei BNB od. versch. Eingriffe Ohr, Nase, Mund, Hals oh. äuß. schw. CC, m. aufw. Eingr. od. Eingr. Mundh., Mund, Alter < 3 J. od. m. kompl. Diag. od. Alter < 16 J. m. äuß. schw. od. schw. CC od. m. Eingr. Ohr, Trachea m. äuß. schw. CC	0,777	-	3,3	1	0,163	7	0,064	0,077	-	-	0,8342
D30B	O	Tonsillektomie außer bei BNB oder verschiedene Eingriffe an Ohr, Nase, Mund und Hals, Alter > 15 oder ohne äußerst schwere oder schwere CC, Alter < 12 Jahre oder Alter > 11 Jahre bei BNB oder mit anderem Eingriff oder ohne Eingriff an Hals, Trachea	0,605	-	3,5	1	0,190	7	0,057	0,064	-	-	0,8341
D30C	O	Kleine Eingriffe an Ohr, Nase, Mund und Hals, Alter > 11 Jahre	0,377	-	2,7	1	0,030	5	0,066	0,069	-	-	0,8075
D33Z	O	Mehrzeitige komplexe OR-Prozeduren bei Krankheiten und Störungen des Ohres, der Nase, des Mundes und des Halses	3,767	-	21,3	6	0,308	38	0,141	0,097	-	-	0,9938
D35Z	O	Eingriffe an Nase, Nasennebenhöhlen bei bösartiger Neubildung	1,115	-	4,3	1	0,225	9	0,194	0,086	-	-	0,7554
D36Z	O	Sehr komplexe Eingriffe an den Nasennebenhöhlen	0,977	-	4,2	1	0,217	9	0,072	0,083	-	-	0,7895
D37A	O	Sehr komplexe Eingriffe an der Nase, Alter < 16 Jahre oder bei Gaumenspalte oder Spaltnase oder plastische Rekonstruktion der Nase mit Rippenknorpeltransplantation	1,612	-	4,4	1	0,201	8	0,068	0,070	-	-	0,7529
D37B	O	Sehr komplexe Eingriffe an der Nase, Alter > 15 Jahre, außer bei Gaumenspalte oder Spaltnase, ohne plastische Rekonstruktion der Nase mit Rippenknorpeltransplantation	1,033	-	3,3	1	0,108	6	0,059	0,080	-	-	0,6621
D38Z	O	Mäßig komplexe Eingriffe an Nase, Nasennebenhöhlen, Gesichtsschädelknochen	0,784	-	3,1	1	0,319	6	0,061	0,069	-	-	0,6931
D39Z	O	Andere Eingriffe an der Nase	0,480	-	2,9	1	0,110	7	0,065	0,069	-	-	0,8063
D40Z	A	Zahnextraktion und -wiederherstellung	0,550	-	2,5	1	0,092	5	0,068	0,075	-	-	1,0404

Fallpauschalen-Katalog und Pflegeerlöskatalog

Teil a) Bewertungsrelationen bei Versorgung durch Hauptabteilungen

DRG	Partition	Bezeichnung [6]	Bewertungsrelation bei Hauptabteilung	Bewertungsrelation bei Hauptabteilung und Beleghebamme	Mittlere Verweildauer [1]	Untere Grenzverweildauer		Obere Grenzverweildauer		Externe Verlegung Abschlag/Tag (Bewertungsrelation)	Verlegungsfallpauschale	Ausnahme von Wiederaufnahme [4]	Pflegeerlös Bewertungsrelation/Tag
						Erster Tag mit Abschlag [2), 5)]	Bewertungsrelation/Tag	Erster Tag zus. Entgelt [3), 5)]	Bewertungsrelation/Tag				
1	2	3	4	5	6	7	8	9	10	11	12	13	
D60A	M	Bösartige Neubildungen an Ohr, Nase, Mund und Hals, mehr als ein Belegungstag, mit äußerst schweren oder schweren CC	1,447	-	13,7	4	0,269	28	0,098	0,092	-	x	1,0551
D60B	M	Bösartige Neubildungen an Ohr, Nase, Mund und Hals, ein Belegungstag oder ohne äußerst schwere oder schwere CC	0,603	-	3,7	1	0,248	9	0,083	0,093	-	x	0,9086
D61Z	M	Gleichgewichtsstörung, Hörverlust und Tinnitus	0,433	-	3,6	1	0,226	8	0,077	0,091	-	-	0,6853
D63A	M	Otitis media oder Infektionen der oberen Atemwege oder Blutung aus Nase und Rachen mit äußerst schweren CC	1,036	-	8,7	2	0,326	20	0,078	0,102	-	-	1,2539
D63B	M	Otitis media oder Infektionen der oberen Atemwege oder Blutung aus Nase und Rachen ohne äußerst schwere CC	0,342	-	3,3	1	0,157	7	0,071	0,078	-	-	1,0287
D64Z	M	Laryngotracheitis, Laryngospasmus und Epiglottitis	0,278	-	2,2	1	0,118	4	0,084	0,081	-	-	1,3908
D65Z	M	Andere Krankheiten an Ohr, Nase, Mund und Hals oder Verletzung und Deformität der Nase	0,408	-	3,4	1	0,132	7	0,068	0,077	-	-	0,8924
D67Z	M	Erkrankungen von Zähnen und Mundhöhle	0,417	-	3,4	1	0,140	8	0,070	0,077	-	-	0,9361
MDC 04 Krankheiten und Störungen der Atmungsorgane													
E01A	O	Revisionseingriffe, beidseitige Lobektomie, erweiterte Lungenresektionen und andere komplexe Eingriffe mit komplizierender Konstellation, hochkomplexem Eingriff oder komplizierender Diagnose	5,428	-	26,3	8	0,349	44	0,087	0,114	-	-	1,3283
E01B	O	Revisionseingriffe, beidseitige Lobektomie, erweiterte Lungenresektionen und andere komplexe Eingriffe ohne komplizierende Konstellation, ohne hochkomplexen Eingriff, ohne komplizierende Diagnose	3,413	-	13,8	4	0,340	27	0,087	0,115	-	-	1,0554
E02A	O	Andere OR-Prozeduren an den Atmungsorganen mit aufwendigem Eingriff oder schwersten CC oder IntK > 196 / 184 / 368 Punkte oder Alter < 10 Jahre	2,406	-	14,7	4	0,353	30	0,082	0,111	-	-	1,0131
E02B	O	Andere OR-Prozeduren an den Atmungsorganen, Alter > 9 Jahre, mit mäßig aufwendigem Eingriff bei Krankheiten und Störungen der Atmungsorgane oder mehr als ein Belegungstag mit bestimmtem Eingriff an Larynx oder Trachea oder mit äußerst schweren CC	1,689	-	11,9	3	0,308	25	0,070	0,095	-	-	0,7938
E02C	O	Andere OR-Prozeduren an den Atmungsorganen, Alter > 9 J., mehr als 1 BT, ohne best. Eingr. an Larynx oder Trachea, ohne mäßig aufwend. Eingr., ohne äuß. schw. CC, mit best. endoskop. Lungenvolumenred. oder anderem mäßig kompl. Eingr. oder Alter < 18 J.	0,961	-	5,6	1	0,288	14	0,066	0,102	-	-	0,7560
E02D	O	Andere OR-Prozeduren an den Atmungsorganen, Alter > 17 Jahre, mehr als 1 BT, ohne bestimmten Eingriff an Larynx oder Trachea, ohne mäßig aufwendigen Eingriff, ohne äußerst schwere CC, ohne endoskop. Lungenvolumenred., ohne anderen mäßig kompl. Eingriff	0,850	-	5,4	-	-	14	0,085	0,098	-	-	0,6626
E02E	O	Andere OR-Prozeduren an den Atmungsorganen, Alter > 17 J., ohne best. Eingriff an Larynx oder Trachea, ohne mäßig aufwendigen Eingriff, ohne äußerst schwere CC, ohne endoskop. Lungenvolumenreduktion, ohne andere mäßig kompl. Eingriffe, ein Belegungstag	0,524	-	1,0	-	-	-	-	-	-	-	1,3415
E03Z	O	Brachytherapie oder Therapie mit offenen Nukliden bei Krankheiten und Störungen der Atmungsorgane, mehr als ein Belegungstag	0,694	-	2,8	-	-	6	0,167	0,181	-	x	1,2104
E05A	O	Andere große Eingriffe am Thorax mit bestimmten Eingriffen bei Brustkorbdeformität oder äußerst schweren CC	4,858	-	19,4	5	0,483	37	0,101	0,142	-	-	1,3281
E05B	O	Andere große Eingriffe am Thorax bei bösartiger Neubildung oder Alter < 18 Jahre oder Perikarddrainage mit äußerst schweren CC	2,952	-	9,2	2	0,424	18	0,088	0,122	-	-	0,9538
E05C	O	Andere große Eingriffe am Thorax oder bestimmte Revisionseingriffe ohne bestimmte Eingriffe bei Brustkorbdeformität, ohne äußerst schwere CC, außer bei bösartiger Neubildung, Alter > 17 Jahre	2,232	-	9,4	2	0,363	20	0,082	0,103	-	-	0,9755
E06A	O	Andere Lungenresektionen, bestimmte Eingriffe an Thoraxorganen, Thoraxwand, Gefäßsystem oder Mediastinum, Alter < 10 Jahre oder Eingriff am Thorax mit äußerst schweren CC oder bestimmte Lobektomie oder Exzision intrakranielles Tumorgewebe	3,177	-	15,9	4	0,374	31	0,083	0,111	-	-	1,1209
E06B	O	And. Lungenresek., best. Eingr. an Thoraxorg., Thoraxw., Gefäßsystem od. Mediast., Alter > 9 und < 16 J. od. m. offen chirurg. Pleurolyse m. Eingr. an Lunge/Pleura od. best. atyp. Lungenresek. od. best. Brustkorbkorr. od. best. chirurg. Stab. d. Thoraxw.	2,421	-	9,2	2	0,377	20	0,081	0,117	-	-	0,9980
E06C	O	Andere Lungenresektionen, best. Eingriffe an Thoraxorganen, Thoraxwand, Gefäßsystem od. Mediastinum, Alter > 15 J., ohne offen chirurgische Pleurolyse mit Eingr. an Lunge/Pleura, mit komplexem Eingriff an Atmungsorganen, Mediastinum und Brustkorb	1,754	-	8,1	2	0,306	17	0,076	0,094	-	-	0,8549
E06D	O	Andere Lungenresektionen, best. Eingriffe an Thoraxorganen, Thoraxwand, Gefäßsystem od. Mediastinum, Alter > 15 J., ohne offen chirurgische Pleurolyse mit Eingr. an Lunge/Pleura, mit bestimmtem Eingriff an Atmungsorganen, Mediastinum und Brustkorb	1,414	-	7,2	1	0,375	16	0,073	0,091	-	-	0,7675
E07Z	O	Aufwendige Eingriffe bei Schlafapnoesyndrom	0,781	-	4,3	1	0,191	8	0,061	0,073	-	-	0,6456

Fallpauschalen-Katalog und Pflegeerlöskatalog
Teil a) Bewertungsrelationen bei Versorgung durch Hauptabteilungen

DRG	Partition	Bezeichnung [6]	Bewertungsrelation bei Hauptabteilung	Bewertungsrelation bei Hauptabteilung und Beleghebamme	Mittlere Verweildauer [1]	Untere Grenzverweildauer: Erster Tag mit Abschlag [2], [5]	Untere Grenzverweildauer: Bewertungsrelation/Tag	Obere Grenzverweildauer: Erster Tag zus. Entgelt [3], [5]	Obere Grenzverweildauer: Bewertungsrelation/Tag	Externe Verlegung Abschlag/Tag (Bewertungsrelation)	Verlegungsfallpauschale	Ausnahme von Wiederaufnahme [4]	Pflegeerlös Bewertungsrelation/Tag
1	2	3	4	5	6	7	8	9	10	11	12	13	
E08A	O	Strahlentherapie bei Krankheiten und Störungen der Atmungsorgane mit operativem Eingriff oder Beatmung > 24 Stunden	3,727	-	26,1	8	0,379	44	0,114	-	x	x	0,8134
E08B	O	Strahlentherapie bei Krankheiten und Störungen der Atmungsorgane ohne operativen Eingriff oder Beatmung > 24 Stunden, mehr als ein Belegungstag, Bestrahlungen an mindestens 9 Tagen	3,220	-	23,3	7	0,386	41	0,131	-	x	x	0,7153
E08C	O	Strahlentherapie bei Krankheiten und Störungen der Atmungsorgane ohne operativen Eingriff od. Beatmung > 24 Stunden, mehr als ein Belegungstag, Bestrahlungen an mindestens 5 Tagen od. mindestens 10 Bestrahlungen od. zerebrale, stereotaktische Bestrahlung	1,582	-	11,7	3	0,379	25	0,131	0,118	-	x	0,8056
E08D	O	Strahlentherapie bei Krankheiten und Störungen der Atmungsorgane ohne operativen Eingr. oder Beatmung > 24 Stunden, mehr als ein Belegungstag, Bestrahlungen an weniger als 5 Tagen, weniger als 10 Bestrahlungen, ohne zerebrale, stereotaktische Bestrahlung	1,038	-	8,6	2	0,321	21	0,119	-	x	x	0,7648
E36Z	O	Intensivmedizinische Komplexbehandlung > 588 / 552 / 552 Aufwandspunkte oder hochaufwendiges Implantat bei Krankheiten und Störungen der Atmungsorgane	5,133	-	20,6	6	0,702	38	0,238	0,224	-	x	2,8780
E40A	A	Krankheiten und Störungen der Atmungsorgane mit Beatmung > 24 Stunden, mehr als 2 Belegungstage, mit komplexer Prozedur oder int. Komplexbehandlung > 196 / 368 / - Punkte oder komplizierender Diagnose oder Alter < 16 Jahre, mit äußerst schw. CC oder ARDS	3,430	-	15,9	4	0,648	30	0,142	0,185	-	x	2,3267
E40B	A	Krankheiten und Störungen der Atmungsorgane mit Beatmung > 24 Stunden, mehr als 2 Belegungstage, mit komplexer Prozedur, mit äußerst schweren CC, Alter > 15 Jahre oder bei bestimmter Para- / Tetraplegie	2,672	-	17,9	5	0,415	33	0,099	0,132	-	x	1,8428
E40C	A	Krankheiten und Störungen der Atmungsorgane mit Beatmung > 24 Stunden, mehr als 2 Belegungstage, mit komplexer Prozedur, ohne äußerst schwere CC, außer bei bestimmter Para- / Tetraplegie	1,643	-	9,2	2	0,545	21	0,116	0,158	-	x	2,0048
E42A	A	Geriatrische frührehabilitative Komplexbehandlung bei Krankheiten und Störungen der Atmungsorgane bei traumatischem Hämato-/Pneumothorax oder Komplexbehandlung bei isolationspflichtigen Erregern, COVID-19, Virus nachgewiesen	2,309	-	30,8	-	-	46	0,052	0,072	-	-	0,8829
E42B	A	Geriatrische frührehabilitative Komplexbehandlung bei Krankheiten und Störungen der Atmungsorgane, außer bei traumatischem Hämato-/Pneumothorax	1,478	-	20,9	-	-	32	0,049	0,068	-	-	0,7782
E60A	M	Zystische Fibrose (Mukoviszidose), Alter < 16 Jahre oder mit äußerst schweren CC oder Lungenembolie oder komplexe respiratorische Insuffizienz, Alter < 16 Jahre	1,289	-	9,3	2	0,417	20	0,134	-	x	-	1,3147
E60B	M	Zystische Fibrose (Mukoviszidose), Alter > 15 Jahre, ohne äußerst schwere CC	0,809	-	7,1	1	0,493	17	0,109	-	x	-	0,8829
E63A	M	Schlafapnoesyndrom oder Polysomnographie oder kardiorespir. Polygraphie bis 2 Belegungstage, Alter < 18 Jahre oder mit best. invasiver kardiologischer Diagnostik oder Kontrolle oder Optimierung einer bestehenden häusl. Beatmung bis 2 BT, Alter < 18 Jahre	0,350	-	2,1	1	0,147	4	0,113	0,108	-	-	1,7049
E63B	M	Schlafapnoesyndrom oder Polysomnographie oder kardiorespiratorische Polygraphie bis 2 Belegungstage, Alter > 17 Jahre, ohne bestimmte invasive kardiologische Diagnostik	0,274	-	2,2	1	0,113	4	0,088	0,087	-	-	0,7434
E64A	M	Respiratorische Insuffizienz, mehr als ein Belegungstag, mit äußerst schweren CC oder bestimmte Lungenembolie oder IntK > 196 / 184 / 184 Aufwandspunkte oder Komplexbehandlung bei isolationspflichtigen Erregern, Alter > 15 Jahre	0,983	-	8,6	2	0,318	18	0,077	0,095	-	-	1,0657
E64B	M	Respiratorische Insuffizienz, mehr als ein Belegungstag, mit IntK > 0 / 0 / - Aufwandspunkten, ohne IntK > 196 / 184 / 184 Aufwandspunkten, ohne äußerst schwere CC, Alter < 16 Jahre	0,946	-	6,0	-	-	14	0,154	0,131	-	-	1,5671
E64C	M	Respiratorische Insuffizienz, mehr als ein Belegungstag, ohne äußerst schwere CC, IntK < - / - / 185 Aufwandspunkten, Alter > 15 Jahre	0,605	-	5,8	-	-	13	0,069	0,084	-	-	0,8065
E64D	M	Respiratorische Insuffizienz, ein Belegungstag	0,233	-	1,0	-	-	-	-	-	-	-	1,2920
E65A	M	Chron.-obstr. Atemwegserkrankung od. best. Atemwegsinfekt. mit äuß. schw. CC od. best. hochaufw. Beh. od. kompliz. Fakt. od. Bronchitis u. Asthma bronch., > 1 BT, mit äuß. schw. od. schw. CC, Alter < 1 J., mit RS-V.-Infekt., mit IntK > 196 / 184 / - P.	1,503	-	17,8	5	0,234	29	0,062	0,076	-	-	1,0485
E65B	M	Chronisch-obstruktive Atemwegserkrankung oder best. Atemwegsinfektion ohne äußerst schwere CC, mit komplizierender Diagnose oder mit FEV1 < 35% und mehr als ein Belegungstag oder Alter < 1 J. oder mit best. mäßig aufwendiger /and. aufwendiger Behandlung	0,712	-	8,1	2	0,224	17	0,062	0,074	-	-	0,7616
E65C	M	Chronisch-obstruktive Atemwegserkrankung ohne äußerst schwere CC, ohne komplizierende Diagnose, ohne FEV1 < 35% oder ein Belegungstag oder Alter > 1 Jahr, ohne bestimmte mäßig aufwendige / andere aufwendige Behandlung	0,545	-	6,2	1	0,331	13	0,057	0,072	-	-	0,7200
E66A	M	Schweres Thoraxtrauma mit komplizierender Diagnose	0,581	-	5,4	1	0,270	12	0,074	0,089	-	-	0,8841
E66B	M	Schweres Thoraxtrauma ohne komplizierende Diagnose	0,437	-	4,2	1	0,196	10	0,071	0,084	-	-	0,8030

Fallpauschalen-Katalog und Pflegeerlöskatalog

Teil a) Bewertungsrelationen bei Versorgung durch Hauptabteilungen

DRG	Partition	Bezeichnung [6]	Bewertungsrelation bei Hauptabteilung	Bewertungsrelation bei Hauptabteilung und Beleghebamme	Mittlere Verweildauer [1]	Untere Grenzverweildauer: Erster Tag mit Abschlag [2), 5)]	Untere Grenzverweildauer: Bewertungsrelation/Tag	Obere Grenzverweildauer: Erster Tag zus. Entgelt [3), 5)]	Obere Grenzverweildauer: Bewertungsrelation/Tag	Externe Verlegung Abschlag/Tag (Bewertungsrelation)	Verlegungsfallpauschale	Ausnahme von Wiederaufnahme [4)]	Pflegeerlös Bewertungsrelation/Tag
1	2	3	4	5	6	7	8	9	10	11	12	13	
E69A	M	Bronchitis und Asthma bronchiale, mehr als ein Belegungstag, mit äußerst schweren oder schweren CC oder bestimmte aufwendige / hochaufwendige Behandlung, Alter < 1 Jahr ohne RS-Virus-Infektion oder bei Para- / Tetraplegie	0,646	-	6,0	1	0,312	13	0,072	0,088	-	-	1,4107
E69B	M	Bronchitis und Asthma bronchiale, mehr als 1 BT u. Alter > 55 J. od. mit äuß. schw. od. schw. CC, Alter > 0 J. od. 1 BT od. oh. äuß. schw. od. schw. CC, Alter < 1 J. od. flex. Bronchoskopie, Alter < 16 J. od. andere mäßig aufw. Beh., mit RS-Virus-Infekt.	0,532	-	5,7	1	0,332	12	0,060	0,076	-	-	0,8353
E69C	M	Bronchitis und Asthma bronchiale, ein Belegungstag oder ohne äuß. schw. oder schw. CC oder Alter < 56 Jahre oder Beschwerden und Symptome der Atmung oder Störungen der Atmung mit Ursache in der Neonatalperiode, ohne bestimmte aufw./hochaufw. Behandlung	0,369	-	3,1	1	0,177	7	0,079	0,086	-	-	1,0651
E70Z	M	Keuchhusten und akute Bronchiolitis	0,418	-	4,0	1	0,224	9	0,072	0,082	-	-	1,4763
E71A	M	Neubildungen der Atmungsorgane mit intensivmedizinischer Komplexbehandlung > 196 / 184 / - Aufwandspunkten oder mehr als ein Belegungstag mit äußerst schweren CC	1,551	-	14,7	4	0,289	30	0,068	0,093	-	x	0,9298
E71B	M	Neubildungen der Atmungsorgane, ein Belegungstag oder ohne äußerst schwere CC, mit Ösophagusprothese oder endoskopischer Stufenbiopsie oder endoskopischer Biopsie am Respirationstrakt mit Chemotherapie ohne int. Komplexbeh. > 196 / 184 / - Punkten	1,114	-	7,5	1	0,601	19	0,075	0,115	-	x	0,6415
E71C	M	Neubildungen der Atmungsorgane, ein Belegungstag oder ohne äußerst schwere CC, ohne Ösophagusproth., ohne Stufenbiop., ohne Chemotherapie od. ohne endoskop. Biop. am Respir.-Trakt, mit Bronchoskop. mit starrem Instr. oder perkut. Biop. am Respir.-Trakt	0,718	-	5,1	1	0,335	13	0,082	0,098	-	x	0,6639
E71D	M	Neubildungen der Atmungsorgane, ein Belegungstag od. ohne äußerst schwere CC, ohne Ösophagusproth., ohne Stufenbiopsie, ohne Chemoth. od. ohne endoskop. Biop. am Respir.-Trakt, ohne Bronchoskopie mit starrem Instr., ohne perkut. Biopsie am Respir.-Trakt	0,514	-	5,5	1	0,291	14	0,068	0,071	-	x	0,8600
E73A	M	Pleuraerguss mit äußerst schweren CC	1,735	-	16,1	4	0,328	33	0,066	0,097	-	-	1,0640
E73B	M	Pleuraerguss ohne äußerst schwere CC	0,587	-	5,6	1	0,339	13	0,066	0,098	-	-	0,7464
E74Z	M	Interstitielle Lungenerkrankung	0,673	-	6,1	1	0,370	15	0,071	0,087	-	-	0,7316
E75A	M	Andere Krankheiten der Atmungsorgane mit äußerst schweren CC, Alter < 16 Jahre	1,625	-	8,7	2	0,502	20	0,139	0,153	-	-	2,6576
E75B	M	Andere Krankheiten der Atmungsorgane mit äußerst schweren CC, Alter > 15 Jahre oder best. andere Krankheiten der Atmungsorgane oder intensivmed. Komplexbehandlung > 196 / 184 / 368 Aufwandspunkten od. Komplexbehandlung bei isolationspflichtigen Erregern	1,171	-	12,3	3	0,277	21	0,068	0,079	-	-	1,0849
E75C	M	Andere Krankheiten der Atmungsorgane ohne äußerst schwere CC, ohne best. andere Krankheiten der Atmungsorgane, ohne IntK > 196 / 184 / 368 P., ohne Komplexbeh. bei isolationspfl. Erregern oder Beschwerden und Symptome der Atmung mit komplexer Diagnose	0,502	-	4,8	1	0,238	11	0,067	0,078	-	-	0,9331
E76B	M	Tuberkulose bis 14 Belegungstage oder Alter < 18 Jahre mit äußerst schweren oder schweren CC	1,048	-	7,1	1	0,610	16	0,081	0,124	-	-	0,9167
E76C	M	Tuberkulose bis 14 Belegungstag, Alter > 17 Jahre oder ohne äußerst schwere oder schwere CC oder Pneumothorax	0,713	-	6,3	1	0,424	14	0,074	0,091	-	-	0,9470
E77A	M	Bestimmte andere Infektionen und Entzündungen der Atmungsorgane mit intensivmedizinischer Komplexbehandlung > 392 / 368 / - Aufwandspunkte	3,648	-	18,2	5	0,605	34	0,134	0,188	-	-	2,1429
E77B	M	Bestimmte andere Infektionen und Entzündungen der Atmungsorgane mit bestimmter komplizierender Konstellation oder hochkomplexer Diagnose oder intensivmedizinischer Komplexbehandlung > 196 / - / - Aufwandspunkte	2,602	-	25,1	7	0,309	41	0,084	0,099	-	-	1,3656
E77C	M	Bestimmte andere Infektionen und Entzündungen der Atmungsorgane mit Komplexbehandlung bei isolationspflichtigen Erregern oder bestimmter hochaufwendiger Behandlung oder schwersten CC oder weiteren komplizierenden Faktoren	1,954	-	15,2	4	0,374	29	0,090	0,114	-	-	1,3687
E77D	M	Bestimmte andere Infektionen und Entzündungen der Atmungsorgane, Alter > 9 Jahre	1,235	-	11,4	3	0,291	23	0,073	0,095	-	-	0,9940
E78Z	M	Kontrolle oder Optimierung einer bestehenden häuslichen Beatmung, bis 2 Belegungstage, Alter > 17 Jahre	0,274	-	2,0	1	0,096	3	0,089	0,084	-	-	1,0340
E79A	M	Infektionen und Entzündungen der Atmungsorgane mit komplexer Diagnose oder äußerst schweren CC, mehr als ein Belegungstag oder mit äußerst schweren CC mit bestimmten Infektionen oder Entzündungen	1,063	-	11,9	3	0,259	22	0,061	0,081	-	-	0,9965
E79B	M	Infektionen und Entzündungen der Atmungsorgane ohne komplexe Diagnose, ohne äußerst schwere CC oder ein Belegungstag, bei Para- / Tetraplegie oder mit bestimmter mäßig aufwendiger Behandlung oder mit bestimmter Pneumonie, mehr als ein Belegungstag	0,980	-	10,8	3	0,236	21	0,066	0,077	-	-	1,1084
E79C	M	Infektionen und Entzündungen der Atmungsorgane ohne komplexe Diagnose, ohne äußerst schwere CC oder ein Belegungstag, außer bei Para- / Tetraplegie, ohne bestimmte mäßig aufwendige Behandlung	0,614	-	6,7	1	0,397	14	0,063	0,078	-	-	0,9490

Fallpauschalen-Katalog und Pflegeerlöskatalog
Teil a) Bewertungsrelationen bei Versorgung durch Hauptabteilungen

DRG	Partition	Bezeichnung [6]	Bewertungsrelation bei Hauptabteilung	Bewertungsrelation bei Hauptabteilung und Beleghebamme	Mittlere Verweildauer [1]	Untere Grenzverweildauer: Erster Tag mit Abschlag [2], [5]	Untere Grenzverweildauer: Bewertungsrelation/Tag	Obere Grenzverweildauer: Erster Tag zus. Entgelt [3], [5]	Obere Grenzverweildauer: Bewertungsrelation/Tag	Externe Verlegung Abschlag/Tag (Bewertungsrelation)	Verlegungsfallpauschale	Ausnahme von Wiederaufnahme [4]	Pflegeerlös Bewertungsrelation/Tag
1	2	3	4	5	6	7	8	9	10	11	12	13	
MDC 05 Krankheiten und Störungen des Kreislaufsystems													
F01A	O	Implantation Kardioverter / Defibrillator (AICD), Dreikammer-Stim. od. Defibrillator mit subk. Elektrode od. intrak. Pulsgen. mit kompliz. Fakt. od. myokardstim. Sys. od. aufwendige Sondenentf. mit kompliz. Fakt. od. Zweikammer-Stim. mit kompliz. Fakt.	4,944	-	13,5	3	0,415	28	0,077	0,113	-	-	1,2134
F01B	O	Implantation Kardioverter / Defibrillator (AICD), Zweikammer-Stimulation mit komplizierenden Faktoren oder neurologische Komplexbehandlung des akuten Schlaganfalls mehr als 24 Stunden mit komplizierenden Faktoren	4,134	-	13,2	3	0,386	27	0,082	0,109	-	-	1,1849
F01C	O	Implantation Kardioverter / Defibrillator (AICD), Dreikammer-Stimulation oder Defibrillator oder intrakardialer Pulsgenerator, ohne komplizierende Faktoren oder Implantation eines Druck-sensors in die Pulmonalarterie	2,903	-	5,6	1	0,533	15	0,065	0,076	-	-	0,8869
F01D	O	Implantation Kardioverter / Defibrillator (AICD), Zwei- oder Einkammer-Stim. mit äußerst schweren CC oder Einkammer-Stim. mit zusätzlichem Herz- oder Gefäßeingriff oder mit IntK > 392 / 368 / - AP oder best. Sondenentfernung oder Alter < 18 Jahre	3,614	-	13,3	3	0,383	27	0,076	0,107	-	-	1,1405
F01E	O	Implantation Kardioverter / Defibrillator (AICD), Zweikammer-Stimulation oder aufwendige Sondenentfernung, ohne Implantation eines Drucksensors in Pulmonalarterie, ohne Implantation eines intrakardialen Pulsgenerators, Alter > 17 Jahre	2,323	-	6,1	1	0,743	14	0,072	0,081	-	-	0,9108
F01F	O	Impl. Kardioverter / Defibrillator (AICD), Einkammer-Stimulation, ohne zusätzl. Herz- od. Gefäß-eingriff, ohne IntK > 392 / 368 / - P., ohne äuß. schw. CC, ohne aufw. Sondenentf., ohne Impl. Drucksens. in Pulmonalart., ohne Impl. Pulsgen., Alter > 17 J.	2,011	-	5,1	1	0,561	13	0,078	0,084	-	-	0,8534
F02A	O	Aggregatwechsel eines Kardioverters / Defibrillators (AICD), Zwei- oder Dreikammer-Stimulation	1,722	-	2,8	1	0,110	6	0,071	0,069	-	-	0,9379
F02B	O	Aggregatwechsel eines Kardioverters / Defibrillators (AICD), Einkammer-Stimulation	1,475	-	3,0	1	0,206	7	0,064	0,068	-	-	0,8894
F03A	O	Herzklappeneingriff mit Herz-Lungen-Maschine, mit bestimmter komplizierender Konstellation	8,877	-	20,0	6	0,615	37	0,276	0,201	-	-	2,0678
F03B	O	Herzklappeneingriff mit Herz-Lungen-Maschine, mit Mehrfacheingriff oder Alter < 1 Jahr oder Eingriff in tiefer Hypothermie oder IntK > 392 / 368 / - Aufwandspunkte oder bestimmter anderer komplizierender Konstellation oder pulmonale Endarteriektomie	6,891	-	16,8	5	0,579	33	0,244	0,194	-	-	1,9112
F03C	O	Herzklappeneingriff mit Herz-Lungen-Maschine, Alter > 0 J., IntK > 196 / 184 / - P. und IntK < 393 / 369 / - P., mit Zweifacheingriff od. bei angeborenem Herzfehler, mit kompl. Eingr. od. best. Herzklappeneingriff oder andere komplizierende Konstellation	6,005	-	16,1	4	0,552	29	0,218	0,161	-	-	1,6055
F03D	O	Herzklappeneingriff mit HLM, Alter > 0 J., IntK < 197 / 185 / - P., mit Zweifacheingr. od. bei angeb. Herzfehler, oh. kompl. Eingr. oder Alter < 16 J. od. oh. Zweifacheingr., auß. bei angeb. Herzfehler, Alter > 15 J. mit Impl. klappentr. Gefäßprothese	4,606	-	13,3	3	0,463	24	0,207	0,129	-	-	1,3354
F03E	O	Herzklappeneingriff mit Herz-Lungen-Maschine, ohne kompliz. Konst., Alter > 15 J., ohne Eingr. in tiefer Hypoth., IntK < 197 / 185 / - P., ohne Zweifacheingr., auß. bei Endokarditis, auß. b. angeb. Herzfehler, ohne Impl. klappentr. Gefäßpr.	3,966	-	11,1	3	0,388	19	0,223	0,124	-	-	1,3169
F05Z	O	Koronare Bypass-Operation mit invasiver kardiologischer Diagnostik oder intraoperativer Ablation, mit komplizierender Konstellation oder Karotiseingriff oder bestimmte Eingriffe mit Herz-Lungen-Maschine in tiefer Hypothermie	5,738	-	14,5	4	0,509	27	0,231	-	x	-	1,5417
F06A	O	Koronare Bypass-Operation mit bestimmten mehrzeitigen komplexen OR-Prozeduren, mit komplizierender Konstellation oder Karotiseingriff oder intensivmedizinischer Komplex-behandlung > 392 / 368 / - Aufwandspunkte	11,287	-	30,3	9	0,616	48	0,234	0,201	-	-	2,4275
F06B	O	Koronare Bypass-Operation mit anderen mehrzeitigen komplexen OR-Prozeduren, ohne komplizierende Konstellation, ohne Karotiseingriff, ohne intensivmedizinische Komplex-behandlung > 392 / 368 / - Aufwandspunkte	7,171	-	20,4	6	0,485	38	0,206	0,156	-	-	1,4353
F06C	O	Koronare Bypass-Operation ohne mehrzeitige komplexe OR-Prozeduren, mit komplizierender Konstellation oder IntK > 392 / 368 / - Aufwandspunkte oder Karotiseingriff	6,066	-	16,6	5	0,572	32	0,211	-	x	-	2,0215
F06D	O	Koronare Bypass-Operation ohne mehrzeitige komplexe OR-Prozeduren, ohne komplizierende Konstellation, mit invasiver kardiologischer Diagnostik oder mit intraoperativer Ablation oder schwersten CC oder Implantation eines herzunterstützenden Systems	4,509	-	13,6	4	0,414	25	0,206	-	x	-	1,6075
F06E	O	Koronare Bypass-Operation ohne mehrzeitige komplexe OR-Prozeduren, ohne komplizierende Konstellation, ohne invasive kardiologische Diagnostik, ohne intraoperative Ablation, ohne schwerste CC, ohne Implantation eines herzunterstützenden Systems	3,510	-	10,8	3	0,379	18	0,208	-	x	-	1,3606
F07A	O	Andere Eingriffe mit Herz-Lungen-Maschine, Alter < 1 Jahr oder mit best. kompliz. Konstellation od. kompl. Operation oder IntK > - / 368 /- P. oder Alter < 18 Jahre mit Reop. Herz od. Perikard oder and. kompliz. Konstellation, mit best. kompl. Eingriffen	6,714	-	14,2	4	0,635	28	0,269	0,207	-	-	2,0933
F07B	O	And. Eingr. mit HLM, Alter < 1 J. od. mit best. kompl. Konst. od. IntK > -/368 /- P., oh. best. kompl. Eingr. od. Alter > 0 J., IntK < -/369/- P., m. and. kompl. Eingr. mit Reop. Herz od. Perik. od. mit best. and. kompliz. Konst. od. mit best. Aortklers.	5,415	-	13,9	4	0,493	26	0,230	0,158	-	-	1,6232

Fallpauschalen-Katalog und Pflegeerlöskatalog
Teil a) Bewertungsrelationen bei Versorgung durch Hauptabteilungen

DRG	Parti-tion	Bezeichnung [6]	Bewertungsrelation bei Hauptabteilung	Bewertungsrelation bei Hauptabteilung und Beleghebamme	Mittlere Verweil-dauer [1]	Untere Grenzverweildauer: Erster Tag mit Abschlag [2), 5)]	Untere Grenzverweildauer: Bewertungs-relation/Tag	Obere Grenzverweildauer: Erster Tag zus. Entgelt [3), 5)]	Obere Grenzverweildauer: Bewertungs-relation/Tag	Externe Verlegung Abschlag/Tag (Bewertungsrelation)	Verlegungs-fallpauschale	Ausnahme von Wieder-aufnahme [4]	Pflegeerlös Bewertungs-relation/Tag
1	2	3	4	5	6	7	8	9	10	11	12	13	
F07C	O	Andere Eingr. mit HLM, Alter > 0 J., IntK < - / 369/- P. oder Alter > 17 J. od. ohne Reop. od. ohne and. kompliz. Konst., ohne and. kompl. Eingriffe od. ohne Reop. an Herz od. Perikard od. ohne best. and. kompliz. Konst. od. ohne best. Aortklers.	4,200	-	11,4	3	0,419	20	0,224	0,137	-	-	1,4178
F08A	O	Rekonstruktive Gefäßeingriffe mit komplizierender Konstellation oder komplexe Vakuum-behandlung oder komplexer Aorteneingriff	8,788	-	38,9	12	0,344	57	0,081	0,110	-	-	1,1051
F08B	O	Rekonstruktive Gefäßeingriffe ohne komplizierende Konstellationen, ohne komplexe Vakuum-behandlung, ohne komplexen Aorteneingriff, mit komplexem Eingriff mit Mehretagen- oder Aorteneingriff oder Re-OP oder bestimmten Bypässen, mit äußerst schweren CC	5,806	-	23,9	7	0,359	42	0,083	0,115	-	-	1,1011
F08C	O	Rekonstruktive Gefäßeingriffe ohne kompl. Vakuumbeh., ohne kompl. Aorteneingriff, mit kompl. Eingriff ohne Mehretagen- od. Aorteneingriff, ohne Reop., ohne best. Bypass, mit äußerst schweren CC oder mit best. Aorteneingriff od. best. kompl. Konstellation	4,219	-	20,0	6	0,302	38	0,077	0,102	-	-	0,9975
F08D	O	Rekonstruktive Gefäßeingriffe ohne kompl. Konst., ohne kompl. Aorteneingriff, mit kompl. Eingr. mit Mehretagen- oder Aorteneingriff oder Reop. oder best. Byp., ohne äuß. schw. CC, ohne best. Aorteneingriff oder bestimmter Bypass mit äußerst schweren CC	2,948	-	13,2	3	0,318	26	0,068	0,090	-	-	0,8853
F08E	O	Rekonstruktive Gefäßeingriffe ohne kompl. Konst., ohne kompl. Vakuumbeh., ohne kompl. Aorteneingriff, mit komplex. Eingriff, ohne Mehretagen- oder Aorteneingriff, ohne Reop., ohne bestimmten Bypass, ohne äußerst schwere CC, ohne bestimmten Aorteneingriff	2,457	-	10,6	3	0,255	22	0,064	0,088	-	-	0,7794
F08F	O	Rekonstruktive Gefäßeingriffe ohne komplizierende Konstellation, ohne komplexe Vakuum-behandlung, ohne komplexen Aorteneingriff, ohne komplexen Eingriff, ohne bestimmten Aorten-eingriff, mit bestimmtem Eingriff	1,986	-	9,2	2	0,262	18	0,058	0,078	-	-	0,7071
F08G	O	Rekonstruktive Gefäßeingriffe ohne komplizierende Konstellation, ohne komplexe Vakuum-behandlung, ohne komplexen Aorteneingriff, ohne komplexen Eingriff, ohne bestimmten Aorten-eingriff, ohne bestimmten Eingriff	1,771	-	7,3	1	0,328	13	0,061	0,078	-	-	0,7103
F09A	O	Andere kardiothorakale Eingriffe, Alter < 16 Jahre, mit komplizierender Konstellation oder Exzision am Vorhof	3,422	-	9,4	2	0,527	19	0,170	0,163	-	-	1,7433
F09B	O	Andere kardiothorakale Eingriffe, Alter > 15 Jahre, ohne kompl. Konst., ohne Exzision am Vorhof, mit mäßig kompl. kardiothorakalen Eingriffe. mit äußerst schweren CC oder best. kardio-thorakalem Eingriff oder best. Perikardektomie bei chron. Perikarditis	3,707	-	11,6	3	0,389	23	0,096	0,122	-	-	1,3972
F09C	O	Andere kardiothorakale Eingriffe, Alter > 15 Jahre, ohne kompl. Konst., ohne Exzision am Vorhof, ohne äußerst schwere CC oder ohne mäßig kompl. kardiothorakale Eingr., ohne best. kardiothorakalen Eingr., ohne best. Perikardektomie bei chron. Perikarditis	2,279	-	8,0	2	0,357	18	0,091	0,120	-	-	1,2402
F12A	O	Implantation eines Herzschrittmachers, Dreikammersystem mit äuß. schw. CC oder ablativ. Maßnahmen oder PTCA oder mit aufwendiger Sondenentfernung mit kompliz. Faktoren oder mit Revision eines Herzschrittm. oder AICD ohne Aggregatw. mit kompliz. Faktoren	3,607	-	13,9	4	0,276	29	0,073	0,095	-	-	1,0086
F12B	O	Implantation eines Herzschrittmachers, Dreikammersystem ohne äußerst schwere CC, ohne ablative Maßnahme, ohne PTCA oder Implantation eines Herzschrittmachers ohne aufwendige Sondenentfernung mit komplizierenden Faktoren	2,082	-	5,4	1	0,353	13	0,066	0,096	-	-	0,8385
F12C	O	Implantation eines Herzschrittmachers, Zweikammersystem, mit komplexem Eingriff oder Alter < 16 Jahre	2,474	-	8,4	2	0,298	17	0,076	0,104	-	-	1,0860
F12D	O	Implantation eines Herzschrittmachers, Zweikammersystem, ohne komplexen Eingriff, Alter > 15 Jahre, mit äußerst schweren CC oder isolierter offen chirurgischer Sondenimplantation oder aufwendiger Sondenentfernung oder mäßig komplexer PTCA	2,266	-	12,0	3	0,328	26	0,079	0,101	-	-	1,1719
F12E	O	Implantation eines Herzschrittmachers, Einkammersystem oder Implantation eines Ereignis-rekorders, Alter > 15 Jahre, mit invasiver kardiologischer Diagnostik bei bestimmten Eingriffen	1,600	-	8,6	2	0,270	18	0,066	0,082	-	-	0,8327
F12F	O	Impl. HSM, Zweikammersys., oh. äuß. schwere CC, oh. isol. offen chir. Sondenimpl., oh. aufw. Sondenentf., oh. mäßig kompl. PTCA od. Impl. HSM, Einkammersys. od. Impl. Ereignisrekorder, oh. invasive kardiol. Diagnostik bei best. Eingriffen, Alter > 15 J.	1,164	-	5,2	1	0,397	12	0,072	0,086	-	-	0,8967
F13A	O	Amputation bei Kreislauferkrankungen an oberer oder unterer Extremität oder Revisionseingriff mit äußerst schweren CC und mehrzeitigen Revisions- oder Rekonstruktionseingriffen	5,109	-	35,5	11	0,276	53	0,061	0,092	-	-	0,9311
F13B	O	Amputation bei Kreislauferkrankungen an oberer oder unterer Extremität oder Revisionseingriff mit äußerst schweren CC, ohne mehrzeitige Revisions- oder Rekonstruktionseingriffe	2,420	-	21,8	6	0,269	40	0,061	0,083	-	-	0,9798
F13C	O	Amputation bei Kreislauferkrankungen an oberer Extremität oder komplexe Amputation an unterer Extremität oder Revisionseingriff ohne äußerst schwere CC	1,676	-	13,6	4	0,243	27	0,062	0,085	-	-	0,6812
F13D	O	Amputation bei Kreislauferkrankungen an unterer Extremität ohne komplexe Amputationen, ohne äußerst schwere CC	1,024	-	9,7	2	0,243	20	0,053	0,068	-	-	0,7057
F14A	O	Komplexe oder mehrfache Gefäßeingriffe außer große rekonstruktive Eingriffe mit äußerst schweren CC	4,696	-	24,7	7	0,325	43	0,074	0,100	-	-	1,0027

Fallpauschalen-Katalog und Pflegeerlöskatalog
Teil a) Bewertungsrelationen bei Versorgung durch Hauptabteilungen

DRG	Partition	Bezeichnung [6]	Bewertungsrelation bei Hauptabteilung	Bewertungsrelation bei Hauptabteilung und Beleghebamme	Mittlere Verweildauer [1]	Untere Grenzverweildauer: Erster Tag mit Abschlag [2), 5)]	Untere Grenzverweildauer: Bewertungsrelation/Tag	Obere Grenzverweildauer: Erster Tag zus. Entgelt [3), 5)]	Obere Grenzverweildauer: Bewertungsrelation/Tag	Externe Verlegung Abschlag/Tag (Bewertungsrelation)	Verlegungsfallpauschale	Ausnahme von Wiederaufnahme [4]	Pflegeerlös Bewertungsrelation/Tag
1	2	3	4	5	6	7	8	9	10	11	12	13	
F14B	O	Komplexe oder mehrfache Gefäßeingriffe außer große rekonstruktive Eingriffe, ohne äußerst schwere CC	2,282	-	11,8	3	0,263	25	0,062	0,082	-	-	0,7367
F15Z	O	Perkutane Koronarangioplastie mit komplizierender Konstellation oder komplexer Diagn. u. hochkompl. Intervention od. m. best. Rekanalisationsverf., Alt. < 16 J. od. inv. kardiolog. Diagnostik, m. kompliz. Konst. od. Endokarditis, mehr als 2 Belegungstage	3,183	-	20,0	6	0,343	38	0,084	0,113	-	-	1,2421
F17A	O	Wechsel eines Herzschrittmachers, Dreikammersystem oder Alter < 16 Jahre	1,307	-	2,8	1	0,122	6	0,078	0,074	-	-	1,0628
F17B	O	Wechsel eines Herzschrittmachers, Einkammer- oder Zweikammersystem, Alter > 15 Jahre	0,735	-	2,9	1	0,137	7	0,068	0,072	-	-	0,8812
F18A	O	Revision eines Herzschrittmachers oder Kardioverters / Defibrillators (AICD) ohne Aggregatwechsel, Alter < 16 Jahre oder mit äußerst schweren CC, mit komplexem Eingriff oder mit aufwendiger Sondenentfernung	2,995	-	10,6	3	0,287	24	0,109	0,099	-	-	1,0670
F18B	O	Revision Herzschrittmacher od. Kardioverter / Defibrillator (AICD) oh. Aggregatw., Alt. < 16 J. od. mit äuß. schw. CC, oh. kompl. Eingr., oh. aufwend. Sondenentf. od. Alt. > 15 J., oh. äuß. schw. CC mit kompl. Eingr., mit intralum. exp. Extraktionshilfe	2,080	-	9,0	2	0,320	21	0,070	0,101	-	-	1,0073
F18C	O	Revision eines Herzschrittmachers oder Kardioverters / Defibrillators (AICD) ohne Aggregatwechsel, Alter > 15 Jahre, ohne äußerst schwere CC, ohne aufwendige Sondenentfernung, mit komplexem Eingriff, ohne intraluminale expandierende Extraktionshilfe	1,151	-	4,7	1	0,356	12	0,069	0,082	-	-	0,8986
F18D	O	Revision eines Herzschrittmachers oder Kardioverters / Defibrillators (AICD) ohne Aggregatwechsel, Alter > 15 Jahre, ohne äußerst schwere CC, ohne aufwendige Sondenentfernung, ohne komplexen Eingriff	0,661	-	3,5	1	0,354	8	0,065	0,075	-	-	0,8293
F19A	O	Andere transluminale Intervention an Herz, Aorta und Lungengefäßen mit äußerst schweren CC	3,094	-	12,1	3	0,385	26	0,088	0,114	-	-	1,3442
F19B	O	Andere transluminale Intervention an Herz, Aorta und Lungengefäßen ohne äußerst schwere CC oder Ablation über A. renalis oder komplexe koronare Lithoplastie	1,586	-	4,0	1	0,386	10	0,085	0,085	-	-	1,0825
F20Z	O	Beidseitige Unterbindung und Stripping von Venen mit bestimmter Diagnose oder äußerst schweren oder schweren CC	1,030	-	7,2	1	0,221	17	0,047	0,061	-	-	0,6110
F21A	O	Andere OR-Prozeduren bei Kreislauferkrankungen mit hochkomplexem Eingriff oder komplizierender Konstellation	5,232	-	28,7	9	0,279	47	0,071	0,096	-	-	0,9980
F21B	O	Andere OR-Prozeduren bei Kreislauferkrankungen ohne hochkomplexen Eingriff, mit komplexem Eingriff oder bestimmter komplizierender Konstellation	3,732	-	20,9	6	0,319	39	0,065	0,107	-	-	0,9210
F21C	O	Andere OR-Prozeduren bei Kreislauferkrankungen ohne komplexen Eingriff, mit mäßig komplexem Eingriff oder anderer komplizierender Konstellation oder IntK > 196 / 184 / 368 Punkte	2,027	-	17,3	5	0,223	34	0,050	0,078	-	-	0,7496
F21D	O	Andere OR-Prozeduren bei Kreislauferkrankungen ohne komplexen Eingriff, ohne komplizierende Konstellationen, ohne IntK > 196 / 184 / 368 Punkte, ohne mäßig komplexen Eingriff, mit bestimmtem anderen Eingriff	1,366	-	12,6	3	0,252	27	0,053	0,073	-	-	0,7610
F21E	O	Andere OR-Prozeduren bei Kreislauferkrankungen ohne komplexen Eingriff, ohne komplizierende Konstellationen, ohne IntK > 196 / 184 / 368 Punkte, ohne mäßig komplexen Eingriff, ohne bestimmten anderen Eingriff	0,869	-	9,9	2	0,249	21	0,055	0,068	-	-	0,6996
F24A	O	Perkutane Koronarangioplastie mit komplexer Diagnose und hochkomplexer Intervention oder mit bestimmten Rekanalisationsverfahren, Alter > 15 Jahre, mit äußerst schweren CC	2,908	-	15,1	4	0,381	29	0,091	0,118	-	-	1,4449
F24B	O	Perkutane Koronarangioplastie mit komplexer Diagnose und hochkomplexer Intervention oder mit bestimmten Rekanalisationsverfahren, Alter > 15 Jahre, ohne äußerst schwere CC	1,364	-	5,4	1	0,448	11	0,079	0,096	-	-	1,0458
F27A	O	Verschiedene Eingriffe bei Diabetes mellitus mit Komplikationen, mit äußerst schweren CC oder Gefäßeingriff oder bestimmter Amputation oder komplexer Arthrodese des Fußes oder komplexem Hauteingriff oder Ringfixateur	2,407	-	20,2	6	0,225	38	0,055	0,074	-	-	0,7823
F27B	O	Verschiedene Eingriffe bei Diabetes mellitus mit Komplikationen, ohne äußerst schwere CC, ohne Gefäßeingriff, ohne bestimmte Amputation, ohne komplexe Arthrodese des Fußes, ohne komplexen Hauteingriff, ohne Ringfixateur, mit mäßig komplexem Eingriff	1,815	-	15,8	4	0,261	31	0,057	0,078	-	-	0,6641
F27C	O	Verschiedene Eingriffe bei Diabetes mellitus mit Komplikationen, ohne äußerst schwere CC, ohne Gefäßeingriff, ohne best. Amputation, ohne komplexe Arthrodese des Fußes, ohne Ringfixateur, ohne mäßig komplexen Eingriff, mit bestimmtem aufwendigen Eingriff	1,066	-	10,6	3	0,199	21	0,053	0,069	-	-	0,6734
F28A	O	Bestimmte Amputation bei Kreislauferkrankungen an unterer Extremität mit zusätzlichem Gefäßeingriff oder mit Hauttransplantation mit äußerst schweren oder schweren CC	3,759	-	24,0	7	0,270	42	0,063	0,087	-	-	0,8153
F28B	O	Bestimmte Amputation bei Kreislauferkrankungen an unterer Extremität ohne zusätzlichen Gefäßeingriff, ohne Hauttransplantation, mit äußerst schweren oder schweren CC	2,176	-	19,4	5	0,257	37	0,056	0,076	-	-	0,8306
F28C	O	Bestimmte Amputation bei Kreislauferkrankungen an unterer Extremität, ohne zusätzlichen Gefäßeingriff, ohne äußerst schwere oder schwere CC	1,761	-	15,2	4	0,249	30	0,055	0,077	-	-	0,8477

Fallpauschalen-Katalog und Pflegeerlöskatalog

Teil a) Bewertungsrelationen bei Versorgung durch Hauptabteilungen

DRG	Partition	Bezeichnung [6]	Bewertungsrelation bei Hauptabteilung	Bewertungsrelation bei Hauptabteilung und Beleghebamme	Mittlere Verweildauer [1]	Untere Grenzverweildauer: Erster Tag mit Abschlag [2], [5]	Untere Grenzverweildauer: Bewertungsrelation/Tag	Obere Grenzverweildauer: Erster Tag zus. Entgelt [3], [5]	Obere Grenzverweildauer: Bewertungsrelation/Tag	Externe Verlegung Abschlag/Tag (Bewertungsrelation)	Verlegungsfallpauschale	Ausnahme von Wiederaufnahme [4]	Pflegeerlös Bewertungsrelation/Tag
1	2	3	4	5	6	7	8	9	10	11	12	13	
F30Z	O	Operation bei komplexem angeborenen Herzfehler oder Hybridchirurgie bei Kindern	5,251	-	12,8	3	0,671	24	0,272	0,194	-	-	2,3331
F36A	O	Intensivmedizinische Komplexbehandlung bei Krankheiten und Störungen des Kreislaufsystems mit komplizierenden Faktoren, > 1176 / 1380 / - Aufwandspunkte oder > 588 / 828 / 1104 Aufwandspunkte mit aufwendigem Eingriff	14,525	-	34,6	11	0,836	53	0,290	-	x	x	3,0969
F36B	O	Intensivmed. Komplexbeh. bei Krankh. und Störungen d. Kreislaufsyst. m. kompliz. Fakt., > 588 / 828 / - P. od. > - / - / 1104 P. m. best. OR-Proz., ohne aufwend. Eingr. od. > - / 552 / 552 P. m. best. Aortenstent od. minimalinv. Eingr. an mehrer. Herzkl.	10,517	-	25,6	8	0,769	44	0,271	-	x	x	2,7932
F36C	O	Intensivmedizinische Komplexbehandlung bei Krankheiten und Störungen des Kreislaufsystems mit komplizierenden Faktoren, > - / 552 / 552 Aufwandspunkte ohne bestimmte OR-Prozedur, ohne bestimmten Aortenstent oder bestimmter mehrzeitiger komplexer Eingriff	8,154	-	23,4	7	0,703	41	0,233	-	x	x	2,4503
F39A	O	Unterbindung und Stripping von Venen mit beidseitigem Eingriff oder bestimmter Diagnose oder äußerst schweren oder schweren CC	0,645	-	4,1	1	0,073	11	0,064	0,058	-	-	0,7693
F39B	O	Unterbindung und Stripping von Venen ohne beidseitigen Eingriff, ohne bestimmte Diagnose, ohne äußerst schwere oder schwere CC	0,575	-	2,4	1	0,058	5	0,077	0,087	-	-	0,9875
F41A	A	Invasive kardiologische Diagnostik bei akutem Myokardinfarkt mit äußerst schweren CC	3,065	-	17,2	5	0,459	33	0,096	0,147	-	-	1,2957
F41B	A	Invasive kardiologische Diagnostik bei akutem Myokardinfarkt ohne äußerst schwere CC	0,766	-	4,9	1	0,318	11	0,077	0,085	-	-	0,9372
F42Z	O	Operation b. kompl. angeb. Herzfehler, Hybridchirurgie, best. Herzklappeneingriffe od. and. Eingriffe m. Herz-Lungen-Maschine m. invas. kardiolog. Diagnostik bei Kindern od. best. rekonstruktive Gefäßeingriffe oh. Herz-Lungen-Maschine m. kompl. Eingriff	6,508	-	15,5	4	0,496	32	0,166	0,150	-	-	1,4332
F43A	A	Beatmung > 24 Stunden bei Krankheiten und Störungen des Kreislaufsystems, Alter < 6 Jahre oder intensivmedizinische Komplexbehandlung > 392 / 552 / 552 Aufwandspunkte oder best. Impl. herzunterst. System	5,026	-	22,0	6	0,653	40	0,199	0,193	-	x	2,2193
F43B	A	Beatmung > 24 Stunden bei Krankheiten und Störungen des Kreislaufsystems oh. IntK > 392 / 552 / 552 Pkte, Alter > 5 J. und Alter < 16 J. od. mit kompl. Konstell. od. best. OR-Prozedur od. IntK > - / 368 / - Punkte, ohne best. Impl. herzunterst. System	4,340	-	15,6	4	0,563	30	0,119	0,168	-	x	1,9061
F43C	A	Beatmung > 24 Stunden bei Krankheiten und Störungen des Kreislaufsystems, Alter > 15 J., ohne intensivmed. Komplexbehandlung > 392 / 368 / 552 Aufwandspunkte, ohne komplizierende Konstellation, ohne best. OR-Prozedur, ohne best. Impl. herzunterst. System	2,002	-	10,6	3	0,455	24	0,121	0,155	-	x	2,0378
F48Z	A	Geriatrische frührehabilitative Komplexbehandlung bei Krankheiten und Störungen des Kreislaufsystems	1,460	-	20,5	-	-	32	0,049	0,067	-	-	0,7265
F49A	A	Invasive kardiologische Diagnostik außer bei akutem Myokardinfarkt, mit äußerst schweren CC oder IntK > 196 / 184 / 368 Aufwandspunkten, mit komplexem Eingriff oder Alter < 10 Jahre	3,175	-	18,1	5	0,453	36	0,106	0,140	-	-	1,3508
F49B	A	Invasive kardiologische Diagnostik außer bei akutem Myokardinfarkt, mit äußerst schweren CC oder IntK > 196 / 184 / 368 Aufwandspunkten, ohne komplexen Eingriff, Alter > 9 Jahre	2,547	-	17,8	5	0,373	35	0,085	0,119	-	-	1,3763
F49C	A	Invasive kardiologische Diagnostik außer bei akutem Myokardinfarkt, ohne äußerst schwere CC, ohne IntK > 196 / 184 / 368 Aufwandspunkte, Alter < 18 Jahre	1,040	-	2,4	1	0,128	5	0,170	0,120	-	-	1,7749
F49D	A	Invasive kardiologische Diagnostik außer bei akutem Myokardinfarkt, ohne äußerst schwere CC, ohne IntK > 196 / 184 / 368 Aufwandspunkte, Alter > 17 Jahre, mit schweren CC, mehr als ein Belegungstag	1,538	-	12,7	3	0,309	26	0,066	0,093	-	-	0,8829
F49E	A	Invasive kardiologische Diagnostik außer bei akutem Myokardinfarkt, ohne IntK > 196 / 184 / 368 Aufwandspunkte, Alter > 17 Jahre, ohne schwere CC bei BT > 1, mit kardialem Mapping oder best. andere kardiologische Diagnostik oder best. komplexer Diagnose	1,011	-	7,1	1	0,371	16	0,060	0,078	-	-	0,6976
F49F	A	Invasive kardiolog. Diagnostik außer bei akutem Myokardinfarkt, o. äußerst schwere CC, ohne IntK > 196 / 184 / 368 P., Alter > 17 J., o. kard. Mapping, o. best. and. kard. Diagnostik, o. schwere CC bei BT > 1, o. best. kompl. Diagnose, mit best. Eingr.	0,816	-	5,6	1	0,298	13	0,066	0,080	-	-	0,7392
F49G	A	Invasive kardiolog. Diagnostik außer bei akutem Myokardinfarkt, o. äußerst schwere CC, ohne IntK > 196 / 184 / 368 P., Alter > 17 J., o. kard. Mapping, o. best. and. kard. Diagnostik, o. schwere CC bei BT > 1, o. best. kompl. Diagnose, ohne best. Eingr.	0,545	-	3,5	1	0,199	8	0,063	0,071	-	-	0,7211
F50A	O	Ablative Maßnahmen bei Herzrhythmusstörungen mit hochkomplexer Ablation im linken Vorhof, Ventrikel oder Pulmonalvenen oder Implantation eines Ereignisrekorders oder Alter < 16 Jahre oder best. angeb. Herzfehler oder mit kompl. Ablation, Alter < 18 Jahre	1,993	-	3,2	1	0,214	8	0,078	0,088	-	-	0,9247
F50B	O	Ablative Maßnahmen bei Herzrhythmusstörungen ohne hochkomplexe Ablation im linken Vorhof, Ventrikel oder Pulmonalvenen, ohne Implantation eines Ereignisrekorders, ohne best. angeb. Herzfehler, mit komplexer Ablation, Alter > 17 Jahre	1,564	-	3,5	1	0,200	8	0,074	0,082	-	-	0,9337

Fallpauschalen-Katalog und Pflegeerlöskatalog
Teil a) Bewertungsrelationen bei Versorgung durch Hauptabteilungen

DRG	Partition	Bezeichnung [6]	Bewertungsrelation bei Hauptabteilung	Bewertungsrelation bei Hauptabteilung und Beleghebamme	Mittlere Verweildauer [1]	Untere Grenzverweildauer		Obere Grenzverweildauer		Externe Verlegung Abschlag/Tag (Bewertungsrelation)	Verlegungs-fallpauschale	Ausnahme von Wiederaufnahme [4]	Pflegeerlös Bewertungsrelation/Tag
						Erster Tag mit Abschlag [2), 5)]	Bewertungsrelation/Tag	Erster Tag zus. Entgelt [3), 5)]	Bewertungsrelation/Tag				
1	2	3	4	5	6	7	8	9	10	11	12	13	
F50C	O	Ablative Maßnahmen bei Herzrhythmusstörungen ohne hochkomplexe Ablation im linken Vorhof, Ventrikel oder Pulmonalvenen, ohne Implantation eines Ereignisrekorders, ohne best. angeb. Herzfehler, ohne komplexe Ablation, Alter > 15 Jahre	1,013	-	3,4	1	0,120	8	0,064	0,069	-	-	0,9223
F51A	O	Endovaskuläre Implantation von Stent-Prothesen an der Aorta, thorakal oder mit bestimmter Aortenprothesenkombination	4,639	-	8,1	2	0,390	17	0,132	0,132	-	-	1,1917
F51B	O	Endovaskuläre Implantation von Stent-Prothesen an der Aorta, nicht thorakal, ohne bestimmte Aortenprothesenkombination	3,279	-	6,3	1	0,387	12	0,079	0,116	-	-	0,8715
F52A	O	Perkutane Koronarangioplastie mit komplexer Diagnose, mit äußerst schweren CC	2,705	-	17,2	5	0,337	32	0,081	0,107	-	-	1,2895
F52B	O	Perkutane Koronarangioplastie mit komplexer Diagnose, ohne äußerst schwere CC oder mit intrakoronarer Brachytherapie oder bestimmte Intervention	1,052	-	5,0	1	0,334	10	0,079	0,091	-	-	1,0172
F56A	O	Perkutane Koronarangioplastie mit bestimmter hochkomplexer Intervention, mit äußerst schweren CC	2,426	-	12,6	3	0,361	26	0,080	0,106	-	-	1,1953
F56B	O	Perkutane Koronarangioplastie mit hochkomplexer Intervention, ohne bestimmte hochkomplexe Intervention oder ohne äußerst schwere CC oder Kryoplastie oder koronare Lithoplastie	1,018	-	3,5	1	0,302	8	0,069	0,077	-	-	0,8454
F58A	O	Perkutane Koronarangioplastie oder bestimmte kardiologische Diagnostik mit Gefäßeingriff, mit äußerst schweren CC	1,841	-	10,9	3	0,295	22	0,076	0,100	-	-	1,0690
F58B	O	Perkutane Koronarangioplastie oder bestimmte kardiologische Diagnostik mit Gefäßeingriff, ohne äußerst schwere CC	0,780	-	3,3	1	0,228	7	0,066	0,073	-	-	0,8262
F59A	O	Mäßig komplexe Gefäßeingriffe mit äußerst schweren CC	3,034	-	18,9	5	0,344	36	0,077	0,103	-	-	0,9702
F59B	O	Mäßig komplexe Gefäßeingriffe mit aufwendiger Gefäßintervention, ohne äußerst schwere CC	1,737	-	4,0	1	0,567	10	0,172	0,214	-	-	0,9092
F59C	O	Mäßig komplexe Gefäßeingriffe ohne äußerst schwere CC, ohne aufwendige Gefäßintervention, mit aufwendigem Eingriff oder Mehrfacheingriff oder bestimmter Diagnose oder Alter < 16 Jahre, mehr als ein Belegungstag	1,567	-	6,2	1	0,401	14	0,091	0,112	-	-	0,8135
F59D	O	Mäßig komplexe Gefäßeingriffe ohne äußerst schwere CC, ohne aufwendige Gefäßintervention, mit bestimmtem Eingriff oder anderem Mehrfacheingriff, Alter > 15 Jahre oder ein Belegungstag oder mit pAVK mit Gangrän, mehr als ein Belegungstag	1,175	-	5,5	1	0,257	14	0,085	0,103	-	-	0,7788
F59E	O	Mäßig komplexe Gefäßeingriffe ohne äußerst schwere CC, ohne aufwend. Gefäßinterv., mit best. anderen Eingriff oder best. Mehrfacheingriff oder PTA, mehr als ein Belegungstag, ohne aufwendigen oder bestimmten Eingr., Alter > 15 Jahre oder ein Belegungstag	0,919	-	4,0	1	0,233	10	0,100	0,115	-	-	0,7747
F59F	O	Mäßig komplexe Gefäßeingriffe ohne äußerst schwere CC, ohne aufwendige Gefäßintervention, ohne aufwendigen, bestimmten oder bestimmten anderen Eingriff, ohne Mehrfacheingriff, Alter > 15 Jahre oder ein Belegungstag	0,676	-	2,8	1	0,131	6	0,111	0,117	-	-	0,8325
F60A	M	Akuter Myokardinfarkt ohne invasive kardiologische Diagnostik mit äußerst schweren CC	1,446	-	13,6	4	0,271	26	0,069	0,099	-	-	1,0559
F60B	M	Akuter Myokardinfarkt ohne invasive kardiologische Diagnostik ohne äußerst schwere CC	0,531	-	5,2	1	0,365	12	0,065	0,092	-	-	0,9053
F61A	M	Infektiöse Endokarditis mit komplizierender Diagnose oder mit komplizierender Konstellation	2,980	-	30,5	9	0,277	48	0,064	0,088	-	-	0,9185
F61B	M	Infektiöse Endokarditis ohne komplizierende Diagnose, ohne komplizierende Konstellation	2,255	-	25,8	8	0,237	44	0,059	0,079	-	-	0,7769
F62A	M	Herzinsuffizienz und Schock mit äußerst schweren CC, mit Dialyse oder komplizierender Diagnose oder mit bestimmter hochaufwendiger Behandlung mit intensivmedizinischer Komplexbehandlung > 196 / 184 / 368 Punkte oder komplizierender Konstellation	2,808	-	19,8	6	0,382	36	0,095	0,127	-	-	1,4579
F62B	M	Herzinsuff. und Schock mit äuß. schw. CC, mit Dialyse oder kompliz. Diag. od. mit best. hochaufw. Beh. od. ohne kompliz. Konst., ohne best. hochaufw. Beh., mehr als 1 BT bei best. akuten Nierenvers. mit äuß. schw. CC od. Komplexbeh. des akut. Schlaganf.	1,811	-	16,6	5	0,280	32	0,070	0,098	-	-	1,0798
F62C	M	Herzinsuffizienz und Schock ohne äuß. schw. CC od. ohne Dialyse, ohne kompliz. Diagnose, ohne kompliz. Konst., ohne best. hochaufw. Beh., mehr als 1 Belegungstag, ohne best. akut. Nierenvers. od. ohne äuß. schw. CC. ohne Komplexbeh. des akut. Schlaganf.	0,672	-	8,1	2	0,218	17	0,057	0,072	-	-	0,7838
F62D	M	Herzinsuffizienz und Schock ohne äußerst schwere CC oder ohne Dialyse, ohne komplizierende Diagnose, ohne komplizierende Konstellation, ohne bestimmte hochaufwendige Behandlung, ein Belegungstag	0,200	-	1,0	-	-	-	-	-	-	-	1,2349
F63A	M	Venenthrombose mit äußerst schweren CC	1,433	-	14,9	4	0,263	30	0,060	0,084	-	-	0,8639
F63B	M	Venenthrombose ohne äußerst schwere CC	0,427	-	4,6	1	0,242	10	0,062	0,072	-	-	0,7100
F64Z	M	Hautulkus bei Kreislauferkrankungen	0,635	-	8,2	2	0,206	17	0,054	0,069	-	-	0,7092
F65A	M	Periphere Gefäßkrankheiten mit komplexer Diagnose und äußerst schweren CC oder intensivmedizinische Komplexbehandlung > 196 / 184 / 184 Aufwandspunkte	2,018	-	17,5	5	0,325	32	0,078	0,105	-	-	1,1749

Fallpauschalen-Katalog und Pflegeerlöskatalog
Teil a) Bewertungsrelationen bei Versorgung durch Hauptabteilungen

DRG	Parti-tion	Bezeichnung [6]	Bewertungsrelation bei Hauptabteilung	Bewertungsrelation bei Hauptabteilung und Beleghebamme	Mittlere Verweil-dauer [1]	Untere Grenzverweildauer: Erster Tag mit Abschlag [2], [5]	Untere Grenzverweildauer: Bewertungs-relation/Tag	Obere Grenzverweildauer: Erster Tag zus. Entgelt [3], [5]	Obere Grenzverweildauer: Bewertungs-relation/Tag	Externe Verlegung Abschlag/Tag (Bewertungsrelation)	Verlegungs-fallpauschale	Ausnahme von Wieder-aufnahme [4]	Pflegeerlös Bewertungs-relation/Tag
1	2	3	4	5	6	7	8	9	10	11	12	13	
F65B	M	Periphere Gefäßkrankheiten ohne komplexe Diagnose oder ohne äußerst schwere CC, ohne intensivmedizinische Komplexbehandlung > 196 / 184 / 184 Aufwandspunkte	0,535	-	5,8	1	0,268	14	0,062	0,075	-	-	0,7628
F66A	M	Koronararteriosklerose mit äußerst schweren CC	1,158	-	14,9	4	0,221	26	0,054	0,070	-	-	0,8212
F66B	M	Koronararteriosklerose ohne äußerst schwere CC	0,415	-	4,2	1	0,219	10	0,067	0,078	-	-	0,6552
F67A	M	Hypertonie mit komplizierender Diagnose oder äußerst schweren oder schweren CC oder bestimmter hochaufwendiger / mäßig aufwendiger / aufwendiger Behandlung	0,880	-	9,9	2	0,281	21	0,062	0,080	-	-	0,8094
F67B	M	Hypertonie ohne komplizierende Diagnose, ohne äußerst schwere oder schwere CC, ohne bestimmte hochaufwendige / mäßig aufwendige / aufwendige Behandlung, Alter < 18 Jahre	0,393	-	3,2	1	0,143	7	0,082	0,097	-	-	1,0363
F67C	M	Hypertonie ohne komplizierende Diagnose, ohne äußerst schwere oder schwere CC, ohne bestimmte hochaufwendige / mäßig aufwendige / aufwendige Behandlung, Alter > 17 Jahre	0,368	-	3,8	1	0,203	8	0,064	0,076	-	-	0,6287
F68A	M	Angeborene Herzkrankheit, Alter < 6 Jahre oder intensivmedizinische Komplexbehandlung > 196 / - / - Aufwandspunkte oder Alter < 16 Jahre mit äußerst schweren oder schweren CC	0,704	-	5,3	1	0,408	12	0,130	0,107	-	-	1,7327
F68B	M	Angeborene Herzkrankheit ohne intensivmedizinische Komplexbehandlung > 196 / - / - Aufwandspunkte, Alter > 5 Jahre und Alter < 16 Jahre, ohne äußerst schwere oder schwere CC oder Alter > 15 Jahre	0,436	-	3,3	1	0,187	8	0,093	0,099	-	-	1,0711
F69A	M	Herzklappenerkrankungen mit äußerst schweren oder schweren CC	1,302	-	14,4	4	0,237	27	0,058	0,078	-	-	0,8410
F69B	M	Herzklappenerkrankungen ohne äußerst schwere oder schwere CC	0,475	-	5,4	1	0,272	13	0,059	0,072	-	-	0,6929
F70A	M	Schwere Arrhythmie und Herzstillstand mit äußerst schweren CC	1,268	-	11,3	3	0,280	24	0,077	0,092	-	-	1,3628
F70B	M	Schwere Arrhythmie und Herzstillstand ohne äußerst schwere CC	0,541	-	5,0	1	0,378	11	0,073	0,088	-	-	0,9640
F71A	M	Nicht schwere kardiale Arrhythmie und Erregungsleitungsstörungen mit äußerst schweren CC, mehr als ein Belegungstag oder mit kathetergestützter elektrophysiologischer Untersuchung des Herzens oder bestimmter hochaufwendiger Behandlung	1,175	-	12,4	3	0,277	25	0,063	0,085	-	-	0,9803
F71B	M	Nicht schwere kardiale Arrhythmie und Erregungsleitungsstörungen ohne äußerst schwere CC oder ein Belegungstag, ohne kathetergestützte elektrophysiologische Untersuchung des Herzens, ohne bestimmte hochaufwendige Behandlung	0,376	-	3,7	1	0,197	8	0,070	0,076	-	-	0,7747
F72A	M	Angina pectoris mit äußerst schweren CC	1,318	-	12,1	3	0,290	25	0,067	0,089	-	-	0,7958
F72B	M	Angina pectoris ohne äußerst schwere CC	0,367	-	3,3	1	0,189	7	0,069	0,115	-	-	0,6860
F73A	M	Synkope und Kollaps, Alter < 14 Jahre, ein Belegungstag	0,209	-	1,0	-	-	-	-	-	-	-	1,5435
F73B	M	Synkope und Kollaps, Alter > 13 Jahre oder mehr als ein Belegungstag	0,429	-	4,0	1	0,247	9	0,074	0,086	-	-	0,7462
F74Z	M	Thoraxschmerz und sonstige und nicht näher bezeichnete Krankheiten des Kreislaufsystems	0,318	-	2,8	1	0,154	6	0,078	0,082	-	-	0,7239
F75A	M	Andere Krankheiten des Kreislaufsystems mit äußerst schweren CC, mehr als ein Belegungstag	1,917	-	16,7	5	0,290	32	0,073	0,099	-	-	0,9935
F75B	M	Andere Krankheiten des Kreislaufsystems ohne äußerst schwere CC oder ein Belegungstag, Alter < 10 Jahre oder Alter < 16 Jahre mit schweren CC	0,975	-	6,4	1	0,646	16	0,139	0,117	-	-	1,7979
F75C	M	Andere Krankheiten des Kreislaufsystems ohne äußerst schwere CC oder ein Belegungstag, Alter > 9 Jahre und Alter < 16 Jahre, ohne schwere CC oder Alter > 15	0,694	-	5,8	1	0,437	14	0,066	0,087	-	-	0,7842
F77A	M	Komplexbehandlung bei isolationspflichtigen Erregern bei Krankheiten und Störungen des Kreislaufsystems, COVID-19, Virus nachgewiesen	2,140	-	26,8	-	-	44	0,052	0,072	-	-	0,9075
F77B	M	Komplexbehandlung bei isolationspflichtigen Erregern bei Krankheiten und Störungen des Kreislaufsystems	2,067	-	23,4	-	-	40	0,057	0,078	-	-	0,9427
F95A	O	Interventioneller Septumverschluss oder Verschluss einer paravalvulären Leckage mit einem kardialen Okkluder, Alter < 18 Jahre oder Vorhofohrverschluss	2,093	-	3,9	1	0,294	10	0,076	0,081	-	-	0,9296
F95B	O	Interventioneller Septumverschluss oder Verschluss einer paravalvulären Leckage mit einem kardialen Okkluder, Alter > 17 Jahre, ohne Vorhofohrverschluss	1,491	-	2,4	1	0,207	5	0,083	0,083	-	-	0,9681
F98A	O	Komplexe minimalinvasive Operationen an Herzklappen ohne minimalinvasiven Eingriff an mehreren Herzklappen, mit hochkomplexem Eingriff oder komplexer Diagnose oder Alter < 30 Jahre oder Implantation eines Wachstumsstents	6,969	-	13,8	4	0,354	28	0,089	0,119	-	-	1,4531
F98B	O	Komplexe minimalinvasive Operationen an Herzklappen ohne minimalinvasiven Eingriff an mehreren Herzklappen, ohne hochkomplexen Eingriff, ohne komplexe Diagnose, Alter > 29 Jahre, ohne Implantation eines Wachstumsstents, mit sehr komplexem Eingriff	5,258	-	9,1	2	0,463	18	0,080	0,126	-	-	1,1601
F98C	O	Komplexe minimalinvasive Operationen an Herzklappen ohne minimalinvasiven Eingriff an mehreren Herzklappen, ohne hochkomplexen Eingriff, ohne komplexe Diagnose, Alter > 29 Jahre, ohne Implantation eines Wachstumsstents, ohne sehr komplexen Eingriff	7,323	-	8,4	2	0,327	19	0,067	0,107	-	-	1,0150

Fallpauschalen-Katalog und Pflegeerlöskatalog
Teil a) Bewertungsrelationen bei Versorgung durch Hauptabteilungen

DRG	Partition	Bezeichnung [6]	Bewertungsrelation bei Hauptabteilung	Bewertungsrelation bei Hauptabteilung und Beleghebamme	Mittlere Verweildauer [1]	Untere Grenzverweildauer: Erster Tag mit Abschlag [2), 5)]	Untere Grenzverweildauer: Bewertungsrelation/Tag	Obere Grenzverweildauer: Erster Tag zus. Entgelt [3), 5)]	Obere Grenzverweildauer: Bewertungsrelation/Tag	Externe Verlegung Abschlag/Tag (Bewertungsrelation)	Verlegungsfallpauschale	Ausnahme von Wiederaufnahme [4]	Pflegeerlös Bewertungsrelation/Tag
1	2	3	4	5	6	7	8	9	10	11	12	13	
MDC 06 Krankheiten und Störungen der Verdauungsorgane													
G01Z	O	Eviszeration des kleinen Beckens	5,481	-	20,4	6	0,385	36	0,132	0,125	-	-	1,0915
G02A	O	Bestimmte Eingriffe an den Verdauungsorganen bei angeb. Fehlbildung, Alter < 2 Jahre oder sehr komplexe Eingriffe an Dünn- und Dickdarm, Alter < 10 Jahre oder best. Eingriffe an Dünn- und Dickdarm mit kompliz. Diagnose, mit bestimmten kompliz. Faktoren	3,995	-	19,4	5	0,374	37	0,081	0,111	-	-	1,1582
G02B	O	Bestimmte komplexe Eingriffe an Dünn- und Dickdarm oder andere Eingriffe an den Verdauungsorganen bei angeb. Fehlbildung, Alter < 2 Jahre oder bestimmte Eingriffe an Dünn- und Dickdarm mit komplizierender Diagnose, ohne bestimmte komplizierende Faktoren	2,815	-	13,9	4	0,292	27	0,073	0,096	-	-	0,9107
G02C	O	Andere komplexe Eingriffe an Dünn- und Dickdarm oder andere Eingriffe an Dünn- und Dickdarm mit komplizierender Diagnose, ohne Eingriffe an den Verdauungsorganen bei angeborener Fehlbildung, Alter < 2 Jahre	2,332	-	11,8	3	0,298	23	0,072	0,088	-	-	0,9395
G03A	O	Große Eingriffe an Magen, Ösophagus und Duodenum oder bestimmte Eingriffe an Dünn- und Dickdarm oder an Magen, Ösophagus und Duodenum mit komplexer Prozedur mit hochkomplexem Eingriff oder intensivmedizinischer Komplexbehandlung > - / 368 / - Aufwandsp.	5,669	-	18,9	5	0,468	35	0,141	0,139	-	-	1,4484
G03B	O	Große Eingriffe an Magen, Ösophagus und Duodenum oder bestimmte Eingriffe an Magen, Ösophagus und Duodenum mit komplexer Prozedur ohne hochkomplexen Eingriff, ohne intensivmedizinische Komplexbehandlung > - / 368 / - Aufwandspkt., mit komplexem Eingriff	4,606	-	17,6	5	0,377	32	0,089	0,122	-	-	1,1145
G03C	O	Große Eingriffe an Magen, Ösophagus und Duodenum oder bestimmte Eingriffe an Magen, Ösophagus und Duodenum mit komplexer Prozedur ohne hochkomplexen Eingriff, ohne intensivmedizinische Komplexbehandlung > - / 368 / - Aufwandspkt., ohne komplexen Eingriff	3,748	-	15,2	4	0,365	28	0,083	0,112	-	-	1,1162
G04Z	O	Adhäsiolyse am Peritoneum, Alter < 4 Jahre od. mit äuß. schw. od. schw. CC oder kleine Eingriffe an Dünn- und Dickdarm oder best. Eingriffe an abd. Gefäßen mit äuß. schw. CC oder Implantation eines Antireflux-Stimulationssystems od. best. Gastrektomie	3,758	-	19,8	6	0,328	37	0,076	0,110	-	-	1,1302
G07A	O	Appendektomie oder laparoskopische Adhäsiolyse bei Peritonitis mit äuß. schw. od. schw. CC od. kl. Eingr. an Dünn- / Dickdarm od. an abdom. Gefäßen, oh. äuß. schw. CC od. best. Anorektoplastik, Alter < 10 Jahre od. mit best. Eingr. an abdominalen Gefäßen	1,900	-	8,4	2	0,370	18	0,097	0,110	-	-	1,4163
G07B	O	Appendekt. od. laparoskop. Adhäsiolyse bei Peritonitis mit äuß. schw. od. schw. CC od. kl. Eingr. an Dünn-/Dickdarm, oh. äuß. schw. CC od. best. Anorektopl., Alt. > 9 J. u. Alt. < 16 J. od. mit laparoskop. Adhäsiolyse od. Rektopexie od. best. Magenexz.	1,771	-	8,4	2	0,281	18	0,071	0,090	-	-	0,9343
G07C	O	Appendektomie bei Peritonitis mit äußerst schweren oder schweren CC oder kleine Eingriffe an Dünn- und Dickdarm ohne äußerst schwere CC oder bestimmte Anorektoplastik, Alter > 15 Jahre, ohne laparoskopische Adhäsiolyse, ohne Rektopexie	1,246	-	7,4	1	0,293	15	0,061	0,077	-	-	0,7516
G08A	O	Komplexe Rekonstruktion der Bauchwand, Alter > 0 Jahre, mit äußerst schweren CC	3,299	-	17,7	5	0,310	34	0,074	0,100	-	-	1,0327
G08B	O	Komplexe Rekonstruktion der Bauchwand, Alter > 0 Jahre, ohne äußerst schwere CC	1,089	-	4,5	1	0,456	10	0,060	0,070	-	-	0,7422
G09Z	O	Beidseitige Eingriffe bei Leisten- und Schenkelhernien, Alter > 55 Jahre oder komplexe Herniotomien oder Operation einer Hydrocele testis oder andere kleine Eingriffe an Dünn- und Dickdarm	0,870	-	2,7	1	0,166	6	0,067	0,066	-	-	0,9112
G10Z	O	Bestimmte Eingriffe an hepatobiliärem System, Pankreas, Niere und Milz	2,923	-	13,0	3	0,355	25	0,076	0,100	-	-	0,9662
G11A	O	Pyloromyotomie oder Anoproktoplastik und Rekonstruktion von Anus und Sphinkter außer bei Analfissuren und Hämorrhoiden, Alter < 6 Jahre	1,062	-	5,3	1	0,273	11	0,073	0,088	-	-	1,6386
G11B	O	Pyloromyotomie oder Anoproktoplastik und Rekonstruktion von Anus und Sphinkter außer bei Analfissuren und Hämorrhoiden, Alter > 5 Jahre	0,662	-	4,1	1	0,262	10	0,059	0,068	-	-	0,7830
G12A	O	Andere OR-Prozeduren an den Verdauungsorganen mit komplexer OR-Prozedur oder mit mäßig komplexer OR-Prozedur, mehr als ein Belegungstag, Alter < 16 Jahre	2,540	-	13,1	3	0,333	28	0,077	0,092	-	-	1,1455
G12B	O	Andere OR-Prozeduren an den Verdauungsorganen mit mäßig komplexer OR-Prozedur, mehr als ein Belegungstag, Alter > 15 Jahre	1,803	-	13,1	3	0,287	28	0,061	0,081	-	-	0,8619
G12C	O	Andere OR-Prozeduren an den Verdauungsorganen mit wenig komplexer OR-Prozedur, mehr als ein Belegungstag	1,491	-	11,5	3	0,105	24	0,067	0,080	-	-	0,7997
G12D	O	Andere OR-Prozeduren an den Verdauungsorganen ohne komplexe OR-Prozedur, ein Belegungstag oder ohne mäßig komplexe OR-Prozedur, mit bestimmtem Eingriff oder Alter < 14 Jahre oder bei bösartiger Neubildung der Verdauungsorgane	1,200	-	9,1	2	0,294	20	0,069	0,089	-	-	0,7980
G12E	O	Andere OR-Prozeduren an den Verdauungsorganen ohne komplexe OR-Prozedur, ein Belegungstag oder ohne mäßig komplexe OR-Prozedur, ohne bestimmten Eingriff, Alter > 13 Jahre, außer bei bösartiger Neubildung der Verdauungsorgane	0,769	-	4,6	1	0,249	11	0,063	0,076	-	-	0,8434

Fallpauschalen-Katalog und Pflegeerlöskatalog
Teil a) Bewertungsrelationen bei Versorgung durch Hauptabteilungen

DRG	Partition	Bezeichnung [6]	Bewertungsrelation bei Hauptabteilung	Bewertungsrelation bei Hauptabteilung und Beleghebamme	Mittlere Verweildauer [1]	Untere Grenzverweildauer: Erster Tag mit Abschlag [2), 5)]	Untere Grenzverweildauer: Bewertungsrelation/Tag	Obere Grenzverweildauer: Erster Tag zus. Entgelt [3), 5)]	Obere Grenzverweildauer: Bewertungsrelation/Tag	Externe Verlegung Abschlag/Tag (Bewertungsrelation)	Verlegungsfallpauschale	Ausnahme von Wiederaufnahme [4]	Pflegeerlös Bewertungsrelation/Tag
1	2	3	4	5	6	7	8	9	10	11	12	13	
G13A	O	Implantation und Wechsel von Neurostimulatoren und Neurostimulationselektroden bei Krankheiten und Störungen der Verdauungsorgane ohne Implantation oder Wechsel eines permanenten Elektrodensystems	1,022	-	2,3	1	0,113	4	0,075	0,080	-	-	0,8381
G13B	O	Implantation und Wechsel von Neurostimulatoren und Neurostimulationselektroden bei Krankheiten und Störungen der Verdauungsorgane mit Implantation oder Wechsel eines permanenten Elektrodensystems	1,331	-	2,3	1	0,117	4	0,072	0,075	-	-	0,7839
G14Z	O	Geriatrische frührehabilitative Komplexbehandlung mit bestimmter OR-Prozedur bei Krankheiten und Störungen der Verdauungsorgane	3,503	-	28,8	-	-	46	0,060	0,082	-	-	0,8614
G15Z	O	Strahlentherapie mit großem abdominellen Eingriff	3,879	-	21,8	6	0,387	40	0,110	0,119	-	-	0,8342
G16A	O	Komplexe Rektumresektion od. and. Rektumres. m. best. Eingr. od. kompl. Diagnose od. mehrz. Enterostomaanlage und -rückverlagerung, m. kompliz. Konstell. od. plast. Rekonstruktion m. myokut. Lappen od. IntK > 196/ 368/ - P. od. endorektale Vakuumtherapie	6,403	-	27,1	8	0,359	45	0,084	0,115	-	-	1,1572
G16B	O	Komplexe Rektumresektion od. andere Rektumres. mit best. Eingr. od. kompl. Diag. od. mehrz. Enterostomaanlage u. -rückverlagerung, ohne kompliz. Konstell. od. plast. Rekonstruktion m. myokut. Lappen od. IntK > 196/ 368/ - P. ohne endorekt. Vakuumtherapie	3,479	-	15,3	4	0,308	30	0,070	0,094	-	-	0,9306
G17A	O	Andere Rektumresektion ohne bestimmten Eingriff oder Implantation eines künstlichen Analsphinkters, bei bösartiger Neubildung oder Alter < 16 Jahre	3,016	-	11,6	3	0,301	23	0,072	0,096	-	-	0,8616
G17B	O	Andere Rektumresektion ohne bestimmten Eingriff oder Implantation eines künstlichen Analsphinkters, außer bei bösartiger Neubildung, Alter > 15 Jahre	2,513	-	10,7	3	0,249	21	0,065	0,084	-	-	0,8867
G18A	O	Bestimmte Eingriffe an Dünn- und Dickdarm oder Anlegen eines Enterostomas oder andere Eingriffe am Darm oder an abdominalen Gefäßen mit bestimmtem hochkomplexem Eingriff oder Diagnose oder mit endorektaler Vakuumtherapie	3,970	-	20,3	6	0,305	38	0,072	0,100	-	-	1,0056
G18B	O	Bestimmte Eingriffe an Dünn- und Dickdarm oder Anlegen eines Enterostomas oder andere Eingriffe am Darm oder an abdominalen Gefäßen mit bestimmter sehr komplexer Prozedur oder Diagnose	2,444	-	12,3	3	0,308	25	0,070	0,093	-	-	0,9093
G18C	O	Bestimmte Eingriffe an Dünn- und Dickdarm oder Anlegen eines Enterostomas oder andere Eingriffe am Darm mit äußerst schweren CC, mit komplexem Eingriff	1,979	-	10,0	2	0,284	20	0,062	0,076	-	-	0,8259
G18D	O	Bestimmte Eingriffe an Dünn- und Dickdarm oder Anlegen eines Enterostomas oder andere Eingriffe am Darm mit äußerst schweren CC, ohne komplexen Eingriff	1,543	-	8,1	2	0,265	18	0,068	0,087	-	-	0,8839
G19A	O	Andere Eingriffe an Magen, Ösophagus und Duodenum außer bei angeborener Fehlbildung oder Alter > 1 Jahr, mit komplizierender Konstellation oder bei bösartiger Neubildung oder Alter < 16 Jahre ohne bestimmte Operationen an Pharynx oder Magenband	3,151	-	14,5	4	0,329	29	0,077	0,107	-	-	1,0476
G19B	O	Andere Eingriffe an Magen, Ösophagus und Duodenum außer bei angeborener Fehlbildung oder Alter > 1 Jahr, ohne komplizierende Konstellation, außer bei bösartiger Neubildung, Alter > 15 Jahre, mit komplexem Eingriff	2,005	-	10,1	2	0,318	22	0,067	0,087	-	-	0,9722
G19C	O	Andere Eingriffe an Magen, Ösophagus und Duodenum außer bei angeborener Fehlbildung oder Alter > 1 Jahr, ohne komplizierende Konstellation, außer bei bösartiger Neubildung, Alter > 15 Jahre, ohne komplexen Eingriff	1,414	-	5,6	1	0,254	12	0,063	0,083	-	-	0,8052
G21A	O	Komplexe Adhäsiolyse am Peritoneum, Alter > 3 J., ohne äußerst schw. oder schw. CC od. andere Eingriffe an Darm u. Enterostoma od. best. Eingriffe am Pharynx od. Verschluss Darmfistel m. äußerst schw. CC od. aufw. Eingriff am Darm oder Alter < 16 Jahre	1,598	-	8,6	2	0,270	17	0,065	0,085	-	-	0,8783
G21B	O	Andere Eingriffe an Darm und Enterostoma oder bestimmte Eingriffe am Pharynx oder Verschluss Darmfistel ohne äußerst schwere CC, ohne aufwendigen Eingriff am Darm, Alter > 15 Jahre	0,911	-	5,4	1	0,449	13	0,060	0,072	-	-	0,7507
G22A	O	Appendektomie oder laparoskopische Adhäsiolyse bei Peritonitis oder mit äußerst schweren oder schweren CC, Alter < 6 Jahre oder bei bösartiger Neubildung	1,527	-	7,7	2	0,275	16	0,074	0,090	-	-	1,0857
G22B	O	Appendektomie oder laparoskopische Adhäsiolyse bei Peritonitis oder mit äußerst schweren oder schweren CC, Alter > 5 Jahre, außer bei bösartiger Neubildung, mit laparoskopischer Adhäsiolyse oder sekundärer Appendektomie oder Alter < 16 Jahre	1,317	-	6,8	1	0,334	14	0,066	0,087	-	-	1,0343
G22C	O	Appendektomie oder laparoskopische Adhäsiolyse bei Peritonitis oder mit äußerst schweren oder schweren CC, Alter > 15 Jahre, außer bei bösartiger Neubildung, ohne laparoskopische Adhäsiolyse, ohne sekundäre Appendektomie	1,014	-	5,0	1	0,240	10	0,067	0,078	-	-	0,7340
G23A	O	Appendektomie oder laparoskopische Adhäsiolyse außer bei Peritonitis oder Exzision erkranktes Gewebe Dickdarm ohne äußerst schwere oder schwere CC, Alter < 10 Jahre oder bei bösartiger Neubildung oder Endometriose am Darm	0,893	-	3,6	1	0,195	7	0,078	0,079	-	-	1,0726

Fallpauschalen-Katalog und Pflegeerlöskatalog
Teil a) Bewertungsrelationen bei Versorgung durch Hauptabteilungen

DRG	Partition	Bezeichnung [6]	Bewertungsrelation bei Hauptabteilung	Bewertungsrelation bei Hauptabteilung und Beleghebamme	Mittlere Verweildauer [1]	Untere Grenzverweildauer Erster Tag mit Abschlag [2], [5]	Untere Grenzverweildauer Bewertungsrelation/Tag	Obere Grenzverweildauer Erster Tag zus. Entgelt [3], [5]	Obere Grenzverweildauer Bewertungsrelation/Tag	Externe Verlegung Abschlag/Tag (Bewertungsrelation)	Verlegungsfallpauschale	Ausnahme von Wiederaufnahme [4]	Pflegeerlös Bewertungsrelation/Tag
1	2	3	4	5	6	7	8	9	10	11	12	13	
G23B	O	Appendektomie oder laparoskopische Adhäsiolyse außer bei Peritonitis oder Exzision erkranktes Gewebe Dickdarm ohne äußerst schwere oder schwere CC, Alter > 9 Jahre, außer bei bösartiger Neubildung oder Endometriose am Darm	0,781	-	3,1	1	0,163	7	0,071	0,081	-	-	0,7752
G24A	O	Eingriffe bei Hernien mit plastischer Rekonstruktion der Bauchwand oder bestimmte partielle Resektion des Dickdarmes	1,179	-	4,8	1	0,220	10	0,065	0,076	-	-	0,7978
G24B	O	Eingriffe bei Hernien ohne plastische Rekonstruktion der Bauchwand, mit beidseitigem oder komplexem Eingriff oder Alter < 14 Jahre mit äußerst schweren oder schweren CC	0,860	-	3,0	1	0,244	7	0,064	0,069	-	-	0,7139
G24C	O	Eingriffe bei Hernien ohne plastische Rekonstruktion der Bauchwand, ohne beidseitigen Eingriff, ohne komplexen Eingriff, Alter > 13 Jahre oder ohne äußerst schwere oder schwere CC	0,742	-	2,8	1	0,176	6	0,066	0,069	-	-	0,8394
G26A	O	Andere Eingriffe am Anus oder Anoproktoplastik und Rekonstruktion von Anus und Sphinkter bei Analfissuren und Hämorrhoiden, Alter < 18 Jahre oder mit komplexer Diagnose oder mit kleinem Eingriff am Rektum	0,664	-	3,8	1	0,273	9	0,069	0,078	-	-	0,8633
G26B	O	Andere Eingriffe am Anus oder Anoproktoplastik und Rekonstruktion von Anus und Sphinkter bei Analfissuren und Hämorrhoiden, Alter > 17 Jahre, ohne komplexe Diagnose, ohne kleinen Eingriff am Rektum	0,494	-	2,9	1	0,132	6	0,062	0,065	-	-	0,8304
G27A	O	Strahlentherapie bei Krankheiten und Störungen der Verdauungsorgane, Bestrahlungen an mindestens 8 Tagen, mit äußerst schweren CC	5,388	-	39,6	12	0,386	58	0,130	0,124	-	x	1,0220
G27B	O	Strahlentherapie bei Krankheiten und Störungen der Verdauungsorgane, Bestrahlungen an mindestens 8 Tagen, ohne äußerst schwere CC	2,469	-	19,2	5	0,399	36	0,121	0,119	-	x	0,7242
G29A	O	Strahlentherapie bei Krankheiten und Störungen der Verdauungsorgane, mehr als ein Belegungstag, Bestrahlungen an mindestens 5 Tagen	0,986	-	6,6	-	-	14	0,146	0,127	-	x	0,7624
G29B	O	Strahlentherapie bei Krankheiten und Störungen der Verdauungsorgane, mehr als ein Belegungstag, Bestrahlungen an weniger als 5 Tagen	0,686	-	4,2	-	-	11	0,154	0,126	-	x	0,8615
G33Z	O	Mehrzeitige komplexe OR-Prozeduren oder hochaufwendiges Implantat bei Krankheiten und Störungen der Verdauungsorgane	7,109	-	27,0	8	0,402	45	0,182	0,128	-	-	1,2881
G35Z	O	Komplexe Vakuumbehandlung bei Krankheiten und Störungen der Verdauungsorgane	10,071	-	46,2	14	0,363	64	0,114	0,114	-	-	1,2438
G36A	O	Intensivmedizinische Komplexbehandlung bei Krankheiten und Störungen der Verdauungsorgane > 1470 / 1380 / - Aufwandspunkte oder > 1176 / 1104 / 1104 und < 1471 / 1381 / - Aufwandspunkte oder mit endoösophagealer Vakuumtherapie, mit aufwendigem Eingriff	12,980	-	39,5	12	0,776	58	0,256	-	x	x	2,8293
G36B	O	Intensivmedizinische Komplexbehandlung bei Krankheiten und Störungen der Verdauungsorgane > 1176 / 1104 / 1104 Aufwandspunkte und < 1471 / 1381 / - Aufwandspunkte oder mit endoösophagealer Vakuumtherapie, ohne aufwendigen Eingriff	10,516	-	37,8	12	0,664	56	0,228	-	x	x	2,6241
G36C	O	Intensivmedizinische Komplexbehandlung > 392 / 552 / - Aufwandspunkte und < 1177 / 1105 / - Aufwandspunkte bei Krankheiten und Störungen der Verdauungsorgane	7,509	-	26,0	8	0,646	44	0,218	-	x	x	2,3789
G37Z	O	Multiviszeraleingriff bei Krankheiten und Störungen der Verdauungsorgane	4,841	-	17,0	5	0,370	31	0,093	0,122	-	-	1,1424
G38Z	O	Komplizierende Konstellation mit bestimmtem operativen Eingriff bei Krankheiten und Störungen der Verdauungsorgane oder mehrzeitiger komplexer Eingriff am Gastrointestinaltrakt und anderem Organsystem	6,306	-	26,8	8	0,445	45	0,155	0,142	-	-	1,3397
G40A	A	Bestimmte komplizierende Konstellation mit bestimmtem endoskopischen Eingriff bei Krankheiten und Störungen der Verdauungsorgane	3,806	-	24,9	7	0,395	43	0,092	0,120	-	-	1,2839
G40B	A	Andere komplizierende Konstellation mit bestimmtem endoskopischen Eingriff bei Krankheiten und Störungen der Verdauungsorgane	2,849	-	16,3	4	0,470	32	0,103	0,135	-	-	1,3279
G46A	A	Komplexe therapeutische Gastroskopie bei schweren Krankheiten der Verdauungsorgane, mit äußerst schweren CC oder mit schweren CC oder andere Gastroskopie bei schw. Krankh. der Verd.organe, mit äußerst schweren CC, Alter < 15 Jahre, mehr als ein BT	2,389	-	18,6	5	0,327	35	0,074	0,099	-	-	1,1225
G46B	A	Komplexe therapeutische Gastroskopie mit schw. CC od. and. Gastroskopie mit äuß. schw. CC, bei schw. Krankh. der Verd.organe, Alter > 14 J., mehr als 1 BT od. best. Gastroskopie, Alter < 15 J. od. mit kompliz. Faktoren od. ERCP mit and. endoskop. Eingr.	1,713	-	13,7	4	0,276	28	0,071	0,094	-	-	0,9695
G46C	A	Verschiedenartige komplexe und andere Gastroskopie, ohne komplexe therapeutische Gastroskopie bei schw. Krankheiten der Verdauungsorgane und äuß. schw. oder schw. CC, ohne bestimmte Gastroskopie mit kompliz. Faktoren, mit anderem aufwendigen Eingriff	1,089	-	6,8	1	0,529	15	0,065	0,080	-	-	0,6615
G46D	A	Verschiedenartige komplexe und andere Gastroskopie, ohne komplexe therapeutische Gastroskopie bei schw. Krankheiten der Verdauungsorgane und äuß. schw. oder schw. CC, ohne bestimmte Gastroskopie mit kompliz. Faktoren, ohne anderen aufwendigen Eingriff	0,861	-	5,8	1	0,424	14	0,066	0,081	-	-	0,7956
G47A	A	Andere Gastroskopie oder bestimmte koloskopische Eingriffe, mit bestimmter endoskopischer Maßnahme am Dickdarm, ein Belegungstag	0,476	-	1,0	-	-	-	-	-	-	-	1,0774

Fallpauschalen-Katalog und Pflegeerlöskatalog
Teil a) Bewertungsrelationen bei Versorgung durch Hauptabteilungen

DRG	Partition	Bezeichnung [6]	Bewertungsrelation bei Hauptabteilung	Bewertungsrelation bei Hauptabteilung und Beleghebamme	Mittlere Verweildauer [1]	Untere Grenzverweildauer		Obere Grenzverweildauer		Externe Verlegung Abschlag/Tag (Bewertungsrelation)	Verlegungsfallpauschale	Ausnahme von Wiederaufnahme [4]	Pflegeerlös Bewertungsrelation/Tag
						Erster Tag mit Abschlag [2), 5)]	Bewertungsrelation/Tag	Erster Tag zus. Entgelt [3), 5)]	Bewertungsrelation/Tag				
1	2	3	4	5	6	7	8	9	10	11	12	13	
G47B	A	Andere Gastroskopie oder bestimmte koloskopische Eingriffe, ohne bestimmte endoskopische Maßnahme am Dickdarm oder mehr als ein Belegungstag	0,728	-	5,2	1	0,363	12	0,070	0,084	-	-	0,7234
G48A	A	Koloskopie mit äußerst schweren oder schweren CC, komplizierendem Eingriff oder Alter < 15 Jahre oder mehrzeitige endoskopische Blutstillung, mit schwerer Darminfektion oder bei bösartiger Neubildung oder bestimmter Darminfektion mit äußerst schweren CC	1,789	-	17,4	5	0,265	34	0,064	0,087	-	-	0,8864
G48B	A	Koloskopie mit äußerst schweren oder schweren CC, komplizierendem Eingriff oder Alter < 15 Jahre oder mehrzeitige endoskopische Blutstillung, ohne schwere Darminfektion, außer bei bösartiger Neubildung od. best. Darminfektion od. ohne äußerst schwere CC	1,245	-	9,4	2	0,308	20	0,070	0,088	-	-	0,9008
G50Z	A	Komplexe therapeutische Gastroskopie und bestimmte andere Gastroskopie bei nicht schweren Krankheiten der Verdauungsorgane, mit äußerst schweren oder schweren CC, mehr als ein Belegungstag, Alter > 14 Jahre	1,457	-	12,4	3	0,296	26	0,067	0,089	-	-	0,9816
G52Z	A	Geriatrische frührehabilitative Komplexbehandlung bei Krankheiten und Störungen der Verdauungsorgane	1,491	-	21,0	-	-	33	0,049	0,065	-	-	0,7486
G60A	M	Bösartige Neubildung der Verdauungsorgane, mehr als ein Belegungstag mit äußerst schweren CC oder bestimmte hochaufwendige Behandlung	1,301	-	13,0	3	0,299	26	0,065	0,086	-	x	0,9793
G60B	M	Bösartige Neubildung der Verdauungsorgane, ein Belegungstag oder ohne äußerst schwere CC, ohne bestimmte hochaufwendige Behandlung	0,418	-	4,1	1	0,166	11	0,069	0,079	-	x	0,8510
G64A	M	Entzündliche Darmerkrankung oder andere schwere Erkrankungen der Verdauungsorgane, mit äußerst schweren CC oder Alter < 16 Jahre mit schweren CC	1,933	-	16,8	5	0,305	35	0,073	0,101	-	-	1,0109
G64B	M	Entzündliche Darmerkrankung oder andere schwere Erkrankungen der Verdauungsorgane, ohne äußerst schwere CC, Alter > 15 Jahre oder ohne schwere CC	0,543	-	5,4	1	0,335	12	0,062	0,077	-	-	0,6577
G66Z	M	Abdominalschmerz oder mesenteriale Lymphadenitis, Alter > 55 Jahre und mit CC	0,583	-	5,9	1	0,359	14	0,061	0,084	-	-	0,7660
G67A	M	Ösophagitis, Gastroenteritis, gastrointestinale Blutung, Ulkuserkrankung und verschiedene Erkrankungen der Verdauungsorgane oder Obstruktion des Verdauungstraktes mit bestimmten komplizierenden Faktoren	0,635	-	5,8	1	0,299	13	0,062	0,075	-	-	0,8508
G67B	M	Ösophagitis, Gastroenteritis, gastrointestinale Blutung, Ulkuserkrankung und verschiedene Erkrankungen der Verdauungsorgane oder Obstruktion des Verdauungstraktes mit anderen komplizierenden Faktoren oder mit äußerst schweren CC	0,492	-	4,4	1	0,237	10	0,063	0,075	-	-	0,7253
G67C	M	Ösophagitis, Gastroenteritis, gastrointestinale Blutung, Ulkuserkrankung und verschiedene Erkrankungen der Verdauungsorgane ohne bestimmte oder andere komplizierende Faktoren, ohne äußerst schwere CC	0,377	-	3,4	1	0,185	8	0,068	0,076	-	-	0,8325
G70A	M	Andere schwere Erkrankungen der Verdauungsorgane ohne äußerst schwere CC, Alter < 18 Jahre oder mit komplexer Diagnose	0,701	-	6,7	1	0,336	15	0,104	0,083	-	-	0,9697
G70B	M	Andere schwere Erkrankungen der Verdauungsorgane ohne äußerst schwere CC, Alter > 17 Jahre, ohne komplexe Diagnose	0,637	-	5,8	1	0,366	13	0,065	0,079	-	-	0,7582
G71Z	M	Andere mäßig schwere Erkrankungen der Verdauungsorgane	0,461	-	3,4	1	0,149	8	0,065	0,071	-	-	0,7634
G72A	M	Andere leichte bis moderate Erkrankungen der Verdauungsorgane oder Abdominalschmerz oder mesenteriale Lymphadenitis, Alter < 3 Jahre	0,351	-	2,4	1	0,075	5	0,113	0,081	-	-	1,4346
G72B	M	Andere leichte bis moderate Erkrankungen der Verdauungsorgane, Alter > 2 Jahre oder Abdominalschmerz oder mesenteriale Lymphadenitis, Alter > 2 Jahre und Alter < 56 Jahre oder ohne CC	0,312	-	2,6	1	0,132	5	0,075	0,078	-	-	0,8049
G73Z	M	Gastrointestinale Blutung oder Ulkuserkrankung mit äußerst schweren CC, mehr als ein Belegungstag	0,678	-	5,5	-	-	13	0,069	0,083	-	-	0,8541
G74Z	M	Hämorrhoiden oder andere wenig schwere Erkrankungen der Verdauungsorgane	0,390	-	3,3	1	0,180	7	0,066	0,071	-	-	0,7458
G77A	M	Bestimmte Komplexbehandlung bei isolationspflichtigen Erregern bei Krankheiten und Störungen der Verdauungsorgane	1,688	-	21,5	6	0,229	37	0,056	0,072	-	-	1,0820
G77B	M	Andere Komplexbehandlung bei isolationspflichtigen Erregern bei Krankheiten und Störungen der Verdauungsorgane	1,083	-	13,2	-	-	22	0,056	0,073	-	-	0,9947

Fallpauschalen-Katalog und Pflegeerlöskatalog

Teil a) Bewertungsrelationen bei Versorgung durch Hauptabteilungen

DRG	Partition	Bezeichnung [6]	Bewertungsrelation bei Hauptabteilung	Bewertungsrelation bei Hauptabteilung und Beleghebamme	Mittlere Verweildauer [1]	Untere Grenzverweildauer		Obere Grenzverweildauer		Externe Verlegung Abschlag/Tag (Bewertungsrelation)	Verlegungsfallpauschale	Ausnahme von Wiederaufnahme [4]	Pflegeerlös Bewertungsrelation/Tag
						Erster Tag mit Abschlag [2], [5]	Bewertungsrelation/Tag	Erster Tag zus. Entgelt [3], [5]	Bewertungsrelation/Tag				
1	2	3	4	5	6	7	8	9	10	11	12	13	
MDC 07 Krankheiten und Störungen an hepatobiliärem System und Pankreas													
H01A	O	Eingriffe an Pankreas und Leber und portosystemische Shuntoperationen mit großem Eingriff oder Strahlentherapie oder komplexer Eingriff an Gallenblase und Gallenwegen, Alter < 14 J., mit kompl. Eingriff oder intensivmed. Komplexbeh. > 392 / 368 / - P.	5,716	-	21,0	6	0,431	39	0,188	0,139	-	-	1,2521
H01B	O	Eingriffe an Pankreas und Leber und portosystemische Shuntoperationen mit großem Eingriff oder Strahlentherapie oder komplexer Eingriff an Gallenblase und Gallenwegen, Alter < 14 J., ohne kompl. Eingriff, ohne intensivmed. Komplexbeh. > 392 / 368 / - P.	4,369	-	17,2	5	0,355	33	0,155	0,115	-	-	1,0914
H02A	O	Komplexe Eingriffe an Gallenblase und Gallenwegen, Alter > 13 Jahre, bei bösartiger Neubildung oder mit bestimmter biliodigestiver Anastomose	3,926	-	17,6	5	0,317	34	0,072	0,100	-	-	0,8623
H02B	O	Komplexe Eingriffe an Gallenblase und Gallenwegen, Alter > 13 Jahre, außer bei bösartiger Neubildung, ohne bestimmte biliodigestive Anastomose	3,604	-	17,0	5	0,299	33	0,068	0,099	-	-	0,9271
H05Z	O	Laparotomie und mäßig komplexe Eingriffe an Gallenblase und Gallenwegen	2,213	-	11,2	3	0,279	24	0,070	0,092	-	-	0,8673
H06A	O	Andere OR-Prozeduren an hepatobiliärem System und Pankreas mit aufwendigem Eingriff und bestimmten komplizierenden Faktoren	3,227	-	14,9	4	0,339	30	0,080	0,106	-	-	1,0122
H06B	O	Andere OR-Prozeduren an hepatobiliärem System und Pankreas mit bestimmtem Eingriff und komplexer Diagnose, Dialyse, komplexer OR-Prozedur oder komplizierender Konstellation	1,666	-	14,6	4	0,297	29	0,074	0,094	-	-	0,9336
H06C	O	Andere OR-Prozeduren an hepatobiliärem System und Pankreas ohne bestimmten Eingriff und komplexe Diagnose, Dialyse, komplexe OR-Prozedur oder komplizierende Konstellation	0,938	-	6,5	1	0,292	17	0,086	0,099	-	-	0,7537
H07A	O	Cholezystektomie und wenig komplexe Eingriffe an Gallenblase, Gallenwegen, Leber mit sehr komplexer Diagnose oder komplizierender Konstellation	2,655	-	11,8	3	0,320	24	0,076	0,097	-	-	0,9225
H07B	O	Cholezystektomie und wenig komplexe Eingriffe an Gallenblase, Gallenwegen, Leber ohne sehr komplexe Diagnose, ohne komplizierende Konstellation	1,641	-	9,1	2	0,284	20	0,065	0,085	-	-	0,8544
H08A	O	Laparoskopische Cholezystektomie oder bestimmte Eingriffe an Leber und Bauchwand mit komplexer Diagnose oder komplizierender Konstellation	1,836	-	9,4	2	0,303	19	0,068	0,088	-	-	0,8787
H08B	O	Laparoskopische Cholezystektomie oder bestimmte Eingriffe an Leber und Bauchwand, Alter < 12 Jahre oder mit endoskopischer Steinentfernung oder mit bestimmter Diagnose	1,542	-	8,2	2	0,234	16	0,060	0,080	-	-	0,6807
H08C	O	Laparoskopische Cholezystektomie oder bestimmte Eingriffe an Leber und Bauchwand, Alter > 11 Jahre	0,832	-	3,5	1	0,226	8	0,067	0,075	-	-	0,7593
H09A	O	Eingriffe an Pankreas und Leber und portosystemische Shuntoperationen, ohne großen Eingriff, ohne Strahlentherapie, mit bestimmtem Eingriff mit äußerst schweren CC oder aufwendiger Eingriff am Dünndarm mit bestimmten komplizierenden Faktoren	5,753	-	26,0	8	0,365	44	0,160	0,121	-	-	1,1291
H09B	O	Eingriffe an Pankreas und Leber und portosystemische Shuntoperationen, ohne großen Eingriff, ohne Strahlentherapie, ohne bestimmten Eingriff oder ohne äußerst schwere CC, ohne aufwendigen Eingriff am Dünndarm mit bestimmten komplizierenden Faktoren	2,503	-	9,6	2	0,389	20	0,081	0,111	-	-	0,9119
H12A	O	Verschiedene Eingriffe am hepatobiliären System oder Eingriffe an abdominalen oder pelvinen Gefäßen mit äußerst schweren CC	4,364	-	26,6	8	0,339	45	0,080	0,113	-	-	1,0053
H12B	O	Verschiedene Eingriffe am hepatobiliären System oder Eingriffe an abdominalen oder pelvinen Gefäßen ohne äußerst schwere CC, mit komplexem Eingriff	2,956	-	18,4	5	0,276	35	0,063	0,086	-	-	0,8022
H12C	O	Verschiedene Eingriffe am hepatobiliären System oder Eingriffe an abdominalen oder pelvinen Gefäßen ohne äußerst schwere CC, ohne komplexen Eingriff	1,489	-	10,2	2	0,330	24	0,068	0,089	-	-	0,7390
H15Z	O	Strahlentherapie bei Krankheiten und Störungen an hepatobiliärem System und Pankreas, Bestrahlungen an mindestens 8 Tagen	3,052	-	22,2	6	0,423	40	0,133	0,128	-	x	0,8031
H16A	O	Strahlentherapie bei Krankheiten und Störungen an hepatobiliärem System und Pankreas, mehr als ein Belegungstag, Bestrahlungen an mindestens 5 Tagen	1,274	-	9,1	2	0,404	21	0,130	0,119	-	x	0,7254
H16B	O	Strahlentherapie bei Krankheiten und Störungen an hepatobiliärem System und Pankreas, mehr als ein Belegungstag, Bestrahlungen an weniger als 5 Tagen	0,706	-	2,9	1	0,351	7	0,241	0,179	-	x	0,8604
H29Z	O	Bestimmte selektive Embolisation oder SIRT	1,184	-	3,8	1	0,231	10	0,212	0,225	-	-	0,9605
H33Z	O	Mehrzeitige komplexe OR-Prozeduren bei Krankheiten und Störungen an hepatobiliärem System und Pankreas	7,487	-	31,2	9	0,401	49	0,192	0,125	-	-	1,3146
H36A	O	Intensivmedizinische Komplexbehandlung > 980 / 828 / - Aufwandspunkte bei Krankheiten und Störungen an hepatobiliärem System und Pankreas	8,220	-	30,3	9	0,721	48	0,243	-	x	x	2,5638
H36B	O	Intensivmedizinische Komplexbehandlung > 588 / 552 / 552 und < 981 / 829 / - Aufwandspunkte bei Krankheiten und Störungen an hepatobiliärem System und Pankreas	5,786	-	24,0	7	0,631	42	0,211	-	x	x	2,2231

Fallpauschalen-Katalog und Pflegeerlöskatalog

Teil a) Bewertungsrelationen bei Versorgung durch Hauptabteilungen

DRG	Partition	Bezeichnung [6]	Bewertungsrelation bei Hauptabteilung	Bewertungsrelation bei Hauptabteilung und Beleghebamme	Mittlere Verweildauer [1]	Untere Grenzverweildauer: Erster Tag mit Abschlag [2), 5)]	Untere Grenzverweildauer: Bewertungsrelation/Tag	Obere Grenzverweildauer: Erster Tag zus. Entgelt [3), 5)]	Obere Grenzverweildauer: Bewertungsrelation/Tag	Externe Verlegung Abschlag/Tag (Bewertungsrelation)	Verlegungsfallpauschale	Ausnahme von Wiederaufnahme [4]	Pflegeerlös Bewertungsrelation/Tag
1	2	3	4	5	6	7	8	9	10	11	12	13	
H38A	O	Bestimmte komplizierende Konstellation mit bestimmtem operativen Eingriff bei Krankheiten und Störungen an hepatobiliärem System und Pankreas	9,982	-	30,5	9	0,572	48	0,222	0,182	-	-	1,9337
H38B	O	Andere komplizierende Konstellation mit bestimmtem operativen Eingriff bei Krankheiten und Störungen an hepatobiliärem System und Pankreas	7,340	-	26,1	8	0,479	44	0,116	0,158	-	-	1,2526
H40A	A	Endoskopische Eingriffe bei Ösophagusvarizenblutung mit äußerst schweren CC	2,489	-	16,4	4	0,433	31	0,090	0,124	-	-	1,1794
H40B	A	Endoskopische Eingriffe bei Ösophagusvarizenblutung ohne äußerst schwere CC	1,073	-	7,6	2	0,288	16	0,080	0,094	-	-	1,0092
H41A	A	Bestimmte ERCP mit äußerst schweren CC oder mit schweren CC oder komplexer Eingriff oder Alter < 16 Jahre, mit komplexer Prozedur, mit Zugang durch retrograde Endoskopie	3,559	-	23,7	7	0,308	42	0,076	0,097	-	-	1,0063
H41B	A	Bestimmte ERCP mit schweren CC oder komplexer Eingriff oder Alter < 16 Jahre, mit komplexer Prozedur, ohne Zugang durch retrograde Endoskopie	2,448	-	16,1	4	0,338	32	0,064	0,093	-	-	0,7529
H41C	A	Bestimmte ERCP mit schweren CC oder komplexem Eingriff oder Alter < 16 J. oder andere ERCP mit Radiofrequenzablation und endoskopischer Stentimplantation oder andere aufwendige ERCP oder bestimmter endoskopischer Eingriff mit bestimmter BNB	1,427	-	10,3	2	0,307	22	0,063	0,080	-	-	0,7481
H41D	A	Andere aufwendige ERCP oder bestimmter endoskopischer Eingriff oder andere ERCP mit bestimmter BNB oder bestimmter Pankreatitis	0,873	-	5,9	1	0,455	13	0,061	0,075	-	-	0,6840
H41E	A	Andere ERCP ohne bestimmte oder andere aufwendige ERCP, Alter > 15 Jahre	0,605	-	4,5	1	0,251	10	0,064	0,075	-	-	0,6964
H44Z	A	Geriatrische frührehabilitative Komplexbehandlung bei Krankheiten und Störungen an hepatobiliärem System und Pankreas	1,561	-	21,3	-	-	34	0,048	0,065	-	-	0,7412
H60Z	M	Leberzirrhose und bestimmte nichtinfektiöse Hepatitiden mit äußerst schweren CC oder komplizierende Konstellation bei bestimmten Krankheiten und Störungen an hepatobiliärem System und Pankreas	1,796	-	14,8	4	0,334	30	0,079	0,106	-	-	1,0934
H61A	M	Bösartige Neubildung an hepatobiliärem System und Pankreas, mehr als ein Belegungstag, mit komplexer Diagnose, mit äußerst schweren CC	1,248	-	12,7	3	0,290	26	0,064	0,085	-	x	0,9671
H61B	M	Bösartige Neubildung an hepatobiliärem System und Pankreas, Alter < 18 Jahre oder mehr als ein Belegungstag, mit komplexer Diagnose, mit Pfortaderthrombose	0,739	-	5,7	1	0,339	14	0,135	0,090	-	x	0,9050
H61C	M	Bösartige Neubildung an hepatobiliärem System und Pankreas, Alter > 17 Jahre	0,484	-	4,4	1	0,235	11	0,071	0,098	-	x	0,8233
H62A	M	Erkrankungen des Pankreas außer bösartige Neubildung oder Leberzirrhose und bestimmte nichtinfektiöse Hepatitiden ohne äußerst schwere CC, Alter < 16 Jahre oder Erkrankungen von Gallenblase und Gallenwegen, Alter < 10 Jahre	0,630	-	4,1	1	0,271	10	0,129	0,124	-	-	1,3319
H62B	M	Erkrankungen des Pankreas außer bösartige Neubildung, mit akuter Pankreatitis mit Organkomplikation oder Leberzirrhose oder bestimmter nichtinfektiöser Hepatitis, Alter > 15 Jahre	0,670	-	6,8	1	0,437	16	0,062	0,077	-	-	0,7397
H62C	M	Erkrankungen des Pankreas außer bösartige Neubildung, ohne akute Pankreatitis mit Organkomplikation, ohne Leberzirrhose, ohne bestimmte nichtinfektiöse Hepatitis, Alter > 15 Jahre	0,494	-	5,4	1	0,269	12	0,062	0,077	-	-	0,6929
H63A	M	Erkrankungen der Leber auß. bösart. Neubild., Leberzirr. u. best. nichtinfekt. Hepatitiden u. best. Erkrank. der Gallenwege, mehr als ein Belegungstag, mit kompl. Diag. u. äuß. schw. o. schw. CC od. kompl. Diag. od. äuß. schw. od. schw. CC, Alter < 1 J.	1,582	-	12,8	3	0,363	27	0,081	0,108	-	-	1,0245
H63B	M	Erkrankungen der Leber außer bösartige Neubildung, Leberzirrhose und bestimmte nichtinfektiöse Hepatitiden und best. Erkrankungen der Gallenwege, mehr als ein Belegungstag, mit kompl. Diagnose oder äuß. schw. o. schw. CC oder Leberbiopsie, Alter < 18 J.	0,986	-	8,5	2	0,291	18	0,072	0,092	-	-	0,7990
H63C	M	Erkrankungen der Leber außer bösartige Neubildung, Leberzirrhose und bestimmte nichtinfektiöse Hepatitiden und bestimmte Erkrankungen der Gallenwege, ein Belegungstag oder ohne komplexe Diagnose und ohne äußerst schwere oder schwere CC	0,540	-	5,1	1	0,303	11	0,068	0,082	-	-	0,6940
H64Z	M	Erkrankungen von Gallenblase und Gallenwegen	0,426	-	4,6	1	0,237	10	0,059	0,070	-	-	0,7315
H77Z	M	Komplexbehandlung bei isolationspflichtigen Erregern bei Krankheiten und Störungen an hepatobiliärem System und Pankreas	1,919	-	19,8	-	-	38	0,063	0,080	-	-	1,0006
H78Z	M	Bestimmte komplizierende Konstellation bei bestimmten Krankheiten und Störungen an hepatobiliärem System und Pankreas	5,043	-	29,4	9	0,437	47	0,143	0,143	-	-	1,3307

Fallpauschalen-Katalog und Pflegeerlöskatalog

Teil a) Bewertungsrelationen bei Versorgung durch Hauptabteilungen

DRG	Partition	Bezeichnung [6]	Bewertungsrelation bei Hauptabteilung	Bewertungsrelation bei Hauptabteilung und Beleghebamme	Mittlere Verweildauer [1]	Untere Grenzverweildauer: Erster Tag mit Abschlag [2), 5)]	Untere Grenzverweildauer: Bewertungsrelation/Tag	Obere Grenzverweildauer: Erster Tag zus. Entgelt [3), 5)]	Obere Grenzverweildauer: Bewertungsrelation/Tag	Externe Verlegung Abschlag/Tag (Bewertungsrelation)	Verlegungsfallpauschale	Ausnahme von Wiederaufnahme [4]	Pflegeerlös Bewertungsrelation/Tag
1	2	3	4	5	6	7	8	9	10	11	12	13	
MDC 08 Krankheiten und Störungen an Muskel-Skelett-System und Bindegewebe													
I01Z	O	Beidseitige Eingriffe oder mehrere große Eingriffe an Gelenken der unteren Extremität mit komplexer Diagnose	4,416	-	28,4	8	0,252	46	0,058	0,077	-	-	0,8132
I02A	O	Großflächige Gewebe- / Hauttransplantation außer an der Hand, mit komplizierender Konstellation, Eingriff an mehreren Lokalisationen oder mit schwerem Weichteilschaden, mit äußerst schweren CC und komplexer OR-Prozedur	12,818	-	54,0	17	0,363	72	0,164	0,117	-	-	1,3296
I02B	O	Großfl. Gewebe- / Hauttransplantation m. kompliz. Konst., Eingr. an mehr. Lokal. od. schw. Weichteilsch., m. äuß. schw. CC od. kompl. OR-Proz. od. mit hochkompl. Gewebe-Tx od. Vakuumbeh. od. BNB u. kompl. OR-Proz. od. kompl. Gewebe-Tx m. äuß. schw. CC	8,799	-	42,5	13	0,313	61	0,071	0,101	-	-	1,0489
I02C	O	Großfl. Gewebe- / Hauttransplantation außer an der Hand, mit kompliz. Konst., Eingriff an mehreren Lokalisationen oder schw. Weichteilschaden, bei BNB und kompl. OR-Proz. m. äußerst schweren oder schweren CC od. komplexer Gewebe-Tx m. äußerst schweren CC	5,796	-	32,5	10	0,279	50	0,066	0,094	-	-	0,9523
I02D	O	Kleinflächige oder großflächige Gewebe- / Hauttransplantation außer an der Hand, mit äußerst schweren CC	4,611	-	28,7	9	0,279	47	0,066	0,094	-	-	0,9916
I03A	O	Revision oder Ersatz des Hüftgelenkes mit kompl. Diagnose od. Arthrodese od. Alter < 16 Jahre oder beidseitige od. mehrere gr. Eingr. an Gelenken der unt. Extr. mit kompl. Eingriff, mit äuß. schw. CC oder mehrzeitigem Wechsel oder Eingr. an mehr. Lok.	6,225	-	36,8	11	0,292	55	0,063	0,094	-	-	1,0388
I03B	O	Revision oder Ersatz des Hüftgelenkes mit kompl. Diagnose od. Arthrodese od. Alter < 16 Jahre oder beidseitige od. mehrere gr. Eingr. an Gelenken der unt. Extr. mit kompl. Eingriff, ohne äuß. schw. CC, ohne mehrzeit. Wechsel, ohne Eingr. an mehr. Lok.	2,826	-	17,4	5	0,241	33	0,058	0,079	-	-	0,7746
I04Z	O	Implantation, Wechsel oder Entfernung einer Endoprothese am Kniegelenk mit komplizierender Diagnose oder Arthrodese oder Implantation einer Endoprothese nach vorheriger Explantation oder periprothetische Fraktur an der Schulter oder am Knie	3,116	-	16,4	4	0,294	30	0,059	0,085	-	-	0,8252
I05A	O	Revision oder Ersatz des Hüftgelenkes ohne komplizierende Diagnose, ohne Arthrodese, ohne komplexen Eingriff, mit äußerst schweren CC	3,512	-	24,8	7	0,273	43	0,069	0,085	-	-	1,1573
I05B	O	Implantation oder Wechsel einer inversen Endoprothese am Schultergelenk oder Implantation einer Sprunggelenkendoprothese	2,149	-	8,0	2	0,242	16	0,060	0,083	-	-	0,7932
I05C	O	Anderer großer Gelenkersatz ohne Implantation oder Wechsel einer inversen Endoprothese am Schultergelenk, ohne Implantation einer Sprunggelenkendoprothese	1,795	-	6,4	1	0,285	13	0,062	0,068	-	-	0,7668
I06A	O	Komplexe Eingriffe an der Wirbelsäule mit hochkomplexem Korrektureingriff oder bestimmtem mehrzeitigen Eingriff oder mit Eingriff an mehreren Lokalisationen oder mit komplizierender Konstellation oder bei Para- / Tetraplegie mit äußerst schweren CC	6,946	-	22,2	6	0,436	40	0,082	0,129	-	-	1,1524
I06B	O	Komplexe Eingriffe an Wirbelsäule, Kopf und Hals mit sehr komplexem Eingriff bei schwerer entzündlicher Erkrankung oder bestimmte bösartige Neubildung am Knochen oder Alter < 19 Jahre	4,631	-	12,5	3	0,379	25	0,108	0,106	-	-	1,1102
I06C	O	Komplexe Eingriffe an Wirbelsäule, Kopf und Hals, Alter > 18 Jahre, ohne Para- / Tetraplegie oder ohne äußerst schwere CC, ohne bösartige Neubildung am Knochen, mit bestimmtem Eingriff ohne schwere entzündliche Erkrankung oder ohne bestimmten Eingriff	4,322	-	14,2	4	0,271	28	0,067	0,090	-	-	0,9129
I07A	O	Amputation bei Krankheiten und Störungen an Muskel-Skelett-System und Bindegewebe	2,206	-	16,9	5	0,247	33	0,062	0,083	-	-	0,9487
I07B	O	Bestimmte Amputation am Fuß	1,633	-	15,3	4	0,194	31	0,057	0,064	-	-	0,7349
I08A	O	Andere Eingriffe an Hüftgelenk und Femur mit hochkomplexem Eingriff bei Beckenfraktur, mit bösartiger Neubildung, mit äußerst schweren CC oder mit weiteren komplizierenden Faktoren	4,765	-	24,3	7	0,324	42	0,078	0,105	-	-	1,1942
I08B	O	Andere Eingriffe an Hüftgelenk und Femur mit sehr komplexem Eingriff oder äußerst schweren CC oder bei komplexer Diagnose oder Ersatz des Hüftgelenkes mit Eingriff an oberer Extremität oder Wirbelsäule mit bestimmten komplizierenden Faktoren	4,250	-	25,9	8	0,283	44	0,068	0,096	-	-	1,0862
I08C	O	Andere Eingriffe an Hüftgelenk und Femur mit Einbringen von Abstandshaltern od. and. komplexen Eingriffen od. äuß. schw. CC od. bei kompl. Diagnose od. Ersatz des Hüftgelenks mit Eingriff an oberer Extremität od. Wirbelsäule ohne best. kompliz. Faktoren	3,126	-	18,6	5	0,250	35	0,066	0,079	-	-	0,9799
I08D	O	Andere Eingriffe an Hüftgelenk und Femur mit komplexer Diagnose oder Prozedur oder äußerst schweren CC	2,604	-	14,5	4	0,269	29	0,066	0,092	-	-	0,9554
I08E	O	Andere Eingriffe an Hüftgelenk und Femur ohne komplexe Diagnose oder Prozedur, ohne äußerst schwere CC, mit bestimmten Eingriffen an Becken und Femur oder mit bestimmten komplizierenden Diagnosen	2,163	-	11,2	3	0,253	21	0,063	0,088	-	-	0,9082
I08F	O	Andere Eingriffe an Hüftgelenk und Femur ohne komplexe Diagnose oder Prozedur, ohne äußerst schwere CC, mehr als ein Belegungstag, mit bestimmten anderen Eingriffen an Hüftgelenk und Femur	1,503	-	9,2	2	0,264	18	0,062	0,082	-	-	0,8869

Fallpauschalen-Katalog und Pflegeerlöskatalog

Teil a) Bewertungsrelationen bei Versorgung durch Hauptabteilungen

DRG	Partition	Bezeichnung [6]	Bewertungsrelation bei Hauptabteilung	Bewertungsrelation bei Hauptabteilung und Beleghebamme	Mittlere Verweildauer [1]	Untere Grenzverweildauer: Erster Tag mit Abschlag [2), 5)]	Untere Grenzverweildauer: Bewertungsrelation/Tag	Obere Grenzverweildauer: Erster Tag zus. Entgelt [3), 5)]	Obere Grenzverweildauer: Bewertungsrelation/Tag	Externe Verlegung Abschlag/Tag (Bewertungsrelation)	Verlegungsfallpauschale	Ausnahme von Wiederaufnahme [4]	Pflegeerlös Bewertungsrelation/Tag
1	2	3	4	5	6	7	8	9	10	11	12	13	
I08G	O	Andere Eingriffe an Hüftgelenk und Femur ohne komplexe Diagnose oder Prozedur, ohne äußerst schwere CC, mehr als ein Belegungstag, mit mäßig komplexem Eingriff	1,090	-	4,9	1	0,223	12	0,063	0,076	-	-	0,8026
I08H	O	Andere Eingriffe an Hüftgelenk und Femur, ein Belegungstag oder ohne mäßig komplexen Eingriff, mit bestimmtem anderen Eingriff oder Alter < 12 Jahre oder Eingriff an der unteren Extremität	0,921	-	3,2	1	0,146	8	0,075	0,082	-	-	0,9182
I08I	O	Andere Eingriffe an Hüftgelenk und Femur, ein Belegungstag oder ohne mäßig komplexen Eingriff, ohne bestimmten anderen Eingriff, Alter > 11 Jahre, ohne Eingriff an der unteren Extremität	0,773	-	2,6	1	0,152	5	0,081	0,076	-	-	0,9609
I09A	O	Bestimmte Eingriffe an der Wirbelsäule mit sehr komplexer Osteosynthese und äußerst schweren CC oder bestimmter Spondylodese ab 10 Segmenten oder aufwendiger intensivmedizinischer Komplexbehandlung ab 369 Punkten	6,259	-	26,9	8	0,347	45	0,082	0,110	-	-	1,2939
I09B	O	Bestimmte Eingriffe an der Wirbelsäule mit bestimmten expandierbaren Implantaten oder mehrzeitigen komplexen Eingriffen	5,278	-	20,2	6	0,279	36	0,066	0,092	-	-	0,9167
I09C	O	Bestimmte Eingriffe an der Wirbelsäule mit best. kompl. Faktoren, mit Wirbelkörperersatz oder komplexer Spondylodese oder andere mehrzeitige komplexe Eingriffe an der Wirbelsäule mit aufwendiger intensmed. Komplexbehandlung ab 185 Aufwandspunkten	4,647	-	17,8	5	0,306	32	0,076	0,096	-	-	1,0607
I09D	O	Bestimmte Eingriffe an der Wirbelsäule mit best. kompl. Faktoren, bei Frakturen der Halswirbelsäule oder sek. bösartiger Neub. des Knochens oder mit anderen mehrz. kompl. Eingriffen ohne aufwendige intensmed. Komplexbehandlung ab 185 Aufwandspunkten	4,213	-	21,4	6	0,308	39	0,071	0,096	-	-	0,9969
I09E	O	Bestimmte Eingriffe an der Wirbelsäule und best. komplizierende Faktoren oder best. Eingriffe an der WS mit best. anderen kompl. Faktoren und Eingriffe ZNS oder transpleuraler Zugang BWS oder best. langstreckige Spondylodese/Osteosynthese oder Diszitis	3,377	-	13,8	4	0,236	27	0,061	0,075	-	-	0,8249
I09F	O	Best. Eingriffe an der Wirbelsäule, best. kompliz. Faktoren od. Alter < 16 Jahre oder knöcherne Dekompression Spinalkanal / best. Osteosynthese > 3 Segm. oder Impl. eines Schrauben-Band-Systems oder Schrauben-Stab-Systems, 1 Segment bei Diszitis	2,668	-	11,1	3	0,240	22	0,060	0,083	-	-	0,7519
I09G	O	Bestimmte Eingriffe an der Wirbelsäule mit bestimmten anderen kompliz. Faktoren oder mit anderen kompl. Faktoren und Frakturen Halswirbelsäule oder BNB der Wirbelsäule mit Kyphoplastie, mit Radiofrequenzablation oder komplexer Eingriff an der Wirbelsäule	2,351	-	8,2	2	0,238	16	0,060	0,082	-	-	0,7497
I09H	O	Bestimmte Eingriffe an der Wirbelsäule mit bestimmten anderen kompliz. Faktoren oder mit anderen kompliz. Faktoren, ohne Frakturen HWS, ohne BNB der Wirbelsäule oder ohne Kyphoplastie od. ohne Radiofrequenzabl., ohne komplexen Eingriff an der Wirbelsäule	1,701	-	7,4	1	0,420	17	0,061	0,087	-	-	0,6987
I09I	O	Bestimmte Eingriffe an der Wirbelsäule ohne komplizierende Faktoren	1,323	-	8,1	2	0,230	17	0,060	0,077	-	-	0,6905
I10A	O	Andere Eingriffe an der Wirbelsäule mit bestimmtem Eingriff an Rückenmark, Spinalkanal, Wirbelsäule, Rumpf mit äußerst schweren CC	4,122	-	21,8	6	0,312	40	0,072	0,099	-	-	1,0323
I10B	O	Andere Eingriffe WS m. best. kompl. Eingriffen od. Para- / Tetrapl. od. Wirbelfraktur m. best. Eingriffen oh. äuß. schw. CC od. best. andere Operationen WS m. äuß. schw. CC u. > 1 BT od. mäßig kompl. Eingriffe u. Diszitis od. Exzision spin. Tumorgewebe	2,284	-	11,4	3	0,266	25	0,064	0,089	-	-	0,8031
I10C	O	Andere Eingriffe an der Wirbelsäule bei Bandscheibeninfektion oder mit bestimmtem Eingriff an der Wirbelsäule	1,559	-	6,0	1	0,268	13	0,061	0,071	-	-	0,7319
I10D	O	Andere Eingriffe an der Wirbelsäule mit komplexem Eingriff an der Wirbelsäule oder mit äußerst schweren oder schweren CC ohne Bandscheibeninfektion, ohne Diszitis, ohne bestimmten anderen Eingriff an der Wirbelsäule	1,162	-	5,3	1	0,221	12	0,059	0,070	-	-	0,7072
I10E	O	Andere Eingriffe an der Wirbelsäule mit mäßig komplexem Eingriff, mit bestimmtem kleinen Eingriff oder wenig komplexer Eingriff, mehr als 1 Belegungstag, Alter < 18 Jahre oder mit bestimmtem anderen kleinen Eingriff ohne äußerst schwere oder schwere CC	0,996	-	5,1	1	0,330	11	0,058	0,069	-	-	0,6568
I10F	O	Andere Eingriffe an der Wirbelsäule ohne mäßig komplexen Eingriff an der Wirbelsäule mit bestimmtem kleinen Eingriff oder wenig komplexer Eingriff, mehr als ein Belegungstag oder ohne bestimmten anderen kleinen Eingriff, Alter > 17 Jahre	0,817	-	4,8	1	0,221	10	0,058	0,067	-	-	0,6697
I10G	O	Andere Eingriffe an der Wirbelsäule ohne mäßig komplexen Eingriff an der Wirbelsäule, ohne bestimmten kleinen Eingriff, ohne wenig komplexen Eingriff oder ein Belegungstag, mit anderem kleinen Eingriff	0,630	-	5,4	1	0,182	14	0,064	0,072	-	-	0,6797
I10H	O	Andere Eingriffe an der Wirbelsäule ohne mäßig komplexen Eingriff, ohne bestimmten kleinen Eingriff, ohne anderen kleinen Eingriff	0,534	-	2,6	1	0,147	5	0,049	0,071	-	-	0,8643
I11Z	O	Eingriffe zur Verlängerung einer Extremität	2,237	-	7,0	1	0,368	14	0,056	0,092	-	-	0,7837
I12A	O	Knochen- und Gelenkinfektion / -entzündung mit verschiedenen Eingriffen am Muskel-Skelett-System und Bindegewebe mit äußerst schweren CC	4,078	-	25,4	7	0,308	43	0,072	0,091	-	-	1,0065

Fallpauschalen-Katalog und Pflegeerlöskatalog
Teil a) Bewertungsrelationen bei Versorgung durch Hauptabteilungen

DRG	Partition	Bezeichnung [6]	Bewertungsrelation bei Hauptabteilung	Bewertungsrelation bei Hauptabteilung und Beleghebamme	Mittlere Verweildauer [1]	Untere Grenzverweildauer: Erster Tag mit Abschlag [2), 5)]	Untere Grenzverweildauer: Bewertungsrelation/Tag	Obere Grenzverweildauer: Erster Tag zus. Entgelt [3), 5)]	Obere Grenzverweildauer: Bewertungsrelation/Tag	Externe Verlegung Abschlag/Tag (Bewertungsrelation)	Verlegungsfallpauschale	Ausnahme von Wiederaufnahme [4]	Pflegeerlös Bewertungsrelation/Tag
1	2	3	4	5	6	7	8	9	10	11	12	13	
I12B	O	Knochen- und Gelenkinfektion / -entzündung mit verschiedenen Eingriffen am Muskel-Skelett-System und Bindegewebe mit schweren CC, mit Revision des Kniegelenkes, mit Einbringen oder Wechsel von Abstandshaltern oder Osteomyelitis, Alter < 16 Jahre	2,376	-	16,7	5	0,244	31	0,060	0,081	-	-	0,8301
I12C	O	Knochen- und Gelenkinfektion / -entzündung mit verschiedenen Eingriffen am Muskel-Skelett-System und Bindegewebe mit schweren CC, ohne Revision des Kniegelenkes, ohne Einbringen oder Wechsel von Abstandshaltern, ohne Osteomyelitis, Alter > 15 Jahre	1,459	-	11,1	3	0,216	23	0,054	0,071	-	-	0,6908
I13A	O	Bestimmte Eingriffe an den Extremitäten mit komplexem Mehrfacheingriff, mit komplizierendem Eingriff an der unteren Extremität oder aufwendiger Osteosynthese	2,895	-	15,2	4	0,241	28	0,054	0,076	-	-	0,7256
I13B	O	Bestimmte Eingriffe an den Extremitäten mit best. Mehrfacheingriff oder kompliz. Diagnose oder bei Endoprothese der oberen Extremität oder mit Fixateur ext., mit best. BNB od. mit Einbringen von Abstandshalt od. Alter < 18 J. mit äuß. schw. od. schw. CC	2,548	-	12,6	3	0,275	24	0,054	0,081	-	-	0,7255
I13C	O	Bestimmte Eingriffe an den Extremitäten mit best. Mehrfacheingr. od. kompliz Diag. od. bei Endopr. der oberen Extrem. od. m. Fix. ext., m. kompl. Eingr. od. schw. Weichteilsch., m. best. kompl. Osteot. od. BNB od. Alter < 18 J. m. äuß. schw. od. schw. CC	1,927	-	8,5	2	0,249	18	0,059	0,081	-	-	0,7429
I13D	O	Bestimmte Eingriffe an den Extremitäten mit bestimmtem anderen Mehrfacheingriff oder komplizierender Diagnose oder bei endoprothetischem Eingriff an der oberen Extremität od. mit Fixateur externe oder mit and. kompl. Eingr. od. bei sek. BNB Knochen/-mark	1,630	-	7,5	2	0,234	16	0,058	0,081	-	-	0,7165
I13E	O	Bestimmte Eingriffe an den Extremitäten od. bei Endoproth. am Knie m. kompl. Eingr. od. schw. Weichteilsch. od. Pseudarthrose od. best. Osteotom. od. best. Eingr. Knieproth. od. Epiphyseodese od. bei BNB od. Alter > 17 J. od. ohne äuß. schw. od. schw. CC	1,335	-	5,7	1	0,530	13	0,060	0,069	-	-	0,7356
I13F	O	Bestimmte Eingriffe an den Extremitäten mit bestimmtem anderen Eingriff an den Extremitäten oder bei bösartiger Neubildung oder kleiner Eingriff bei Knochen- und Gelenkinfektion oder Alter < 18 Jahre mit äußerst schweren oder schweren CC	1,022	-	4,4	1	0,276	10	0,059	0,071	-	-	0,7489
I13G	O	Bestimmte Eingriffe an den Extremitäten ohne bestimmten anderen Eingriff an den Extremitäten, außer bei bösartiger Neubildung, ohne kleinen Eingriff bei Knochen- und Gelenkinfektion oder Alter > 17 Jahre oder ohne äußerst schwere oder schwere CC	0,913	-	4,0	1	0,246	10	0,063	0,068	-	-	0,7590
I14Z	O	Revision eines Amputationsstumpfes	1,107	-	9,6	2	0,229	21	0,050	0,061	-	-	0,6948
I15A	O	Operationen am Hirn- und Gesichtsschädel, mit bestimmtem intrakraniellen Eingriff oder komplexem Eingriff an der Mandibula, Alter < 16 Jahre	2,356	-	6,5	1	0,518	14	0,157	0,136	-	-	1,6378
I15B	O	Operationen am Hirn- und Gesichtsschädel, ohne bestimmten intrakraniellen Eingriff, ohne bestimmten Eingriff an der Mandibula oder Alter > 15 Jahre	1,526	-	5,9	1	0,325	14	0,071	0,086	-	-	1,0392
I16A	O	Andere Eingriffe an der Schulter und bestimmte Eingriffe an der oberen Extremität mit bestimmtem Eingriff an Schulter, Oberarm und Ellenbogen	0,839	-	2,5	1	0,122	5	0,073	0,071	-	-	0,8409
I16B	O	Andere Eingriffe an der Schulter und bestimmte Eingriffe an der oberen Extremität ohne bestimmten Eingriff an Schulter, Oberarm und Ellenbogen, mit bestimmtem anderem Eingriff an Klavikula, Schulter und Ellenbogen	0,770	-	2,8	1	0,129	6	0,068	0,077	-	-	0,7921
I16C	O	Andere Eingriffe an der Schulter und bestimmte Eingriffe an der oberen Extremität ohne bestimmten Eingriff an Schulter, Oberarm und Ellenbogen, ohne bestimmten anderen Eingriff an Klavikula, Schulter und Oberarm	0,623	-	2,5	1	0,098	5	0,075	0,076	-	-	0,8507
I17A	O	Aufwendige Operationen am Gesichtsschädel oder Alter < 16 Jahre	1,833	-	6,5	1	0,469	14	0,068	0,094	-	-	0,8063
I17B	O	Operationen am Gesichtsschädel ohne aufwendige Operationen, Alter > 15 Jahre	0,973	-	4,3	1	0,239	9	0,076	0,091	-	-	0,7939
I18A	O	Wenig komplexe Eingriffe an Kniegelenk, Ellenbogengelenk und Unterarm, Alter < 16 Jahre oder mit mäßig komplexem Eingriff oder mit beidseitigem Eingriff am Kniegelenk	0,798	-	3,3	1	0,187	8	0,062	0,076	-	-	0,7984
I18B	O	Wenig komplexe Eingriffe an Kniegelenk, Ellenbogengelenk und Unterarm, Alter > 15 Jahre, ohne mäßig komplexen Eingriff, ohne beidseitigen Eingriff am Kniegelenk	0,678	-	3,1	1	0,156	7	0,068	0,052	-	-	0,8112
I19A	O	Implantation und Wechsel von Neurostimulatoren und Neurostimulationselektroden bei Krankheiten und Störungen an Muskel-Skelett-System und Bindegewebe ohne Implantation oder Wechsel eines permanenten Elektrodensystems	1,257	-	3,1	1	0,446	7	0,060	0,086	-	-	0,6969
I19B	O	Implantation und Wechsel von Neurostimulatoren und Neurostimulationselektroden bei Krankheiten und Störungen an Muskel-Skelett-System und Bindegewebe mit Implantation oder Wechsel eines permanenten Elektrodensystems	1,438	-	3,0	1	0,104	7	0,057	0,094	-	-	0,7385
I20A	O	Eingriffe am Fuß mit mehreren hochkomplexen Eingriffen oder Teilwechsel Endoprothese des unteren Sprunggelenks, mit hochkomplexem Eingriff und komplexer Diagnose oder bestimmter Arthrodese	2,044	-	10,3	2	0,259	22	0,051	0,069	-	-	0,7130

Fallpauschalen-Katalog und Pflegeerlöskatalog
Teil a) Bewertungsrelationen bei Versorgung durch Hauptabteilungen

DRG	Partition	Bezeichnung [6]	Bewertungsrelation bei Hauptabteilung	Bewertungsrelation bei Hauptabteilung und Beleghebamme	Mittlere Verweildauer [1]	Untere Grenzverweildauer: Erster Tag mit Abschlag [2], [5]	Untere Grenzverweildauer: Bewertungsrelation/Tag	Obere Grenzverweildauer: Erster Tag zus. Entgelt [3], [5]	Obere Grenzverweildauer: Bewertungsrelation/Tag	Externe Verlegung Abschlag/Tag (Bewertungsrelation)	Verlegungsfallpauschale	Ausnahme von Wiederaufnahme [4]	Pflegeerlös Bewertungsrelation/Tag
1	2	3	4	5	6	7	8	9	10	11	12	13	
I20B	O	Eingriffe am Fuß mit mehreren komplexen Eingriffen od. hochkompl. Eingriff od. Teilwechsel Endoprothese d. unteren Sprunggelenks od. bei Zerebralparese od. mit kompl. Eingriff und kompl. Diagnose od. mit Eingriff an Sehnen des Rückfußes, Alter < 12 Jahre	1,649	-	8,3	2	0,213	18	0,057	0,076	-	-	0,7088
I20C	O	Eingriffe am Fuß ohne mehrere komplexe Eingriffe, ohne hochkomplexen Eingriff, mit bestimmten komplizierenden Faktoren oder Alter > 11 Jahre	1,168	-	6,1	1	0,559	15	0,053	0,073	-	-	0,7094
I20D	O	Eingriffe am Fuß ohne bestimmte komplizierende Faktoren, mit Knochentransplantation oder schwerem Weichteilschaden oder bestimmtem Eingriff am Fuß oder Kalkaneusfraktur	0,958	-	3,1	1	0,238	7	0,060	0,074	-	-	0,7677
I20E	O	Andere Eingriffe am Fuß oder chronische Polyarthritis oder Diabetes Mellitus mit Komplikationen oder Alter < 16 Jahre	0,817	-	3,1	1	0,192	7	0,059	0,073	-	-	0,7992
I20F	O	Eingriffe am Fuß ohne komplexe Eingriffe oder komplizierende Faktoren, Alter > 15 Jahre	0,647	-	2,7	1	0,121	6	0,065	0,069	-	-	0,7772
I21Z	O	Lokale Exzision und Entfernung von Osteosynthesematerial an Hüftgelenk, Femur und Wirbelsäule oder komplexe Eingriffe an Ellenbogengelenk und Unterarm oder bestimmte Eingriffe an der Klavikula	0,837	-	2,8	1	0,155	6	0,069	0,067	-	-	0,8386
I22A	O	Gewebe- / Hauttransplantation, außer an der Hand, mit großfläch. Gewebetransplantation, mit komplizierender Konstellation, Eingriff an mehreren Lokalisationen, schwerem Weichteilschaden oder komplexer Gewebetransplantation mit schweren CC	3,978	-	24,2	7	0,239	42	0,055	0,076	-	-	0,7777
I22B	O	Gewebe- / Hauttransplantation, außer an der Hand, mit kleinflächiger Gewebetransplantation od. mit großflächiger Gewebetransplantation ohne kompliz. Konst., oh. Eingr. an mehreren Lokal., oh. schw. Weichteilschaden, oh. kompl. Gewebetranspl. m. schw. CC	3,142	-	22,9	7	0,229	41	0,056	0,076	-	-	0,7953
I23A	O	Andere kleine Eingriffe an Knochen und Weichteilen mit bestimmten kleinen Eingriffen am Knochen oder Revision mit Osteosynthese an der oberen Extremität oder Alter < 18 Jahre mit äußerst schweren oder schweren CC	0,826	-	3,5	1	0,130	8	0,058	0,065	-	-	0,8657
I23B	O	Andere kleine Eingriffe an Knochen und Weichteilen mit bestimmten kleinen Eigriffen an Knochen und Weichteilen, Alter > 17 Jahre oder ohne äußerst schwere oder schwere CC	0,691	-	2,7	1	0,147	6	0,065	0,067	-	-	0,8769
I23C	O	Andere kleine Eingriffe an Knochen und Weichteilen ohne bestimmte kleine Eingriffe an Knochen und Weichteilen, Alter > 17 Jahre oder ohne äußerst schwere oder schwere CC	0,539	-	2,6	1	0,093	5	0,061	0,048	-	-	0,8784
I24A	O	Arthroskopie oder andere Eingriffe an den Extremitäten oder Eingriffe am Weichteilgewebe oder Alter < 18 Jahre	0,633	-	2,8	1	0,146	7	0,069	0,079	-	-	0,9945
I24B	O	Arthroskopie oder andere Eingriffe an den Extremitäten oder Eingriffe am Weichteilgewebe ohne komplexen Eingriff, Alter > 17 Jahre	0,542	-	2,4	1	0,108	5	0,065	0,066	-	-	0,9938
I26A	O	Intensivmedizinische Komplexbehandlung > 785 / 829 / - Aufwandspunkte bei Krankheiten und Störungen an Muskel-Skelett-System und Bindegewebe	9,931	-	32,1	10	0,704	50	0,241	-	x	x	2,6207
I26B	O	Intensivmedizinische Komplexbehandlung > 588 / 552 / 552 Aufwandspunkte bei Krankheiten und Störungen an Muskel-Skelett-System und Bindegewebe oder bestimmte hochaufwendige Implantate	7,583	-	29,4	9	0,584	47	0,198	-	x	x	2,2762
I27A	O	Eingriffe am Weichteilgew. od. kleinfl. Gewebe-Tx m. best. Diagn. u. best. Eingr. od. m. äuß. schw. CC od. b. BNB m. schw. CC, m. best. Diagn. u. kompl. Eingr. od. Nephrekt. od. best. BNB m. best. Eingr. Abdomen od. Thorax od. Tx e. Zehe als Fingerersatz	3,471	-	12,1	3	0,441	25	0,127	0,130	-	-	1,2308
I27B	O	Eingriffe am Weichteilgewebe oder kleinflächige Gewebe-Tx mit äußerst schweren CC oder bei BNB mit schweren CC oder mit kompliz. Faktoren, mit schweren CC oder bei BNB oder mit best. Eingr. am Weichteilgewebe, > 1 Belegungstag oder best. Eingriff	3,098	-	17,9	5	0,296	36	0,072	0,095	-	-	0,9862
I27C	O	Eingriffe am Weichteilgewebe oder kleinflächige Gewebetransplantationen mit schweren CC oder bei BNB oder mit bestimmtem Eingriff am Weichteilgewebe, mehr als ein Belegungstag oder bestimmter Eingriff ohne komplizierende Faktoren	1,363	-	7,8	2	0,247	18	0,067	0,085	-	-	0,8110
I27D	O	Bestimmte andere Eingriffe am Weichteilgewebe oder ein Belegungstag	1,008	-	4,0	1	0,342	9	0,067	0,094	-	-	0,7460
I27E	O	Bestimmte kleine Eingriffe am Weichteilgewebe oder ein Belegungstag	0,715	-	3,4	1	0,180	8	0,064	0,097	-	-	0,7845
I28A	O	Andere Eingriffe an Muskel-Skelett-System und Bindegewebe mit bestimmter offen chirurgischer Stabilisierung der Thoraxwand oder bestimmtem Eingriff am Zwerchfell oder Alter < 18 Jahre bei bösartiger Neubildung	2,063	-	7,1	1	0,613	14	0,121	0,123	-	-	1,3925
I28B	O	Andere Eingriffe an Muskel-Skelett-System und Bindegewebe mit komplexem Eingriff an Thorax und Abdomen oder Implantation/Wechsel best. Medikamentenpumpen oder Eingriff bei bösartiger Neubildung an Knochen und Gelenken, mehr als ein Belegungstag	1,454	-	7,4	1	0,360	16	0,068	0,086	-	-	0,8002
I28C	O	Andere Eingriffe an Muskel-Skelett-System und Bindegewebe mit bestimmtem Eingriff an Knochen, Weichteilen oder Bindegewebe, mehr als ein Belegungstag oder Alter < 10 Jahre	1,554	-	10,2	2	0,366	23	0,072	0,097	-	-	0,7896
I28D	O	Andere Eingriffe an Muskel-Skelett-System und Bindegewebe mit mäßig komplexem Eingriff, mehr als ein Belegungstag, Alter > 9 Jahre	1,068	-	8,0	2	0,261	18	0,064	0,090	-	-	0,6609

Fallpauschalen-Katalog und Pflegeerlöskatalog
Teil a) Bewertungsrelationen bei Versorgung durch Hauptabteilungen

DRG	Partition	Bezeichnung [6]	Bewertungsrelation bei Hauptabteilung	Bewertungsrelation bei Hauptabteilung und Beleghebamme	Mittlere Verweildauer [1]	Untere Grenzverweildauer: Erster Tag mit Abschlag [2), 5)]	Untere Grenzverweildauer: Bewertungsrelation/Tag	Obere Grenzverweildauer: Erster Tag zus. Entgelt [3), 5)]	Obere Grenzverweildauer: Bewertungsrelation/Tag	Externe Verlegung Abschlag/Tag (Bewertungsrelation)	Verlegungsfallpauschale	Ausnahme von Wiederaufnahme [4]	Pflegeerlös Bewertungsrelation/Tag
1	2	3	4	5	6	7	8	9	10	11	12	13	
I28E	O	Andere Eingriffe an Muskel-Skelett-System und Bindegewebe, ohne bestimmte, mäßig komplexe und komplexe Eingriffe, Alter > 9 Jahre oder ein Belegungstag	0,851	-	4,6	1	0,274	13	0,066	0,077	-	-	0,8191
I29A	O	Komplexe Eingriffe am Schultergelenk oder bestimmte Osteosynthesen an der Klavikula, bei komplizierender Diagnose oder Eingriff an mehreren Lokalisationen	1,293	-	4,2	1	0,406	10	0,065	0,075	-	-	0,7685
I29B	O	Komplexe Eingriffe am Schultergelenk oder best. Osteosynthesen an der Klavikula ohne kompliz. Diagnose, ohne Eingriff an mehreren Lokalisationen oder sonst. arthroskopische Rekonstruktion der Rotatorenmanschette mit bestimmten Eingriffen an der Schulter	1,005	-	2,7	1	0,176	6	0,071	0,070	-	-	0,8920
I29C	O	Sonstige arthroskopische Rekonstruktion der Rotatorenmanschette ohne bestimmte Eingriffe an der Schulter	0,822	-	2,6	1	0,142	5	0,066	0,069	-	-	0,8452
I30A	O	Arthroskopischer Eingriff am Hüftgelenk, Alter < 16 Jahre oder komplexe Eingriffe am Kniegelenk mit sehr komplexem Eingriff oder bestimmte komplexe Eingriffe am Kniegelenk, Alter < 18 Jahre, mit äußerst schweren oder schweren CC	1,410	-	4,9	1	0,238	12	0,063	0,073	-	-	0,6386
I30B	O	Arthroskopischer Eingriff am Hüftgelenk, Alter > 15 Jahre oder bestimmte komplexe Eingriffe am Kniegelenk, Alter > 17 Jahre oder ohne äußerst schwere oder schwere CC	0,948	-	2,8	1	0,154	6	0,070	0,074	-	-	0,8008
I30C	O	Komplexe Eingriffe am Kniegelenk ohne bestimmte komplexe Eingriffe am Kniegelenk, Alter > 17 Jahre oder ohne äußerst schwere oder schwere CC oder bestimmte arthroskopische Eingriffe am Hüftgelenk, Alter > 15 Jahre	0,732	-	3,3	1	0,160	8	0,063	0,067	-	-	0,7966
I31A	O	Mehrere komplexe Eingriffe an Ellenbogengelenk und Unterarm oder gelenkübergreifende Weichteildistraktion bei angeborenen Anomalien der Hand, mit aufwendigen Eingriffen am Unterarm	2,120	-	8,5	2	0,248	17	0,058	0,074	-	-	0,7139
I31B	O	Mehrere komplexe Eingriffe an Ellenbogengelenk und Unterarm oder gelenkübergreifende Weichteildistraktion bei angeborenen Anomalien der Hand oder bestimmte Eingriffe bei Mehrfragmentfraktur der Patella, mit bestimmten komplexen Eingriffen am Unterarm	1,415	-	5,3	1	0,507	13	0,061	0,089	-	-	0,7475
I31C	O	Mehrere komplexe Eingriffe an Ellenbogengelenk und Unterarm ohne gelenkübergreifende Weichteildistraktion bei angeborenen Anomalien der Hand, ohne bestimmte Eingriffe bei Mehrfragmentfraktur der Patella, ohne bestimmte komplexe Eingriffe am Unterarm	1,093	-	3,8	1	0,266	9	0,067	0,081	-	-	0,7396
I32A	O	Eingr. an Handgelenk u. Hand mit mehrzeitigem kompl. od. mäßig kompl. Eingr. od. mit Komplexbehandl. Hand od. mit aufwendigem rekonstruktivem Eingr. bei angeborener Fehlbildung der Hand oder mit best. gefäßgestielten Knochentx. bei Pseudarthrose der Hand	1,725	-	10,2	2	0,255	21	0,128	0,069	-	-	0,6338
I32B	O	Eingriffe an Handgelenk und Hand mit komplexem Eingriff oder bei angeborener Anomalie der Hand oder Pseudarthrose, Alter < 6 Jahre oder bei schweren Weichteilschäden oder mit komplexen Eingriffen bei angeborener Fehlbildung der Hand, Alter < 16 Jahre	1,168	-	3,9	1	0,469	8	0,086	0,091	-	-	0,5161
I32C	O	Eingriffe an Handgelenk und Hand mit komplexem Eingriff oder bei angeborener Anomalie der Hand oder Pseudarthrose, Alter > 5 Jahre oder mit hochkomplexem Eingriff bei angeb. Fehlbildung der Hand, Alter < 16 Jahre oder mit best. Eingr. od. kompl. Diagnose	1,481	-	6,6	1	0,284	17	0,061	0,070	-	-	0,6795
I32D	O	Eingriffe an Handgelenk und Hand mit komplexem Eingriff, ohne komplexe Diagnose oder ohne sehr komplexen Eingriff oder mit komplexer Diagnose oder mit bestimmtem oder beidseitigem Eingriff	1,001	-	3,2	1	0,184	7	0,069	0,075	-	-	0,7831
I32E	O	Bestimmte mäßig komplexe Eingriffe an Handgelenk und Hand, mehr als ein Belegungstag oder Alter < 6 Jahre	0,767	-	3,0	1	0,215	7	0,064	0,069	-	-	0,7530
I32F	O	Eingriffe an Handgelenk und Hand ohne komplexe oder mäßig komplexe Eingriffe oder ohne bestimmtem mäßig komplexen Eingriff, Alter > 5 Jahre, ein Belegungstag	0,611	-	2,6	1	0,068	5	0,065	0,071	-	-	0,9209
I33Z	O	Rekonstruktion von Extremitätenfehlbildungen	1,339	-	3,0	1	0,194	6	0,066	0,098	-	-	0,8970
I34Z	O	Geriatrische frührehabilitative Komplexbehandlung mit bestimmter OR-Prozedur bei Krankheiten und Störungen an Muskel-Skelett-System und Bindegewebe	2,606	-	23,6	-	-	36	0,054	0,071	-	-	0,8113
I36Z	O	Beidseitige oder kombinierte Implantation oder Wechsel einer Endoprothese an Hüft-, Kniegelenk und/oder an der oberen Extremität	2,515	-	9,1	2	0,316	18	0,059	0,091	-	-	0,7984
I39Z	O	Strahlentherapie bei Krankheiten und Störungen an Muskel-Skelett-System und Bindegewebe, Bestrahlungen an mindestens 8 Tagen	2,517	-	19,2	5	0,415	34	0,122	-	x	x	0,7722
I41Z	A	Geriatrische frührehabilitative Komplexbehandlung bei Krankheiten und Störungen an Muskel-Skelett-System und Bindegewebe	1,402	-	19,7	-	-	29	0,050	0,068	-	-	0,7033
I42A	A	Multimodale Schmerztherapie bei Krankheiten und Störungen an Muskel-Skelett-System und Bindegewebe, mindestens 14 Tage	1,174	-	16,0	-	-	19	0,057	0,069	-	x	0,4215
I42B	A	Multimodale Schmerztherapie bei Krankheiten und Störungen an Muskel-Skelett-System und Bindegewebe, weniger als 14 Tage	0,867	-	10,1	-	-	15	0,056	0,079	-	x	0,4310

Fallpauschalen-Katalog und Pflegeerlöskatalog

Teil a) Bewertungsrelationen bei Versorgung durch Hauptabteilungen

DRG	Partition	Bezeichnung [6]	Bewertungsrelation bei Hauptabteilung	Bewertungsrelation bei Hauptabteilung und Beleghebamme	Mittlere Verweildauer [1]	Untere Grenzverweildauer: Erster Tag mit Abschlag [2), 5)]	Untere Grenzverweildauer: Bewertungsrelation/Tag	Obere Grenzverweildauer: Erster Tag zus. Entgelt [3), 5)]	Obere Grenzverweildauer: Bewertungsrelation/Tag	Externe Verlegung Abschlag/Tag (Bewertungsrelation)	Verlegungsfallpauschale	Ausnahme von Wiederaufnahme [4]	Pflegeerlös Bewertungsrelation/Tag
1	2	3	4	5	6	7	8	9	10	11	12	13	
I43A	O	Implantation oder Wechsel bestimmter Endoprothesen am Knie- oder am Ellenbogengelenk oder Prothesenwechsel am Schulter- oder am Sprunggelenk oder Entfernung bestimmter Endoprothesen am Kniegelenk, mit äußerst schweren CC	5,253	-	29,1	9	0,254	47	0,064	0,084	-	-	0,9171
I43B	O	Implantation oder Wechsel bestimmter Endoprothesen am Knie- oder am Ellenbogengelenk oder Prothesenwechsel am Schulter- oder am Sprunggelenk oder Entfernung bestimmter Endoprothesen am Kniegelenk, ohne äußerst schwere CC	2,549	-	9,9	2	0,283	19	0,058	0,079	-	-	0,7497
I44A	O	Bestimmte Endoprotheseneingriffe am Kniegelenk mit äußerst schweren CC oder Implantation bestimmter schaftverankerten Prothese am Knie oder Korrektur einer Brustkorbdeformität	2,319	-	10,1	2	0,315	18	0,055	0,078	-	-	0,7078
I44B	O	Bestimmte Endoprotheseneingriffe am Kniegelenk ohne äußerst schwere CC, mit bestimmtem Wechsel von Endoprothesen oder Implantation einer patientenindividuell angefertigten Endoprothese am Kniegelenk oder Einbringen oder Wechsel von Abstandshaltern	2,147	-	11,1	3	0,226	21	0,061	0,071	-	-	0,7700
I44C	O	Bestimmte Endoprotheseneingriffe am Kniegelenk ohne äußerst schwere CC, ohne bestimmten Wechsel von Endoprothesen oder Prothesenkomponenten, ohne Impl. e. patientenindiv. angefertigten Endoprothese am Knie, ohne Einbringen od. Wechsel von Abstandshaltern	1,681	-	7,4	1	0,441	12	0,061	0,097	-	-	0,7192
I44D	O	Bestimmte Endoprotheseneingriffe am Kniegelenk oder Einbringen einer Entlastungsfeder am Kniegelenk	1,511	-	6,0	1	0,297	10	0,064	0,090	-	-	0,7286
I44E	O	Andere Endoprotheseneingriffe am Kniegelenk	1,270	-	6,7	1	0,408	12	0,063	0,086	-	-	0,6941
I45A	O	Implantation und Ersatz einer Bandscheibenendoprothese, mehr als ein Segment	2,195	-	4,1	1	0,212	8	0,064	0,084	-	-	0,6410
I45B	O	Implantation und Ersatz einer Bandscheibenendoprothese, weniger als 2 Segmente	1,517	-	3,7	1	0,170	7	0,065	0,073	-	-	0,6422
I46A	O	Prothesenwechsel am Hüftgelenk mit äußerst schweren CC oder Eingriff an mehreren Lokalisationen	4,407	-	22,9	7	0,307	39	0,070	0,103	-	-	1,0773
I46B	O	Prothesenwechsel am Hüftgelenk ohne äußerst schwere CC, ohne Eingriff an mehreren Lokalisationen, mit periprothetischer Fraktur	3,183	-	17,6	5	0,256	33	0,064	0,080	-	-	0,9856
I46C	O	Prothesenwechsel am Hüftgelenk ohne äußerst schwere CC, ohne Eingriff an mehreren Lokalisationen, ohne periprothetische Fraktur	2,429	-	11,9	3	0,261	23	0,059	0,081	-	-	0,8052
I47A	O	Revision oder Ersatz des Hüftgelenkes ohne komplizierende Diagnose, ohne Arthrodese, ohne äußerst schwere CC, Alter > 15 Jahre, mit komplizierendem Eingriff	2,216	-	11,7	3	0,240	23	0,060	0,074	-	-	0,8346
I47B	O	Revision oder Ersatz des Hüftgelenkes ohne best. kompliz. Faktoren, mit kompl. Diagnose an Becken/Oberschenkel, mit best. endoproth. oder gelenkplast. Eingr. od. m. Impl. od. Wechsel Radiuskopfproth. od. m. kompl. Erstimpl. od. m. Entf. Osteosynthesemat.	1,808	-	10,1	2	0,316	19	0,062	0,084	-	-	0,8872
I47C	O	Revision oder Ersatz des Hüftgelenkes ohne best. kompliz. Faktoren, ohne komplexe Diagnose an Becken/OS, ohne best. endoproth. Eingriff, ohne gelenkpl. Eingriff am Hüftgelenk, ohne Impl. oder Wechsel einer Radiuskopfprothese, ohne Entf. Osteosynthesemat.	1,408	-	7,0	1	0,310	12	0,056	0,076	-	-	0,7246
I50A	O	Gewebe- / Haut-Transplantation außer an der Hand, ohne bestimmte komplizierende Faktoren, mit bestimmtem Eingriff oder bestimmter Vakuumbehandlung mit kontinuierlicher Sogbehandlung ab 8 Tagen	2,317	-	15,7	4	0,239	30	0,053	0,072	-	-	0,6638
I50B	O	Gewebe- / Haut-Transplantation außer an der Hand, ohne bestimmte komplizierende Faktoren, ohne bestimmten Eingriff, mit bestimmter Vakuumbehandlung oder Alter < 16 Jahre	1,516	-	10,0	2	0,294	20	0,052	0,071	-	-	0,6491
I50C	O	Gewebe- / Haut-Transplantation außer an der Hand, ohne bestimmte komplizierende Faktoren, ohne bestimmten Eingriff, ohne bestimmte Vakuumbehandlung, Alter > 15 Jahre	0,656	-	4,4	1	0,205	10	0,065	0,076	-	-	0,6307
I54A	O	Strahlentherapie bei Krankheiten und Störungen an Muskel-Skelett-System und Bindegewebe, bei bösartiger Neubildung, Bestrahlungen an mindestens 5 Tagen oder Alter < 18 Jahre	1,198	-	11,0	3	0,267	24	0,093	0,096	-	x	0,8348
I54B	O	Strahlentherapie bei Krankheiten und Störungen an Muskel-Skelett-System und Bindegewebe, bei bösartiger Neubildung, Bestrahlungen an weniger als 5 Tagen, Alter > 17 Jahre	0,820	-	5,9	1	0,402	16	0,139	0,118	-	x	0,8255
I59Z	O	Andere Eingriffe an den Extremitäten oder am Gesichtsschädel	0,709	-	2,6	1	0,155	5	0,076	0,073	-	-	0,9882
I64A	M	Osteomyelitis, Alter < 16 Jahre	1,215	-	7,1	1	0,870	18	0,116	0,164	-	-	1,1169
I64B	M	Osteomyelitis, Alter > 15 Jahre, mit äußerst schweren oder schweren CC oder Tuberkulose der Knochen und Gelenke	1,436	-	13,6	4	0,267	28	0,074	0,094	-	-	0,9377
I64C	M	Osteomyelitis, Alter > 15 Jahre, ohne äußerst schwere oder schwere CC	0,611	-	8,1	2	0,195	17	0,057	0,071	-	-	0,6892
I65A	M	Bösartige Neubildung des Bindegewebes einschließlich pathologischer Fraktur, Alter < 17 Jahre oder mit äußerst schweren CC oder Alter < 16 Jahre mit äußerst schweren oder schweren CC	1,344	-	8,9	2	0,440	20	0,151	0,133	-	x	1,8074
I65B	M	Bösartige Neubildung des Bindegewebes einschließlich pathologischer Fraktur, Alter < 17 Jahre oder mit äußerst schweren CC, Alter > 15 Jahre oder ohne äußerst schwere oder schwere CC	0,841	-	5,0	1	0,452	12	0,158	0,135	-	x	1,5506

Fallpauschalen-Katalog und Pflegeerlöskatalog
Teil a) Bewertungsrelationen bei Versorgung durch Hauptabteilungen

DRG	Partition	Bezeichnung [6]	Bewertungsrelation bei Hauptabteilung	Bewertungsrelation bei Hauptabteilung und Beleghebamme	Mittlere Verweildauer [1]	Untere Grenzverweildauer		Obere Grenzverweildauer		Externe Verlegung Abschlag/Tag (Bewertungsrelation)	Verlegungs-fallpauschale	Ausnahme von Wiederaufnahme [4]	Pflegeerlös Bewertungsrelation/Tag
						Erster Tag mit Abschlag [2), 5)]	Bewertungsrelation/Tag	Erster Tag zus. Entgelt [3), 5)]	Bewertungsrelation/Tag				
1	2	3	4	5	6	7	8	9	10	11	12	13	
I65C	M	Bösartige Neubildung des Bindegewebes einschließlich pathologischer Fraktur, Alter > 16 Jahre, ohne äußerst schwere CC	0,601	-	5,0	1	0,314	12	0,080	0,096	-	x	0,8052
I66A	M	Andere Erkrankungen des Bindegewebes oder Frakturen an Becken und Schenkelhals, mit komplizierender Konstellation oder intensivmedizinischer Komplexbehandlung > 392 / 368 / 368 Aufwandspunkte	3,339	-	22,7	7	0,396	41	0,099	0,135	-	-	1,2125
I66B	M	Andere Erkrankungen des Bindegewebes, mit äußerst schweren CC oder intensivmedizinischer Komplexbehandlung > 196 / 184 / - Aufwandspunkte oder anderen komplizierenden Konstellationen	2,058	-	17,4	5	0,324	33	0,078	0,106	-	-	0,9284
I66C	M	Frakturen an Becken und Schenkelhals, mit äußerst schweren CC oder bestimmte kinder-/jugendrheumatologische Behandlung, Alter < 1 Jahr oder multisystemisches Entzündungssyndrom bei COVID-19 mit intensivmedizinischer Komplexbehandlung im Kindesalter	1,526	-	13,9	4	0,302	27	0,072	0,101	-	-	1,1178
I66D	M	Kinder-/jugendrheum. Komplexbeh. 7 bis 13 Behandlungstage, Alter > 0 Jahre od. Amyloidose, adulte Form des Morbus Still, best. Vaskulitiden od. syst. rheum. Erkrankungen, Alter < 16 Jahre od. m. multisystem. Entzündungssyndrom bei COVID-19, mehr als 1 BT	0,850	-	7,0	1	0,420	14	0,084	0,105	-	-	1,0985
I66E	M	Amyloidose, bestimmte Vaskulitiden oder adulte Form des Morbus Still, Alter > 15 Jahre	0,736	-	6,4	1	0,203	15	0,076	0,094	-	-	0,6132
I66F	M	Frakturen an Becken und Schenkelhals oder bestimmte Systemkrankheiten des Bindegewebes	0,609	-	6,6	1	0,300	15	0,066	0,074	-	-	0,7356
I66G	M	Andere Erkrankungen des Bindegewebes, mehr als ein Belegungstag, ohne bestimmte Erkrankungen, ohne äußerst schwere CC, ohne intensivmed. Komplexbeh. > 196 / 184 / - Aufwandsp. od. multisystemisches Entzündungssyndrom bei COVID-19 od. Alter < 6 J., 1 BT	0,532	-	5,9	1	0,291	13	0,062	0,075	-	-	0,5830
I66H	M	Andere Erkrankungen des Bindegewebes oder Frakturen an Becken und Schenkelhals, Alter > 5 Jahre, ein Belegungstag	0,179	-	1,0	-	-	-	-	-	-	-	1,1268
I68A	M	Nicht operativ behandelte Erkrankungen und Verletzungen im Wirbelsäulenbereich, mehr als 1 BT, mit äußerst schw. oder schw. CC od. intensivmed. Komplexbeh. > 196 / 184 / - P. od. bei Para- / Tetraplegie, bei Diszitis od. infektiöser Spondylopathie	2,426	-	24,4	7	0,292	42	0,069	0,093	-	-	1,0343
I68B	M	Nicht operativ behandelte Erkrankungen und Verletzungen im Wirbelsäulenbereich, mehr als 1 BT, mit äuß. schw. oder schw. CC od. bei Para- / Tetraplegie, mit kompl. Diagn. oder ohne äuß. schw. oder schw. CC, ohne Para- / Tetraplegie bei Diszitis	1,293	-	14,2	4	0,253	28	0,061	0,084	-	-	0,8573
I68C	M	Nicht operativ behandelte Erkrankungen und Verletzungen WS, > 1 BT od. and. Femurfraktur, bei Para- / Tetraplegie od. mit äuß. schw. CC od. schw. CC od. Alter > 65 J., oh. kompl. Diagn. od. Kreuzbeinfraktur od. best. mäßig aufw., aufw. od. hochaufw. Beh.	0,784	-	8,9	2	0,254	19	0,061	0,078	-	-	0,7853
I68D	M	Nicht operativ behandelte Erkrankungen und Verletzungen WS, > 1 Belegungstag oder andere Femurfraktur, außer bei Diszitis oder infektiöser Spondylopathie, ohne Kreuzbeinfraktur, ohne best. mäßig aufw., aufw. od. hochaufw. Beh., mit Wirbelsäulenfraktur	0,564	-	5,5	1	0,278	13	0,071	0,086	-	-	0,7464
I68E	M	Nicht operativ behandelte Erkrankungen und Verletzungen WS, > 1 Belegungstag oder andere Femurfraktur, außer bei Diszitis oder infektiöser Spondylopathie, ohne Kreuzbeinfraktur, ohne best. mäßig aufw., aufw. od. hochaufw. Beh., oh. Wirbelsäulenfraktur	0,432	-	4,7	1	0,220	11	0,066	0,071	-	-	0,6146
I68F	M	Nicht operativ behandelte Erkrankungen und Verletzungen im Wirbelsäulenbereich, ein Belegungstag oder Prellung am Oberschenkel	0,197	-	1,0	-	-	-	-	-	-	-	1,0068
I69A	M	Knochenkrankheiten und spezifische Arthropathie mit bestimmter Arthropathie oder Muskel- / Sehnenerkrankung bei Para- /Tetraplegie	0,591	-	7,2	1	0,402	16	0,058	0,073	-	-	0,5764
I69B	M	Knochenkrankheiten und spezifische Arthropathie ohne bestimmte Arthropathie, ohne Muskel- / Sehnenerkrankung bei Para- /Tetraplegie	0,486	-	5,8	1	0,314	13	0,058	0,071	-	-	0,6520
I71A	M	Muskel- und Sehnenerkrankungen außer bei Para- / Tetraplegie oder Verstauchung, Zerrung, Luxation an Hüftgelenk, Becken und Oberschenkel, mit Zerebralparese oder Kontraktur	0,630	-	7,2	1	0,293	15	0,065	0,061	-	-	0,9445
I71B	M	Muskel- und Sehnenerkrankungen außer bei Para- / Tetraplegie oder Verstauchung, Zerrung, Luxation an Hüftgelenk, Becken und Oberschenkel, ohne Zerebralparese, ohne Kontraktur	0,431	-	4,4	1	0,235	10	0,067	0,077	-	-	0,7096
I72Z	M	Entzündung von Sehnen, Muskeln und Schleimbeuteln mit äußerst schweren oder schweren CC oder Frakturen am Femurschaft	1,025	-	10,2	2	0,317	23	0,065	0,085	-	-	0,9580
I73Z	M	Nachbehandlung bei Erkrankungen des Bindegewebes	0,590	-	7,2	1	0,382	17	0,058	0,073	-	-	0,7620
I74A	M	Verletzungen an Unterarm, Handgelenk, Hand oder Fuß oder leichte bis moderate Verletzungen von Schulter, Arm, Ellenbogen, Knie, Bein und Sprunggelenk mit unspezifischen Arthropathien, mit äußerst schweren oder schweren CC	1,019	-	11,0	3	0,249	24	0,063	0,082	-	-	0,8298
I74B	M	Verletzungen an Unterarm, Handgelenk, Hand oder Fuß oder leichte bis moderate Verletzungen von Schulter, Arm, Ellenbogen, Knie, Bein und Sprunggelenk mit unspezifischen Arthropathien ohne äußerst schwere oder schwere CC	0,494	-	5,3	1	0,299	12	0,065	0,078	-	-	0,6704

Fallpauschalen-Katalog und Pflegeerlöskatalog
Teil a) Bewertungsrelationen bei Versorgung durch Hauptabteilungen

DRG	Parti-tion	Bezeichnung [6]	Bewertungsrelation bei Hauptabteilung	Bewertungsrelation bei Hauptabteilung und Beleghebamme	Mittlere Verweil-dauer [1]	Untere Grenzverweildauer		Obere Grenzverweildauer		Externe Verlegung Abschlag/Tag (Bewertungsrelation)	Verlegungs-fallpauschale	Ausnahme von Wieder-aufnahme [4]	Pflegeerlös Bewertungs-relation/Tag
						Erster Tag mit Abschlag [2), 5)]	Bewertungs-relation/Tag	Erster Tag zus. Entgelt [3), 5)]	Bewertungs-relation/Tag				
1	2	3	4	5	6	7	8	9	10	11	12	13	
I74C	M	Verletzungen an Unterarm, Handgelenk, Hand oder Fuß oder leichte bis moderate Verletzungen von Schulter, Arm, Ellenbogen, Knie, Bein und Sprunggelenk ohne äußerst schwere oder schwere CC, Alter < 10 Jahre	0,444	-	2,1	1	0,113	4	0,085	0,085	-	-	1,3276
I74D	M	Verletzungen an Unterarm, Handgelenk, Hand oder Fuß oder leichte bis moderate Verletzungen von Schulter, Arm, Ellenbogen, Knie, Bein und Sprunggelenk ohne äußerst schwere oder schwere CC, Alter > 9 Jahre	0,376	-	3,5	1	0,157	8	0,072	0,076	-	-	0,8045
I75A	M	Schwere Verletzungen von Schulter, Arm, Ellenbogen, Knie, Bein und Sprunggelenk mit CC	1,126	-	11,8	3	0,261	25	0,065	0,086	-	-	1,0356
I75B	M	Schwere Verletzungen von Schulter, Arm, Ellenbogen, Knie, Bein und Sprunggelenk ohne CC oder Entzündungen von Sehnen, Muskeln und Schleimbeuteln ohne äußerst schwere oder schwere CC	0,466	-	5,0	1	0,269	12	0,064	0,077	-	-	0,7476
I76A	M	Andere Erkrankungen des Bindegewebes mit komplizierender Diagnose oder äußerst schweren CC oder Alter < 16 Jahre mit septischer Arthritis	1,196	-	8,5	2	0,361	22	0,075	0,116	-	-	1,0824
I76B	M	Andere Erkrankungen des Bindegewebes ohne komplizierende Diagnose, ohne äußerst schwere CC, ohne septische Arthritis oder Alter > 15 Jahre	0,491	-	5,5	1	0,245	13	0,063	0,077	-	-	0,8213
I77Z	M	Mäßig schwere Verletzungen von Schulter, Arm, Ellenbogen, Knie, Bein und Sprunggelenk	0,423	-	4,4	1	0,226	11	0,066	0,077	-	-	0,7825
I79Z	M	Fibromyalgie	0,656	-	9,3	2	0,216	17	0,049	0,064	-	-	0,4351
I87A	M	Komplexbehandlung bei isolationspflichtigen Erregern bei Krankheiten und Störungen an Muskel-Skelett-System und Bindegewebe, COVID-19, Virus nachgewiesen	1,877	-	25,6	-	-	40	0,051	0,070	-	-	0,8792
I87B	M	Komplexbehandlung bei isolationspflichtigen Erregern bei Krankheiten und Störungen an Muskel-Skelett-System und Bindegewebe	1,345	-	16,1	-	-	31	0,063	0,078	-	-	0,8958
I95A	O	Implantation einer Tumorendoprothese mit Implantation oder Wechsel einer bestimmten Endo-prothese oder Knochentotalersatz am Femur oder resezierende Eingriffe am Becken bei bösartiger Neubildung oder Alter < 18 Jahre	4,627	-	16,5	5	0,306	31	0,174	0,105	-	-	0,9291
I95B	O	Implantation einer Tumorendoprothese ohne Implantation oder Wechsel einer bestimmten Endoprothese, ohne Knochentotalersatz am Femur, ohne resezierende Eingriffe am Becken bei bösartiger Neubildung, Alter > 17 Jahre	3,671	-	13,7	4	0,320	28	0,182	0,109	-	-	0,8551
I97Z	A	Rheumatologische Komplexbehandlung bei Krankheiten und Störungen an Muskel-Skelett-System und Bindegewebe	1,057	-	15,2	4	0,210	18	0,069	0,065	-	-	0,4104
I98Z	O	Komplexe Vakuumbehandlung bei Krankheiten und Störungen an Muskel-Skelett-System und Bindegewebe	6,536	-	40,2	12	0,257	58	0,081	0,081	-	-	0,8185
MDC 09 Krankheiten und Störungen an Haut, Unterhaut und Mamma													
J01Z	O	Gewebetransplantation mit mikrovaskulärer Anastomosierung bei bösartiger Neubildung an Haut, Unterhaut und Mamma	3,329	-	8,2	2	0,284	13	0,068	0,099	-	-	0,9182
J02A	O	Hauttransplantation oder bestimmte Lappenplastik an der unteren Extremität bei Ulkus oder Infektion oder ausgedehnte Lymphadenektomie oder Gewebetransplantation mit mikro-vaskulärer Anastomose, mit äußerst schweren CC, mit komplexem Eingriff	4,686	-	28,3	8	0,295	46	0,062	0,092	-	-	1,0686
J02B	O	Hauttransplantation oder bestimmte Lappenplastik an der unteren Extr. bei Ulkus od. Infektion od. ausgedehnte Lymphadenekt. oder Gewebetransplant. mit mikrovask. Anastomose, mit äuß. schw. CC, oh. kompl. Eingr. od. oh. äuß. schw. CC, m. kompl. Eingr.	3,310	-	22,5	7	0,232	41	0,058	0,079	-	-	0,9422
J02C	O	Hauttransplantation oder bestimmte Lappenplastik an der unteren Extremität bei Ulkus oder Infektion oder ausgedehnte Lymphadenektomie, ohne äußerst schwere CC, ohne komplexen Eingriff	1,735	-	15,5	4	0,223	30	0,051	0,068	-	-	0,8320
J03Z	O	Eingriffe an der Haut der unteren Extremität bei Ulkus oder Infektion / Entzündung	0,923	-	8,9	2	0,227	19	0,054	0,069	-	-	0,7715
J04Z	O	Eingriffe an der Haut der unteren Extremität außer bei Ulkus oder Infektion / Entzündung	0,598	-	3,5	1	0,207	8	0,071	0,077	-	-	0,6706
J06Z	O	Mastektomie mit Prothesenimplantation und plastischer Operation bei bösartiger Neubildung oder komplexe Prothesenimplantation	1,695	-	6,0	1	0,353	12	0,084	0,096	-	-	0,7424
J07A	O	Best. Eingr. an der Mamma mit Lymphknotenex. oder PCCL >2 oder Impl. Hautexpander oder best. Eingr. an Ovar/Plexus brachialis oder Lymphknotenex. mit Hautransplantation oder Debridement, mit beidseitigem Eingr. oder best. Eingr. Ovar/Plexus brachialis	1,407	-	4,1	1	0,343	8	0,110	0,154	-	-	0,7296
J07B	O	Best. Eingr. an der Mamma mit Lymphknotenex. oder PCCL >2 oder Impl. Hautexpander oder best. Eingr. an Ovar/Plexus brachialis oder Lymphknotenex. mit Hautransplantation oder Debridement, ohne beidseitigen Eingr., ohne best. Eingr. Ovar/Plexus brachialis	1,085	-	3,6	1	0,282	7	0,105	0,120	-	-	0,8082
J08A	O	Bestimmte Hauttransplantation oder Debridement mit Eingriff an Kopf und Hals oder mit bestimmtem Eingriff an Haut und Unterhaut oder Eingriffe an der Haut der unteren Extremität bei Ulkus oder Infektion / Entzündung, mit äußerst schweren CC	3,045	-	22,9	7	0,254	41	0,061	0,089	-	-	1,0119

Fallpauschalen-Katalog und Pflegeerlöskatalog
Teil a) Bewertungsrelationen bei Versorgung durch Hauptabteilungen

DRG	Partition	Bezeichnung [6]	Bewertungsrelation bei Hauptabteilung	Bewertungsrelation bei Hauptabteilung und Beleghebamme	Mittlere Verweildauer [1]	Untere Grenzverweildauer: Erster Tag mit Abschlag [2,5]	Untere Grenzverweildauer: Bewertungsrelation/Tag	Obere Grenzverweildauer: Erster Tag zus. Entgelt [3,5]	Obere Grenzverweildauer: Bewertungsrelation/Tag	Externe Verlegung Abschlag/Tag (Bewertungsrelation)	Verlegungsfallpauschale	Ausnahme von Wiederaufnahme [4]	Pflegeerlös Bewertungsrelation/Tag
1	2	3	4	5	6	7	8	9	10	11	12	13	
J08B	O	Bestimmte Hauttransplantation oder Debridement ohne Eingriff an Kopf und Hals, ohne bestimmten Eingriff an Haut und Unterhaut oder ohne äußerst schwere CC	1,120	-	7,6	2	0,226	17	0,059	0,074	-	-	0,6811
J09A	O	Eingriffe bei Sinus pilonidalis und perianal, Alter < 16 Jahre	0,619	-	2,7	1	0,219	6	0,080	0,084	-	-	1,1534
J09B	O	Eingriffe bei Sinus pilonidalis und perianal, Alter > 15 Jahre	0,511	-	2,8	1	0,050	6	0,065	0,069	-	-	0,7785
J10A	O	Plastische Operationen an Haut, Unterhaut und Mamma mit äußerst schweren oder schweren CC oder mit komplexem Eingriff	0,979	-	5,9	1	0,259	13	0,061	0,072	-	-	0,6979
J10B	O	Plastische Operationen an Haut, Unterhaut und Mamma ohne äußerst schwere oder schwere CC, ohne komplexen Eingriff	0,625	-	3,8	1	0,115	8	0,061	0,064	-	-	0,6896
J11A	O	Andere Eingriffe an Haut, Unterhaut und Mamma mit komplexem Eingriff bei komplizierender Diagnose oder bei Para- / Tetraplegie oder selektive Embolisation bei Hämangiom	1,256	-	10,2	2	0,311	23	0,064	0,083	-	-	0,8368
J11B	O	Andere Eingriffe an Haut, Unterhaut und Mamma mit komplizierender Diagnose oder mit mäßig komplexer Prozedur oder Diagnose oder Alter < 18 Jahre mit äußerst schweren oder schweren CC oder mit bestimmtem Eingriff bei bösartiger Neubildung oder Pemphigoid	0,820	-	5,0	1	0,310	13	0,066	0,081	-	-	0,7999
J11C	O	And. Eingr. an Haut, Unterhaut u. Mamma oh. kompliz. Diag., oh. mäßig kompl. Proz. od. Diagn., Alter > 17 J. od. oh. äuß. schw. oder schw. CC, m. best. Eingr. od. m. Hidradenitis suppurativa od. bei BNB/Pemphigoid od. mit kl. Eingr. an d. Haut u. Weicht.	0,551	-	3,4	1	0,171	7	0,063	0,071	-	-	0,7189
J11D	O	And. Eingr. an Haut, Unterhaut u. Mamma oh. kompliz. Diag., oh. mäßig kompl. Proz. od. Diag., Alter > 17 J. od. oh. äuß. schw. od. schw. CC, oh. best. Eingr., oh. Hidradenitis suppurativa, auß. b. BNB od. Pemphigoid, oh. kl. Eingr. an d. Haut od. Weicht.	0,467	-	3,0	1	0,142	7	0,063	0,069	-	-	0,7729
J12Z	O	Komplexe beidseitige plastische Rekonstruktion der Mamma	4,405	-	9,1	2	0,317	15	0,068	0,099	-	-	0,8989
J14Z	O	Plastische Rekonstruktion der Mamma bei BNB mit aufwend. Rekonstr. oder beidseit. Mastektomie bei BNB oder Strahlenther. mit operat. Proz. bei Krankh. und Störungen an Haut, Unterhaut und Mamma, mit beidseit. Prothesenimpl. oder Impl. eines Hautexpanders	2,146	-	6,3	1	0,393	12	0,083	0,127	-	-	0,7833
J16A	O	Beidseitige Mastektomie bei bösartiger Neubildung	1,605	-	6,3	1	0,412	12	0,089	0,124	-	-	0,7946
J16B	O	Strahlentherapie mit operativer Prozedur bei Krankheiten und Störungen an Haut, Unterhaut und Mamma	1,454	-	4,6	1	0,739	11	0,168	0,137	-	-	0,8302
J17Z	O	Strahlentherapie bei Krankheiten und Störungen an Haut, Unterhaut und Mamma, Bestrahlungen an mindestens 9 Tagen	3,375	-	24,5	7	0,409	43	0,133	0,128	-	x	0,8357
J18A	O	Strahlentherapie bei Krankheiten und Störungen an Haut, Unterhaut und Mamma, mehr als ein Belegungstag, Bestrahlungen an mindestens 5 Tagen	1,919	-	14,4	4	0,370	29	0,132	0,122	-	x	0,8916
J18B	O	Strahlentherapie bei Krankheiten und Störungen an Haut, Unterhaut und Mamma, mehr als ein Belegungstag, Bestrahlungen an weniger als 5 Tagen	1,225	-	9,3	2	0,389	21	0,125	0,114	-	x	0,8971
J21Z	O	Andere Hauttransplantation oder Debridement mit Lymphknotenexzision oder schweren CC	1,518	-	10,6	3	0,226	24	0,061	0,088	-	-	0,7413
J22Z	O	Andere Hauttransplantation oder Debridement ohne komplexen Eingriff, ohne komplexe Diagnose, ohne äußerst schwere oder schwere CC oder mit Weichteildeckung oder Mehrfachtumoren der Haut oder Erysipel	0,805	-	5,6	1	0,348	13	0,055	0,073	-	-	0,6586
J23Z	O	Große Eingriffe an der Mamma bei bösartiger Neubildung ohne komplexen Eingriff, ohne bestimmten Eingriff an den weiblichen Geschlechtsorganen bei bösartiger Neubildung	1,240	-	5,0	1	0,491	10	0,082	0,118	-	-	0,7811
J24A	O	Eingriffe an der Mamma außer bei bösartiger Neubildung mit ausgedehntem Eingriff, mit Prothesenimplantation oder bestimmter Mammareduktionsplastik oder beidseitiger Mastopexie	1,254	-	3,6	1	0,343	8	0,069	0,089	-	-	0,8623
J24B	O	Eingriffe an der Mamma außer bei bösartiger Neubildung mit ausgedehntem Eingriff, mit Prothesenimplantation, ohne bestimmte Mammareduktionsplastik, ohne beidseitige Mastopexie	1,163	-	3,7	1	0,371	7	0,077	0,085	-	-	0,7292
J24C	O	Eingriffe an der Mamma außer bei bösartiger Neubildung ohne ausgedehnten Eingriff, mit komplexem Eingriff	0,920	-	3,5	1	0,274	8	0,070	0,079	-	-	0,8237
J24D	O	Eingriffe an der Mamma außer bei bösartiger Neubildung ohne ausgedehnten Eingriff, ohne komplexen Eingriff	0,642	-	2,4	1	0,152	5	0,085	0,170	-	-	0,9749
J25Z	O	Kleine Eingriffe an der Mamma bei bösartiger Neubildung ohne äußerst schwere oder schwere CC	0,752	-	2,8	1	0,204	6	0,093	0,102	-	-	0,8296
J26Z	O	Plastische Rekonstruktion der Mamma mit komplexer Hauttransplantation oder große Eingriffe an der Mamma bei bösartiger Neubildung mit komplexem Eingriff oder bestimmtem Eingriff an den weiblichen Geschlechtsorganen bei bösartiger Neubildung	3,391	-	9,0	2	0,334	16	0,070	0,100	-	-	0,9302
J35Z	O	Komplexe Vakuumbehandlung bei Krankheiten und Störungen an Haut, Unterhaut und Mamma	5,363	-	37,5	12	0,225	56	0,078	0,076	-	-	0,8112
J44Z	A	Geriatrische frührehabilitative Komplexbehandlung bei Krankheiten und Störungen an Haut, Unterhaut und Mamma	1,446	-	20,7	-	-	31	0,048	0,066	-	-	0,7462

Fallpauschalen-Katalog und Pflegeerlöskatalog
Teil a) Bewertungsrelationen bei Versorgung durch Hauptabteilungen

DRG	Partition	Bezeichnung [6]	Bewertungsrelation bei Hauptabteilung	Bewertungsrelation bei Hauptabteilung und Beleghebamme	Mittlere Verweildauer [1]	Untere Grenzverweildauer: Erster Tag mit Abschlag [2, 5]	Untere Grenzverweildauer: Bewertungsrelation/Tag	Obere Grenzverweildauer: Erster Tag zus. Entgelt [3, 5]	Obere Grenzverweildauer: Bewertungsrelation/Tag	Externe Verlegung Abschlag/Tag (Bewertungsrelation)	Verlegungsfallpauschale	Ausnahme von Wiederaufnahme [4]	Pflegeerlös Bewertungsrelation/Tag
1	2	3	4	5	6	7	8	9	10	11	12	13	
J61A	M	Schwere Erkrankungen der Haut, mehr als ein BT, Alter > 17 Jahre oder mit kompl. Diagn., mit äuß. schw. CC od. Hautulkus bei Para-/Tetraplegie od. hochkompl. Diagn. od. Epid. bullosa, Alter < 10 Jahre oder mit schwerer Erkr. der Haut, mit aufw. Behandl.	1,165	-	12,7	3	0,286	26	0,090	0,084	-	-	1,1354
J61B	M	Schwere Erkrankungen der Haut, mehr als ein Belegungstag, Alter > 17 Jahre, ohne äußerst schwere CC, ohne hochkomplexe Diagnose, mit schwerer Erkrankung der Haut, ohne aufwendige Behandlung	0,758	-	9,0	2	0,250	18	0,058	0,075	-	-	0,6056
J61C	M	Schwere Erkrankungen der Haut, mehr als ein Belegungstag, Alter < 18 Jahre, ohne hochkomplexe Diagnose oder mäßig schwere Hauterkrankungen, mehr als ein Belegungstag	0,484	-	6,0	-	-	13	0,058	0,071	-	-	0,6873
J62A	M	Bösartige Neubildungen der Mamma, mehr als ein Belegungstag, mit äußerst schweren CC	1,509	-	14,5	4	0,287	29	0,070	0,094	-	x	1,0186
J62B	M	Bösartige Neubildungen der Mamma, ein Belegungstag oder ohne äußerst schwere CC	0,627	-	6,5	1	0,406	16	0,069	0,077	-	x	0,9440
J64A	M	Infektion / Entzündung der Haut und Unterhaut oder Hautulkus mit äußerst schweren CC	1,630	-	15,3	4	0,308	29	0,070	0,097	-	-	1,0960
J64B	M	Bestimmte Infektion / Entzündung der Haut und Unterhaut oder Hautulkus ohne äußerst schwere CC oder Alter < 6 Jahre mit komplexer Diagnose	0,512	-	6,8	1	0,330	14	0,053	0,064	-	-	0,7105
J64C	M	Andere Infektion / Entzündung der Haut und Unterhaut oder Alter > 5 Jahre oder ohne komplexe Diagnose	0,414	-	4,6	1	0,152	10	0,057	0,069	-	-	0,7694
J65A	M	Verletzung der Haut, Unterhaut und Mamma, mehr als 1 Belegungstag	0,350	-	3,5	-	-	9	0,071	0,069	-	-	0,8375
J65B	M	Verletzung der Haut, Unterhaut und Mamma, ein Belegungstag	0,198	-	1,0	-	-	-	-	-	-	-	1,2371
J67A	M	Bestimmte Erkrankungen der Mamma außer bösartige Neubildung oder moderate Hauterkrankungen	0,452	-	4,9	1	0,206	11	0,059	0,070	-	-	0,7335
J67B	M	Andere Erkrankungen der Mamma außer bösartige Neubildung oder leichte Hauterkrankungen	0,327	-	3,7	1	0,041	9	0,062	0,068	-	-	0,8130
J68A	M	Erkrankungen der Haut, ein Belegungstag, mit komplexer Diagnose oder Alter < 16 Jahre mit anderer komplexer Diagnose	0,221	-	1,0	-	-	-	-	-	-	x	1,2422
J68B	M	Erkrankungen der Haut, ein Belegungstag, ohne komplexe Diagnose, Alter > 15 Jahre	0,165	-	1,0	-	-	-	-	-	-	-	1,0680
J77Z	M	Komplexbehandlung bei isolationspflichtigen Erregern bei Krankheiten und Störungen an Haut, Unterhaut und Mamma	1,417	-	17,5	-	-	33	0,057	0,072	-	-	1,0110
MDC 10 Endokrine, Ernährungs- und Stoffwechselkrankheiten													
K03A	O	Eingriffe an der Nebenniere bei bösartiger Neubildung oder Eingriff an der Hypophyse, Alter < 18 Jahre oder bestimmte zweizeitige Eingriffe an der Hypophyse	3,716	-	12,6	3	0,398	25	0,128	0,113	-	-	1,1351
K03B	O	Eingriffe an der Nebenniere bei bösartiger Neubildung oder Eingriff an der Hypophyse, Alter > 17 Jahre, ohne bestimmte zweizeitige Eingriffe an der Hypophyse	2,036	-	8,6	2	0,363	16	0,167	0,116	-	-	0,9543
K04Z	O	Große Eingriffe bei Adipositas	1,503	-	3,7	1	0,225	7	0,078	0,085	-	-	0,8911
K06A	O	Eingriffe an Schilddrüse, Nebenschilddrüse und Ductus thyreoglossus mit IntK > 392 / 368 / - Punkte oder bei BNB, mit äußerst schweren CC oder Parathyreoidektomie oder äußerst schwere oder schwere CC, mit Thyreoidektomie durch Sternotomie	3,582	-	13,2	3	0,489	28	0,093	0,137	-	-	1,3301
K06B	O	Eingriffe an Schilddrüse, Nebenschilddrüse und Ductus thyreoglossus ohne IntK > 392 / 368 / - Punkte, bei BNB oder mit äuß. schw. oder schw. CC oder Eingr. an der Schilddrüse außer kl. Eingr., mit Thyreoidektomie durch Sternotomie oder Alter < 16 Jahre	1,251	-	3,5	1	0,196	8	0,079	0,088	-	-	0,8976
K06C	O	Eingriffe an Schilddrüse, Nebenschilddrüse u. Ductus thyreogl. ohne IntK > 392 / 368 / - P., auß. bei BNB, oh. äuß. schw. od. schw. CC, mit Eingr. an d. Schilddrüse auß. kl. Eingr., ohne Thyreoidektomie durch Sternotomie, Alter > 15 J. od. Alter < 18 J.	1,046	-	2,8	1	0,132	6	0,073	0,079	-	-	0,8190
K06D	O	Andere Eingriffe an Schilddrüse, Nebenschilddrüse und Ductus thyreoglossus ohne IntK > 392 / 368 / - Punkte, außer bei bösartiger Neubildung, ohne äußerst schwere oder schwere CC oder bestimmte Reduktionseingriffe an Haut und Unterhaut	0,877	-	2,5	1	0,103	5	0,079	0,081	-	-	0,8080
K06E	O	Kleine Eingriffe an Schilddrüse, Nebenschilddrüse und Ductus thyreoglossus ohne IntK > 392 / 368 / - Punkte, außer bei bösartiger Neubildung, ohne äußerst schwere oder schwere CC, ohne bestimmte Reduktionseingriffe an Haut und Unterhaut	0,796	-	2,6	1	0,187	5	0,080	0,082	-	-	0,7902
K07A	O	Andere Eingriffe bei Adipositas mit bestimmten größeren Eingriffen am Magen oder Darm	1,413	-	4,2	1	0,203	8	0,065	0,091	-	-	0,8525
K07B	O	Andere Eingriffe bei Adipositas ohne bestimmte größere Eingriffe am Magen oder Darm	1,101	-	3,1	1	0,145	6	0,069	0,096	-	-	0,9287
K09A	O	Andere Prozeduren bei endokrinen, Ernährungs- und Stoffwechselkrankheiten mit hochkomplexem Eingriff oder mit bestimmtem Eingriff, mit äußerst schweren CC oder Alter < 7 Jahre	3,678	-	22,5	7	0,327	41	0,082	0,108	-	-	1,1809
K09B	O	Andere Prozeduren bei endokrinen, Ernährungs- und Stoffwechselkrankheiten mit bestimmtem Eingriff, mit äußerst schweren CC oder Alter < 7 Jahre oder mit mäßig komplexem Eingriff, Alter < 16 Jahre	2,210	-	18,5	5	0,265	33	0,071	0,083	-	-	1,0391

Fallpauschalen-Katalog und Pflegeerlöskatalog
Teil a) Bewertungsrelationen bei Versorgung durch Hauptabteilungen

DRG	Partition	Bezeichnung [6]	Bewertungsrelation bei Hauptabteilung	Bewertungsrelation bei Hauptabteilung und Beleghebamme	Mittlere Verweildauer [1]	Untere Grenzverweildauer: Erster Tag mit Abschlag [2], [5]	Untere Grenzverweildauer: Bewertungsrelation/Tag	Obere Grenzverweildauer: Erster Tag zus. Entgelt [3], [5]	Obere Grenzverweildauer: Bewertungsrelation/Tag	Externe Verlegung Abschlag/Tag (Bewertungsrelation)	Verlegungsfallpauschale	Ausnahme von Wiederaufnahme [4]	Pflegeerlös Bewertungsrelation/Tag
1	2	3	4	5	6	7	8	9	10	11	12	13	
K09C	O	Andere Prozeduren bei endokrinen, Ernährungs- und Stoffwechselkrankheiten mit mäßig komplexem Eingriff, Alter > 15 Jahre	1,556	-	9,4	2	0,297	23	0,067	0,086	-	-	0,8843
K09D	O	Andere Prozeduren bei endokrinen, Ernährungs- und Stoffwechselkrankheiten ohne mäßig komplexen Eingriff	0,882	-	4,4	1	0,290	13	0,064	0,074	-	-	0,8116
K14Z	O	Andere Eingriffe an der Nebenniere oder ausgedehnte Lymphadenektomie	1,591	-	4,7	1	0,274	11	0,081	0,102	-	-	0,8907
K15A	O	Strahlentherapie bei endokrinen, Ernährungs- und Stoffwechselkrankheiten, mehr als ein Belegungstag, mit hochkomplexer Radiojodtherapie	0,936	-	3,3	-	-	6	0,198	0,216	-	x	0,9742
K15B	O	Strahlentherapie bei endokrinen, Ernährungs- und Stoffwechselkrankheiten, mehr als ein Belegungstag, ohne hochkomplexe Radiojodtherapie	1,542	-	12,9	3	0,365	28	0,141	0,106	-	x	0,8538
K15C	O	Strahlentherapie bei endokrinen, Ernährungs- und Stoffwechselkrankheiten, mehr als ein Belegungstag, mit mäßig komplexer Radiojodtherapie bei bösartiger Neubildung oder mit bestimmter nuklearmedizinischer Therapie	0,739	-	3,2	-	-	6	0,221	0,174	-	x	0,9862
K15D	O	Strahlentherapie bei endokrinen, Ernährungs- und Stoffwechselkrankheiten, mehr als ein Belegungstag, mit mäßig komplexer Radiojodtherapie, außer bei bösartiger Neubildung, ohne bestimmte nuklearmedizinische Therapie	0,757	-	6,3	-	-	13	0,121	0,104	-	x	0,7836
K15E	O	Strahlentherapie bei endokrinen, Ernährungs- und Stoffwechselkrankheiten, mehr als ein Belegungstag, mit anderer Radiojodtherapie	0,453	-	3,1	-	-	7	0,143	0,107	-	x	0,9031
K25Z	O	Komplexbehandlung bei multiresistenten Erregern mit bestimmter OR-Prozedur bei endokrinen, Ernährungs- und Stoffwechselkrankheiten	2,744	-	29,1	-	-	47	0,054	0,067	-	-	0,9123
K33Z	O	Mehrzeitige komplexe OR-Prozeduren bei endokrinen, Ernährungs- und Stoffwechselkrankheiten	7,229	-	31,9	10	0,397	50	0,172	0,130	-	-	1,3386
K38Z	O	Hämophagozytäre Erkrankungen	2,576	-	16,0	4	0,494	33	0,163	0,144	-	-	1,3149
K44Z	A	Geriatrische frührehabilitative Komplexbehandlung bei endokrinen, Ernährungs- und Stoffwechselkrankheiten	1,486	-	20,5	-	-	31	0,051	0,068	-	-	0,7894
K60A	M	Diabetes mellitus und schwere Ernährungsstörungen, Alter < 6 Jahre, mit multimodaler Komplexbehandlung bei Diabetes mellitus oder intensivmedizinischer Komplexbehandlung > 196 / 184 / - Aufwandspunkte	1,805	-	12,4	3	0,441	23	0,099	0,134	-	-	1,7085
K60B	M	Diabetes mellitus und schwere Ernährungsstörungen, Alter > 5 Jahre und Alter < 18 Jahre und multimodale Komplexbehandlung bei Diabetes mellitus, ohne intensivmedizinische Komplexbehandlung > 196 / 184 / - Aufwandspunkte	1,171	-	9,6	2	0,384	16	0,118	0,108	-	-	1,2663
K60C	M	Diabetes mellitus und schwere Ernährungsstörungen, Alter > 17 Jahre oder ohne multimodale Komplexbehandlung bei Diabetes mellitus oder schwerste Ernährungsstörungen oder äußerst schwere CC, mehr als ein Belegungstag	1,559	-	14,5	4	0,288	29	0,073	0,094	-	-	1,0656
K60D	M	Diabetes mellitus ohne äußerst schwere CC, Alter < 11 Jahre oder Alter < 16 Jahre mit schweren CC oder multiplen Komplikationen oder Ketoazidose oder Koma, ohne multimodale Komplexbehandlung bei Diabetes mellitus	0,511	-	4,8	1	0,306	12	0,079	0,086	-	-	1,3682
K60E	M	Diabetes mellitus mit schweren CC oder mit komplexer Diagnose, Alter > 15 Jahre, mehr als ein Belegungstag	0,782	-	8,5	2	0,254	16	0,060	0,080	-	-	0,6417
K60F	M	Diabetes mellitus, Alter > 10 Jahre, ein Belegungstag oder ohne äußerst schwere oder schwere CC oder ohne komplexe Diagnose	0,574	-	6,4	1	0,401	13	0,060	0,088	-	-	0,6334
K62A	M	Verschiedene Stoffwechselerkrankungen bei Para- / Tetrapleg. oder mit kompliz. Diagnose oder endoskopischer Einlage eines Magenballons oder Alter < 16 Jahre, mit äußerst schweren CC oder best. aufwendiger / hochaufw. Behandlung, mehr als ein Belegungstag	1,399	-	14,7	4	0,266	28	0,067	0,081	-	-	1,1364
K62B	M	Verschiedene Stoffwechselerkrankungen bei Para- / Tetrapleg. oder mit kompliz. Diagnose oder endoskop. Einlage eines Magenballons oder Alter < 16 Jahre, ein Belegungstag od. ohne äußerst schwere CC od. ohne best. aufwendige / hochaufwendige Behandlung	0,577	-	5,6	1	0,346	14	0,070	0,084	-	-	1,0657
K62C	M	Verschiedene Stoffwechselerkrankungen außer bei Para- / Tetraplegie, ohne kompliz. Diagnose, ohne endoskopische Einlage eines Magenballons, ohne äußerst schwere CC oder ein Belegungstag, ohne best. aufwendige / hochaufwendige Behandlung, Alter > 15 Jahre	0,516	-	5,5	1	0,319	13	0,063	0,065	-	-	0,8810
K63A	M	Angeborene Stoffwechselstörungen, mehr als ein Belegungstag, Alter < 6 Jahre oder mit komplexer Diagnose oder intensivmedizinischer Komplexbehandlung > 196 / 184 / - Aufwandspunkte	0,718	-	4,6	-	-	13	0,147	0,114	-	-	1,5759
K63B	M	Angeborene Stoffwechselstörungen, mehr als ein Belegungstag, Alter > 5 Jahre, ohne komplexe Diagnose, ohne intensivmedizinische Komplexbehandlung > 196 / 184 / - Aufwandspunkte	0,578	-	5,1	-	-	13	0,074	0,086	-	-	0,8098
K63C	M	Angeborene Stoffwechselstörungen, ein Belegungstag	0,206	-	1,0	-	-	-	-	-	-	-	1,2047

Fallpauschalen-Katalog und Pflegeerlöskatalog
Teil a) Bewertungsrelationen bei Versorgung durch Hauptabteilungen

DRG	Partition	Bezeichnung [6]	Bewertungsrelation bei Hauptabteilung	Bewertungsrelation bei Hauptabteilung und Beleghebamme	Mittlere Verweildauer [1]	Untere Grenzverweildauer: Erster Tag mit Abschlag [2), 5)]	Untere Grenzverweildauer: Bewertungsrelation/Tag	Obere Grenzverweildauer: Erster Tag zus. Entgelt [3), 5)]	Obere Grenzverweildauer: Bewertungsrelation/Tag	Externe Verlegung Abschlag/Tag (Bewertungsrelation)	Verlegungsfallpauschale	Ausnahme von Wiederaufnahme [4]	Pflegeerlös Bewertungsrelation/Tag
1	2	3	4	5	6	7	8	9	10	11	12	13	
K64A	M	Endokrinopathien mit komplexer Diagnose und äußerst schweren CC oder intensivmedizinischer Komplexbehandlung > 196 / 184 / - Aufwandspunkte	2,559	-	15,8	4	0,501	31	0,157	0,147	-	x	1,4257
K64B	M	Endokrinopathien mit komplexer Diagnose oder äußerst schweren CC, Alter < 6 Jahre, ohne intensivmedizinische Komplexbehandlung > 196 / 184 / - Aufwandspunkte	1,380	-	7,1	1	0,655	15	0,183	0,161	-	x	1,9265
K64C	M	Endokrinopathien mit komplexer Diagnose oder äußerst schweren CC, Alter > 5 Jahre oder mit bestimmter komplexer Diagnose oder mit invasiver endokrinologischer Diagnostik oder Alter < 18 Jahre bei bösartiger Neubildung oder Alter < 1 Jahr	0,749	-	6,8	1	0,494	16	0,075	0,094	-	x	0,9667
K64D	M	Endokrinopathien ohne komplexe Diagnose, ohne bestimmte Diagnose, ohne äußerst schwere CC, ohne invasive endokrinologische Diagnostik, Alter > 17 Jahre oder außer bei bösartiger Neubildung, Alter > 0 Jahre	0,476	-	4,8	1	0,260	11	0,068	0,079	-	x	0,7222
K77Z	M	Komplexbehandlung bei isolationspflichtigen Erregern bei endokrinen, Ernährungs- und Stoffwechselkrankheiten	1,905	-	23,0	-	-	37	0,064	0,077	-	-	1,0621
MDC 11 Krankheiten und Störungen der Harnorgane													
L02A	O	Operatives Einbringen eines Peritonealkatheters, Alter < 10 Jahre oder Blasenrekonstruktion und kontinenter Pouch bei Neubildung mit Multiviszeraleingriff oder Verschluss einer Blasenekstrophie	4,418	-	17,8	5	0,416	28	0,085	0,133	-	-	1,6500
L02B	O	Operatives Einbringen eines Peritonealkatheters, Alter > 9 Jahre mit akuter Niereninsuffizienz oder mit chronischer Niereninsuffizienz mit Dialyse	1,456	-	13,0	3	0,235	26	0,051	0,068	-	-	0,6784
L02C	O	Operatives Einbringen eines Peritonealkatheters, Alter > 9 Jahre mit akuter Niereninsuffizienz oder mit chronischer Niereninsuffizienz mit Dialyse oder transurethrale Injektion bei Ostiuminsuffizienz	0,759	-	3,9	1	0,178	9	0,063	0,071	-	-	0,8656
L03Z	O	Bestimmte Nieren-, Ureter- und große Harnblaseneingriffe bei Neubildung, Alter < 19 Jahre oder mit äußerst schweren CC oder bestimmter Kombinationseingriff, ohne großen Eingriff am Darm	3,877	-	16,9	5	0,310	31	0,165	0,104	-	-	1,0535
L04A	O	Bestimmte komplexe Nieren-, Ureter- und große Harnblaseneingriffe außer bei Neubildung, ohne äußerst schwere CC, ohne Kombinationseingriff oder bestimmte Harnblaseneingriffe oder Alter < 16 Jahre	1,920	-	7,5	2	0,231	15	0,064	0,076	-	-	0,8646
L04B	O	Andere Nieren-, Ureter- und große Harnblaseneingriffe außer bei Neubildung, ohne äußerst schwere CC, ohne Kombinationseingriff, ohne bestimmte Harnblaseneingriffe oder Exzision und Resektion von retroperitonealem Gewebe, Alter > 15 Jahre	1,469	-	6,4	1	0,260	13	0,056	0,072	-	-	0,7357
L06A	O	Bestimmte kleine Eingriffe an den Harnorganen mit äußerst schweren CC	2,611	-	17,8	5	0,303	35	0,073	0,096	-	-	1,0491
L06B	O	Kleine Eingriffe an den Harnorganen ohne äußerst schwere CC oder ohne bestimmte Prozeduren oder Alter < 16 Jahre	0,964	-	5,8	1	0,449	13	0,062	0,075	-	-	0,7853
L06C	O	Andere kleine Eingriffe an den Harnorganen, Alter > 15 Jahre	0,603	-	2,9	1	0,148	7	0,068	0,071	-	-	0,8935
L07Z	O	Andere Nieren-, Ureter-, Prostata- und große Harnblaseneingriffe bei Neubildung, Alter < 19 Jahre oder mit äußerst schweren CC oder anderer Kombinationseingriff oder bestimmte Zystektomien, ohne großen Eingriff am Darm oder komplexe Harnblasenplastik	3,429	-	16,0	4	0,361	31	0,077	0,106	-	-	1,0483
L08Z	O	Komplexe Eingriffe an der Urethra oder Ureter	1,229	-	5,2	1	0,202	11	0,063	0,099	-	-	0,9136
L09A	O	And. Eingr. bei Erkr. der Harnorg. mit Anl. Dialyseshunt bei akut. Nierenins. od. bei chron. Nierenins. mit Dialyse od. auß. Anl. Dialyseshunt, m. Kalziphylaxie od. best. Laparotomie od. m. kompl. OR-Proz. od. kompl. Eingr., Alt. < 2 J. od. äuß. schw. CC	3,900	-	22,2	6	0,366	40	0,075	0,111	-	-	1,0532
L09B	O	Andere Eingriffe bei Erkrankungen der Harnorgane mit Anlage Dialyseshunt bei akuter Niereninsuffizienz od. bei chronischer Niereninsuff. mit Dialyse od. außer Anlage Dialyseshunt, m. Kalziphylaxie od. best. Laparotomie, Alter > 1 Jahr, ohne äuß. schw. CC	1,817	-	12,9	3	0,266	28	0,058	0,077	-	-	0,7738
L09C	O	Andere Eingriffe bei Erkrankungen der Harnorgane auß. Anlage Dialyseshunt, ohne Kalziphylaxie, ohne best. Laparotomie, ohne best. Eingriff an Präputium od. Nebenschilddrüse, Alter < 2 J. od. mit äuß. schw. CC, ohne kompl. OR-Proz., ohne kompl. Eingriff	2,640	-	21,6	6	0,313	40	0,073	0,098	-	-	1,0228
L09D	O	Andere Eingriffe bei Erkrankungen der Harnorgane ohne Anlage eines Dialyseshunts bei akuter Niereninsuffizienz od. bei chronischer Niereninsuffizienz mit Dialyse, ohne Kalziphylaxie, ohne best. Laparotomie, mit best. anderen Eingriff od. Alter < 18 Jahre	1,440	-	8,1	2	0,269	19	0,073	0,084	-	-	0,7968
L09E	O	Andere Eingriffe bei Erkrankungen der Harnorgane ohne Anlage eines Dialyseshunts bei akuter Niereninsuffizienz oder bei chron. Niereninsuff. mit Dialyse, ohne Kalziphylaxie, ohne best. Laparotomie, ohne bestimmten anderen Eingriff, Alter > 17 Jahre	0,779	-	3,6	1	0,191	10	0,063	0,071	-	-	0,7776
L10Z	O	Blasenrekonstruktion und kontinenter Pouch bei Neubildung ohne Multiviszeraleingriff oder Nieren-, Ureter- und große Harnblaseneingriffe bei Neubildung, Alter < 19 Jahre oder mit äußerst schweren CC oder Kombinationseingriff, mit großem Eingriff am Darm	4,498	-	20,4	6	0,324	35	0,075	0,106	-	-	0,9407

Fallpauschalen-Katalog und Pflegeerlöskatalog

Teil a) Bewertungsrelationen bei Versorgung durch Hauptabteilungen

DRG	Partition	Bezeichnung [6]	Bewertungsrelation bei Hauptabteilung	Bewertungsrelation bei Hauptabteilung und Beleghebamme	Mittlere Verweildauer [1]	Untere Grenzverweildauer: Erster Tag mit Abschlag [2), 5)]	Untere Grenzverweildauer: Bewertungsrelation/Tag	Obere Grenzverweildauer: Erster Tag zus. Entgelt [3), 5)]	Obere Grenzverweildauer: Bewertungsrelation/Tag	Externe Verlegung Abschlag/Tag (Bewertungsrelation)	Verlegungsfallpauschale	Ausnahme von Wiederaufnahme [4]	Pflegeerlös Bewertungsrelation/Tag
1	2	3	4	5	6	7	8	9	10	11	12	13	
L11Z	O	Komplexe transurethrale, perkutan-transrenale und andere retroperitoneale Eingriffe mit extrakorporaler Stoßwellenlithotripsie (ESWL), ohne äußerst schwere CC	1,498	-	6,0	1	0,442	12	0,073	0,123	-	-	0,7254
L12A	O	Strahlentherapie bei Krankheiten und Störungen der Harnorgane, mehr als ein Belegungstag, Bestrahlungen an mindestens 9 Tagen	3,317	-	24,6	7	0,399	43	0,129	0,124	-	x	0,8592
L12B	O	Strahlentherapie bei Krankheiten und Störungen der Harnorgane, mehr als ein Belegungstag, Bestrahlungen an weniger als 9 Tagen	1,202	-	10,9	3	0,271	25	0,122	0,095	-	x	0,9110
L13A	O	Nieren-, Ureter- und große Harnblaseneingriffe bei Neubildung, Alter > 18 Jahre, ohne Kombinationseingriff, mit bestimmtem Eingriff mit CC oder mit komplexem Eingriff	2,324	-	9,5	2	0,316	18	0,067	0,091	-	-	0,8056
L13B	O	Nieren-, Ureter- und große Harnblaseneingriffe bei Neubildung, Alter > 18 Jahre, ohne Kombinationseingriff, ohne CC, ohne komplexen Eingriff, mit anderem Eingriff	1,875	-	6,5	1	0,336	12	0,068	0,080	-	-	0,7965
L13C	O	Nieren-, Ureter- und große Harnblaseneingriffe bei Neubildung, Alter > 18 Jahre, ohne Kombinationseingriff, ohne äußerst schwere CC, ohne bestimmten Eingriff oder ohne CC, ohne komplexen Eingriff, ohne anderen Eingriff	0,813	-	2,9	1	0,228	6	0,073	0,106	-	-	0,7295
L16A	O	Implantation und Wechsel von Neurostimulatoren und Neurostimulationselektroden bei Krankheiten und Störungen der Harnorgane mit Implantation oder Wechsel eines Neurostimulators	1,187	-	3,0	1	0,134	7	0,063	0,067	-	-	0,7997
L16B	O	Implantation und Wechsel von Neurostimulatoren und Neurostimulationselektroden bei Krankheiten und Störungen der Harnorgane mit Implantation oder Wechsel eines permanenten Elektrodensystems	1,522	-	2,9	1	0,135	6	0,068	0,072	-	-	0,7058
L16C	O	Implantation und Wechsel von Neurostimulatoren und Neurostimulationselektroden bei Krankheiten und Störungen der Harnorgane mit Implantation oder Wechsel eines temporären Elektrodensystems	0,658	-	2,4	1	0,127	5	0,081	0,079	-	-	0,6927
L17A	O	Andere Eingriffe an der Urethra außer bei Para- / Tetraplegie, kleine Eingriffe an den Harnorganen, mit bestimmten Eingriffen an der Urethra oder Alter < 16 Jahre	0,767	-	3,8	1	0,274	9	0,091	0,072	-	-	1,2204
L17B	O	Andere Eingriffe an der Urethra außer bei Para- / Tetraplegie, kleine Eingriffe an den Harnorganen, ohne bestimmte Eingriffe an der Urethra, Alter > 15 Jahre	0,504	-	3,0	1	0,080	7	0,064	0,073	-	-	0,7191
L18A	O	Komplexe transurethrale, perkutan-transrenale und andere retroperitoneale Eingriffe mit äußerst schweren CC	2,749	-	17,3	5	0,325	34	0,075	0,104	-	-	1,0490
L18B	O	Komplexe transurethrale, perkutan-transrenale / andere retroperitoneale Eingriffe oh. ESWL, oh. äußerst schwere CC od. best. Eingriffe Niere od. transurethrale Eingriffe auß. Prostatares. u. kompl. Ureterorenoskop., b. Para-/Tetrapl., m. äuß. schw. CC	1,140	-	5,8	1	0,591	13	0,062	0,075	-	-	0,7476
L19Z	O	Transurethrale Eingriffe außer Prostataresektion und komplexe Ureterorenoskopien mit extrakorporaler Stoßwellenlithotripsie (ESWL), ohne äußerst schwere CC oder perkutane Thermo- oder Kryoablation der Niere	1,047	-	3,9	1	0,324	9	0,111	0,127	-	-	0,7054
L20A	O	Transurethrale Eingriffe außer Prostataresektion und komplexe Ureterorenoskopien oder bestimmte Eingriffe an den Harnorganen, mit äußerst schweren CC	2,122	-	15,0	4	0,294	31	0,069	0,091	-	-	0,9766
L20B	O	Transurethrale Eingriffe außer Prostataresektion und komplexe Ureterorenoskopien oder bestimmte Eingriffe an den Harnorganen, ohne äußerst schwere CC oder Alter < 16 Jahre oder Alter > 89 Jahre	0,758	-	3,0	1	0,183	7	0,076	0,082	-	-	0,7931
L20C	O	Transurethrale Eingriffe außer Prostataresektion und komplexe Ureterorenoskopien oder bestimmte Eingriffe an den Harnorganen, ohne äußerst schwere CC oder Alter > 15 Jahre oder Alter < 90 Jahre	0,581	-	3,2	1	0,135	7	0,067	0,073	-	-	0,7361
L33Z	O	Mehrzeitige komplexe OR-Prozeduren oder hochaufwendiges Implantat bei Krankheiten und Störungen der Harnorgane	6,955	-	32,1	10	0,319	50	0,191	0,107	-	-	1,2182
L36A	O	Intensivmedizinische Komplexbehandlung > 588 / 552 / 828 Aufwandspunkte bei Krankheiten und Störungen der Harnorgane	5,662	-	25,9	8	0,560	44	0,194	-	x	x	2,2665
L36B	O	Intensivmedizinische Komplexbehandlung > - / - / 552 Aufwandspunkte bei Krankheiten und Störungen der Harnorgane	4,988	-	22,4	6	0,624	38	0,136	-	x	x	2,1972
L37Z	O	Multiviszeraleingriff bei Krankheiten und Störungen der Harnorgane	4,077	-	17,6	5	0,318	30	0,076	0,103	-	-	1,0436
L38Z	O	Komplizierende Konstellation mit bestimmtem operativen Eingriff bei Krankheiten und Störungen der Harnorgane	5,659	-	26,1	8	0,427	44	0,145	0,141	-	-	1,2898
L40Z	A	Diagnostische Ureterorenoskopie	0,569	-	3,0	1	0,140	7	0,067	0,072	-	-	0,7645
L42A	A	Extrakorporale Stoßwellenlithotripsie (ESWL) bei Harnsteinen mit auxiliären Maßnahmen oder bei Para- / Tetraplegie	0,676	-	3,3	1	0,211	7	0,092	0,151	-	-	0,6541
L42B	A	Extrakorporale Stoßwellenlithotripsie (ESWL) bei Harnsteinen ohne auxiliäre Maßnahmen, außer bei Para- / Tetraplegie	0,548	-	2,9	1	0,198	6	0,109	0,116	-	-	0,7612

Fallpauschalen-Katalog und Pflegeerlöskatalog
Teil a) Bewertungsrelationen bei Versorgung durch Hauptabteilungen

DRG	Partition	Bezeichnung [6]	Bewertungsrelation bei Hauptabteilung	Bewertungsrelation bei Hauptabteilung und Beleghebamme	Mittlere Verweildauer [1]	Untere Grenzverweildauer: Erster Tag mit Abschlag [2), 5)]	Untere Grenzverweildauer: Bewertungsrelation/Tag	Obere Grenzverweildauer: Erster Tag zus. Entgelt [3), 5)]	Obere Grenzverweildauer: Bewertungsrelation/Tag	Externe Verlegung Abschlag/Tag (Bewertungsrelation)	Verlegungsfallpauschale	Ausnahme von Wiederaufnahme [4]	Pflegeerlös Bewertungsrelation/Tag
1	2	3	4	5	6	7	8	9	10	11	12	13	
L44Z	A	Geriatrische frührehabilitative Komplexbehandlung bei Krankheiten und Störungen der Harnorgane	1,514	-	21,3	-	-	33	0,051	0,066	-	-	0,8144
L60A	M	Niereninsuffizienz, mehr als ein Belegungstag, mit intensivmedizinischer Komplexbehandlung > 392 / 368 / - Aufwandspunkte oder mit Dialyse und akutem Nierenversagen und äußerst schweren CC oder mit Dialyse und komplizierenden Faktoren, Alter < 16 Jahre	2,777	-	21,9	6	0,366	40	0,092	0,114	-	x	1,4342
L60B	M	Niereninsuffizienz, mehr als ein Belegungstag, mit Dialyse und komplizierenden Faktoren oder äußerst schweren CC oder mit intensivmedizinischer Komplexbehandlung > 196 / 184 / - Aufwandspunkte, Alter > 15 Jahre	1,691	-	13,9	4	0,318	27	0,080	0,107	-	x	1,1528
L60C	M	Niereninsuffizienz, mehr als ein Belegungstag, mit Dialyse oder äußerst schweren CC oder Alter < 18 Jahre mit schweren CC, ohne intensivmedizinische Komplexbehandlung > 196 / 184 / - Aufwandspunkte	1,096	-	9,7	2	0,338	22	0,073	0,095	-	x	1,0618
L60D	M	Niereninsuffizienz, mehr als ein Belegungstag, ohne Dialyse, ohne äußerst schwere CC, Alter > 17 Jahre oder ohne schwere CC, ohne intensivmedizinische Komplexbehandlung > 196 / 184 / - Aufwandspunkte	0,630	-	6,7	1	0,300	15	0,062	0,078	-	x	0,8367
L62A	M	Neubildungen der Harnorgane mit äußerst schweren CC oder Alter < 16 Jahre mit schweren CC	1,618	-	15,0	4	0,300	30	0,071	0,090	-	x	1,0480
L62B	M	Neubildungen der Harnorgane ohne äußerst schwere CC oder Alter < 16 Jahre ohne schwere CC	0,773	-	3,7	1	0,411	8	0,202	0,134	-	x	2,0661
L62C	M	Neubildungen der Harnorgane ohne äußerst schwere CC, Alter > 15 Jahre	0,466	-	4,9	1	0,242	13	0,062	0,074	-	x	0,8973
L63A	M	Infektionen der Harnorgane mit bestimmter hochaufwendiger Behandlung oder mit äußerst schweren CC, mit Komplexbehandlung bei isolationspflichtigen Erregern	1,873	-	20,8	6	0,243	39	0,073	0,082	-	-	1,2193
L63B	M	Infektionen der Harnorgane ohne best. hochaufw. Beh., mit best. aufwendiger Beh. od. mit äußerst schw. CC, ohne Komplexbeh. bei isolationspfl. Erregern od. mit Komplexbeh. bei isolationspfl. Erregern od. bei TBC des Urogenitalsyst., ohne äußerst schw. CC	1,237	-	13,8	4	0,237	27	0,061	0,076	-	-	1,0811
L63C	M	Infektionen der Harnorgane ohne äußerst schwere CC, ohne Komplexbeh. bei isolationspflichtigen Erregern, ohne best. aufw. / hochaufw. Behandl., außer bei TBC des Urogenitalsyst., Alter < 3 Jahre oder best. schwere Infektionen oder best. mäßig aufw. Beh.	0,502	-	5,0	1	0,285	10	0,070	0,084	-	-	1,1943
L63D	M	Infektionen der Harnorgane oh. äuß. schwere CC, oh. best. mäßig aufwendige / aufwendige / hochaufw. Behandl., oh. Komplexbeh. b. isolationspfl. Erregern, oh. best. schw. Infektionen, Alter > 2 J. u. < 6 J. od. Alter < 18 J. mit schw. CC od. Alter > 89 J.	0,550	-	6,6	1	0,327	14	0,057	0,064	-	-	0,9751
L63E	M	Infektionen der Harnorgane ohne äußerst schwere CC, ohne best. mäßig aufw. / aufw. / hochaufw. Behandlung, ohne Komplexbeh. b. isolationspfl. Erregern, ohne best. schw. Infektionen, Alter > 5 und < 18 Jahre, ohne schwere CC od. Alter > 17 und < 90 Jahre	0,520	-	5,7	1	0,306	12	0,060	0,065	-	-	0,8018
L64A	M	Andere Erkrankungen der Harnorgane mit äußerst schweren oder schweren CC oder bestimmter Diagnose, mehr als ein Belegungstag oder Urethrozystoskopie, bei angeborener Fehlbildung oder BNB der Harnorgane oder Alter < 3 Jahre	0,748	-	6,1	1	0,340	15	0,083	0,072	-	-	1,2981
L64B	M	Andere Erkrankungen der Harnorgane mit äußerst schweren oder schweren CC oder bestimmter Diagnose, mehr als ein Belegungstag oder Urethrozystoskopie, außer bei angeborener Fehlbildung, außer bei BNB der Harnorgane, Alter > 2 Jahre	0,448	-	3,3	1	0,091	7	0,068	0,075	-	-	0,8089
L64C	M	Andere Erkrankungen der Harnorgane ohne äußerst schwere oder schwere CC, ohne bestimmte Diagnose oder ein Belegungstag, bestimmte Eingriffe am Ureter oder Retroperitonealfibrose oder Alter < 16 Jahre	0,371	-	2,5	1	0,100	5	0,075	0,076	-	-	0,8496
L64D	M	Andere Erkrankungen der Harnorgane ohne äußerst schwere oder schwere CC, ohne bestimmte Diagnose oder ein Belegungstag, ohne bestimmte Eingriffe am Ureter, Alter > 15 Jahre	0,282	-	2,6	1	0,095	5	0,074	0,077	-	-	0,7558
L68A	M	Andere mäßig schwere Erkrankungen der Harnorgane, Alter < 18 Jahre	0,509	-	4,1	1	0,253	10	0,081	0,091	-	-	1,1595
L68B	M	Andere mäßig schwere Erkrankungen der Harnorgane, Alter > 17 Jahre	0,391	-	4,5	1	0,188	11	0,065	0,061	-	-	0,7825
L69A	M	Andere schwere Erkrankungen der Harnorgane, mehr als ein Belegungstag, Alter < 16 Jahre	0,728	-	6,2	-	-	15	0,109	0,100	-	-	1,1851
L69B	M	Andere schwere Erkrankungen der Harnorgane, mehr als ein Belegungstag, Alter > 15 Jahre	0,773	-	7,9	2	0,245	17	0,065	0,081	-	-	0,6698
L70A	M	Krankheiten und Störungen der Harnorgane, ein Belegungstag, Alter < 6 Jahre	0,246	-	1,0	-	-	-	-	-	-	-	1,7547
L70B	M	Krankheiten und Störungen der Harnorgane, ein Belegungstag, Alter > 5 Jahre	0,211	-	1,0	-	-	-	-	-	-	-	1,1569
L71Z	M	Niereninsuffizienz, ein Belegungstag mit Dialyse	0,313	-	1,0	-	-	-	-	-	-	x	1,9618
L72Z	M	Thrombotische Mikroangiopathie oder hämolytisch-urämisches Syndrom	1,999	-	11,4	3	0,489	24	0,170	0,159	-	-	1,2442
L73Z	M	Harnblasenlähmung, mehr als ein Belegungstag	0,744	-	6,3	-	-	15	0,075	0,093	-	-	1,0471
L74Z	M	Bestimmte Krankheiten und Störungen der Harnorgane bei Para- / Tetraplegie	0,615	-	6,0	1	0,333	13	0,066	0,081	-	-	1,1312

Fallpauschalen-Katalog und Pflegeerlöskatalog
Teil a) Bewertungsrelationen bei Versorgung durch Hauptabteilungen

DRG	Partition	Bezeichnung [6]	Bewertungsrelation bei Hauptabteilung	Bewertungsrelation bei Hauptabteilung und Beleghebamme	Mittlere Verweildauer [1]	Untere Grenzverweildauer: Erster Tag mit Abschlag [2], [5]	Untere Grenzverweildauer: Bewertungsrelation/Tag	Obere Grenzverweildauer: Erster Tag zus. Entgelt [3], [5]	Obere Grenzverweildauer: Bewertungsrelation/Tag	Externe Verlegung Abschlag/Tag (Bewertungsrelation)	Verlegungsfallpauschale	Ausnahme von Wiederaufnahme [4]	Pflegeerlös Bewertungsrelation/Tag
1	2	3	4	5	6	7	8	9	10	11	12	13	
MDC 12 Krankheiten und Störungen der männlichen Geschlechtsorgane													
M01A	O	Große Eingriffe an den Beckenorganen beim Mann mit äußerst schweren CC	4,254	-	18,7	5	0,369	36	0,083	0,112	-	-	1,0759
M01B	O	Große Eingriffe an den Beckenorganen beim Mann ohne äußerst schwere CC oder bestimmte Eingriffe an den Beckenorganen beim Mann mit äußerst schweren CC	2,289	-	7,4	1	0,443	12	0,075	0,099	-	-	0,7498
M02A	O	Transurethrale Prostataresektion oder bestimmte andere Operationen an der Prostata mit äußerst schweren CC	2,284	-	16,5	4	0,306	32	0,065	0,088	-	-	0,9614
M02B	O	Transurethrale Prostataresektion oder bestimmte andere Operationen an der Prostata ohne äußerst schwere CC	0,773	-	4,3	1	0,262	9	0,060	0,072	-	-	0,7034
M03A	O	Komplexe Eingriffe am Penis, Alter < 6 Jahre oder aufwendige plastische Rekonstruktion des Penis, Alter < 18 Jahre oder totale Amputation des Penis oder partielle Amputation des Penis mit bestimmter Lymphadenektomie	1,539	-	7,0	1	0,330	15	0,094	0,082	-	-	1,2393
M03B	O	Mäßig komplexe Eingriffe am Penis, Alter < 18 Jahre, ohne aufwendige plastische Rekonstruktion des Penis, ohne totale Amputation des Penis, ohne partielle Amputation des Penis mit bestimmter Lymphadenektomie	1,170	-	4,6	1	0,250	10	0,098	0,081	-	-	1,3323
M03C	O	Eingriffe am Penis, Alter > 17 Jahre oder kleine Eingriffe an Urethra und Penis, Alter < 18 Jahre, ohne aufwendige plastische Rekonstruktion, ohne totale Amputation des Penis, ohne partielle Amputation mit bestimmter Lymphadenektomie	0,964	-	4,0	1	0,172	9	0,055	0,068	-	-	0,7207
M04A	O	Eingriffe am Hoden oder bestimmte Eingriffe an Urethra und Prostata bei bösartiger Neubildung mit äußerst schweren CC oder bei Fournier-Gangrän oder bestimmte radikale Prostatovesikulektomien oder bestimmte Lymphadenektomie	2,150	-	8,5	2	0,267	17	0,066	0,085	-	-	0,8098
M04B	O	Eingriffe am Hoden mit bestimmtem Eingriff bei Orchitis mit Abszess oder bösartiger Neubildung oder bestimmte Eingriffe am Hoden oder bestimmte Eingriffe an Urethra und Prostata bei bösartiger Neubildung	0,891	-	3,7	1	0,199	9	0,079	0,084	-	-	0,8001
M04C	O	Eingriffe am Hoden mit mäßig komplexem Eingriff, Alter < 3 Jahre oder mit schweren CC oder beidseitigem Hodenhochstand, Alter < 14 Jahre	0,768	-	2,2	1	0,161	4	0,073	0,072	-	-	1,4576
M04D	O	Eingriffe am Hoden ohne äußerst schwere CC, ohne bestimmten Eingriff, ohne mäßig komplexen Eingriff oder Alter > 2 Jahre, ohne schwere CC oder ohne beidseitigen Hodenhochstand oder Alter > 13 Jahre	0,633	-	2,7	1	0,136	6	0,062	0,065	-	-	0,8900
M05Z	O	Zirkumzision, andere Eingriffe am Penis oder großflächige Ablationen der Haut	0,532	-	3,3	1	0,129	8	0,063	0,034	-	-	0,9168
M06Z	O	Andere OR-Prozeduren an den männlichen Geschlechtsorganen oder Stanzbiopsie an der Prostata, ein Belegungstag	0,750	-	3,4	1	0,359	8	0,122	0,137	-	-	0,8959
M07Z	O	Brachytherapie bei Krankheiten und Störungen der männlichen Geschlechtsorgane, Implantation von > 10 Seeds	1,642	-	2,0	1	0,310	3	0,203	0,193	-	x	1,0512
M09A	O	OR-Prozeduren an den männlichen Geschlechtsorganen bei bösartiger Neubildung mit äußerst schweren CC oder bestimmte Eingriffe an den Beckenorganen beim Mann ohne äußerst schwere CC oder BNB des Penis	1,448	-	8,7	2	0,243	16	0,058	0,076	-	-	0,7176
M09B	O	OR-Prozeduren an den männlichen Geschlechtsorganen bei bösartiger Neubildung, ohne äußerst schwere CC, ohne BNB des Penis	0,947	-	4,4	1	0,613	10	0,066	0,100	-	-	0,7324
M10A	O	Strahlentherapie bei Krankheiten und Störungen der männlichen Geschlechtsorgane, mehr als ein Belegungstag, Bestrahlungen an mindestens 8 Tagen	3,268	-	23,9	7	0,389	42	0,130	0,124	-	x	0,7944
M10B	O	Radioligandentherapie mit Lutetium-177-PSMA-Liganden	1,577	-	2,4	1	0,787	5	0,469	0,469	-	-	1,3905
M10C	O	Strahlentherapie bei Krankheiten und Störungen der männlichen Geschlechtsorgane, mehr als ein Belegungstag, Bestrahlungen an weniger als 8 Tagen oder interstitielle Brachytherapie	0,978	-	4,9	1	0,062	15	0,091	0,109	-	x	0,8967
M11Z	O	Transurethrale Laserdestruktion und -resektion der Prostata	0,900	-	3,7	1	0,168	8	0,063	0,067	-	-	0,7885
M37Z	O	Große Eingriffe an Darm oder Harnblase bei Erkrankungen und Störungen der männlichen Geschlechtsorgane oder Eingriffe am Hoden bei Fournier-Gangrän mit äußerst schweren CC	3,492	-	19,6	6	0,259	38	0,067	0,087	-	-	1,0609
M38Z	O	Komplizierende Konstellation mit operativem Eingriff bei Krankheiten und Störungen der männlichen Geschlechtsorgane	4,424	-	16,9	5	0,520	35	0,159	0,171	-	-	1,2226
M60A	M	Bösartige Neubildungen der männlichen Geschlechtsorgane, mehr als ein Belegungstag, Alter < 11 Jahre oder mit äußerst schweren CC	1,543	-	14,9	4	0,284	30	0,070	0,091	-	x	1,0287
M60B	M	Bösartige Neubildungen der männlichen Geschlechtsorgane, ein Belegungstag oder Alter > 10 Jahre, ohne äußerst schwere CC	0,594	-	5,5	1	0,241	12	0,069	0,083	-	x	0,8641
M61Z	M	Benigne Prostatahyperplasie	0,440	-	3,6	1	0,042	8	0,069	0,057	-	-	0,7964

Fallpauschalen-Katalog und Pflegeerlöskatalog

Teil a) Bewertungsrelationen bei Versorgung durch Hauptabteilungen

DRG	Partition	Bezeichnung [6]	Bewertungsrelation bei Hauptabteilung	Bewertungsrelation bei Hauptabteilung und Beleghebamme	Mittlere Verweildauer [1]	Untere Grenzverweildauer		Obere Grenzverweildauer		Externe Verlegung Abschlag/Tag (Bewertungsrelation)	Verlegungsfallpauschale	Ausnahme von Wiederaufnahme [4]	Pflegeerlös Bewertungsrelation/Tag
						Erster Tag mit Abschlag [2], [5]	Bewertungsrelation/Tag	Erster Tag zus. Entgelt [3], [5]	Bewertungsrelation/Tag				
1	2	3	4	5	6	7	8	9	10	11	12	13	
M62Z	M	Infektion / Entzündung der männlichen Geschlechtsorgane	0,404	-	4,5	1	0,129	9	0,057	0,069	-	-	0,6903
M64Z	M	Andere Krankheiten der männlichen Geschlechtsorgane und Sterilisation beim Mann	0,356	-	3,1	1	0,160	7	0,069	0,074	-	-	0,8512
MDC 13 Krankheiten und Störungen der weiblichen Geschlechtsorgane													
N01A	O	Beckeneviszeration bei der Frau und komplexe Vulvektomie oder bestimmte Lymphadenektomie mit äußerst schweren CC, ohne komplexen Eingriff, ohne komplizierende Konstellation, mit Multiviszeraleingriff	5,971	-	19,8	6	0,430	36	0,275	0,143	-	-	1,2857
N01B	O	Beckeneviszeration bei der Frau und komplexe Vulvektomie oder bestimmte Lymphadenektomie mit äußerst schweren CC, ohne komplexen Eingriff, ohne komplizierende Konstellation, ohne Multiviszeraleingriff	4,966	-	17,7	5	0,445	33	0,099	0,142	-	-	1,1301
N01C	O	Beckeneviszeration bei der Frau und komplexe Vulvektomie oder bestimmte Lymphadenektomie mit schweren CC	3,456	-	13,3	3	0,439	24	0,092	0,123	-	-	1,0191
N01D	O	Beckeneviszeration bei der Frau und komplexe Vulvektomie oder bestimmte Lymphadenektomie ohne äußerst schwere oder schwere CC	2,605	-	8,4	2	0,354	16	0,088	0,121	-	-	0,9409
N02A	O	Eingriffe an Uterus und Adnexen oder bestimmten Hernien und große operative Eingriffe an Vagina, Zervix und Vulva bei bösartiger Neubildung oder bestimmte Eingriffe am Darm oder Rekonstruktion von Vagina und Vulva, mit äußerst schweren CC	4,194	-	20,4	6	0,361	38	0,081	0,118	-	-	1,1645
N02B	O	Eingriffe an Uterus und Adnexen oder bestimmten Hernien und große operative Eingriffe an Vagina, Zervix und Vulva bei BNB oder bestimmte Eingriffe am Darm oder Rekonstruktion von Vagina und Vulva, ohne äußerst schwere CC, mit komplexem Eingriff	2,659	-	11,0	3	0,287	22	0,076	0,097	-	-	0,9727
N02C	O	Eingriffe an Uterus und Adnexen od. best. Hernien und große operative Eingriffe an Vagina, Zervix und Vulva bei BNB od. best. Eingriffe am Darm od. Rekonstruktion von Vagina und Vulva, ohne äuß. schw. CC, ohne kompl. Eingriff, mit mäßig kompl. Eingriff	1,970	-	8,2	2	0,154	17	0,076	0,106	-	-	0,9170
N02D	O	Eingriffe an Uterus und Adnexen oder bestimmten Hernien und große operative Eingriffe an Vagina, Zervix und Vulva bei bösartiger Neubildung, ohne äußerst schwere CC, ohne komplexen Eingriff, ohne mäßig komplexen Eingriff	1,290	-	4,6	1	0,563	10	0,079	0,093	-	-	0,8377
N04Z	O	Hysterektomie außer bei bösartiger Neubildung, mit äußerst schweren oder schweren CC oder mit komplexem Eingriff	1,967	-	8,8	2	0,291	20	0,065	0,090	-	-	0,9548
N05A	O	Ovariektomien und komplexe Eingriffe an den Tubae uterinae außer bei bösartiger Neubildung, mit äußerst schweren oder schweren CC oder bestimmter Eingriff an der Harnblase	2,107	-	10,6	3	0,269	22	0,071	0,093	-	-	1,0562
N05B	O	Ovariektomien und komplexe Eingriffe an den Tubae uterinae außer bei bösartiger Neubildung, ohne äußerst schwere oder schwere CC oder anderer Eingriff an der Harnblase oder Adhäsiolyse, Alter > 15 Jahre	0,785	-	2,8	1	0,130	6	0,074	0,078	-	-	0,8354
N06Z	O	Komplexe rekonstruktive Eingriffe an den weiblichen Geschlechtsorganen oder bestimmte Embolisation an viszeralen u. anderen abdominalen Gefäßen auß. bei bösartiger Neubildung oder andere Hysterektomie auß. bei bösartiger Neubildung mit Beckenbodenplastik	1,099	-	4,2	1	0,103	8	0,069	0,085	-	-	0,8117
N07A	O	Andere Eingriffe an Uterus und Adnexen oder bestimmten Hernien außer bei bösartiger Neubildung, mit komplexer Diagnose oder bestimmte Eingriffe am Uterus oder kleine rekonstruktive Eingriffe an den weiblichen Geschlechtsorganen, mit bestimmtem Eingriff	0,861	-	3,3	1	0,177	7	0,068	0,075	-	-	0,8194
N07B	O	Andere Eingriffe an Uterus und Adnexen oder bestimmten Hernien außer bei bösartiger Neubildung, mit komplexer Diagnose oder bestimmte Eingriffe am Uterus oder kleine rekonstruktive Eingriffe an den weiblichen Geschlechtsorganen, ohne bestimmten Eingriff	0,659	-	3,4	1	0,158	7	0,063	0,070	-	-	0,7930
N08Z	O	Endoskopische Eingriffe an den weiblichen Geschlechtsorg. oder andere Eingriffe an Uterus und Adnexen oder best. Hernien auß. bei bösartiger Neubildung, ohne kompl. Diagnose oder andere kleine Eingriffe an den weiblichen Geschlechtsorg., Alter < 14 Jahre	0,961	-	4,0	1	0,366	9	0,068	0,077	-	-	0,8063
N09A	O	Brachytherapie bei Krankheiten und Störungen der weiblichen Geschlechtsorgane, ein Belegungstag	0,425	-	1,0	-	-	-	-	-	-	x	1,1278
N09B	O	Andere Eingriffe an Vagina, Zervix und Vulva, kleine Eingriffe an Blase, Uterus, Bauchwand und Peritoneum	0,585	-	3,1	1	0,161	7	0,074	0,080	-	-	1,0016
N10Z	O	Diagnostische Kürettage, Hysteroskopie, Sterilisation, Pertubation und kleine Eingriffe an Vagina und Vulva	0,521	-	2,8	1	0,157	6	0,079	0,080	-	-	1,0598
N11A	O	Andere OR-Prozeduren an den weiblichen Geschlechtsorganen mit bestimmtem Eingriff oder komplexer Diagnose mit äußerst schweren CC	2,734	-	18,3	5	0,335	36	0,077	0,104	-	-	1,0146
N11B	O	Andere OR-Prozeduren an den weiblichen Geschlechtsorganen, ohne bestimmten Eingriff, ohne komplexe Diagnose oder äußerst schwere CC	1,170	-	9,7	2	0,292	22	0,066	0,086	-	-	0,8356

Fallpauschalen-Katalog und Pflegeerlöskatalog

Teil a) Bewertungsrelationen bei Versorgung durch Hauptabteilungen

DRG	Partition	Bezeichnung [6]	Bewertungsrelation bei Hauptabteilung	Bewertungsrelation bei Hauptabteilung und Beleghebamme	Mittlere Verweildauer [1]	Untere Grenzverweildauer		Obere Grenzverweildauer		Externe Verlegung Abschlag/Tag (Bewertungsrelation)	Verlegungsfallpauschale	Ausnahme von Wiederaufnahme [4]	Pflegeerlös Bewertungsrelation/Tag
						Erster Tag mit Abschlag [2, 5]	Bewertungsrelation/Tag	Erster Tag zus. Entgelt [3, 5]	Bewertungsrelation/Tag				
1	2	3	4	5	6	7	8	9	10	11	12	13	
N13A	O	Große Eingriffe an Vagina, Zervix und Vulva auß. bei BNB od. kl. Eingriffe an Vagina/Douglasr. od. best. Eingr. an der Harnblase, Alter > 80 J. od. äuß. schw. od. schw. CC od. best. Fistelverschl. od. best. Embolis. an visz. und and. abd. Gefäßen bei BNB	1,534	-	9,2	2	0,303	22	0,069	0,089	-	-	0,9186
N13B	O	Große Eingriffe an Vagina, Zervix und Vulva außer bei BNB oder kleine Eingriffe an Vagina und Douglasraum oder best. Eingriff an der Harnblase, Alt. < 81 Jahre, oh. äußerst schwere oder schwere CC, oh. best. Fistelverschluss, mit aufwendigem Eingriff	0,840	-	3,6	1	0,289	8	0,071	0,080	-	-	0,8258
N13C	O	Große Eingriffe an Vagina, Zervix und Vulva außer bei BNB oder kleine Eingriffe an Vagina und Douglasraum oder bestimmter Eingriff an der Harnblase, Alter < 81 Jahre, ohne äuß. schw. od. schw. CC, oh. best. Fistelverschluss, ohne aufwendigen Eingriff	0,680	-	3,2	1	0,174	7	0,074	0,078	-	-	0,9461
N14Z	O	Best. Hysterektomie auß. bei BNB m. Beckenbodenpl. od. Brachytherapie b. Krankh./Stör. weibl. Geschlechtsorg., > 1 BT, m. äuß. schw. CC od. Ovariektomie u. kompl. Eingriffe an den Tubae uterinae auß. bei BNB, ohne äuß. schw. od. schw. CC, Alter < 16 J.	1,499	-	4,2	1	0,211	8	0,064	0,087	-	-	0,7908
N15Z	O	Strahlentherapie bei Krankheiten und Störungen der weiblichen Geschlechtsorgane, Bestrahlungen an mindestens 9 Tagen	3,325	-	23,8	7	0,401	42	0,142	0,129	-	x	0,7769
N16A	O	Strahlentherapie bei Krankheiten und Störungen der weiblichen Geschlechtsorgane, mehr als ein Belegungstag, Bestrahlungen an mindestens 5 Tagen	1,247	-	8,2	2	0,400	17	0,145	0,129	-	x	0,7510
N16B	O	Strahlentherapie bei Krankheiten und Störungen der weiblichen Geschlechtsorgane, mehr als ein Belegungstag, Bestrahlungen an weniger als 5 Tagen oder Brachytherapie	0,651	-	3,3	1	0,276	8	0,168	0,129	-	x	0,8500
N21A	O	Hysterektomie außer bei bösartiger Neubildung, ohne äuß. schw. oder schw. CC, ohne komplexen Eingriff, ohne Beckenbodenplastik oder subtotale und andere Hysterektomie bei bösartiger Neubildung oder komplexe Myomenukleation, mit aufwendigem Eingriff	1,174	-	3,9	1	0,205	8	0,070	0,073	-	-	0,8172
N21B	O	Hysterektomie außer bei bösartiger Neubildung, ohne äuß. schw. oder schw. CC, ohne komplexen Eingriff, ohne Beckenbodenplastik oder subtotale und andere Hysterektomie bei bösartiger Neubildung oder komplexe Myomenukleation, ohne aufwendigen Eingriff	1,025	-	3,2	1	0,276	6	0,072	0,078	-	-	0,8482
N23Z	O	Andere rekonstruktive Eingriffe an den weiblichen Geschlechtsorganen oder andere Myomenukleation	1,054	-	3,6	1	0,223	7	0,068	0,075	-	-	0,8664
N25Z	O	Andere Eingriffe an Uterus und Adnexen oder bestimmten Hernien außer bei bösartiger Neubildung, ohne komplexe Diagnose oder andere kleine Eingriffe an den weiblichen Geschlechtsorganen, Alter > 13 Jahre	0,730	-	2,7	1	0,197	6	0,075	0,078	-	-	0,9080
N33Z	O	Mehrzeitige komplexe OR-Prozeduren bei Krankheiten und Störungen der weiblichen Geschlechtsorgane	7,884	-	30,7	9	0,399	49	0,169	0,125	-	-	1,2538
N34Z	O	Große Eingriffe an Darm oder Harnblase bei Krankheiten und Störungen der weiblichen Geschlechtsorgane	4,262	-	15,7	4	0,385	29	0,089	0,114	-	-	1,1582
N38Z	O	Komplizierende Konstellation mit best. op. Eingriff bei Krankheiten u. Störungen der weibl. Geschlechtsorg. od. Beckenevisz. bei der Frau u. radikale Vulvektomie od. best. Lymphadenekt. mit äuß. schw. CC, mit kompl. Eingriff od. kompliz. Konstellation	6,978	-	26,6	8	0,426	45	0,175	0,140	-	-	1,2366
N60A	M	Bösartige Neubildung der weiblichen Geschlechtsorgane, mehr als ein Belegungstag, Alter < 19 Jahre oder äußerst schwere CC	1,529	-	14,3	4	0,282	29	0,070	0,092	-	x	1,0360
N60B	M	Bösartige Neubildung der weiblichen Geschlechtsorgane, ein Belegungstag oder Alter > 18 Jahre, ohne äußerst schwere CC	0,564	-	5,8	1	0,325	15	0,068	0,072	-	x	0,9592
N61Z	M	Infektion und Entzündung der weiblichen Geschlechtsorgane	0,359	-	4,0	1	0,114	8	0,059	0,068	-	-	0,7380
N62A	M	Menstruationsstörungen und andere Erkrankungen der weiblichen Geschlechtsorgane mit komplexer Diagnose oder Alter < 16 Jahre	0,368	-	3,2	1	0,153	7	0,071	0,079	-	-	0,9195
N62B	M	Menstruationsstörungen und andere Erkrankungen der weiblichen Geschlechtsorgane ohne komplexe Diagnose, Alter > 15 Jahre	0,269	-	2,5	1	0,111	5	0,076	0,072	-	-	0,8589

Fallpauschalen-Katalog und Pflegeerlöskatalog

Teil a) Bewertungsrelationen bei Versorgung durch Hauptabteilungen

DRG	Partition	Bezeichnung [6]	Bewertungsrelation bei Hauptabteilung	Bewertungsrelation bei Hauptabteilung und Beleghebamme	Mittlere Verweildauer [1]	Untere Grenzverweildauer: Erster Tag mit Abschlag [2), 5)]	Untere Grenzverweildauer: Bewertungsrelation/Tag	Obere Grenzverweildauer: Erster Tag zus. Entgelt [3), 5)]	Obere Grenzverweildauer: Bewertungsrelation/Tag	Externe Verlegung Abschlag/Tag (Bewertungsrelation)	Verlegungsfallpauschale	Ausnahme von Wiederaufnahme [4]	Pflegeerlös Bewertungsrelation/Tag
1	2	3	4	5	6	7	8	9	10	11	12	13	
MDC 14 Schwangerschaft, Geburt und Wochenbett													
O01A	O	Sekundäre Sectio caesarea mit mehreren komplizierenden Diagnosen, mit intrauteriner Therapie oder komplizierender Konstellation oder Sectio caesarea mit IntK > 196 / 184 / 184 Punkte	4,935	4,675	15,8	4	0,616	34	0,161	-	x	x	1,2151
O01B	O	Sectio caesarea, Schwangerschaftsd. bis 25 vollend. W. (SSW), m. mehr. kompliz. Diag., m. intraut. Ther. od. kompliz. Konstell. od. Mehrlingsschw. od. bis 33 SSW od. m. kompl. Diag., m. od. oh. kompliz. Diag. m. best. Eingriff b. Sectio od. äuß. schw. CC	2,423	2,166	16,3	4	0,271	34	0,083	0,079	-	x	0,7320
O01C	O	Sectio caesarea mit mehreren kompliz. Diag., Schwangerschaftsdauer 26 bis 33 SSW, oh. best. kompliz. Faktoren od. mit kompliz. Diag., bis 25 SSW od. mit Tamponade einer Blutung od. Thromboembolie in Gestationsperiode m. OR-Proz., oh. äuß. schw. CC	1,414	1,235	10,3	2	0,229	23	0,084	0,061	-	x	0,7000
O01D	O	Sekundäre Sectio caesarea m. mehrer. kompliz. Diagn., Schwangerschaftsdauer > 33 vollendete Wochen (SSW), oh. intraut. Ther., oh. kompliz. Konst., ohne Mehrlingsschw. od. bis 33 SSW od. m. kompl. Diag., mit od. ohne kompliz. Diag., oh. äuß. schw. CC	1,162	0,985	6,1	1	0,215	12	0,047	0,058	-	x	0,6806
O01E	O	Primäre Sectio caesarea ohne äuß. schwere CC, mit komplizierender oder komplexer Diagnose oder Schwangerschaftsdauer bis 33 vollendete Wochen (SSW) oder sekundäre Sectio caesarea, ohne komplexe Diagnose, Schwangerschaftsdauer > 33 vollendete Wochen	0,979	0,805	4,4	1	0,179	9	0,049	0,057	-	x	0,7111
O01F	O	Primäre Sectio caesarea ohne komplexe Diagnose, Schwangerschaftsdauer mehr als 33 vollendete Wochen (SSW)	0,781	0,685	3,3	1	0,137	6	0,053	0,058	-	x	0,7824
O02A	O	Vaginale Entbindung mit komplizierender OR-Prozedur, Schwangerschaftsdauer bis 33 vollendete Wochen oder mit intrauteriner Therapie oder komplizierende Konstellation oder bestimmtem Eingriff oder komplizierender Diagnose oder mit äußerst schweren CC	1,218	1,019	5,9	1	0,623	15	0,062	0,073	-	x	0,8517
O02B	O	Vaginale Entbindung mit komplizierender OR-Prozedur, Schwangerschaftsdauer mehr als 33 vollendete Wochen, ohne intrauterine Therapie, ohne komplizierende Konstellation, ohne bestimmten Eingriff, ohne komplizierende Diagnose, ohne äußerst schwere CC	0,839	0,645	3,6	1	0,247	7	0,053	0,059	-	x	0,7271
O03Z	O	Eingriffe bei Extrauteringravidität	0,701	0,700	2,6	1	0,145	5	0,076	0,078	-	x	0,8766
O04A	O	Stationäre Aufnahme nach Entbindung oder Abort mit OR-Prozedur oder bestimmtem Eingriff an der Mamma mit komplexem Eingriff	1,458	1,451	6,5	1	0,354	16	0,076	0,094	-	x	1,0365
O04B	O	Stationäre Aufnahme nach Entbindung oder Abort mit OR-Prozedur oder bestimmtem Eingriff an der Mamma, ohne komplexen Eingriff	0,629	0,617	4,0	1	0,233	9	0,065	0,074	-	x	0,8277
O04C	O	Stationäre Aufnahme nach Entbindung mit kleinem Eingriff an Uterus, Vagina, Perianalregion und Bauchwand oder Abort mit Dilatation und Kürettage, Aspirationskürettage oder Hysterotomie oder bestimmte Amnionpunktion	0,478	0,473	2,6	1	0,142	5	0,069	0,075	-	x	0,9101
O05A	O	Bestimmte OR-Prozeduren in der Schwangerschaft mit intrauterinem operativen Verschluss des offenen Rückens	2,536	2,499	7,3	1	0,338	13	0,065	0,082	-	x	0,7194
O05B	O	Cerclage und Muttermundverschluss oder komplexe OR-Prozedur oder bestimmte intrauterine Operation am Feten, mehr als ein Belegungstag	0,789	0,764	5,9	1	0,207	16	0,048	0,061	-	x	0,6625
O05C	O	Bestimmte OR-Prozeduren in der Schwangerschaft, ein Belegungstag oder ohne Cerclage, ohne Muttermundverschluss, ohne komplexe OR-Prozedur, ohne bestimmte intrauterine Operation am Feten, mit fetoskopischer Hochfrequenzablation von Gefäßen	0,731	0,707	4,3	1	0,272	10	0,062	0,051	-	x	0,7807
O05D	O	Bestimmte OR-Prozeduren in der Schwangerschaft, ein Belegungstag oder ohne Cerclage, Muttermundverschluss, komplexe OR-Prozedur und bestimmte intrauterine Operation am Feten, mit wenig aufwendigem Eingriff oder intrauterine Therapie des Feten	0,569	0,552	3,3	1	0,239	7	0,070	0,077	-	x	0,7503
O60A	M	Vaginale Entbindung mit mehreren komplizierenden Diagnosen, mindestens eine schwer oder Maßnahmen bei postpart. Blutung, bis 19 vollendete SSW oder mit komplizierender Prozedur oder schwere oder mäßig schwere kompliz. Diagnose bis 33 vollendete SSW	1,866	1,645	24,7	7	0,174	42	0,061	0,054	-	x	0,5800
O60B	M	Vaginale Entbindung mit mehr. kompliz. Diag., mind. eine schwer od. Maßn. bei postpart. Blutung, > 19 vollend. SSW, oh. kompliz. Proz. od. Thromboemb. während der Gestationsp. oh. OR-Proz. od. schwere od. mäßig schwere kompliz. Diag. bis 33 vollend. SSW	0,728	0,564	4,6	1	0,263	10	0,047	0,055	-	x	0,6664
O60C	M	Vaginale Entbindung mit schwerer oder mäßig schwerer komplizierender Diagnose oder Schwangerschaftsdauer bis 33 vollendete Wochen oder Alter < 18 Jahre	0,645	0,465	3,7	1	0,190	7	0,047	0,053	-	x	0,6479
O60D	M	Vaginale Entbindung ohne komplizierende Diagnose, Schwangerschaftsdauer mehr als 33 vollendete Wochen, Alter > 17 Jahre	0,542	0,389	3,0	1	0,181	6	0,051	0,055	-	x	0,6808
O61Z	M	Stationäre Aufnahme nach Entbindung oder Abort ohne OR-Prozedur, ohne bestimmten Eingriff an der Mamma	0,303	0,296	3,4	1	0,123	7	0,055	0,093	-	x	0,7280
O63Z	M	Abort ohne Dilatation und Kürettage, Aspirationskürettage oder Hysterotomie	0,275	0,266	2,5	1	0,111	5	0,070	0,049	-	x	0,8326

Fallpauschalen-Katalog und Pflegeerlöskatalog
Teil a) Bewertungsrelationen bei Versorgung durch Hauptabteilungen

DRG	Partition	Bezeichnung [6]	Bewertungsrelation bei Hauptabteilung	Bewertungsrelation bei Hauptabteilung und Beleghebamme	Mittlere Verweildauer [1]	Untere Grenzverweildauer		Obere Grenzverweildauer		Externe Verlegung Abschlag/Tag (Bewertungsrelation)	Verlegungsfallpauschale	Ausnahme von Wiederaufnahme [4]	Pflegeerlös Bewertungsrelation/Tag
						Erster Tag mit Abschlag [2), 5)]	Bewertungsrelation/Tag	Erster Tag zus. Entgelt [3), 5)]	Bewertungsrelation/Tag				
1	2	3	4	5	6	7	8	9	10	11	12	13	
O65A	M	Andere vorgeburtliche stationäre Aufnahme mit Komplexbehandlung bei isolationspflichtigen Erregern, COVID-19, Virus nachgewiesen	0,580	0,568	7,4	1	0,263	16	0,045	0,058	-	x	0,7235
O65B	M	Andere vorgeburtliche stationäre Aufnahme mit äußerst schweren oder schweren CC oder komplexer Diagnose oder komplizierendem Eingriff oder ein Belegungstag	0,389	0,354	3,5	1	0,220	8	0,053	0,060	-	x	0,7603
O65C	M	Andere vorgeburtliche stationäre Aufnahme ohne äußerst schwere oder schwere CC, ohne komplexe Diagnose, ohne komplizierenden Eingriff, mehr als ein Belegungstag	0,329	0,303	3,6	-	-	9	0,050	0,058	-	x	0,6490
MDC 15 Neugeborene													
P01Z	O	Neugeborenes, verstorben < 5 Tage nach Aufnahme mit signifikanter OR-Prozedur	2,199	-	2,9	-	-	-	-	-	x	x	5,5243
P02A	O	Kardiothorakale oder Gefäßeingriffe mit Beatmung > 480 Stunden oder bestimmte Eingriffe bei angeborenen Fehlbildungen mit Beatmung > 899 Stunden	21,503	-	56,1	18	0,852	74	0,338	-	x	x	4,0656
P02B	O	Kardiothorakale oder Gefäßeingriffe bei Neugeborenen, Beatmung > 180 und < 481 Stunden oder bestimmte Eingriffe bei angeborenen Fehlbildungen, Beatmung > 180 und < 900 Stunden oder Eingriff bei univentrikulärem Herzen, Beatmung < 481 Stunden	11,153	-	29,9	9	0,766	48	0,269	-	x	x	3,3639
P02C	O	Kardiothorakale oder Gefäßeingriffe bei Neugeborenen ohne Eingriff bei univentrikulärem Herzen oder bestimmte Eingriffe bei angeborenen Fehlbildungen, ohne Beatmung > 180 Stunden	7,040	-	17,8	5	0,719	30	0,273	0,229	-	x	2,8760
P03A	O	Aufnahmegewicht 1000 - 1499 g, mehrere schwere Probleme mit signifikanter OR-Prozedur oder mehrzeitige komplexe OR-Prozeduren, mit Beatmung > 479 Stunden oder mehrere schwere Probleme ohne signifikante OR-Prozedur mit Beatmung > 599 Stunden	12,670	-	60,4	19	0,623	78	0,216	-	x	x	3,5909
P03B	O	Aufnahmegewicht 1000 - 1499 g mit sig. OR-Prozedur oder Beat. > 120 Std., oh. Beat. > 599 Std. oder oh. mehrere schwere Probleme, oh. Beat. > 479 Std. oder oh. mehrere schwere Probleme oder oh. sig. OR-Prozedur oder oh. mehrzeitige komplexe OR-Prozedur	8,094	-	46,1	14	0,534	64	0,169	-	x	x	2,9399
P04A	O	Aufnahmegewicht 1500 - 1999 g, mehrere schwere Probleme mit sig. OR-Prozedur oder mehrz. kompl. OR-Prozeduren, mit Beatmung > 240 Std. oder mehrere schwere Probleme mit Beatmung > 320 Std. oder temporärer Verschluss eines Bauchwanddefektes	12,039	-	46,8	15	0,715	65	0,230	-	x	x	3,4349
P04B	O	Aufnahmegew. 1500 - 1999 g, sig. OR-Proz. od. Beat. > 120 Std., oh. meh. schw. Probl. od. oh. Beat. > 320 Std., oh. mehrz. kompl. OR-Proz. od. oh. Beat. > 240 Std., oh. sig. OR-Proz. od. oh. Beat. > 240 Std., oh. temp. Verschluss BW-Defekt	5,342	-	30,8	9	0,526	49	0,173	-	x	x	2,7559
P05A	O	Aufnahmegewicht 2000 - 2499 g mit sig. OR-Prozedur oder Beatmung > 95 Stunden, mit mehreren schweren Problemen oder temporärem Verschluss eines Bauchwanddefektes, mit Beatmung > 275 Stunden oder mit mehrzeitigen komplexen OR-Prozeduren	12,306	-	42,0	13	0,818	60	0,235	-	x	x	3,4496
P05B	O	Aufnahmegewicht 2000 - 2499 g mit signifikanter OR-Prozedur oder Beatmung > 95 Stunden, mit mehreren schweren Problemen oder temporärem Verschluss eines Bauchwanddefektes, ohne Beatmung > 275 Stunden, ohne mehrzeitige komplexe OR-Prozeduren	4,819	-	21,8	6	0,617	39	0,199	-	x	x	2,7660
P05C	O	Aufnahmegewicht 2000 - 2499 g mit signifikanter OR-Prozedur oder Beatmung > 95 Stunden, ohne mehrere schwere Probleme, ohne mehrzeitige komplexe OR-Prozeduren, ohne temporären Verschluss eines Bauchwanddefektes	3,298	-	19,6	6	0,444	35	0,173	0,147	-	x	2,7780
P06A	O	Neugeborenes, Aufnahmegewicht > 2499 g, sig. OR-Proz. oder Beatmung > 95 Std., best. mehrere schwere Probleme mit sig. OR-Proz. oder mit Beatmung > 120 Std. oder best. aufwendige OR-Proz., mit Beatmung > 240 Std. oder mehrz. kompl. OR-Proz. oder Dialyse	8,648	-	31,6	10	0,696	50	0,271	-	x	x	3,5193
P06B	O	Neugeborenes, Aufnahmegewicht > 2499 g, sig. OR-Proz. oder Beatmung > 95 Std., mehrere schwere Probleme mit sig. OR-Proz. od. mit Beatmung > 120 Std. od. best. aufwendige OR-Proz., oder mit Beatmung > 240 Std. oder mehrz. kompl. OR-Proz. oder Dialyse	4,175	-	17,0	5	0,580	33	0,205	-	x	x	2,8073
P06C	O	Neugeborenes, Aufnahmegewicht > 2499 g mit signifikanter OR-Prozedur oder Beatmung > 95 Stunden, ohne mehrere schwere Probleme oder ohne sig. OR-Prozedur oder ohne Beatmung > 120 Std., ohne bestimmte aufwendige OR-Prozeduren	2,590	-	11,7	3	0,572	23	0,191	-	x	x	2,8779
P60A	M	Neugeborenes, verstorben < 5 Tage nach Aufnahme ohne signifikante OR-Prozedur	0,435	-	1,4	-	-	-	-	-	x	x	3,1557
P60B	M	Neugeborenes, verlegt < 5 Tage nach Aufnahme ohne signifikante OR-Prozedur, zuverlegt oder Beatmung > 24 Stunden	0,405	-	1,8	-	-	-	-	-	x	x	2,9071
P60C	M	Neugeborenes, verlegt < 5 Tage nach Aufnahme ohne signifikante OR-Prozedur, nicht zuverlegt, ohne Beatmung > 24 Stunden (Mindestverweildauer 24 Stunden für das Krankenhaus, in dem die Geburt stattfindet)	0,196	-	1,9	-	-	-	-	-	x	x	1,0124
P61A	M	Neugeborenes, Aufnahmegewicht < 600 g mit signifikanter OR-Prozedur	32,963	-	128,3	42	0,723	146	0,275	0,240	-	x	4,0778
P61B	M	Neugeborenes, Aufnahmegewicht < 600 g ohne signifikante OR-Prozedur	21,239	-	90,6	29	0,704	109	0,242	0,228	-	x	3,9490
P61C	M	Neugeborenes, Aufnahmegewicht 600 - 749 g mit signifikanter OR-Prozedur	25,053	-	103,4	33	0,703	121	0,236	0,228	-	x	3,8735

Fallpauschalen-Katalog und Pflegeerlöskatalog
Teil a) Bewertungsrelationen bei Versorgung durch Hauptabteilungen

DRG	Partition	Bezeichnung [6]	Bewertungsrelation bei Hauptabteilung	Bewertungsrelation bei Hauptabteilung und Beleghebamme	Mittlere Verweildauer [1]	Untere Grenzverweildauer: Erster Tag mit Abschlag [2], [5]	Untere Grenzverweildauer: Bewertungsrelation/Tag	Obere Grenzverweildauer: Erster Tag zus. Entgelt [3], [5]	Obere Grenzverweildauer: Bewertungsrelation/Tag	Externe Verlegung Abschlag/Tag (Bewertungsrelation)	Verlegungsfallpauschale	Ausnahme von Wiederaufnahme [4]	Pflegeerlös Bewertungsrelation/Tag
1	2	3	4	5	6	7	8	9	10	11	12	13	
P61D	M	Neugeborenes, Aufnahmegewicht 600 - 749 g ohne signifikante OR-Prozedur	18,476	-	85,7	28	0,631	104	0,219	0,210	-	x	3,8899
P61E	M	Neugeborenes, Aufnahmegewicht < 750 g, verstorben < 29 Tage nach Aufnahme	3,978	-	11,6	-	-	24	0,329	-	x	x	5,4838
P62A	M	Aufnahmegewicht 750 - 999 g mit signifikanter OR-Prozedur	17,793	-	76,4	24	0,672	94	0,250	0,216	-	x	3,4905
P62B	M	Aufnahmegewicht 750 - 874 g ohne signifikante OR-Prozedur	14,224	-	70,9	23	0,588	89	0,215	0,195	-	x	3,3999
P62C	M	Aufnahmegewicht 875 - 999 g ohne signifikante OR-Prozedur	11,835	-	62,2	20	0,563	80	0,189	0,186	-	x	3,0915
P62D	M	Aufnahmegewicht 750 - 999 g, verstorben < 29 Tage nach Aufnahme	8,719	-	25,0	-	-	32	0,327	-	x	x	6,2323
P63Z	M	Aufnahmegewicht 1000 - 1249 g ohne signifikante OR-Prozedur, ohne Beatmung > 120 Stunden	5,442	-	37,2	11	0,453	55	0,151	0,141	-	x	2,2101
P64Z	M	Aufnahmegewicht 1250 - 1499 g ohne signifikante OR-Prozedur, ohne Beatmung > 120 Stunden	3,962	-	28,5	9	0,395	46	0,132	0,133	-	x	2,0957
P65A	M	Aufnahmegewicht 1500 - 1999 g ohne signifikante OR-Prozedur, ohne Beatmung > 120 Stunden, mit mehreren schweren Problemen oder Beatmung > 95 Stunden	3,963	-	27,6	8	0,441	43	0,150	0,138	-	x	2,2410
P65B	M	Aufnahmegewicht 1500 - 1999 g ohne signifikante OR-Prozedur, ohne Beatmung > 95 Stunden, mit schwerem Problem	3,040	-	22,7	7	0,379	38	0,132	0,127	-	x	2,0521
P65C	M	Aufnahmegewicht 1500 - 1999 g ohne signifikante OR-Prozedur, ohne Beatmung > 120 Stunden, mit anderem Problem	1,902	-	16,0	4	0,383	29	0,117	0,114	-	x	1,9163
P65D	M	Aufnahmegewicht 1500 - 1999 g ohne signifikante OR-Prozedur, ohne Beatmung > 120 Stunden, ohne Problem	0,944	-	8,8	2	0,309	19	0,070	0,099	-	x	1,7049
P66A	M	Neugeborenes ohne sign. OR-Prozedur, ohne Beatmung > 95 Std., Aufnahmegew. 2000 - 2499 g mit mehr. schw. Probl. oder Krampfanfall mit best. diag. Maßnahmen oder Beatmung > 48 Std. od. Aufnahmegew. > 2499 g, m. mehr. schw. Probl., m. Hypothermiebehandlung	2,630	-	16,3	4	0,533	31	0,150	0,152	-	x	2,3103
P66B	M	Aufnahmegewicht 2000 - 2499 g ohne signifikante OR-Prozedur, ohne Beatmung > 95 Stunden, mit schwerem Problem, ohne Krampfanfall mit bestimmten diagnostischen Maßnahmen, ohne Beatmung > 48 Stunden	1,727	-	12,8	3	0,433	26	0,132	0,122	-	x	2,0073
P66C	M	Aufnahmegewicht 2000 - 2499 g ohne signifikante OR-Prozedur, ohne Beatmung > 95 Stunden, mit anderem Problem	1,051	-	9,2	2	0,350	20	0,111	0,104	-	x	1,7797
P66D	M	Aufnahmegewicht 2000 - 2499 g ohne signifikante OR-Prozedur, ohne Beatmung > 95 Stunden, ohne Problem	0,233	-	3,4	1	0,107	7	0,049	0,053	-	x	0,8268
P67A	M	Neugeborenes, Aufnahmegewicht > 2499 g ohne signifikante OR-Prozedur, ohne Beatmung > 95 Stunden, mit mehreren schweren Problemen oder mit Hypothermiebehandlung oder Krampfanfall mit bestimmten diagnostischen Maßnahmen oder Beatmung > 24 Stunden	1,484	-	7,9	2	0,487	18	0,163	-	x	x	2,4565
P67B	M	Neugeborenes, Aufnahmegew. > 2499 g mit schw. Prob., oh. Hypothermiebeh., oh. Krampfanfall mit best. diag. Maßnah., oh. Beatmung > 24 Std. od. mit anderem Prob., mehr als ein Belegungstag, neugeb. Mehrling od. mit bestimmter aufwendiger Prozedur	0,686	-	5,3	1	0,419	11	0,124	0,110	-	x	1,8026
P67C	M	Neugeborenes, Aufnahmegew. > 2499 g oh. sig. OR-Proz., oh. Beatmung > 95 Std., ohne schw. Prob., anderes Problem und mehr als ein Belegungstag oder nicht signifikante OR-Prozedur, ohne Mehrling, ohne bestimmte aufwendige Prozeduren	0,440	-	4,2	1	0,219	9	0,074	0,082	-	x	1,4454
P67D	M	Neugeborenes, Aufnahmegewicht > 1999 g ohne OR-Prozedur, ohne Beatmung > 95 Stunden, ohne schweres Problem, ohne anderes Problem oder ein Belegungstag, mit bestimmter Prozedur oder best. Diagnose beim Neugeborenen oder neugeborener Mehrling	0,245	-	3,6	1	0,052	7	0,045	0,049	-	x	0,7419
P67E	M	Neugeborener Einling, Aufnahmegewicht > 2499 g ohne OR-Prozedur, ohne Beatmung > 95 Stunden, ohne schweres Problem, ohne anderes Problem oder ein Belegungstag, ohne bestimmte Prozedur ohne bestimmte Diagnosen beim Neugeborenen	0,169	-	2,8	1	0,080	5	0,043	0,043	-	x	0,6036
MDC 16 Krankheiten des Blutes, der blutbildenden Organe und des Immunsystems													
Q01Z	O	Eingriffe an der Milz	2,149	-	9,1	2	0,392	19	0,094	0,121	-	-	1,1826
Q02A	O	Verschiedene OR-Prozeduren bei Krankheiten des Blutes, der blutbildenden Organe und des Immunsystems mit äußerst schweren CC oder bestimmter hochaufwendiger Behandlung	3,545	-	23,8	7	0,328	42	0,077	0,105	-	-	1,0448
Q02B	O	Verschiedene OR-Prozeduren bei Krankheiten des Blutes, der blutbildenden Organe u. des Immunsystems oh. äußerst schwere CC, Alter < 6 J. od. best. Exzisionen u. Resektionen Mediastinum od. Thymus od. mit best. mäßig aufwendiger / aufwendiger Behandlung	1,574	-	5,7	1	0,348	13	0,120	0,103	-	-	1,2158
Q02C	O	Verschiedene OR-Prozeduren bei Krankheiten des Blutes, der blutbildenden Organe u. des Immunsystems oh. äußerst schwere CC, Alter > 5 Jahre, oh. bestimmte Exzisionen u. Resektionen Mediastinum od. Thymus, oh. best. aufwendige / hochaufwendige Behandlung	1,242	-	7,9	2	0,164	18	0,062	0,083	-	-	0,7364

Fallpauschalen-Katalog und Pflegeerlöskatalog
Teil a) Bewertungsrelationen bei Versorgung durch Hauptabteilungen

DRG	Partition	Bezeichnung [6]	Bewertungsrelation bei Hauptabteilung	Bewertungsrelation bei Hauptabteilung und Beleghebamme	Mittlere Verweildauer [1]	Untere Grenzverweildauer: Erster Tag mit Abschlag [2), 5)]	Untere Grenzverweildauer: Bewertungsrelation/Tag	Obere Grenzverweildauer: Erster Tag zus. Entgelt [3), 5)]	Obere Grenzverweildauer: Bewertungsrelation/Tag	Externe Verlegung Abschlag/Tag (Bewertungsrelation)	Verlegungsfallpauschale	Ausnahme von Wiederaufnahme [4]	Pflegeerlös Bewertungsrelation/Tag
1	2	3	4	5	6	7	8	9	10	11	12	13	
Q03A	O	Kleine Eingriffe bei Krankheiten des Blutes, der blutbildenden Organe und des Immunsystems, Alter < 10 Jahre	0,980	-	4,2	1	0,282	9	0,118	0,125	-	-	1,2235
Q03B	O	Kleine Eingriffe bei Krankheiten des Blutes, der blutbildenden Organe und des Immunsystems, Alter > 9 Jahre	0,728	-	3,4	1	0,255	8	0,086	0,095	-	-	0,7117
Q60A	M	Erkrankungen des retikuloendothelialen Systems, des Immunsystems und Gerinnungsstörungen mit komplexer Diagnose oder äußerst schweren oder schweren CC, mit bestimmter Milzverletzung oder Granulozytenstörung, Alter < 16 Jahre	1,163	-	6,9	1	0,556	15	0,160	0,140	-	-	1,5875
Q60B	M	Erkrankungen des retikuloendothelialen Systems, des Immunsystems und Gerinnungsstörungen mit kompl. Diagnose oder äußerst schweren oder schweren CC, oh. Granulozytenstörung, Alter < 1 Jahr oder Alter < 16 Jahre mit äußerst schweren CC	0,726	-	4,7	1	0,336	12	0,142	0,109	-	-	1,7996
Q60C	M	Erkrankungen des retikuloendothelialen Systems, des Immunsystems und Gerinnungsstörungen mit komplexer Diagnose oder äußerst schweren oder schweren CC, ohne Granulozytenstörung oder Alter > 15 Jahre oder ohne äußerst schwere CC	0,631	-	6,1	1	0,408	15	0,070	0,086	-	-	0,8033
Q60D	M	Erkrankungen des retikuloendothelialen Systems, des Immunsystems und Gerinnungsstörungen ohne komplexe Diagnose, ohne äußerst schwere oder schwere CC	0,446	-	4,0	1	0,236	9	0,072	0,081	-	-	0,8853
Q61A	M	Andere Erkrankungen der Erythrozyten mit äußerst schweren CC	1,505	-	15,1	4	0,271	30	0,063	0,083	-	-	0,9276
Q61B	M	Andere Erkrankungen der Erythrozyten, ohne äußerst schwere CC	0,617	-	5,1	1	0,367	11	0,067	0,080	-	-	0,7521
Q62Z	M	Andere Anämie	0,842	-	6,8	1	0,619	16	0,081	0,102	-	-	0,9905
Q63A	M	Aplastische Anämie, Alter < 16 Jahre oder bestimmte Anämie	1,336	-	9,0	2	0,417	20	0,154	0,126	-	-	1,4744
Q63B	M	Aplastische Anämie, Alter > 15 Jahre, ohne bestimmte Anämie	0,780	-	6,8	1	0,544	17	0,077	0,096	-	-	0,8586
MDC 17 Hämatologische und solide Neubildungen													
R01A	O	Lymphom und Leukämie mit großen OR-Prozeduren, mit äußerst schweren CC, mit komplexer OR-Prozedur	3,967	-	19,8	6	0,360	37	0,148	0,121	-	-	1,1841
R01B	O	Lymphom und Leukämie mit großen OR-Prozeduren, mit äußerst schweren CC, ohne komplexe OR-Prozedur oder ohne äußerst schwere CC, mit aufwendigem Eingriff an Wirbelsäule oder Gehirn	3,548	-	14,8	4	0,345	29	0,128	0,109	-	-	0,8183
R01C	O	Lymphom und Leukämie mit großen OR-Prozeduren, ohne äußerst schwere CC, mit komplexer OR-Prozedur, ohne aufwendigen Eingriff an Wirbelsäule oder Gehirn	2,496	-	11,0	3	0,368	25	0,122	0,123	-	-	0,9386
R01D	O	Lymphom und Leukämie mit großen OR-Prozeduren, ohne äußerst schwere CC, ohne komplexe OR-Prozedur	1,602	-	7,9	2	0,300	18	0,077	0,102	-	-	0,7387
R02Z	O	Große OR-Prozeduren mit äußerst schweren CC, mit komplexer OR-Prozedur bei hämatologischen und soliden Neubildungen	5,594	-	28,1	8	0,431	46	0,152	0,132	-	-	1,1791
R03Z	O	Lymphom und Leukämie mit bestimmter OR-Prozedur, mit äußerst schweren CC oder mit bestimmter OR-Prozedur mit schweren CC oder mit anderen OR-Prozeduren mit äußerst schweren CC, Alter < 16 Jahre	3,882	-	23,0	7	0,377	41	0,131	0,124	-	-	1,0386
R04A	O	Andere hämatologische und solide Neubildungen mit bestimmter OR-Prozedur, mit äußerst schweren oder schweren CC	2,465	-	15,5	4	0,355	32	0,079	0,107	-	-	0,8498
R04B	O	Andere hämatologische und solide Neubildungen mit anderer OR-Prozedur, mit äußerst schweren oder schweren CC	1,451	-	11,1	3	0,263	25	0,080	0,096	-	-	0,7309
R05Z	O	Strahlentherapie bei hämatologischen und soliden Neubildungen, Bestrahlungen an mindestens 9 Tagen oder bei akuter myeloischer Leukämie, Alter < 19 Jahre oder mit äußerst schweren CC	4,860	-	31,9	10	0,421	50	0,143	0,141	-	x	0,9047
R06Z	O	Strahlentherapie bei hämatologischen und soliden Neubildungen, Bestrahlungen an mindestens 9 Tagen oder bei akuter myeloischer Leukämie, Alter > 18 Jahre, ohne äußerst schwere CC	2,893	-	23,8	7	0,344	42	0,127	0,114	-	x	0,7701
R07A	O	Strahlentherapie bei hämatologischen und soliden Neubildungen, außer bei akuter myeloischer Leukämie, Alter < 19 Jahre oder mit äußerst schweren CC oder Bestrahlungen an mindestens 7 Tagen	1,971	-	13,7	4	0,383	27	0,140	0,131	-	x	0,8641
R07B	O	Strahlentherapie bei hämatologischen und soliden Neubildungen, außer bei akuter myeloischer Leukämie, Alter > 18 Jahre, ohne äußerst schwere CC, Bestrahlungen an weniger als 7 Tagen	0,815	-	6,0	1	0,401	16	0,140	0,120	-	x	0,7834
R11A	O	Lymphom und Leukämie mit bestimmter OR-Prozedur, mit schweren CC oder mit anderen OR-Prozeduren, mit äußerst schweren CC, Alter > 15 Jahre	2,715	-	17,8	5	0,362	33	0,086	0,115	-	-	0,8787
R11B	O	Lymphom und Leukämie mit bestimmter OR-Prozedur, ohne äußerst schwere oder schwere CC oder mit anderen OR-Prozeduren, mit schweren CC	1,274	-	5,9	1	0,636	16	0,085	0,117	-	-	0,7032
R11C	O	Lymphom und Leukämie mit anderen OR-Prozeduren ohne äußerst schwere oder schwere CC	0,809	-	3,9	1	0,306	9	0,099	0,111	-	-	0,7448

Fallpauschalen-Katalog und Pflegeerlöskatalog
Teil a) Bewertungsrelationen bei Versorgung durch Hauptabteilungen

DRG	Partition	Bezeichnung [6]	Bewertungsrelation bei Hauptabteilung	Bewertungsrelation bei Hauptabteilung und Beleghebamme	Mittlere Verweildauer [1]	Untere Grenzverweildauer: Erster Tag mit Abschlag [2), 5)]	Untere Grenzverweildauer: Bewertungsrelation/Tag	Obere Grenzverweildauer: Erster Tag zus. Entgelt [3), 5)]	Obere Grenzverweildauer: Bewertungsrelation/Tag	Externe Verlegung Abschlag/Tag (Bewertungsrelation)	Verlegungsfallpauschale	Ausnahme von Wiederaufnahme [4]	Pflegeerlös Bewertungsrelation/Tag
1	2	3	4	5	6	7	8	9	10	11	12	13	
R12A	O	Andere hämatologische und solide Neubildungen mit großen OR-Prozeduren, mit äußerst schweren CC oder komplexem Eingriff, ohne komplexe OR-Prozedur	3,492	-	15,2	4	0,366	30	0,146	0,112	-	-	1,1466
R12B	O	Andere hämatologische und solide Neubildungen mit großen OR-Prozeduren ohne äußerst schwere CC, ohne komplexen Eingriff, mit komplexer OR-Prozedur	1,949	-	7,1	1	0,451	15	0,162	0,103	-	-	0,8497
R12C	O	Andere hämatologische und solide Neubildungen mit großen OR-Prozeduren ohne äußerst schwere CC, ohne komplexen Eingriff, ohne komplexe OR-Prozedur	1,360	-	5,2	1	0,292	12	0,131	0,103	-	-	0,7916
R13A	O	Andere hämatologische und solide Neubildungen mit bestimmter OR-Prozedur, ohne äußerst schwere oder schwere CC, mit komplexer OR-Prozedur oder komplizierender Konstellation	1,215	-	5,0	1	0,293	11	0,145	0,094	-	-	0,7735
R13B	O	Andere hämatologische und solide Neubildungen mit bestimmter OR-Prozedur, ohne äußerst schwere oder schwere CC, ohne komplexe OR-Prozedur, ohne komplizierende Konstellation	1,000	-	4,4	1	0,450	10	0,123	0,088	-	-	0,7566
R14Z	O	Andere hämatologische und solide Neubildungen mit anderen OR-Prozeduren ohne äußerst schwere oder schwere CC oder Therapie mit offenen Nukliden bei hämatologischen und soliden Neubildungen, mehr als ein Belegungstag	0,741	-	3,2	1	0,294	7	0,101	0,109	-	x	0,7947
R16Z	O	Hochkomplexe Chemotherapie mit operativem Eingriff bei hämatologischen und soliden Neubildungen	4,364	-	23,3	7	0,449	41	0,185	0,148	-	-	1,1768
R60A	M	Akute myeloische Leukämie m. hochkomplexer Chemoth., Alter > 17 J. od. m. int. Chemoth. m. kompliz. Diagnose od. Dialyse od. Portimpl. od. intensivmed. Komplexbeh. > 392 / 368 / - P. od. schwerste CC od. best. kompl. Diagnostik bei Leuk., Alter < 16 J.	7,503	-	51,6	16	0,430	70	0,146	0,137	-	x	1,0022
R60B	M	Akute myeloische Leukämie mit intensiver Chemotherapie mit komplizierender Diagnose od. Dialyse od. Portimplantation od. intensivmed. Komplexbehandlung > 392 / 368 / - Aufwandspunkte od. schwerste CC od. best. kompl. Diagnostik bei Leuk., Alter > 15 J.	5,441	-	36,8	11	0,442	55	0,152	0,139	-	x	1,0588
R60C	M	Akute myel. Leukämie m. int. Chemo, äuß. schw. CC od. kompl. Diagnostik b. Leuk. od. Port od. m. mäß. kompl. Chemo m. best. kompliz. Fakt. od. m. äuß. schw. CC m. kompl. Diagnost. od. KomplBeh. isolat.pfl. Erreg. m. Dial. od. äuß. schw. od. schwerste CC	3,496	-	25,4	7	0,426	43	0,135	0,127	-	x	0,9826
R60D	M	Akute myeloische Leukämie mit intensiver Chemoth., ohne kompliz. Diagnose, ohne Dialyse, ohne Portimpl., oh. intensivmed. Komplexbeh. > 392 / 368 / - AufwP., oh. äuß. schwere CC, oh. kompl. Diagnostik b. Leukämie od. mit Dialyse od. äußerst schweren CC	1,835	-	12,4	3	0,448	28	0,139	0,135	-	x	1,0441
R60E	M	Akute myeloische Leukämie mit mäßig komplexer Chemoth., ohne komplizierende Diagnose, ohne Dialyse, ohne Portimpl., ohne äußerst schwere CC od. mit lokaler Chemoth. od. mit Komplexbeh. bei multiresistenten Erregern od. mit kompl. Diagnostik bei Leukämie	0,993	-	7,8	2	0,324	17	0,126	0,113	-	x	0,8117
R60F	M	Akute myeloische Leukämie ohne Chemotherapie, ohne Dialyse, ohne äußerst schwere CC, ohne Komplexbehandlung bei multiresistenten Erregern, ohne komplexe Diagnostik bei Leukämie	0,972	-	7,8	2	0,313	16	0,086	0,107	-	x	0,9401
R61A	M	Lymphom und nicht akute Leukämie mit Sepsis oder bestimmter komplizierender Konstellation oder mit Agranulozytose, intrakranieller Metastase oder Portimplantation, mit äuß. schw. CC, Alter > 15 Jahre, mit hochkompl. Chemotherapie oder schwersten CC	5,679	-	32,5	10	0,479	51	0,162	-	x	x	1,2400
R61B	M	Lymphom und nicht akute Leukämie mit Sepsis oder anderer kompliz. Konstell. oder mit kompl. Diagnose oder Portimpl., mit äuß. schw. CC, Alter > 15 Jahre od. mit äuß. schw. CC od. Tumorlyse-Syndrom, mit kompl. Diagnostik bei Leukämie od. mit schwersten CC	3,027	-	21,8	6	0,413	38	0,134	-	x	x	1,0156
R61C	M	Lymphom und nicht akute Leukämie ohne Sepsis, ohne komplizierende Konstellation, mit Agranulozytose oder Portimplantation oder Komplexbehandlung bei isolationspflichtigen Erregern oder komplexer Diagnostik bei Leukämie, Alter < 16 Jahre	2,732	-	12,2	3	0,580	25	0,190	0,176	-	x	1,8920
R61D	M	Lymphom u. nicht akute Leukämie m. Agranuloz., Portimpl., Komplbeh. bei isolationspfl. Erregern od. kompl. Diag. bei Leukämie, > 15 J., mit intens. Chemo od. < 18 J. od. m. äuß. schw. CC od. Blastenkrise, oh. kompl. Diag. bei Leukämie, oh. schwerste CC	1,874	-	14,4	4	0,353	29	0,123	0,114	-	x	0,9710
R61E	M	Lymph. u. nicht akute Leukämie mit best. kompliz. Faktoren, oh. äuß. schw. CC, Alt. > 17 J., oh. intensive Chemoth. od. kompl. Diag., kompliz. Proz., Alt. < 16 J. od. best. Lymph. mit best. Chemo. od. kompl. Diag., and. Komplbeh. b. isolat.pfl. Erregern	1,336	-	9,5	2	0,384	22	0,122	0,110	-	x	0,7658
R61F	M	Lymphom und nicht akute Leukämie ohne bestimmte kompliz. Faktoren, oh. äuß. schw. CC, mit kompl. Diagnose od. kompliz. Prozedur, Alter < 16 J. od. best. Lymphom mit best. Chemotherapie od. kompl. Diagnose od. andere Komplexbeh. b. isolationspfl. Erregern	1,093	-	8,2	2	0,354	18	0,129	0,115	-	x	1,0448
R61G	M	Lymphom und nicht akute Leukämie oh. best. kompliz. Faktoren, oh. äuß. schw. CC, Alter < 16 J. od. mit kompl. Diag. od. kompliz. Prozedur, Alter > 15 J., oh. best. Lymphom m. best. Chemoth., oh. kompl. Diagnose, oh. and. Komplbeh. b. isolat.pfl. Erregern	1,005	-	7,6	2	0,317	17	0,130	0,111	-	x	0,7749
R61H	M	Lymphom und nicht akute Leukämie ohne bestimmte komplizierende Faktoren, ohne äußerst schwere CC, ohne komplexe Diagnose, ohne komplizierende Prozedur, Alter > 15 Jahre	0,552	-	4,9	1	0,264	12	0,077	0,092	-	x	0,8343

Fallpauschalen-Katalog und Pflegeerlöskatalog
Teil a) Bewertungsrelationen bei Versorgung durch Hauptabteilungen

DRG	Partition	Bezeichnung [6)]	Bewertungsrelation bei Hauptabteilung	Bewertungsrelation bei Hauptabteilung und Beleghebamme	Mittlere Verweildauer [1)]	Untere Grenzverweildauer: Erster Tag mit Abschlag [2), 5)]	Untere Grenzverweildauer: Bewertungsrelation/Tag	Obere Grenzverweildauer: Erster Tag zus. Entgelt [3), 5)]	Obere Grenzverweildauer: Bewertungsrelation/Tag	Externe Verlegung Abschlag/Tag (Bewertungsrelation)	Verlegungsfallpauschale	Ausnahme von Wiederaufnahme [4)]	Pflegeerlös Bewertungsrelation/Tag
1	2	3	4	5	6	7	8	9	10	11	12	13	
R62A	M	Andere hämatologische und solide Neubildungen mit kompliz. Diagnose oder Portimplantation oder mit Knochenaffektionen oder best. Metastasen oder äußerst schweren CC oder Dialyse oder Alter < 1 Jahr, mit komplexer Diagnose oder kompliz. Konstellation	1,702	-	12,4	3	0,338	28	0,111	0,096	-	x	0,9050
R62B	M	Andere hämatologische und solide Neubildungen ohne kompliz. Diagnose, ohne Portimplantation, mit Knochenaffektionen oder bestimmten Metastasen oder äußerst schweren CC oder Dialyse oder Alter < 1 Jahr, ohne komplexe Diagnose, ohne kompliz. Konstellation	0,999	-	9,3	2	0,310	22	0,072	0,093	-	x	0,8949
R62C	M	Andere hämatologische und solide Neubildungen ohne komplizierende Diagnose, ohne Portimplantation, ohne Knochenaffektionen, ohne bestimmte Metastasen, ohne äußerst schwere CC, ohne Dialyse, Alter > 0 Jahre	0,590	-	5,3	1	0,257	14	0,071	0,085	-	x	0,7995
R63A	M	Andere akute Leukämie oder bestimmtes Lymphom mit hochkomplexer Chemotherapie, Alter > 17 Jahre	7,957	-	57,7	18	0,410	76	0,143	0,131	-	x	0,8957
R63B	M	Andere akute Leukämie oder bestimmtes Lymphom mit Chemotherapie, mit Dialyse oder Sepsis oder mit Agranulozytose oder Portimplantation, Alter < 16 Jahre oder schwerste CC	5,870	-	26,3	8	0,586	44	0,203	0,191	-	x	1,7994
R63C	M	Andere akute Leukämie mit intensiver Chemotherapie, mit Dialyse oder Sepsis oder mit Agranulozytose oder Portimplantation, mit äußerst schweren CC oder mit komplizierender Konstellation oder Alter < 16 Jahre	6,508	-	38,7	12	0,479	57	0,163	0,157	-	x	1,2122
R63D	M	Andere akute Leukämie mit intens. Chemoth. mit Dialyse od. Sepsis od. mit Agranuloz. od. Portimpl. od. mit äuß. schw. CC od. mit kompliz. Konstell. od. mit mäßig komplexer Chemoth., mit Dialyse od. Sepsis od. mit Agranuloz. od. Portimpl., Alter < 16 J.	3,193	-	17,1	5	0,476	33	0,155	0,158	-	x	1,5093
R63E	M	Andere akute Leukämie mit mäßig komplexer Chemoth., mit Dialyse oder Sepsis oder Agranulozytose oder Portimplantat. oder mit lokaler Chemoth. oder best. Agranulozytose mit äuß. schw. CC, mit Dialyse oder Sepsis oder Portimplant. oder äuß. schw. CC	2,745	-	16,7	5	0,423	32	0,154	0,143	-	x	1,2604
R63F	M	Andere akute Leukämie ohne Dialyse, ohne Sepsis, ohne Agranulozytose, ohne Portimplantation, mit mäßig komplexer od. lokaler Chemoth., mit äußerst schweren CC oder ohne Chemoth. mit Dialyse od. Sepsis od. and. Agranulozyt. od. Portimpl. od. äuß. schw. CC	1,812	-	11,1	3	0,432	22	0,148	0,144	-	x	1,4744
R63G	M	Andere akute Leukämie mit intensiver Chemotherapie, ohne Dialyse, ohne Sepsis, ohne Agranulozytose, ohne Portimplantation, ohne äußerst schwere CC	1,122	-	6,4	1	0,652	15	0,140	0,162	-	x	1,2519
R63H	M	Andere akute Leukämie ohne Dialyse, ohne Sepsis, ohne Agranulozytose, ohne Portimplantation, ohne äußerst schwere CC	0,742	-	4,9	1	0,366	11	0,150	0,123	-	x	1,4702
R65Z	M	Hämatologische und solide Neubildungen, ein Belegungstag	0,255	-	1,0	-	-	-	-	-	-	x	1,3235
R66Z	M	Akute myeloische Leukämie oder andere akute Leukämie oder bestimmtes Lymphom mit hochkomplexer Chemotherapie, Alter < 18 Jahre	8,653	-	42,4	13	0,575	60	0,185	0,186	-	x	1,7295
R77Z	M	Komplexbehandlung bei isolationspflichtigen Erregern bei bestimmten hämatologischen und soliden Neubildungen	4,391	-	29,5	9	0,422	47	0,102	0,137	-	-	1,1820
MDC 18A HIV													
S01Z	O	HIV-Krankheit mit OR-Prozedur	2,182	-	12,4	3	0,444	28	0,142	0,131	-	x	0,8533
S60Z	M	HIV-Krankheit, ein Belegungstag	0,257	-	1,0	-	-	-	-	-	-	x	1,1253
S62Z	M	Bösartige Neubildung bei HIV-Krankheit	1,227	-	8,5	2	0,394	21	0,145	0,126	-	x	0,9312
S63A	M	Infektion bei HIV-Krankheit mit komplexer Diagnose und äußerst schweren CC oder mit komplizierender Konstellation	3,594	-	29,2	9	0,337	46	0,183	0,111	-	x	1,0835
S63B	M	Infektion bei HIV-Krankheit ohne komplexe Diagnose oder ohne äußerst schwere CC, ohne komplizierende Konstellation	1,277	-	11,8	3	0,303	26	0,107	0,092	-	x	0,8184
S65A	M	Andere Erkrankungen bei HIV-Krankheit oder andere HIV-Krankheit, mit äußerst schweren CC	2,966	-	25,9	8	0,312	44	0,118	0,106	-	x	0,9111
S65B	M	Andere Erkrankungen bei HIV-Krankheit oder andere HIV-Krankheit, ohne äußerst schwere CC	0,782	-	7,6	2	0,230	17	0,101	0,085	-	x	0,7089
MDC 18B Infektiöse und parasitäre Krankheiten													
T01A	O	OR-Prozedur bei infektiösen und parasitären Krankheiten mit bestimmter komplexer Prozedur oder komplizierender Konstellation, außer bei sonstiger Sepsis	4,950	-	26,7	8	0,370	45	0,156	-	x	-	1,2318
T01B	O	OR-Prozedur bei infektiösen und parasitären Krankheiten mit bestimmter komplexer Prozedur oder komplizierender Konstellation bei sonstiger Sepsis oder mit bestimmtem komplexen Eingriff oder mit äußerst schweren CC	4,009	-	26,4	8	0,319	44	0,077	0,105	-	-	1,1849
T01C	O	OR-Prozedur bei infektiösen und parasitären Krankheiten mit bestimmter komplexer Prozedur oder komplizierender Konstellation, ohne bestimmten komplexen Eingriff, ohne äußerst schwere CC	2,504	-	19,8	6	0,280	37	0,074	-	x	-	1,0233

Fallpauschalen-Katalog und Pflegeerlöskatalog

Teil a) Bewertungsrelationen bei Versorgung durch Hauptabteilungen

DRG	Partition	Bezeichnung [6]	Bewertungsrelation bei Hauptabteilung	Bewertungsrelation bei Hauptabteilung und Beleghebamme	Mittlere Verweildauer [1]	Untere Grenzverweildauer: Erster Tag mit Abschlag [2), 5)]	Untere Grenzverweildauer: Bewertungsrelation/Tag	Obere Grenzverweildauer: Erster Tag zus. Entgelt [3), 5)]	Obere Grenzverweildauer: Bewertungsrelation/Tag	Externe Verlegung Abschlag/Tag (Bewertungsrelation)	Verlegungsfallpauschale	Ausnahme von Wiederaufnahme [4]	Pflegeerlös Bewertungsrelation/Tag
1	2	3	4	5	6	7	8	9	10	11	12	13	
T01D	O	OR-Prozedur bei infektiösen und parasitären Krankheiten ohne bestimmte komplexe Prozedur, ohne komplizierende Konstellation, ohne bestimmten komplexen Eingriff, ohne äußerst schwere CC mit bestimmtem anderen Eingriff	1,788	-	14,1	4	0,226	29	0,056	0,076	-	-	0,7781
T01E	O	OR-Prozedur bei infektiösen und parasitären Krankheiten ohne bestimmte komplexe Prozedur, ohne komplizierende Konstellation, ohne bestimmten komplexen Eingriff, ohne äußerst schwere CC, ohne bestimmten anderen Eingriff	0,863	-	6,9	1	0,416	17	0,058	0,073	-	-	0,7473
T36Z	O	Intensivmedizinische Komplexbeh. > 588 / 552 / 552 Aufwandsp. bei infektiösen und parasitären Krankheiten oder OR-Prozedur bei inf. u. parasitären Krankh. mit best. komplexer Prozedur oder kompliz. Konstellation mit IntK > 392 / 368 / - Aufwandspunkte	5,223	-	21,1	6	0,688	39	0,229	-	x	x	2,6996
T44Z	A	Geriatrische frührehabilitative Komplexbehandlung bei infektiösen und parasitären Krankheiten	1,726	-	22,9	-	-	37	0,051	0,071	-	-	0,8296
T60A	M	Sepsis mit komplizierender Konstellation oder bei Zustand nach Organtransplantation, mit äußerst schweren CC oder intensivmedizinische Komplexbehandlung > 392 / 368 / - Aufwandspunkte	3,570	-	18,4	5	0,568	36	0,184	0,174	-	-	1,8313
T60B	M	Sepsis mit komplizierender Konstellation oder bei Z. n. Organtransplantation oder mit komplexer Diagnose oder äuß. schw. CC, Alter < 18 J. oder bei best. Para- / Tetraplegie oder mit best. ERCP od. mit schwersten CC oder mit IntK > 196 / 184 / 368 Punkte	2,939	-	17,2	5	0,457	34	0,160	0,151	-	-	1,6259
T60C	M	Sepsis mit komplizierender Konstellation oder bei Z. n. Organtransplantation oder mit kompl. Diagnose oder äuß. schweren CC, Alter > 17 Jahre, außer bei best. Para- / Tetraplegie, ohne best. ERCP, ohne schwerste CC oder mit IntK > 196 / 184 / 368 Punkte	1,903	-	14,2	4	0,356	29	0,091	0,117	-	-	1,3880
T60D	M	Sepsis mit anderer komplizierender Konstellation, außer bei Z. n. Organtransplantation, ohne komplexe Diagnose, ohne äußerst schwere CC, ohne intensivmedizinische Komplexbehandlung > 196 / 184 / 368 Aufwandspunkte oder Alter < 10 Jahre	1,144	-	10,6	3	0,286	22	0,086	0,090	-	-	1,3787
T60E	M	Sepsis ohne komplizierende Konstellation, außer bei Zustand nach Organtransplantation, ohne komplexe Diagnose, ohne äußerst schwere CC, Alter > 9 Jahre, ohne intensivmedizinische Komplexbehandlung > 196 / 184 / - Aufwandspunkte, mehr als ein Belegungstag	0,824	-	9,8	2	0,261	19	0,062	0,070	-	-	0,9354
T60F	M	Sepsis, verstorben < 5 Tage nach Aufnahme, ohne intensivmedizinische Komplexbehandlung > 196/ 184 / - Aufwandspunkte	0,464	-	1,6	-	-	-	-	-	x	-	2,0973
T60G	M	Sepsis ohne komplizierende Konstellation, außer bei Zustand nach Organtransplantation, ohne komplexe Diagnose, ohne äußerst schwere CC, Alter > 9 Jahre, ohne intensivmedizinische Komplexbehandlung > 196 / 184 / - Aufwandspunkte, ein Belegungstag	0,252	-	1,0	-	-	-	-	-	-	-	1,3094
T61Z	M	Postoperative und posttraumatische Infektionen	0,480	-	5,7	1	0,274	13	0,058	0,067	-	-	0,7161
T62A	M	Fieber unbekannter Ursache mit äußerst schweren oder schweren CC, Alter > 5 Jahre	0,901	-	7,1	1	0,527	16	0,071	0,113	-	-	0,9318
T62B	M	Fieber unbekannter Ursache ohne äußerst schwere oder schwere CC oder Alter < 6 Jahre	0,429	-	3,5	1	0,231	8	0,072	0,100	-	-	1,0282
T63A	M	Virale Erkrankung bei Zustand nach Organtransplantation oder mit intensivmedizinischer Komplexbehandlung > 196 / 184 / - Aufwandspunkte oder Alter < 14 Jahre mit komplexer Diagnose	1,482	-	8,6	2	0,455	21	0,135	0,159	-	-	1,2683
T63B	M	Schwere virale Erkrankung, außer bei Zustand nach Organtransplantation, ohne intensivmedizinische Komplexbehandlung > 196 / 184 / - Aufwandspunkte, Alter > 13 Jahre oder ohne komplexe Diagnose	0,958	-	8,3	2	0,314	17	0,065	0,098	-	-	0,8516
T63C	M	Mäßig schwere virale Erkrankung, außer bei Zustand nach Organtransplantation, ohne intensivmedizinische Komplexbehandlung > 196 / 184 / - Aufwandspunkte, Alter > 13 Jahre oder ohne komplexe Diagnose	0,467	-	4,3	1	0,243	9	0,069	0,077	-	-	0,8648
T63D	M	Andere virale Erkrankung, außer bei Zustand nach Organtransplantation ohne intensivmedizinische Komplexbehandlung > 196 / 184 / - Aufwandspunkte, Alter > 13 Jahre oder ohne komplexe Diagnose	0,364	-	3,1	1	0,170	7	0,075	0,085	-	-	0,9574
T64A	M	Andere infektiöse und parasitäre Krankheiten mit bestimmter komplexer Diagnose, Alter < 16 Jahre oder mit intensivmedizinischer Komplexbehandlung > 196 / 184 / - Aufwandspunkte	1,353	-	8,5	2	0,447	19	0,166	0,140	-	-	1,7929
T64B	M	Andere infektiöse und parasitäre Krankheiten mit komplexer Diagnose, Alter > 15 Jahre, mehr als ein Belegungstag, ohne intensivmedizinische Komplexbehandlung > 196 / 184 / - Aufwandspunkte	0,889	-	8,8	2	0,291	19	0,070	0,086	-	-	0,7995
T64C	M	Andere infektiöse und parasitäre Krankheiten mit komplexer Diagnose, Alter > 15 Jahre, ein Belegungstag oder ohne komplexe Diagnose, ohne intensivmedizinische Komplexbehandlung > 196 / 184 / - Aufwandspunkte	0,635	-	6,9	1	0,420	15	0,063	0,078	-	-	0,8433
T77Z	M	Komplexbehandlung bei isolationspflichtigen Erregern bei infektiösen und parasitären Krankheiten	1,385	-	15,7	-	-	29	0,067	0,077	-	-	1,1859

Fallpauschalen-Katalog und Pflegeerlöskatalog
Teil a) Bewertungsrelationen bei Versorgung durch Hauptabteilungen

DRG	Partition	Bezeichnung [6]	Bewertungsrelation bei Hauptabteilung	Bewertungsrelation bei Hauptabteilung und Beleghebamme	Mittlere Verweildauer [1]	Untere Grenzverweildauer: Erster Tag mit Abschlag [2), 5)]	Untere Grenzverweildauer: Bewertungsrelation/Tag	Obere Grenzverweildauer: Erster Tag zus. Entgelt [3), 5)]	Obere Grenzverweildauer: Bewertungsrelation/Tag	Externe Verlegung Abschlag/Tag (Bewertungsrelation)	Verlegungsfallpauschale	Ausnahme von Wiederaufnahme [4)]	Pflegeerlös Bewertungsrelation/Tag
1	2	3	4	5	6	7	8	9	10	11	12	13	
MDC 19 Psychische Krankheiten und Störungen													
U40Z	A	Geriatrische frührehabilitative Komplexbehandlung bei psychischen Krankheiten und Störungen	1,248	-	18,9	-	-	29	0,048	0,061	-	-	0,6681
U42B	A	Multimodale Schmerztherapie bei psychischen Krankheiten und Störungen, Alter > 18 Jahre, mindestens 14 Behandlungstage	1,262	-	20,2	-	-	32	0,054	0,059	-	x	0,3259
U42C	A	Multimodale Schmerztherapie bei psychischen Krankheiten und Störungen, Alter > 18 Jahre, weniger als 14 Behandlungstage	0,886	-	9,9	-	-	15	0,062	0,081	-	x	0,5098
U60A	M	Psychiatrische Behandlung, ein Belegungstag, Alter < 16 Jahre	0,266	-	1,0	-	-	-	-	-	-	-	1,6122
U60B	M	Psychiatrische Behandlung, ein Belegungstag, Alter > 15 Jahre	0,188	-	1,0	-	-	-	-	-	-	-	1,0898
U61Z	M	Schizophrene, wahnhafte und akut psychotische Störungen	0,518	-	6,5	1	0,252	15	0,075	0,062	-	-	1,0217
U63Z	M	Schwere affektive Störungen	0,494	-	5,2	1	0,236	13	0,062	0,091	-	-	0,7218
U64Z	M	Angststörungen oder andere affektive und somatoforme Störungen	0,496	-	4,2	1	0,242	10	0,078	0,094	-	-	0,7005
U66Z	M	Ess-, Zwangs- und Persönlichkeitsstörungen und akute psychische Reaktionen oder psychische Störungen in der Kindheit	0,506	-	5,5	1	0,245	16	0,073	0,068	-	-	1,1037
MDC 20 Alkohol- und Drogengebrauch und alkohol- und drogeninduzierte psychische Störungen													
V40Z	A	Qualifizierter Entzug	0,766	-	11,3	3	0,190	16	0,047	0,066	-	-	0,5025
V60A	M	Alkoholintoxikation und Alkoholentzug oder Störungen durch Alkoholmissbrauch und Alkoholabhängigkeit mit bestimmten psychischen und Verhaltensstörungen durch Alkohol oder HIV-Krankheit	0,740	-	8,5	2	0,271	19	0,072	0,073	-	-	1,0886
V60B	M	Alkoholintoxikation und Alkoholentzug oder Störungen durch Alkoholmissbrauch und Alkoholabhängigkeit ohne bestimmte psychische und Verhaltensstörungen durch Alkohol, ohne HIV-Krankheit	0,360	-	4,2	1	0,222	9	0,063	0,071	-	-	0,7907
V61Z	M	Drogenintoxikation und -entzug	0,433	-	5,3	1	0,262	12	0,061	0,072	-	-	0,8293
V63Z	M	Störungen durch Opioidgebrauch und Opioidabhängigkeit	0,436	-	3,5	1	0,274	8	0,076	0,090	-	-	1,0451
V64Z	M	Störungen durch anderen Drogengebrauch und Medikamentenmissbrauch und andere Drogen- und Medikamentenabhängigkeit	0,415	-	2,6	1	0,253	5	0,105	0,109	-	-	1,3113
MDC 21A Polytrauma													
W01B	O	Polytrauma mit Beatmung > 72 Stunden oder komplexen Eingriffen oder IntK > 392 / 368 / 552 Aufwandspunkte, ohne Frührehabilitation, mit Beatmung > 263 Stunden oder mit komplexer Vakuumbehandlung oder mit IntK > 588 / 552 / - Aufwandspunkte	9,429	-	25,4	7	0,832	43	0,266	-	x	-	2,7129
W01C	O	Polytrauma mit Beatmung > 72 Stunden oder komplexen Eingriffen oder IntK > 392 / 368 / 552 Aufwandspunkte, ohne Frührehabilitation, ohne Beatmung > 263 Stunden, ohne komplexe Vakuumbehandlung, ohne IntK > 588 / 552 / - Aufwandspunkte	4,319	-	11,8	3	0,845	26	0,240	-	x	-	2,5596
W02A	O	Polytrauma mit anderen komplexen Eingriffen mit komplizierender Konstellation oder Eingriffen an mehreren Lokalisationen oder mit intensivmedizinischer Komplexbehandlung > 392 / 368 / - Aufwandspunkte	7,920	-	22,9	7	0,480	39	0,112	-	x	-	1,5900
W02B	O	Polytrauma mit anderen komplexen Eingriffen ohne komplizierende Konstellation, ohne Eingriffe an mehreren Lokalisationen, ohne intensivmedizinische Komplexbehandlung > 392 / 368 / - Aufwandspunkte	4,422	-	16,5	5	0,377	34	0,096	0,128	-	-	1,3665
W04A	O	Polytrauma mit anderen Eingriffen oder Beatmung > 24 Stunden, mit komplizierender Konstellation oder Eingriffen an mehreren Lokalisationen oder Alter < 6 Jahre	5,414	-	18,1	5	0,485	34	0,109	0,151	-	-	1,5198
W04B	O	Polytrauma mit anderen Eingriffen oder Beatmung > 24 Stunden, ohne komplizierende Konstellation, ohne Eingriffe an mehreren Lokalisationen, mit bestimmten anderen Eingriffen oder Beatmung mehr als 24 Stunden, Alter > 5 Jahre	3,156	-	14,2	4	0,382	28	0,093	0,125	-	-	1,2847
W04C	O	Polytrauma mit anderen Eingriffen oder Beatmung > 24 Stunden, ohne komplizierende Konstellation, ohne Eingriffe an mehreren Lokalisationen, ohne bestimmte andere Eingriffe, ohne Beatmung > 24 Stunden, Alter > 5 Jahre	2,352	-	14,0	4	0,319	28	0,079	0,106	-	-	1,1342
W36Z	O	Intensivmedizinische Komplexbehandlung > 784 / 828 / 828 Aufwandspunkte bei Polytrauma oder Polytrauma mit Beatmung oder Kraniotomie mit endovaskulärer Implantation von Stent-Prothesen an der Aorta	12,398	-	28,7	9	0,880	47	0,307	-	x	x	3,4609
W60Z	M	Polytrauma, verstorben < 5 Tage nach Aufnahme, ohne komplizierende Konstellationen, ohne Beatmung > 24 Stunden, ohne komplexe oder bestimmte andere Eingriffe	0,583	-	1,4	-	-	-	-	-	x	-	1,7292

Fallpauschalen-Katalog und Pflegeerlöskatalog
Teil a) Bewertungsrelationen bei Versorgung durch Hauptabteilungen

DRG	Partition	Bezeichnung [6]	Bewertungsrelation bei Hauptabteilung	Bewertungsrelation bei Hauptabteilung und Beleghebamme	Mittlere Verweildauer [1]	Untere Grenzverweildauer: Erster Tag mit Abschlag [2], [5]	Untere Grenzverweildauer: Bewertungsrelation/Tag	Obere Grenzverweildauer: Erster Tag zus. Entgelt [3], [5]	Obere Grenzverweildauer: Bewertungsrelation/Tag	Externe Verlegung Abschlag/Tag (Bewertungsrelation)	Verlegungsfallpauschale	Ausnahme von Wiederaufnahme [4]	Pflegeerlös Bewertungsrelation/Tag
1	2	3	4	5	6	7	8	9	10	11	12	13	
W61A	M	Polytrauma ohne signifikante Eingriffe mit komplizierender Diagnose oder mit intensivmedizinischer Komplexbehandlung > 196 / 184 / - Aufwandspunkte oder Alter < 12 Jahre	1,766	-	9,1	2	0,561	20	0,118	0,167	-	-	1,6395
W61B	M	Polytrauma ohne signifikante Eingriffe, ohne komplizierende Diagnose, ohne intensivmedizinische Komplexbehandlung > 196 / 184 / - Aufwandspunkte, Alter > 11 Jahre	1,223	-	9,1	2	0,378	21	0,091	0,104	-	-	1,0390
MDC 21B Verletzungen, Vergiftungen und toxische Wirkungen von Drogen und Medikamenten													
X01A	O	Rekonstruktive Operation bei Verletzungen mit komplizierender Konstellation oder freier Lappenplastik mit mikrovaskulärer Anastomosierung oder mit schweren Weichteilschäden oder komplexer OR-Prozedur oder best. komplexem Eingriff, mit äuß. schweren CC	4,504	-	27,7	8	0,284	46	0,065	-	x	-	0,9347
X01B	O	Rekonstruktive Operation bei Verletzungen ohne kompliz. Konstellation, ohne freie Lappenplastik mit mikrovask. Anastomosierung, mit schweren Weichteilschäden oder komplex. OR-Prozedur oder best. mäßig kompl. Eingriff oder äußerst schw. CC, mehr als 1 BT	1,857	-	14,0	4	0,207	28	0,053	-	x	-	0,6829
X01C	O	Rekonstr. Operation bei Verletzungen ohne kompliz. Konst., ohne freie Lappenplastik mit mikrovask. Anastomosierung, ohne schw. Weichteilschäden, ohne kompl. OR-Prozedur, ohne äuß. schw. CC, mit best. Nervennaht od. Hautplastik, > 1 BT od. Alter < 18 J.	1,041	-	4,6	1	0,200	12	0,061	0,071	-	-	0,7491
X01D	O	Rekonstr. Operation bei Verletzungen ohne kompliz. Konst., ohne freie Lappenplastik mit mikrovask. Anastomosierung, ohne schw. Weichteilschäden, ohne kompl. OR-Prozedur, ohne äuß. schw. CC, ohne best. Nervennaht oder Hautplastik oder 1 BT, Alter > 17 J.	0,770	-	4,0	1	0,183	10	0,058	0,071	-	-	0,7070
X04Z	O	Andere Eingriffe bei Verletzungen der unteren Extremität	1,047	-	6,6	1	0,270	17	0,059	0,077	-	-	0,7447
X05A	O	Andere Eingriffe bei Verletzungen der Hand, mit komplexem Eingriff	0,772	-	3,5	1	0,239	8	0,062	0,074	-	-	0,7165
X05B	O	Andere Eingriffe bei Verletzungen der Hand, ohne komplexen Eingriff	0,569	-	3,1	1	0,159	7	0,064	0,072	-	-	0,7629
X06A	O	Andere Eingriffe bei anderen Verletzungen mit äußerst schweren CC	2,855	-	15,0	4	0,384	30	0,092	0,119	-	-	1,3100
X06B	O	Andere Eingriffe bei anderen Verletzungen ohne äußerst schwere CC, mit komplexer OR-Prozedur oder Alter > 65 Jahre mit bestimmtem Eingriff oder mit schweren CC	1,291	-	7,8	2	0,240	17	0,065	0,082	-	-	0,8580
X06C	O	Andere Eingriffe bei anderen Verletzungen ohne äußerst schwere oder schwere CC, ohne komplexe OR-Prozedur, Alter < 66 Jahre oder ohne bestimmten Eingriff	0,720	-	4,3	1	0,265	10	0,059	0,074	-	-	0,7808
X07A	O	Replantation bei traumatischer Amputation, mit Replantation mehr als einer Zehe oder mehr als eines Fingers	5,725	-	15,8	4	0,302	34	0,095	0,089	-	-	0,7213
X07B	O	Replantation bei traumatischer Amputation, mit Replantation eines Fingers oder einer Zehe	2,446	-	8,3	2	0,246	17	0,063	0,083	-	-	0,7978
X33Z	O	Mehrzeitige komplexe OR-Prozeduren bei Verletzungen, Vergiftungen und toxischen Wirkungen von Drogen und Medikamenten	5,482	-	27,2	8	0,342	45	0,180	0,112	-	-	1,4902
X60A	M	Bestimmte Verletzungen	0,402	-	3,5	1	0,167	8	0,072	0,080	-	-	0,9441
X60B	M	Verletzungen und allergische Reaktionen ohne bestimmte Verletzungen	0,309	-	2,7	1	0,154	6	0,083	0,086	-	-	1,0968
X62Z	M	Vergiftungen / Toxische Wirkungen von Drogen, Medikamenten und anderen Substanzen oder Folgen einer medizinischen Behandlung oder bestimmte Erfrierungen und andere Traumata	0,429	-	3,8	1	0,240	9	0,069	0,077	-	-	0,9843
X64Z	M	Andere Krankheit verursacht durch Verletzung, Vergiftung oder toxische Wirkung	0,298	-	2,5	1	0,142	5	0,084	0,076	-	-	1,0748
MDC 22 Verbrennungen													
Y02A	O	Andere Verbrennungen mit Hauttransplantation oder anderen Eingriffen bei Sepsis oder mit kompliz. Konst., hochkomplexem Eingriff, vierzeitigen bestimmten OR-Prozeduren oder intensivmedizinischer Komplexbehandlung > 588 / 552 / 552 Aufwandspunkte	10,693	-	30,3	9	0,801	47	0,263	0,255	-	-	2,2784
Y02B	O	Andere Verbrenn. m. Haut-Tx. od. and. Eingr. auß. b. Sep., oh. kompliz. Konst., oh. hochkompl. Eingr., oh. vierz. best. OR-Proz., oh. IntK > 588 / 552 / 552 Aufwandsp., m. äuß. schw. CC, kompliz. Diagn., kompl. Proz., Dialyse od. Beatm. > 24 Std.	5,919	-	18,3	5	0,770	34	0,145	0,243	-	-	2,2507
Y02C	O	Andere Verbrenn. m. Haut-Tx. od. and. Eingr. oh. äuß. schw. CC, oh. kompliz. Diagn., oh. komplexe Proz., oh. Dialyse, oh. Beat. > 24 Std., oh. kompliz. Konst., oh. IntK > 588 / 552 / 552 Aufwandsp., oh. best. Spalthauttranspl., Alter < 18 J.	2,469	-	9,7	2	0,508	23	0,108	0,131	-	-	1,3586
Y02D	O	Andere Verbrenn. m. Hauttr. od. and. Eingr. oh. äuß. schw. CC, oh. kompliz. Diagn., oh. komplexe Proz., oh. Dialyse, oh. Beat. > 24 Std., oh. kompliz. Konst., oh. IntK > 588 / 552 / 552 Aufwandsp., oh. best. Spalthauttranspl., Alter > 17 J.	1,968	-	10,4	2	0,479	21	0,068	0,125	-	-	1,1159
Y03Z	O	Andere Verbrennungen mit anderen Eingriffen	0,871	-	4,5	1	0,527	11	0,074	0,108	-	-	1,3190
Y62Z	M	Andere Verbrennungen	0,410	-	4,1	-	-	10	0,062	0,084	-	-	1,0183
Y63Z	M	Verbrennungen, ein Belegungstag	0,183	-	1,0	-	-	-	-	-	-	-	1,3675

Fallpauschalen-Katalog und Pflegeerlöskatalog
Teil a) Bewertungsrelationen bei Versorgung durch Hauptabteilungen

DRG	Partition	Bezeichnung [6]	Bewertungsrelation bei Hauptabteilung	Bewertungsrelation bei Hauptabteilung und Beleghebamme	Mittlere Verweildauer [1]	Untere Grenzverweildauer: Erster Tag mit Abschlag [2, 5]	Untere Grenzverweildauer: Bewertungsrelation/Tag	Obere Grenzverweildauer: Erster Tag zus. Entgelt [3, 5]	Obere Grenzverweildauer: Bewertungsrelation/Tag	Externe Verlegung Abschlag/Tag (Bewertungsrelation)	Verlegungsfallpauschale	Ausnahme von Wiederaufnahme [4]	Pflegeerlös Bewertungsrelation/Tag
1	2	3	4	5	6	7	8	9	10	11	12	13	
MDC 23 Faktoren, die den Gesundheitszustand beeinflussen, und andere Inanspruchnahme des Gesundheitswesens													
Z01A	O	OR-Prozeduren bei anderen Zuständen, die zur Inanspruchnahme des Gesundheitswesens führen mit komplexem Eingriff oder komplizierender Konstellation	2,160	-	10,0	2	0,499	23	0,079	0,123	-	-	1,1209
Z01B	O	OR-Prozeduren bei anderen Zuständen, die zur Inanspruchnahme des Gesundheitswesens führen ohne komplexen Eingriff, ohne komplizierende Konstellation, mit bestimmtem Eingriff	0,932	-	2,9	1	0,267	7	0,077	0,081	-	-	0,9150
Z01C	O	OR-Prozeduren bei anderen Zuständen, die zur Inanspruchnahme des Gesundheitswesens führen ohne komplexen Eingriff, ohne komplizierende Konstellation, ohne bestimmten Eingriff	0,492	-	4,2	1	0,204	10	0,064	0,072	-	-	0,7635
Z03Z	O	Nierenspende (Lebendspende)	2,413	-	7,6	2	0,315	12	0,120	0,106	-	-	1,2107
Z64A	M	Andere Faktoren, die den Gesundheitszustand beeinflussen, Nachbehandlung nach abgeschlossener Behandlung mit komplexer Radiojoddiagnostik	0,795	-	2,4	1	0,395	5	0,230	0,232	-	-	1,2066
Z64B	M	Andere Faktoren, die den Gesundheitszustand beeinflussen, Nachbehandlung nach abgeschlossener Behandlung mit bestimmter Radiojoddiagnostik, mit bestimmtem Kontaktanlass	0,526	-	2,7	1	0,226	6	0,110	0,118	-	-	0,9675
Z64C	M	Andere Faktoren, die den Gesundheitszustand beeinflussen, Nachbehandlung nach abgeschlossener Behandlung ohne Radiojoddiagnostik, ohne bestimmten Kontaktanlass oder allergologische Provokationstestung bis 2 Belegungstage	0,290	-	2,5	1	0,096	5	0,076	0,080	-	-	0,9445
Z65Z	M	Beschwerden, Symptome, andere Anomalien und Nachbehandlung	0,459	-	4,2	1	0,265	10	0,071	0,082	-	-	0,8957
Z66Z	M	Vorbereitung zur Lebendspende	0,766	-	2,3	1	0,380	4	0,216	0,218	-	-	0,8530
MDC 24 Sonstige DRGs													
801A	O	Ausgedehnte OR-Proz. oh. Bezug zur Hauptdiagnose mit bestimmter kompl. Konst. oder Strahlenth. oder endovaskulärer Impl. von Stent-Proth. an der Aorta oder intensivmediz. Komplexbehandlung > 392 / 368 / - Aufwandsp. od. Alter < 18 J. mit kompl. Faktoren	4,883	-	24,8	7	0,494	43	0,159	0,151	-	x	1,5705
801B	O	Ausgedehnte OR-Prozedur ohne Bezug zur Hauptdiagnose mit hochkomplexer OR-Prozedur oder mit komplizierender Konstellation, Alter > 17 Jahre oder ohne komplizierende Faktoren oder mit komplexer OR-Prozedur oder schweren CC, Alter < 16 Jahre	3,440	-	22,2	6	0,333	40	0,076	0,097	-	x	1,0586
801C	O	Ausgedehnte OR-Prozedur ohne Bezug zur Hauptdiagnose mit komplexer OR-Prozedur oder anderem Eingriff an Kopf und Wirbelsäule oder mit neurologischer Komplexbehandlung des akuten Schlaganfalls oder bei Para- / Tetraplegie	2,786	-	17,9	5	0,302	34	0,073	0,097	-	x	0,9975
801D	O	Ausgedehnte OR-Prozedur ohne Bezug zur Hauptdiagnose mit bestimmter OR-Prozedur oder mit intensivmediz. Komplexbeh. > 196 / 184 / 368 Aufwandspunkte oder bestimmte nicht ausgedehnte OR-Prozedur mit neurolog. Komplexbehandlung des akuten Schlaganfalls	2,484	-	17,6	5	0,288	33	0,069	0,089	-	x	0,9350
801E	O	Ausgedehnte OR-Prozedur ohne Bezug zur Hauptdiagnose ohne komplizierende Konstellation, ohne hochkomplexe, komplexe oder bestimmte OR-Prozedur	1,891	-	15,6	4	0,265	29	0,062	0,081	-	x	0,8277
802A	O	Bestimmte nicht ausgedehnte OR-Prozedur ohne Bezug zur Hauptdiagnose oder andere nicht ausgedehnte OR-Prozedur mit intensivmedizinischer Komplexbehandlung > 196 / 184 / 368 Aufwandspunkte	2,223	-	16,2	4	0,354	31	0,076	0,103	-	x	0,9510
802B	O	Andere nicht ausgedehnte OR-Prozedur ohne Bezug zur Hauptdiagnose mit mäßig komplexer OR-Prozedur	1,967	-	17,0	5	0,264	32	0,066	0,089	-	x	0,7604
802C	O	Andere nicht ausgedehnte OR-Prozedur ohne Bezug zur Hauptdiagnose ohne mäßig komplexe OR-Prozedur	1,641	-	12,5	3	0,293	26	0,067	0,083	-	x	0,7946
802D	O	Wenig komplexe nicht ausgedehnte OR-Prozedur ohne Bezug zur Hauptdiagnose	1,001	-	7,2	1	0,565	19	0,063	0,079	-	x	0,8312
863Z	M	Neonatale Diagnose ohne Bezug zu Alter oder Gewicht	0,567	-	4,3	1	0,244	11	0,079	0,090	-	x	1,6971
Fehler-DRGs													
960Z	M	Nicht gruppierbar	-	-	-	-	-	-	-	-	-	-	-
961Z	M	Unzulässige Hauptdiagnose	-	-	-	-	-	-	-	-	-	-	-
962Z	M	Unzulässige Kodierung einer Sectio caesarea	-	-	-	-	-	-	-	-	-	-	-

Fallpauschalen-Katalog und Pflegeerlöskatalog

Teil b) Bewertungsrelationen bei Versorgung durch Belegabteilungen

DRG	Partition	Bezeichnung [6]	Bewertungsrelation bei Belegoperateur	Bewertungsrelation bei Belegoperateur und Beleganästhesist	Bewertungsrelation bei Belegoperateur und Beleghebamme	Bewertungsrelation bei Belegoperateur, -anästhesist und -hebamme	Mittlere Verweildauer [1]	Untere Grenzverweildauer: Erster Tag mit Abschlag [2), 5)]	Untere Grenzverweildauer: Bewertungsrelation/Tag	Obere Grenzverweildauer: Erster Tag zus. Entgelt [3), 5)]	Obere Grenzverweildauer: Bewertungsrelation/Tag	Externe Verlegung Abschlag/Tag (Bewertungsrelation)	Verlegungsfallpauschale	Ausnahme von Wiederaufnahme [4]	Pflegeerlös Bewertungsrelation/Tag
1	2	3	4	5	6	7	8	9	10	11	12	13	14	15	16
Prä-MDC															
A13E	O	Beatmung > 95 Stunden, ohne komplexe OR-Prozedur, mit bestimmter OR-Prozedur oder komplizierender Konstellation oder mit intensivmedizinischer Komplexbehandlung > 588 / 552 / 552 Aufwandspunkte und < 1177 / 829 / 1105 Aufwandspunkte od. Alter < 16 Jahre	4,591	4,514	-	-	17,6	5	0,666	34	0,156	-	x	x	2,7332
A13F	O	Beatmung > 95 Stunden, ohne bestimmte OR-Prozedur, ohne komplizierende Konstellation, ohne intensivmed. Komplexbeh. > 588 / 552 / 552 Aufwandspunkte, Alter > 15 Jahre, mit komplexer Diagnose oder Prozedur od. intensivmed. Komplexbeh. > - / 368 / - Punkte	3,285	3,261	-	-	12,4	3	0,744	26	0,171	0,223	-	x	3,0347
A13G	O	Beatmung > 95 Stunden, mit bestimmter OR-Prozedur oder kompliz. Konstellation, mit äußerst schweren CC, verstorben oder verlegt < 9 Tage oder ohne best. OR-Proz., ohne kompliz. Konst., Alter > 15 J., ohne kompliz. Diagnose od. Prozedur, mit äuß. schw. CC	3,359	3,338	-	-	15,1	4	0,655	33	0,119	0,204	-	x	2,4384
A13H	O	Beatmung > 95 Stunden mit bestimmter OR-Prozedur oder kompliz. Konstellation, ohne äußerst schwere CC, verstorben oder verlegt < 9 Tage oder ohne best. OR-Proz., ohne kompliz. Konst., Alter > 15 J., ohne kompliz. Diagnose oder Proz., ohne äuß. schw. CC	2,411	2,402	-	-	11,0	3	0,584	24	0,148	0,191	-	x	2,7973
A15D	O	Knochenmarktransplantation / Stammzelltransfusion, autogen, bei Plasmozytom, ohne bestimmte Entnahme	3,317	3,317	-	-	19,3	5	0,360	28	0,150	-	x	x	1,1332
A42C	A	Stammzellentnahme bei Eigenspender ohne Chemotherapie, Alter > 15 Jahre, ohne schwerste CC, ohne Sepsis, ohne komplizierende Konstellation	0,711	0,711	-	-	4,4	1	0,281	10	0,128	0,117	-	x	0,8825
MDC 01 Krankheiten und Störungen des Nervensystems															
B04C	O	Eingriffe an den extrakraniellen Gefäßen, ohne mehrzeitige Eingriffe, ohne beidseitige Eingriffe, ohne äußerst schwere CC	1,110	1,025	-	-	5,8	1	0,233	11	0,066	-	x	-	0,9832
B05Z	O	Dekompression bei Karpaltunnelsyndrom oder kleine Eingriffe an den Nerven	0,379	0,332	-	-	2,4	1	0,096	5	0,049	0,046	-	-	0,8881
B07Z	O	Eingriffe an peripheren Nerven, Hirnnerven und anderen Teilen des Nervensystems mit äußerst schweren CC oder komplizierender Diagnose	4,134	4,131	-	-	15,0	4	0,497	31	0,090	0,151	-	-	1,2776
B09Z	O	Andere Eingriffe am Schädel	0,841	0,761	-	-	3,9	1	0,344	9	0,064	0,079	-	-	0,8375
B15Z	O	Strahlentherapie bei Krankheiten und Störungen des Nervensystems, Bestrahlungen an mindestens 8 Tagen	2,038	2,035	-	-	19,4	5	0,335	35	0,106	-	x	x	0,8269
B16A	O	Strahlentherapie bei Krankheiten und Störungen des Nervensystems, mehr als ein Belegungstag, Bestrahlungen an mindestens 5 Tagen	1,091	1,089	-	-	8,9	2	0,357	19	0,113	0,114	-	x	0,8265
B16B	O	Strahlentherapie bei Krankheiten und Störungen des Nervensystems, mehr als ein Belegungstag, Bestrahlungen an weniger als 5 Tagen	0,641	0,639	-	-	4,7	-	-	13	0,090	0,109	-	x	0,8987
B17D	O	Eingriffe an peripheren Nerven, Hirnnerven und anderen Teilen des Nervensystems oder Eingriff bei zerebraler Lähmung, Muskeldystrophie oder Neuropathie, mit mäßig komplexem Eingriff oder best. Eingriff und Alter < 19 J. oder schw. CC oder best. Diagnose	0,778	0,701	-	-	3,4	1	0,288	10	0,063	0,070	-	-	0,7693
B17E	O	Eingriffe an peripheren Nerven, Hirnnerven und anderen Teilen des Nervensystems oder Eingriff bei zerebraler Lähmung, Muskeldystrophie oder Neuropathie, ohne komplexe oder bestimmte Diagnose, ohne mäßig komplexen oder komplexen Eingriff	0,565	0,497	-	-	2,9	1	0,144	7	0,052	0,053	-	-	0,8389
B18B	O	Bestimmte Eingriffe an Wirbelsäule und Rückenmark bei Krankheiten und Störungen des Nervensystems außer bei bösartiger Neubildung oder Revision eines Ventrikelshuntes oder operative Eingriffe bei nicht akuter Para- / Tetraplegie	1,567	1,438	-	-	9,1	2	0,224	21	0,052	0,065	-	-	0,8892
B18C	O	Andere Eingriffe an Wirbelsäule und Rückenmark bei Krankheiten und Störungen des Nervensystems außer bei bösartiger Neubildung	1,192	1,092	-	-	5,3	1	0,226	12	0,060	0,073	-	-	1,1242
B18D	O	Mäßig komplexe Eingriffe an Wirbelsäule und Rückenmark bei Krankheiten und Störungen des Nervensystems außer bei bösartiger Neubildung	1,104	0,997	-	-	5,8	1	0,206	14	0,050	0,061	-	-	0,9538
B19C	O	Implantation, Revision und Entfernung von Neurostimulatoren und Neurostimulationselektroden bei Krankheiten und Störungen des Nervensystems ohne Implantation oder Wechsel von Neurostimulatoren und Elektrodensystemen	0,593	0,538	-	-	3,0	1	0,189	6	0,045	0,049	-	-	0,8305
B20B	O	Kraniotomie oder große WS-Operation mit kompl. Prozedur, mit kompliz. Faktoren, Alter > 15 Jahre, ohne best. intrakran. Blutung oder Alter < 1 J. mit interv. oder großem intrakran. oder best. Eingriff oder mit kompl. Diagnose od. bei bösart. Neubildung	2,211	2,048	-	-	9,9	2	0,366	19	0,158	-	x	-	1,1968

Fallpauschalen-Katalog und Pflegeerlöskatalog
Teil b) Bewertungsrelationen bei Versorgung durch Belegabteilungen

DRG	Partition	Bezeichnung[6]	Bewertungsrelation bei Belegoperateur	Bewertungsrelation bei Belegoperateur und Beleganästhesist	Bewertungsrelation bei Belegoperateur und Beleghebamme	Bewertungsrelation bei Belegoperateur, -anästhesist und -hebamme	Mittlere Verweildauer[1]	Untere Grenzverweildauer: Erster Tag mit Abschlag[2), 5)]	Untere Grenzverweildauer: Bewertungsrelation/Tag	Obere Grenzverweildauer: Erster Tag zus. Entgelt[3), 5)]	Obere Grenzverweildauer: Bewertungsrelation/Tag	Externe Verlegung Abschlag/Tag (Bewertungsrelation)	Verlegungsfallpauschale	Ausnahme von Wiederaufnahme[4]	Pflegeerlös Bewertungsrelation/Tag
1	2	3	4	5	6	7	8	9	10	11	12	13	14	15	16
B20C	O	Kraniotomie oder große WS-Operation, Alter < 3 Jahre oder interventioneller Eingriff oder Alter < 18 Jahre mit großem intrakraniellen Eingriff oder mit kompl. Diagnose oder best. Eingriff, Alter < 16 J. od. bei bösartiger Neubildung, Alter > 0 Jahre	1,669	1,568	-	-	6,1	1	0,564	14	0,178	-	x	-	1,2575
B20D	O	Kraniotomie oder große WS-OP mit komplexer Prozedur oder ohne komplexe Prozedur, Alter > 2 Jahre, mit komplexer Diagnose oder bestimmtem Eingriff oder mit bestimmter Prozedur oder bei bösartiger Neubildung oder Alter < 16 Jahre	1,569	1,470	-	-	6,9	1	0,545	17	0,125	-	x	-	1,2033
B20E	O	Kraniotomie oder große Wirbelsäulen-Operation ohne komplexe Prozedur, Alter > 2 Jahre, ohne komplexe Diagnose, ohne bestimmten Eingriff, ohne bestimmte Prozedur, außer bei bösartiger Neubildung, Alter > 15 Jahre	1,255	1,181	-	-	6,6	1	0,305	16	0,116	-	x	-	1,1501
B63Z	M	Demenz und andere chronische Störungen der Hirnfunktion	0,564	0,563	-	-	7,6	2	0,182	17	0,056	0,060	-	-	0,8521
B66D	M	Neubildungen des Nervensystems, ein Belegungstag oder ohne äußerst schwere CC, Alter > 15 Jahre	0,517	0,516	-	-	5,5	1	0,303	14	0,057	0,090	-	x	1,0357
B67B	M	Morbus Parkinson ohne äußerst schwere CC, ohne schwerste Beeinträchtigung	0,582	0,582	-	-	8,4	2	0,189	18	0,051	0,067	-	-	0,7714
B68D	M	Multiple Sklerose und zerebellare Ataxie, ein Belegungstag oder ohne äußerst schwere CC, Alter > 15 Jahre, ohne komplexe Diagnose	0,460	0,460	-	-	6,6	1	0,324	16	0,049	0,060	-	-	0,6637
B69D	M	Transitorische ischämische Attacke (TIA) und extrakranielle Gefäßverschlüsse ohne neurologische Komplexbehandlung des akuten Schlaganfalls, ohne andere neurologische Komplexbehandlung des akuten Schlaganfalls, ohne äußerst schwere CC	0,524	0,524	-	-	3,9	1	0,258	9	0,072	0,111	-	-	0,8327
B70E	M	Apoplexie ohne neurologische Komplexbehandlung des akuten Schlaganfalls, ohne andere neurol. Komplexbeh. des akuten Schlaganfalls, mehr als 72 Stunden, mit komplizierender Diagnose oder systemischer Thrombolyse oder Alter < 16 Jahre	0,981	0,980	-	-	8,0	2	0,321	18	0,085	0,107	-	-	1,2176
B70F	M	Apoplexie ohne neurologische Komplexbehandlung des akuten Schlaganfalls, ohne andere neurologische Komplexbehandlung des akuten Schlaganfalls, ohne komplizierende Diagnose, ohne systemische Thrombolyse, Alter < 15 Jahre	0,701	0,700	-	-	7,7	-	-	17	0,063	0,075	-	-	0,8966
B70G	M	Apoplexie mit neurologischer Komplexbehandlung des akuten Schlaganfalls oder mit anderer neurologischer Komplexbehandlung des akuten Schlaganfalls, verstorben < 4 Tage nach Aufnahme	0,713	0,711	-	-	2,5	-	-	-	-	-	x	-	2,3958
B70H	M	Apoplexie ohne neurologische Komplexbehandlung des akuten Schlaganfalls, ohne andere neurologische Komplexbehandlung des akuten Schlaganfalls, verstorben < 4 Tage nach Aufnahme	0,559	0,557	-	-	2,4	-	-	-	-	-	x	-	2,3831
B70I	M	Apoplexie, ein Belegungstag	0,277	0,277	-	-	1,0	-	-	-	-	-	-	-	1,3438
B71D	M	Erkrankungen an Hirnnerven und peripheren Nerven ohne komplexe Diagnose, ohne Komplexbehandlung der Hand, ohne äußerst schwere oder schwere CC oder ohne Komplexbehandlung der Hand oder mit kompl. Diagnose, ohne schw. CC oder außer bei Para- / Tetraplegie	0,442	0,442	-	-	5,3	1	0,226	11	0,058	0,070	-	-	0,6598
B76E	M	Anfälle, ein Belegungstag oder ohne komplexe Diagnostik und Therapie, ohne äußerst schwere oder schwere CC, ohne EEG, Alter > 5 Jahre, ohne komplexe Diagnose	0,427	0,426	-	-	3,8	1	0,228	8	0,078	0,089	-	-	1,0072
B77Z	M	Kopfschmerzen	0,365	0,365	-	-	3,1	1	0,169	7	0,080	0,087	-	-	0,7552
B78A	M	Intrakranielle Verletzung, Alter < 6 Jahre oder mit komplizierender Diagnose oder Intensivmedizinischer Komplexbehandlung > 196 / 184 / - Aufwandspunkte	0,719	0,714	-	-	6,0	1	0,413	15	0,082	0,101	-	-	1,3230
B78B	M	Intrakranielle Verletzung, Alter > 5 Jahre, ohne komplizierende Diagnose, ohne Intensivmedizinische Komplexbehandlung > 196 / 184 / - Aufwandspunkte	0,569	0,568	-	-	5,1	1	0,312	13	0,077	0,092	-	-	1,1514
B79Z	M	Schädelfrakturen, Somnolenz, Sopor oder andere Kopfverletzungen und bestimmte Fraktur	0,427	0,424	-	-	3,5	1	0,211	8	0,083	0,093	-	-	1,3069
B80Z	M	Andere Kopfverletzungen	0,234	0,233	-	-	2,2	1	0,079	4	0,068	0,071	-	-	1,0802
B81B	M	Andere Erkrankungen des Nervensystems ohne komplexe Diagnose, ohne bestimmte aufwendige / hochaufwendige Behandlung	0,506	0,504	-	-	5,5	1	0,258	12	0,060	0,077	-	-	0,7639
B82Z	M	Andere Erkrankungen an peripheren Nerven	0,279	0,279	-	-	3,3	1	0,116	7	0,061	0,066	-	-	0,6820
B85C	M	Degenerative Krankheiten des Nervensystems ohne hochkomplexe Diagnose, ohne äußerst schwere oder schwere CC oder ein Belegungstag, mit komplexer Diagnose, zerebrale Lähmungen oder Delirium, Alter > 1 Jahr	0,541	0,539	-	-	6,7	1	0,359	16	0,061	0,075	-	-	0,9281
B85D	M	Degenerative Krankheiten des Nervensystems ohne hochkomplexe Diagnose, ohne äußerst schwere oder schwere CC oder ein Belegungstag, ohne komplexe Diagnose	0,414	0,414	-	-	4,2	1	0,225	10	0,066	0,078	-	-	0,8644

Fallpauschalen-Katalog und Pflegeerlöskatalog
Teil b) Bewertungsrelationen bei Versorgung durch Belegabteilungen

DRG	Partition	Bezeichnung [6]	Bewertungsrelation bei Belegoperateur	Bewertungsrelation bei Belegoperateur und Beleganästhesist	Bewertungsrelation bei Belegoperateur und Beleghebamme	Bewertungsrelation bei Belegoperateur, -anästhesist und -hebamme	Mittlere Verweildauer [1]	Untere Grenzverweildauer: Erster Tag mit Abschlag [2), 5)]	Untere Grenzverweildauer: Bewertungsrelation/Tag	Obere Grenzverweildauer: Erster Tag zus. Entgelt [3), 5)]	Obere Grenzverweildauer: Bewertungsrelation/Tag	Externe Verlegung Abschlag/Tag (Bewertungsrelation)	Verlegungsfallpauschale	Ausnahme von Wiederaufnahme [4]	Pflegeerlös Bewertungsrelation/Tag
1	2	3	4	5	6	7	8	9	10	11	12	13	14	15	16
MDC 02 Krankheiten und Störungen des Auges															
C01A	O	Komplexer Eingriff bei penetrierenden Augenverletzungen oder bestimmte Orbitotomie	1,131	1,026	-	-	6,4	1	0,210	14	0,064	0,065	-	-	0,7594
C01B	O	Andere Eingriffe bei penetrierenden Augenverletzungen oder Amnionmembrantransplantation oder bestimmte Biopsie	0,599	0,568	-	-	5,1	1	0,309	12	0,044	0,053	-	-	0,7658
C03A	O	Eingriffe an Retina, Orbita und Augenlid oder Entfernung Augapfel mit komplexem Eingriff oder komplizierenden Faktoren oder mit bestimmtem Eingriff oder bei bösartiger Neubildung, Alter < 16 Jahre	0,686	0,618	-	-	4,3	1	0,116	11	0,037	0,040	-	-	0,7910
C03B	O	Eingriffe an Retina, Orbita und Augenlid oder Entfernung Augapfel ohne komplexen Eingriff, ohne komplizierende Faktoren, mit bestimmtem Eingriff oder bei bösartiger Neubildung, Alter > 15 Jahre	0,439	0,393	-	-	2,3	1	0,072	4	0,041	0,082	-	-	0,7166
C03C	O	Eingriffe an Retina, Orbita und Augenlid oder Entfernung Augapfel, ohne komplexen oder bestimmten Eingriff, außer bei bösartiger Neubildung	0,359	0,333	-	-	2,2	1	0,048	4	0,040	0,062	-	-	0,7276
C04A	O	Hornhauttransplantation mit extrakapsulärer Extraktion der Linse (ECCE) oder Amnionmembrantransplantation oder komplexem Eingriff oder komplexer Diagnose oder Pars-plana-Vitrektomie oder Alter < 16 Jahre	1,197	1,145	-	-	4,9	1	0,164	12	0,119	0,054	-	x	0,6862
C04B	O	Hornhauttransplantation ohne extrakapsuläre Extraktion der Linse (ECCE), ohne Amnionmembrantransplantation, ohne komplexen Eingriff, ohne komplexe Diagnose, ohne Pars-plana-Vitrektomie, Alter > 15 Jahre	0,931	0,903	-	-	4,2	1	0,120	10	0,114	0,055	-	x	0,7012
C05Z	O	Dakryozystorhinostomie	0,515	0,454	-	-	2,3	1	0,175	6	0,045	0,046	-	-	0,7534
C06Z	O	Komplexe Eingriffe bei Glaukom	0,377	0,346	-	-	3,8	1	0,090	7	0,033	0,038	-	-	0,6607
C07A	O	Andere Eingriffe bei Glaukom mit extrakapsulärer Extraktion der Linse (ECCE) oder komplexem Eingriff am Auge oder bestimmten Eingriffen bei Glaukom oder Alter < 6 Jahre	0,467	0,441	-	-	3,0	1	0,059	6	0,041	0,044	-	-	0,7419
C07B	O	Andere Eingriffe bei Glaukom ohne extrakapsuläre Extraktion der Linse (ECCE), ohne komplexen Eingriff am Auge, ohne bestimmte Eingriffe bei Glaukom, Alter > 5 Jahre	0,242	0,227	-	-	2,5	1	0,077	6	0,037	0,033	-	-	0,7088
C08A	O	Beidseitige extrakapsuläre Extraktion der Linse (ECCE) oder extrakapsuläre Extraktion der Linse oder bestimmte andere Eingriffe am Auge bei komplexer Diagnose oder Alter < 10 Jahre	0,467	0,427	-	-	3,7	1	0,173	8	0,040	0,046	-	-	0,7723
C08B	O	Extrakapsuläre Extraktion der Linse (ECCE) ohne komplexe Diagnose oder bestimmte Eingriffe am Auge, Alter > 9 Jahre	0,247	0,230	-	-	2,0	1	0,020	3	0,038	0,036	-	-	0,8586
C10A	O	Eingriffe an den Augenmuskeln mit erhöhtem Aufwand	0,551	0,484	-	-	2,2	1	0,103	4	0,049	0,057	-	-	1,2277
C10B	O	Eingriffe an den Augenmuskeln ohne erhöhten Aufwand, mit komplexem Eingriff oder Alter < 6 Jahre	0,487	0,431	-	-	2,2	1	0,097	4	0,067	0,052	-	-	1,2160
C10C	O	Eingriffe an den Augenmuskeln ohne erhöhten Aufwand, ohne komplexen Eingriff, Alter > 5 Jahre	0,436	0,383	-	-	2,2	1	0,063	4	0,049	0,050	-	-	1,0576
C12Z	O	Andere Rekonstruktionen der Augenlider	0,549	0,501	-	-	3,4	1	0,269	8	0,044	0,051	-	-	0,7197
C13Z	O	Eingriffe an Tränendrüse und Tränenwegen	0,387	0,355	-	-	2,9	1	0,114	6	0,046	0,050	-	-	0,8674
C14Z	O	Andere Eingriffe am Auge	0,270	0,251	-	-	2,7	1	0,075	6	0,037	0,040	-	-	0,7857
C15Z	O	Andere Eingriffe an der Retina	0,411	0,374	-	-	2,9	1	0,066	6	0,041	0,042	-	-	0,7685
C20A	O	Eingriffe an Kornea, Sklera und Konjunktiva, Eingriffe am Augenlid oder verschiedene Eingriffe an der Linse, Alter < 16 Jahre oder mit bestimmter Transplantation am Auge oder bei bösartiger Neubildung am Auge	0,553	0,505	-	-	3,0	1	0,221	7	0,068	0,059	-	-	1,0046
C20B	O	Eingriffe an Kornea, Sklera und Konjunktiva, Eingriffe am Augenlid oder verschiedene Eingriffe an der Linse, Alter > 15 Jahre, ohne bestimmte Transplantation am Auge außer bei bösartiger Neubildung am Auge	0,394	0,355	-	-	3,0	1	0,077	6	0,038	0,040	-	-	0,7975
C60Z	M	Akute und schwere Augeninfektionen	0,334	0,334	-	-	5,1	1	0,245	11	0,043	0,054	-	-	0,7155
C61Z	M	Neuro-ophthalmologische und vaskuläre Erkrankungen des Auges	0,419	0,417	-	-	3,9	1	0,224	9	0,071	0,084	-	-	0,6727
C62Z	M	Hyphäma und konservativ behandelte Augenverletzungen	0,223	0,223	-	-	3,5	1	0,095	7	0,049	0,042	-	-	0,7706
C63Z	M	Andere Erkrankungen des Auges oder Augenerkrankungen bei Diabetes mellitus	0,340	0,339	-	-	3,6	1	0,174	8	0,061	0,073	-	-	0,7510
C64Z	M	Glaukom, Katarakt und Erkrankungen des Augenlides	0,138	0,138	-	-	2,2	1	0,063	4	0,044	0,044	-	-	0,7434

Fallpauschalen-Katalog und Pflegeerlöskatalog

Teil b) Bewertungsrelationen bei Versorgung durch Belegabteilungen

DRG	Partition	Bezeichnung[6]	Bewertungsrelation bei Belegoperateur	Bewertungsrelation bei Belegoperateur und Beleganästhesist	Bewertungsrelation bei Belegoperateur und Beleghebamme	Bewertungsrelation bei Belegoperateur, -anästhesist und -hebamme	Mittlere Verweildauer[1]	Untere Grenzverweildauer: Erster Tag mit Abschlag[2), 5)]	Untere Grenzverweildauer: Bewertungsrelation/Tag	Obere Grenzverweildauer: Erster Tag zus. Entgelt[3), 5)]	Obere Grenzverweildauer: Bewertungsrelation/Tag	Externe Verlegung Abschlag/Tag (Bewertungsrelation)	Verlegungsfallpauschale	Ausnahme von Wiederaufnahme[4]	Pflegeerlös Bewertungsrelation/Tag
1	2	3	4	5	6	7	8	9	10	11	12	13	14	15	16
MDC 03 Krankheiten und Störungen des Ohres, der Nase, des Mundes und des Halses															
D01B	O	Kochleaimplantation, unilateral	5,885	5,778	-	-	4,1	1	0,237	8	0,113	0,093	-	-	0,7493
D02A	O	Komplexe Resektionen mit Rekonstruktionen an Kopf und Hals mit komplexem Eingriff oder mit Kombinationseingriff mit äußerst schweren CC	4,717	4,331	-	-	18,8	5	0,351	34	0,195	0,106	-	-	1,3451
D02B	O	Komplexe Resektionen mit Rekonstruktionen an Kopf und Hals ohne komplexen Eingriff, ohne Kombinationseingriff mit äußerst schweren CC	3,679	3,339	-	-	14,5	4	0,325	27	0,178	0,100	-	-	1,1643
D03A	O	Operative Korrektur einer Lippen-Kiefer-Gaumen-Spalte oder bestimmte plastische Rekonstruktion am Kopf mit Hartgaumenplastik oder bestimmte Knochentransplantation an Kiefer- und Gesichtsschädelknochen oder Alter < 2 Jahre	1,311	1,171	-	-	4,2	1	0,194	9	0,093	0,075	-	-	1,4909
D03B	O	Operative Korrektur einer Lippen-Kiefer-Gaumen-Spalte oder bestimmte plastische Rekonstruktion am Kopf ohne Hartgaumenplastik, ohne bestimmte Knochentransplantation an Kiefer- und Gesichtsschädelknochen, Alter > 1 Jahr	0,965	0,845	-	-	4,7	1	0,130	10	0,048	0,048	-	-	0,9355
D04A	O	Bignathe Osteotomie und komplexe Eingriffe am Kiefer oder Rekonstruktion der Trachea oder plastische Rekonstruktion der Ohrmuschel mit mikrovaskulärem Lappen, mit komplexem Eingriff	1,730	1,544	-	-	4,3	1	0,224	8	0,213	0,102	-	-	0,9726
D04B	O	Bignathe Osteotomie und komplexe Eingriffe am Kiefer oder Rekonstruktion der Trachea oder plastische Rekonstruktion der Ohrmuschel mit mikrovaskulärem Lappen, ohne komplexen Eingriff	1,318	1,190	-	-	5,4	1	0,245	10	0,185	0,082	-	-	0,9249
D05A	O	Komplexe Parotidektomie	1,079	0,947	-	-	3,2	1	0,146	7	0,064	0,070	-	-	0,7559
D05B	O	Komplexe Eingriffe an den Speicheldrüsen außer komplexe Parotidektomien	0,570	0,499	-	-	2,6	1	0,079	5	0,043	0,042	-	-	0,7778
D06A	O	Komplexe Eingriffe an Nasennebenhöhlen, Mastoid, Mittelohr, Speicheldrüsen, Rachen, Alter < 6 Jahre oder Alter > 15 Jahre mit komplexer Prozedur oder Diagnose, mit Resektion des Felsenbeins oder mit intrakraniellem Eingriff bei bösartiger Neubildung	1,165	1,052	-	-	6,0	1	0,242	13	0,057	0,069	-	-	1,2107
D06B	O	Andere Eingriffe an Nasennebenhöhlen, Mastoid, Mittelohr, Speicheldrüsen, Rachen, Alter > 5 Jahre und Alter < 16 Jahre oder Alter > 15 Jahre, mit komplexer Prozedur oder Diagnose, ohne Resektion am Felsenbein, ohne intrakraniellen Eingriff bei BNB	0,505	0,443	-	-	2,6	1	0,083	5	0,038	0,042	-	-	0,8374
D06C	O	Bestimmte Eingriffe an Nasennebenhöhlen, Mastoid, Mittelohr, Speicheldrüsen, Rachen, Alter > 15 Jahre, ohne komplexe Prozedur, ohne komplexe Diagnose, mit bestimmter Prozedur	0,414	0,364	-	-	2,6	1	0,135	5	0,034	0,035	-	-	0,7390
D08B	O	Eingriffe an Mundhöhle und Mund bei bösartiger Neubildung ohne äußerst schwere CC	0,613	0,565	-	-	4,1	1	0,247	9	0,107	0,068	-	-	0,8120
D12A	O	Andere aufwendige Eingriffe an Ohr, Nase, Mund und Hals mit komplexer Diagnose	1,070	0,978	-	-	5,2	1	0,258	14	0,073	0,106	-	-	0,9020
D12B	O	Andere Eingriffe an Ohr, Nase, Mund und Hals ohne komplexe Diagnose	0,419	0,374	-	-	3,0	1	0,096	6	0,032	0,039	-	-	0,7988
D13A	O	Kleine Eingriffe an Nase, Ohr, Mund und Hals mit komplizierender Diagnose oder bestimmtem Eingriff oder Alter < 16 Jahre mit äußerst schweren CC oder Alter < 1 Jahr	0,656	0,588	-	-	2,9	1	0,234	7	0,063	0,073	-	-	0,8910
D13B	O	Kleine Eingriffe an Nase, Ohr, Mund und Hals ohne komplizierende Diagnose, ohne bestimmten Eingriff, Alter > 15 Jahre oder ohne äußerst schwere CC, Alter > 0 Jahre	0,385	0,353	-	-	2,4	1	0,080	6	0,054	0,049	-	-	0,9600
D15A	O	Tracheostomie mit äußerst schweren CC oder mit radikaler zervikaler Lymphadenektomie oder Implantation einer Kiefergelenkendoprothese	2,714	2,513	-	-	17,4	5	0,239	33	0,061	-	x	-	1,1587
D15B	O	Tracheostomie ohne äußerst schwere CC, ohne radikale zervikale Lymphadenektomie	1,672	1,574	-	-	13,8	4	0,223	26	0,056	-	x	-	1,0571
D16Z	O	Materialentfernung an Kiefer und Gesicht	0,556	0,482	-	-	2,6	1	0,101	5	0,050	0,042	-	-	0,8056
D19Z	O	Strahlentherapie bei Krankheiten und Störungen des Ohres, der Nase, des Mundes und des Halses, Bestrahlungen an mindestens 9 Tagen	2,569	2,562	-	-	21,2	6	0,357	39	0,117	0,112	-	x	0,7497
D20A	O	Strahlentherapie bei Krankheiten und Störungen des Ohres, der Nase, des Mundes und des Halses, Bestrahlungen an mindestens 5 Tagen	1,027	1,025	-	-	7,4	-	-	15	0,134	0,118	-	x	0,7719
D20B	O	Strahlentherapie bei Krankheiten und Störungen des Ohres, der Nase, des Mundes und des Halses, Bestrahlungen an weniger als 5 Tagen	0,542	0,539	-	-	3,4	1	0,258	9	0,136	0,134	-	x	0,8149
D22A	O	Eingriffe an Mundhöhle und Mund, mit Mundboden- oder Vestibulumplastik, mit Eingriffen an Gaumen- und Rachenmandeln bei bösartiger Neubildung oder komplexe Eingriffe am Kopf	0,688	0,619	-	-	4,6	1	0,163	10	0,049	0,058	-	-	0,7460
D22B	O	Eingriffe an Mundhöhle und Mund oder Eingriffe an Hals und Kopf, ohne Mundboden- oder Vestibulumplastik, ohne Eingriffe an Gaumen- und Rachenmandeln bei bösartiger Neubildung, ohne komplexe Eingriffe am Kopf	0,340	0,294	-	-	2,7	1	0,074	7	0,035	0,036	-	-	0,8397

Fallpauschalen-Katalog und Pflegeerlöskatalog

Teil b) Bewertungsrelationen bei Versorgung durch Belegabteilungen

DRG	Partition	Bezeichnung [6]	Bewertungsrelation bei Belegoperateur	Bewertungsrelation bei Belegoperateur und Beleganästhesist	Bewertungsrelation bei Belegoperateur und Beleghebamme	Bewertungsrelation bei Belegoperateur, -anästhesist und -hebamme	Mittlere Verweildauer [1]	Untere Grenzverweildauer: Erster Tag mit Abschlag [2, 5]	Untere Grenzverweildauer: Bewertungsrelation/Tag	Obere Grenzverweildauer: Erster Tag zus. Entgelt [3, 5]	Obere Grenzverweildauer: Bewertungsrelation/Tag	Externe Verlegung Abschlag/Tag (Bewertungsrelation)	Verlegungsfallpauschale	Ausnahme von Wiederaufnahme [4]	Pflegeerlös Bewertungsrelation/Tag
1	2	3	4	5	6	7	8	9	10	11	12	13	14	15	16
D24B	O	Komplexe Hautplastiken und große Eingriffe an Kopf und Hals ohne äußerst schwere CC, ohne Kombinationseingriff	1,754	1,572	-	-	6,8	1	0,346	15	0,071	0,089	-	-	0,8740
D25C	O	Mäßig komplexe Eingriffe an Kopf und Hals bei BNB oder mit Eingriff an den oberen Atemwegen, ohne Laryngektomie, ohne Exzision von Tumorgewebe, ohne äußerst schwere CC	1,312	1,180	-	-	6,1	1	0,268	14	0,138	0,076	-	-	0,8656
D25D	O	Mäßig komplexe Eingriffe an Kopf und Hals außer bei bösartiger Neubildung ohne äußerst schwere CC	0,517	0,462	-	-	4,2	1	0,117	10	0,037	0,043	-	-	0,8819
D28Z	O	Andere Eingriffe an Kopf und Hals mit komplexem Eingriff oder bei bösartiger Neubildung oder Rekonstruktion mit Gesichtsepithesen oder totale Auflagerungsplastik der Maxilla	0,587	0,519	-	-	2,6	1	0,078	6	0,100	-	x	-	0,8435
D29Z	O	Operationen am Kiefer und andere Eingriffe an Kopf und Hals außer bei bösartiger Neubildung	0,754	0,668	-	-	3,3	1	0,282	8	0,058	0,062	-	-	0,8093
D30A	O	Tonsillektomie außer bei BNB od. versch. Eingriffe Ohr, Nase, Mund, Hals oh. äuß. schw. CC, m. aufw. Eingr. od. Eingr. Mundh., Mund, Alter < 3 J. od. m. kompl. Diag. od. Alter < 16 J. m. äuß. schw. od. schw. CC od. m. Eingr. Ohr, Trachea m. äuß. schw. CC	0,463	0,410	-	-	2,6	1	0,057	5	0,037	0,038	-	-	0,8011
D30B	O	Tonsillektomie außer bei BNB oder verschiedene Eingriffe an Ohr, Nase, Mund und Hals, Alter > 15 oder ohne äußerst schwere oder schwere CC, Alter < 12 Jahre oder Alter > 11 Jahre bei BNB oder mit anderem Eingriff oder ohne Eingriff an Hals, Trachea	0,345	0,310	-	-	3,1	1	0,086	6	0,031	0,034	-	-	0,7636
D30C	O	Kleine Eingriffe an Ohr, Nase, Mund und Hals, Alter > 11 Jahre	0,279	0,260	-	-	2,4	1	0,007	5	0,052	0,054	-	-	0,8075
D35Z	O	Eingriffe an Nase, Nasennebenhöhlen bei bösartiger Neubildung	0,916	0,823	-	-	4,3	1	0,183	9	0,175	0,072	-	-	0,7554
D36Z	O	Sehr komplexe Eingriffe an den Nasennebenhöhlen	0,751	0,672	-	-	3,4	1	0,187	8	0,062	0,070	-	-	0,7895
D37A	O	Sehr komplexe Eingriffe an der Nase, Alter < 16 Jahre oder bei Gaumenspalte oder Spaltnase oder plastische Rekonstruktion der Nase mit Rippenknorpeltransplantation	1,219	1,053	-	-	3,7	1	0,131	7	0,055	0,056	-	-	0,7529
D37B	O	Sehr komplexe Eingriffe an der Nase, Alter > 15 Jahre, außer bei Gaumenspalte oder Spaltnase, ohne plastische Rekonstruktion der Nase mit Rippenknorpeltransplantation	0,484	0,421	-	-	2,2	1	0,084	4	0,036	0,073	-	-	0,8626
D38Z	O	Mäßig komplexe Eingriffe an Nase, Nasennebenhöhlen, Gesichtsschädelknochen	0,446	0,386	-	-	2,6	1	0,100	5	0,037	0,039	-	-	0,7044
D39Z	O	Andere Eingriffe an der Nase	0,370	0,334	-	-	2,5	1	0,092	6	0,050	0,056	-	-	0,8063
D40Z	A	Zahnextraktion und -wiederherstellung	0,442	0,402	-	-	2,6	1	0,085	5	0,053	0,055	-	-	1,0404
D60B	M	Bösartige Neubildungen an Ohr, Nase, Mund und Hals, ein Belegungstag oder ohne äußerst schwere oder schwere CC	0,473	0,448	-	-	3,9	1	0,173	9	0,061	0,071	-	x	0,9086
D61Z	M	Gleichgewichtsstörung, Hörverlust und Tinnitus	0,373	0,373	-	-	3,9	1	0,169	8	0,059	0,076	-	-	0,6853
D63B	M	Otitis media oder Infektionen der oberen Atemwege oder Blutung aus Nase und Rachen ohne äußerst schwere CC	0,184	0,182	-	-	3,4	1	0,088	7	0,041	0,042	-	-	1,0287
D64Z	M	Laryngotracheitis, Laryngospasmus und Epiglottitis	0,196	0,195	-	-	2,2	1	0,078	4	0,059	0,058	-	-	1,3908
D65Z	M	Andere Krankheiten an Ohr, Nase, Mund und Hals oder Verletzung und Deformität der Nase	0,318	0,304	-	-	3,1	1	0,088	7	0,053	0,083	-	-	0,8924
D67Z	M	Erkrankungen von Zähnen und Mundhöhle	0,339	0,326	-	-	3,7	1	0,103	8	0,054	0,059	-	-	0,9361
MDC 04 Krankheiten und Störungen der Atmungsorgane															
E02B	O	Andere OR-Prozeduren an den Atmungsorganen, Alter > 9 Jahre, mit mäßig aufwendigem Eingriff bei Krankheiten und Störungen der Atmungsorgane oder mehr als ein Belegungstag mit bestimmtem Eingriff an Larynx oder Trachea oder mit äußerst schweren CC	1,386	1,352	-	-	11,9	3	0,252	25	0,058	0,078	-	-	0,7938
E02C	O	Andere OR-Prozeduren an den Atmungsorganen, Alter > 9 J., mehr als 1 BT, ohne best. Eingr. an Larynx oder Trachea, ohne mäßig aufwend. Eingr., ohne äuß. schw. CC, mit best. endoskop. Lungenvolumenred. oder anderem mäßig kompl. Eingr. oder Alter < 18 J.	0,744	0,696	-	-	5,6	1	0,214	14	0,063	0,074	-	-	0,7560
E02D	O	Andere OR-Prozeduren an den Atmungsorganen, Alter > 17 Jahre, mehr als 1 BT, ohne bestimmten Eingriff an Larynx oder Trachea, ohne mäßig aufwendigen Eingriff, ohne äußerst schwere CC, ohne endoskop. Lungenvolumenred., ohne anderen mäßig kompl. Eingriff	0,781	0,768	-	-	5,6	-	-	14	0,072	0,086	-	-	0,6626
E02E	O	Andere OR-Prozeduren an den Atmungsorganen, Alter > 17 J., ohne best. Eingriff an Larynx oder Trachea, ohne mäßig aufwendigen Eingriff, ohne äußerst schwere CC, ohne endoskop. Lungenvolumenreduktion, ohne andere mäßig kompl. Eingriffe, ein Belegungstag	0,441	0,425	-	-	1,0	-	-	-	-	-	-	-	1,3415
E07Z	O	Aufwendige Eingriffe bei Schlafapnoesyndrom	0,559	0,492	-	-	3,4	1	0,110	7	0,045	0,050	-	-	0,6456

Fallpauschalen-Katalog und Pflegeerlöskatalog
Teil b) Bewertungsrelationen bei Versorgung durch Belegabteilungen

DRG	Partition	Bezeichnung [6]	Bewertungsrelation bei Belegoperateur	Bewertungsrelation bei Belegoperateur und Beleganästhesist	Bewertungsrelation bei Belegoperateur und Beleghebamme	Bewertungsrelation bei Belegoperateur, -anästhesist und -hebamme	Mittlere Verweildauer [1]	Untere Grenzverweildauer: Erster Tag mit Abschlag [2], [5]	Untere Grenzverweildauer: Bewertungsrelation/Tag	Obere Grenzverweildauer: Erster Tag zus. Entgelt [3], [5]	Obere Grenzverweildauer: Bewertungsrelation/Tag	Externe Verlegung Abschlag/Tag (Bewertungsrelation)	Verlegungsfallpauschale	Ausnahme von Wiederaufnahme [4]	Pflegeerlös Bewertungsrelation/Tag
1	2	3	4	5	6	7	8	9	10	11	12	13	14	15	16
E08B	O	Strahlentherapie bei Krankheiten und Störungen der Atmungsorgane ohne operativen Eingriff oder Beatmung > 24 Stunden, mehr als ein Belegungstag, Bestrahlungen an mindestens 9 Tagen	2,679	2,670	-	-	22,5	7	0,320	41	0,116	-	x	x	0,7153
E08C	O	Strahlentherapie bei Krankheiten und Störungen der Atmungsorgane ohne operativen Eingriff od. Beatmung > 24 Stunden, mehr als ein Belegungstag, Bestrahlungen an mindestens 5 Tagen od. mindestens 10 Bestrahlungen od. zerebrale, stereotaktische Bestrahlung	1,342	1,339	-	-	12,9	3	0,324	27	0,107	0,091	-	x	0,8056
E08D	O	Strahlentherapie bei Krankheiten und Störungen der Atmungsorgane ohne operativen Eingr. oder Beatmung > 24 Stunden, mehr als ein Belegungstag, Bestrahlungen an weniger als 5 Tagen, weniger als 10 Bestrahlungen, ohne zerebrale, stereotaktische Bestrahlung	0,900	0,897	-	-	8,6	2	0,280	21	0,096	-	x	x	0,7648
E40C	A	Krankheiten und Störungen der Atmungsorgane mit Beatmung > 24 Stunden, mehr als 2 Belegungstage, mit komplexer Prozedur, ohne äußerst schwere CC, außer bei bestimmter Para- / Tetraplegie	1,471	1,466	-	-	9,2	2	0,516	21	0,086	0,149	-	x	2,0048
E63B	M	Schlafapnoesyndrom oder Polysomnographie oder kardiorespiratorische Polygraphie bis 2 Belegungstage, Alter > 17 Jahre, ohne bestimmte invasive kardiologische Diagnostik	0,118	0,118	-	-	2,1	1	0,031	4	0,040	0,039	-	-	0,7434
E64A	M	Respiratorische Insuffizienz, mehr als ein Belegungstag, mit äußerst schweren CC oder bestimmte Lungenembolie oder IntK > 196 / 184 / 184 Aufwandspunkte oder Komplexbehandlung bei isolationspflichtigen Erregern, Alter > 15 Jahre	0,804	0,803	-	-	7,6	2	0,260	17	0,068	0,091	-	-	1,0657
E64B	M	Respiratorische Insuffizienz, mehr als ein Belegungstag, mit IntK > 0 / 0 / - Aufwandspunkten, ohne IntK > 196 / 184 / 184 Aufwandspunkten, ohne äußerst schwere CC, Alter < 16 Jahre	0,853	0,852	-	-	6,0	-	-	14	0,138	0,119	-	-	1,5671
E64C	M	Respiratorische Insuffizienz, mehr als ein Belegungstag, ohne äußerst schwere CC, IntK < - / - / 185 Aufwandspunkten, Alter > 15 Jahre	0,465	0,465	-	-	5,4	-	-	12	0,059	0,070	-	-	0,8065
E64D	M	Respiratorische Insuffizienz, ein Belegungstag	0,194	0,194	-	-	1,0	-	-	-	-	-	-	-	1,2920
E65A	M	Chron.-obstr. Atemwegserkrankung od. best. Atemwegsinfekt. mit äuß. schw. CC od. best. hochaufw. Beh. od. kompliz. Fakt. od. Bronchitis u. Asthma bronch., > 1 BT, mit äuß. schw. od. schw. CC, Alter < 1 J., mit RS-V.-Infekt., mit IntK > 196 / 184 / - P.	1,160	1,159	-	-	17,8	5	0,187	29	0,047	0,060	-	-	1,0485
E65B	M	Chronisch-obstruktive Atemwegserkrankung oder best. Atemwegsinfektion ohne äußerst schwere CC, mit komplizierender Diagnose oder mit FEV1 < 35% und mehr als ein Belegungstag oder Alter < 1 J. oder mit best. mäßig aufwendiger /and. aufwendiger Behandlung	0,585	0,585	-	-	8,2	2	0,184	17	0,048	0,063	-	-	0,7616
E65C	M	Chronisch-obstruktive Atemwegserkrankung ohne äußerst schwere CC, ohne komplizierende Diagnose, ohne FEV1 < 35% oder ein Belegungstag oder Alter > 1 Jahr, ohne bestimmte mäßig aufwendige / andere aufwendige Behandlung	0,451	0,451	-	-	6,6	1	0,252	14	0,044	0,058	-	-	0,7200
E66A	M	Schweres Thoraxtrauma mit komplizierender Diagnose	0,477	0,475	-	-	5,4	1	0,225	12	0,060	0,089	-	-	0,8841
E66B	M	Schweres Thoraxtrauma ohne komplizierende Diagnose	0,349	0,347	-	-	4,2	1	0,135	10	0,053	0,079	-	-	0,8030
E69B	M	Bronchitis und Asthma bronchiale, mehr als 1 BT u. Alter > 55 J. od. mit äuß. schw. od. schw. CC, Alter > 0 J. od. 1 BT od. oh. äuß. schw. od. schw. CC, Alter < 1 J. od. flex. Bronchoskopie, Alter < 16 J. od. andere mäßig aufw. Beh., mit RS-Virus-Infekt.	0,424	0,422	-	-	6,6	1	0,276	13	0,044	0,055	-	-	0,8353
E69C	M	Bronchitis und Asthma bronchiale, ein Belegungstag oder ohne äuß. schw. oder schw. CC oder Alter < 56 Jahre oder Beschwerden und Symptome der Atmung oder Störungen der Atmung mit Ursache in der Neonatalperiode, ohne bestimmte aufw./hochaufw. Behandlung	0,295	0,294	-	-	3,7	1	0,122	7	0,057	0,064	-	-	1,0651
E70Z	M	Keuchhusten und akute Bronchiolitis	0,295	0,295	-	-	4,0	1	0,154	9	0,052	0,059	-	-	1,4763
E71A	M	Neubildungen der Atmungsorgane mit intensivmedizinischer Komplexbehandlung > 196 / 184 / - Aufwandspunkten oder mehr als ein Belegungstag mit äußerst schweren CC	1,244	1,239	-	-	14,7	4	0,232	30	0,056	0,077	-	x	0,9298
E71B	M	Neubildungen der Atmungsorgane, ein Belegungstag oder ohne äußerst schwere CC, mit Ösophagusprothese oder endoskopischer Stufenbiopsie oder endoskopischer Biopsie am Respirationstrakt mit Chemotherapie ohne int. Komplexbeh. > 196 / 184 / - Punkten	0,946	0,942	-	-	7,5	1	0,493	19	0,062	0,099	-	x	0,6415
E71C	M	Neubildungen der Atmungsorgane, ein Belegungstag oder ohne äußerst schwere CC, ohne Ösophagusproth., ohne Stufenbiop., ohne Chemotherapie od. ohne endoskop. Biop. am Respir.-Trakt, mit Bronchoskop. mit starrem Instr. oder perkut. Biop. am Respir.-Trakt	0,572	0,568	-	-	5,1	1	0,245	13	0,067	0,080	-	x	0,6639
E71D	M	Neubildungen der Atmungsorgane, ein Belegungstag od. ohne äußerst schwere CC, ohne Ösophagusproth., ohne Stufenbiopsie, ohne Chemoth. od. ohne endoskop. Biop. am Respir.-Trakt, ohne Bronchoskopie mit starrem Instr., ohne perkut. Biopsie am Respir.-Trakt	0,442	0,440	-	-	6,5	1	0,220	15	0,050	0,055	-	x	0,8600
E73B	M	Pleuraerguss ohne äußerst schwere CC	0,445	0,444	-	-	4,8	1	0,283	12	0,058	0,069	-	-	0,7464

Fallpauschalen-Katalog und Pflegeerlöskatalog
Teil b) Bewertungsrelationen bei Versorgung durch Belegabteilungen

DRG	Partition	Bezeichnung [6]	Bewertungsrelation bei Belegoperateur	Bewertungsrelation bei Belegoperateur und Beleganästhesist	Bewertungsrelation bei Belegoperateur und Beleghebamme	Bewertungsrelation bei Belegoperateur, -anästhesist und -hebamme	Mittlere Verweildauer [1]	Untere Grenzverweildauer: Erster Tag mit Abschlag [2), 5)]	Untere Grenzverweildauer: Bewertungsrelation/Tag	Obere Grenzverweildauer: Erster Tag zus. Entgelt [3), 5)]	Obere Grenzverweildauer: Bewertungsrelation/Tag	Externe Verlegung Abschlag/Tag (Bewertungsrelation)	Verlegungsfallpauschale	Ausnahme von Wiederaufnahme [4]	Pflegeerlös Bewertungsrelation/Tag
1	2	3	4	5	6	7	8	9	10	11	12	13	14	15	16
E74Z	M	Interstitielle Lungenerkrankung	0,529	0,528	-	-	6,1	1	0,291	15	0,054	0,067	-	-	0,7316
E75C	M	Andere Krankheiten der Atmungsorgane ohne äußerst schwere CC, ohne best. andere Krankheiten der Atmungsorgane, ohne IntK > 196 / 184 / 368 P., ohne Komplexbeh. bei isolationspfl. Erregern oder Beschwerden und Symptome der Atmung mit komplexer Diagnose	0,409	0,406	-	-	5,2	1	0,190	11	0,052	0,062	-	-	0,9331
E76C	M	Tuberkulose bis 14 Belegungstag, Alter > 17 Jahre oder ohne äußerst schwere oder schwere CC oder Pneumothorax	0,583	0,580	-	-	6,3	1	0,358	14	0,061	0,075	-	-	0,9470
E77B	M	Bestimmte andere Infektionen und Entzündungen der Atmungsorgane mit bestimmter komplizierender Konstellation oder hochkomplexer Diagnose oder intensivmedizinischer Komplexbehandlung > 196 / - / - Aufwandspunkte	1,830	1,829	-	-	25,1	7	0,225	41	0,049	0,070	-	-	1,3656
E77C	M	Bestimmte andere Infektionen und Entzündungen der Atmungsorgane mit Komplexbehandlung bei isolationspflichtigen Erregern oder bestimmter hochaufwendiger Behandlung oder schwersten CC oder weiteren komplizierenden Faktoren	1,954	1,954	-	-	15,2	4	0,374	29	0,090	0,114	-	-	1,3687
E77D	M	Bestimmte andere Infektionen und Entzündungen der Atmungsorgane, Alter > 9 Jahre	1,006	1,006	-	-	11,4	3	0,242	23	0,060	0,078	-	-	0,9940
E79A	M	Infektionen und Entzündungen der Atmungsorgane mit komplexer Diagnose oder äußerst schweren CC, mehr als ein Belegungstag oder mit äußerst schweren CC mit bestimmten Infektionen oder Entzündungen	0,869	0,869	-	-	12,4	3	0,211	22	0,043	0,063	-	-	0,9965
E79B	M	Infektionen und Entzündungen der Atmungsorgane ohne komplexe Diagnose, ohne äußerst schwere CC oder ein Belegungstag, bei Para- / Tetraplegie oder mit bestimmter mäßig aufwendiger Behandlung oder mit bestimmter Pneumonie, mehr als ein Belegungstag	0,784	0,784	-	-	10,8	3	0,170	21	0,055	0,064	-	-	1,1084
E79C	M	Infektionen und Entzündungen der Atmungsorgane ohne komplexe Diagnose, ohne äußerst schwere CC oder ein Belegungstag, außer bei Para- / Tetraplegie, ohne bestimmte mäßig aufwendige Behandlung	0,482	0,481	-	-	7,0	1	0,276	14	0,046	0,058	-	-	0,9490
MDC 05 Krankheiten und Störungen des Kreislaufsystems															
F01C	O	Implantation Kardioverter / Defibrillator (AICD), Dreikammer-Stimulation oder Defibrillator oder intrakardialer Pulsgenerator, ohne komplizierende Faktoren oder Implantation eines Drucksensors in die Pulmonalarterie	2,539	2,510	-	-	4,5	1	0,427	14	0,057	0,072	-	-	0,8869
F01D	O	Implantation Kardioverter / Defibrillator (AICD), Zwei- oder Einkammer-Stim. mit äußerst schweren CC oder Einkammer-Stim. mit zusätzlichem Herz- oder Gefäßeingriff oder mit IntK > 392 / 368 / - AP oder best. Sondenentfernung oder Alter < 18 Jahre	3,286	3,253	-	-	13,3	3	0,339	27	0,067	0,095	-	-	1,1405
F01E	O	Implantation Kardioverter / Defibrillator (AICD), Zweikammer-Stimulation oder aufwendige Sondenentfernung, ohne Implantation eines Drucksensors in Pulmonalarterie, ohne Implantation eines intrakardialen Pulsgenerators, Alter > 17 Jahre	2,063	2,041	-	-	6,1	1	0,715	14	0,053	0,075	-	-	0,9108
F01F	O	Impl. Kardioverter / Defibrillator (AICD), Einkammer-Stimulation, ohne zusätzl. Herz- od. Gefäßeingriff, ohne IntK > 392 / 368 / - P., ohne äuß. schw. CC, ohne aufw. Sondenentf., ohne Impl. Drucksens. in Pulmonalart., ohne Impl. Pulsgen., Alter > 17 J.	1,842	1,808	-	-	5,1	1	0,496	13	0,056	0,079	-	-	0,8534
F02A	O	Aggregatwechsel eines Kardioverters / Defibrillators (AICD), Zwei- oder Dreikammer-Stimulation	1,607	1,574	-	-	2,8	1	0,105	6	0,056	0,056	-	-	0,9379
F02B	O	Aggregatwechsel eines Kardioverters / Defibrillators (AICD), Einkammer-Stimulation	1,382	1,349	-	-	3,0	1	0,195	7	0,050	0,051	-	-	0,8894
F08B	O	Rekonstruktive Gefäßeingriffe ohne komplizierende Konstellationen, ohne komplexe Vakuumbehandlung, ohne komplexen Aorteneingriff, mit komplexem Eingriff mit Mehretagen- oder Aorteneingriff oder Re-OP oder bestimmten Bypässen, mit äußerst schweren CC	4,790	4,473	-	-	23,9	7	0,302	42	0,072	0,098	-	-	1,1011
F08C	O	Rekonstruktive Gefäßeingriffe ohne kompl. Vakuumbeh., ohne kompl. Aorteneingriff, mit kompl. Eingriff ohne Mehretagen- od. Aorteneingriff, ohne Reop., ohne best. Bypass, mit äußerst schweren CC oder mit best. Aorteneingriff od. best. kompl. Konstellation	3,390	3,177	-	-	20,0	6	0,239	38	0,064	0,080	-	-	0,9975
F08D	O	Rekonstruktive Gefäßeingriffe ohne kompl. Konst., ohne kompl. Aorteneingriff, mit kompl. Eingr. mit Mehretagen- oder Aorteneingriff oder Reop. oder best. Byp., ohne äuß. schw. CC, ohne best. Aorteneingriff oder bestimmter Bypass mit äußerst schweren CC	2,328	2,143	-	-	12,2	3	0,251	25	0,055	0,076	-	-	0,8853
F08E	O	Rekonstruktive Gefäßeingriffe ohne kompl. Konst., ohne kompl. Vakuumbeh., ohne kompl. Aorteneingriff, mit komplex. Eingriff, ohne Mehretagen- oder Aorteneingriff, ohne Reop., ohne bestimmten Bypass, ohne äußerst schwere CC, ohne bestimmten Aorteneingriff	1,924	1,770	-	-	9,9	2	0,245	21	0,052	0,067	-	-	0,7794

Fallpauschalen-Katalog und Pflegeerlöskatalog

Teil b) Bewertungsrelationen bei Versorgung durch Belegabteilungen

DRG	Partition	Bezeichnung 6)	Bewertungsrelation bei Belegoperateur	Bewertungsrelation bei Belegoperateur und Beleganästhesist	Bewertungsrelation bei Belegoperateur und Beleghebamme	Bewertungsrelation bei Belegoperateur, -anästhesist und -hebamme	Mittlere Verweildauer 1)	Untere Grenzverweildauer		Obere Grenzverweildauer		Externe Verlegung Abschlag/Tag (Bewertungsrelation)	Verlegungs-fallpauschale	Ausnahme von Wiederaufnahme 4)	Pflegeerlös Bewertungs-relation/Tag
								Erster Tag mit Abschlag 2), 5)	Bewertungs-relation/Tag	Erster Tag zus. Entgelt 3), 5)	Bewertungs-relation/Tag				
1	2	3	4	5	6	7	8	9	10	11	12	13	14	15	16
F08F	O	Rekonstruktive Gefäßeingriffe ohne komplizierende Konstellation, ohne komplexe Vakuumbehandlung, ohne komplexen Aorteneingriff, ohne komplexen Eingriff, ohne bestimmten Aorteneingriff, mit bestimmtem Eingriff	1,623	1,485	-	-	10,6	3	0,162	20	0,044	0,056	-	-	0,7071
F08G	O	Rekonstruktive Gefäßeingriffe ohne komplizierende Konstellation, ohne komplexe Vakuumbehandlung, ohne komplexen Aorteneingriff, ohne komplexen Eingriff, ohne bestimmten Aorteneingriff, ohne bestimmten Eingriff	1,452	1,325	-	-	8,6	2	0,150	15	0,045	0,056	-	-	0,7103
F12A	O	Implantation eines Herzschrittmachers, Dreikammersystem mit äuß. schw. CC oder ablativ. Maßnahmen oder PTCA oder mit aufwendiger Sondenentfernung mit kompliz. Faktoren oder mit Revision eines Herzschrittm. oder AICD ohne Aggregatw. mit kompliz. Faktoren	3,422	3,422	-	-	13,9	4	0,232	29	0,064	0,081	-	-	1,0086
F12B	O	Implantation eines Herzschrittmachers, Dreikammersystem ohne äußerst schwere CC, ohne ablative Maßnahme, ohne PTCA oder Implantation eines Herzschrittmachers ohne aufwendige Sondenentfernung mit komplizierenden Faktoren	1,807	1,784	-	-	5,4	1	0,549	13	0,053	0,068	-	-	0,8385
F12C	O	Implantation eines Herzschrittmachers, Zweikammersystem, mit komplexem Eingriff oder Alter < 16 Jahre	2,157	2,123	-	-	8,4	2	0,260	17	0,066	0,090	-	-	1,0860
F12D	O	Implantation eines Herzschrittmachers, Zweikammersystem, ohne komplexen Eingriff, Alter > 15 Jahre, mit äußerst schweren CC oder isolierter offen chirurgischer Sondenimplantation oder aufwendiger Sondenentfernung oder mäßig komplexer PTCA	1,970	1,938	-	-	12,0	3	0,285	26	0,069	0,088	-	-	1,1719
F12E	O	Implantation eines Herzschrittmachers, Einkammersystem oder Implantation eines Ereignisrekorders, Alter > 15 Jahre, mit invasiver kardiologischer Diagnostik bei bestimmten Eingriffen	1,295	1,287	-	-	8,6	2	0,190	18	0,051	0,061	-	-	0,8327
F12F	O	Impl. HSM, Zweikammersys., oh. äuß. schwere CC, oh. isol. offen chir. Sondenimpl., oh. aufw. Sondenentf., oh. mäßig kompl. PTCA od. Impl. HSM, Einkammersys. od. Impl. Ereignisrekorder, oh. invasive kardiol. Diagnostik bei best. Eingriffen, Alter > 15 J.	0,985	0,967	-	-	4,6	1	0,339	12	0,066	0,077	-	-	0,8967
F13C	O	Amputation bei Kreislauferkrankungen an oberer Extremität oder komplexe Amputation an unterer Extremität oder Revisionseingriff ohne äußerst schwere CC	1,388	1,327	-	-	13,6	4	0,207	27	0,048	0,071	-	-	0,6812
F13D	O	Amputation bei Kreislauferkrankungen an unterer Extremität ohne komplexe Amputationen, ohne äußerst schwere CC	0,759	0,714	-	-	9,7	2	0,177	20	0,038	0,050	-	-	0,7057
F14A	O	Komplexe oder mehrfache Gefäßeingriffe außer große rekonstruktive Eingriffe mit äußerst schweren CC	3,914	3,671	-	-	24,7	7	0,276	43	0,062	0,087	-	-	1,0027
F14B	O	Komplexe oder mehrfache Gefäßeingriffe außer große rekonstruktive Eingriffe, ohne äußerst schwere CC	1,797	1,667	-	-	10,7	3	0,199	24	0,051	0,068	-	-	0,7367
F17B	O	Wechsel eines Herzschrittmachers, Einkammer- oder Zweikammersystem, Alter > 15 Jahre	0,606	0,588	-	-	2,5	1	0,103	6	0,050	0,054	-	-	0,8812
F18C	O	Revision eines Herzschrittmachers oder Kardioverters / Defibrillators (AICD) ohne Aggregatwechsel, Alter > 15 Jahre, ohne äußerst schwere CC, ohne aufwendige Sondenentfernung, mit komplexem Eingriff, ohne intraluminale expandierende Extraktionshilfe	0,958	0,910	-	-	4,7	1	0,356	12	0,056	0,064	-	-	0,8986
F18D	O	Revision eines Herzschrittmachers oder Kardioverters / Defibrillators (AICD) ohne Aggregatwechsel, Alter > 15 Jahre, ohne äußerst schwere CC, ohne aufwendige Sondenentfernung, ohne komplexen Eingriff	0,595	0,568	-	-	3,5	1	0,312	8	0,061	0,068	-	-	0,8293
F19B	O	Andere transluminale Intervention an Herz, Aorta und Lungengefäßen ohne äußerst schwere CC oder Ablation über A. renalis oder komplexe koronare Lithoplastie	1,351	1,341	-	-	3,6	1	0,327	9	0,074	0,094	-	-	1,0825
F21C	O	Andere OR-Prozeduren bei Kreislauferkrankungen ohne komplexen Eingriff, mit mäßig komplexem Eingriff oder anderer komplizierender Konstellation oder IntK > 196 / 184 / 368 Punkte	1,543	1,451	-	-	17,3	5	0,163	34	0,039	0,057	-	-	0,7496
F21D	O	Andere OR-Prozeduren bei Kreislauferkrankungen ohne komplexen Eingriff, ohne komplizierende Konstellationen, ohne IntK > 196 / 184 / 368 Punkte, ohne mäßig komplexen Eingriff, mit bestimmtem anderen Eingriff	1,060	1,004	-	-	12,4	3	0,183	27	0,039	0,057	-	-	0,7610
F21E	O	Andere OR-Prozeduren bei Kreislauferkrankungen ohne komplexen Eingriff, ohne komplizierende Konstellationen, ohne IntK > 196 / 184 / 368 Punkte, ohne mäßig komplexen Eingriff, ohne bestimmten anderen Eingriff	0,702	0,688	-	-	9,1	2	0,204	20	0,046	0,060	-	-	0,6996
F24B	O	Perkutane Koronarangioplastie mit komplexer Diagnose und hochkomplexer Intervention oder mit bestimmten Rekanalisationsverfahren, Alter > 15 Jahre, ohne äußerst schwere CC	1,136	1,135	-	-	4,4	1	0,456	10	0,079	0,112	-	-	1,0458

Fallpauschalen-Katalog und Pflegeerlöskatalog
Teil b) Bewertungsrelationen bei Versorgung durch Belegabteilungen

DRG	Partition	Bezeichnung [6]	Bewertungsrelation bei Belegoperateur	Bewertungsrelation bei Belegoperateur und Beleganästhesist	Bewertungsrelation bei Belegoperateur und Beleghebamme	Bewertungsrelation bei Belegoperateur, -anästhesist und -hebamme	Mittlere Verweildauer [1]	Untere Grenzverweildauer: Erster Tag mit Abschlag [2, 5]	Untere Grenzverweildauer: Bewertungsrelation/Tag	Obere Grenzverweildauer: Erster Tag zus. Entgelt [3, 5]	Obere Grenzverweildauer: Bewertungsrelation/Tag	Externe Verlegung Abschlag/Tag (Bewertungsrelation)	Verlegungsfallpauschale	Ausnahme von Wiederaufnahme [4]	Pflegeerlös Bewertungsrelation/Tag
1	2	3	4	5	6	7	8	9	10	11	12	13	14	15	16
F27A	O	Verschiedene Eingriffe bei Diabetes mellitus mit Komplikationen, mit äußerst schweren CC oder Gefäßeingriff oder bestimmter Amputation oder komplexer Arthrodese des Fußes oder komplexem Hauteingriff oder Ringfixateur	1,839	1,724	-	-	20,2	6	0,167	38	0,038	0,055	-	-	0,7823
F27B	O	Verschiedene Eingriffe bei Diabetes mellitus mit Komplikationen, ohne äußerst schwere CC, ohne Gefäßeingriff, ohne bestimmte Amputation, ohne komplexe Arthrodese des Fußes, ohne komplexen Hauteingriff, ohne Ringfixateur, mit mäßig komplexem Eingriff	1,431	1,362	-	-	16,2	4	0,211	31	0,042	0,060	-	-	0,6641
F27C	O	Verschiedene Eingriffe bei Diabetes mellitus mit Komplikationen, ohne äußerst schwere CC, ohne Gefäßeingriff, ohne best. Amputation, ohne komplexe Arthrodese des Fußes, ohne Ringfixateur, ohne mäßig komplexen Eingriff, mit bestimmtem aufwendigen Eingriff	0,845	0,802	-	-	11,6	3	0,159	22	0,036	0,053	-	-	0,6734
F28A	O	Bestimmte Amputation bei Kreislauferkrankungen an unterer Extremität mit zusätzlichem Gefäßeingriff oder mit Hauttransplantation mit äußerst schweren oder schweren CC	3,003	2,808	-	-	24,0	7	0,214	42	0,050	0,069	-	-	0,8153
F28B	O	Bestimmte Amputation bei Kreislauferkrankungen an unterer Extremität ohne zusätzlichen Gefäßeingriff, ohne Hauttransplantation, mit äußerst schweren oder schweren CC	1,687	1,593	-	-	19,4	5	0,199	37	0,039	0,059	-	-	0,8306
F28C	O	Bestimmte Amputation bei Kreislauferkrankungen an unterer Extremität, ohne zusätzlichen Gefäßeingriff, ohne äußerst schwere oder schwere CC	1,342	1,260	-	-	15,2	4	0,183	30	0,042	0,057	-	-	0,8477
F39A	O	Unterbindung und Stripping von Venen mit beidseitigem Eingriff oder bestimmter Diagnose oder äußerst schweren oder schweren CC	0,482	0,455	-	-	4,1	1	0,040	11	0,047	0,023	-	-	0,7693
F39B	O	Unterbindung und Stripping von Venen ohne beidseitigen Eingriff, ohne bestimmte Diagnose, ohne äußerst schwere oder schwere CC	0,441	0,410	-	-	2,4	1	0,119	5	0,056	0,065	-	-	0,9875
F41B	A	Invasive kardiologische Diagnostik bei akutem Myokardinfarkt ohne äußerst schwere CC	0,614	0,614	-	-	4,0	1	0,254	10	0,073	0,087	-	-	0,9372
F43C	A	Beatmung > 24 Stunden bei Krankheiten und Störungen des Kreislaufsystems, Alter > 15 J., ohne intensivmed. Komplexbehandlung > 392 / 368 / 552 Aufwandspunkte, ohne komplizierende Konstellation, ohne best. OR-Prozedur, ohne best. Impl. herzunterst. System	1,851	1,847	-	-	10,6	3	0,424	24	0,112	0,145	-	x	2,0378
F49D	A	Invasive kardiologische Diagnostik außer bei akutem Myokardinfarkt, ohne äußerst schwere CC, ohne IntK > 196 / 184 / 368 Aufwandspunkte, Alter > 17 Jahre, mit schweren CC, mehr als ein Belegungstag	1,316	1,316	-	-	12,7	3	0,268	26	0,055	0,079	-	-	0,8829
F49E	A	Invasive kardiologische Diagnostik außer bei akutem Myokardinfarkt, ohne IntK > 196 / 184 / 368 Aufwandspunkte, Alter > 17 Jahre, ohne schwere CC bei BT > 1, mit kardialem Mapping oder best. andere kardiologische Diagnostik oder best. komplexer Diagnose	0,764	0,764	-	-	5,7	1	0,312	14	0,055	0,069	-	-	0,6976
F49F	A	Invasive kardiolog. Diagnostik außer bei akutem Myokardinfarkt, o. äußerst schwere CC, ohne IntK > 196 / 184 / 368 P., Alter > 17 J., o. kard. Mapping, o. best. and. kard. Diagnostik, o. schwere CC bei BT > 1, o. best. kompl. Diagnose, mit best. Eingr.	0,632	0,632	-	-	4,6	1	0,232	12	0,060	0,070	-	-	0,7392
F49G	A	Invasive kardiolog. Diagnostik außer bei akutem Myokardinfarkt, o. äußerst schwere CC, ohne IntK > 196 / 184 / 368 P., Alter > 17 J., o. kard. Mapping, o. best. and. kard. Diagnostik, o. schwere CC bei BT > 1, o. best. kompl. Diagnose, ohne best. Eingr.	0,415	0,415	-	-	2,9	1	0,163	7	0,057	0,061	-	-	0,7211
F50A	O	Ablative Maßnahmen bei Herzrhythmusstörungen mit hochkomplexer Ablation im linken Vorhof, Ventrikel oder Pulmonalvenen oder Implantation eines Ereignisrekorders oder Alter < 16 Jahre oder best. angeb. Herzfehler oder mit kompl. Ablation, Alter < 18 Jahre	1,754	1,745	-	-	2,6	1	0,225	7	0,071	0,073	-	-	0,9247
F50B	O	Ablative Maßnahmen bei Herzrhythmusstörungen ohne hochkomplexe Ablation im linken Vorhof, Ventrikel oder Pulmonalvenen, ohne Implantation eines Ereignisrekorders, ohne best. angeb. Herzfehler, mit komplexer Ablation, Alter > 17 Jahre	1,284	1,280	-	-	2,9	1	0,181	8	0,055	0,059	-	-	0,9337
F50C	O	Ablative Maßnahmen bei Herzrhythmusstörungen ohne hochkomplexe Ablation im linken Vorhof, Ventrikel oder Pulmonalvenen, ohne Implantation eines Ereignisrekorders, ohne best. angeb. Herzfehler, ohne komplexe Ablation, Alter > 15 Jahre	0,828	0,827	-	-	2,7	1	0,179	7	0,055	0,058	-	-	0,9223
F51B	O	Endovaskuläre Implantation von Stent-Prothesen an der Aorta, nicht thorakal, ohne bestimmte Aortenprothesenkombination	2,965	2,841	-	-	6,3	1	0,324	12	0,067	0,097	-	-	0,8715
F52A	O	Perkutane Koronarangioplastie mit komplexer Diagnose, mit äußerst schweren CC	2,372	2,367	-	-	17,2	5	0,298	32	0,072	0,094	-	-	1,2895
F52B	O	Perkutane Koronarangioplastie mit komplexer Diagnose, ohne äußerst schwere CC oder mit intrakoronarer Brachytherapie oder bestimmte Intervention	0,867	0,866	-	-	4,2	1	0,271	10	0,076	0,088	-	-	1,0172
F56A	O	Perkutane Koronarangioplastie mit bestimmter hochkomplexer Intervention, mit äußerst schweren CC	2,116	2,113	-	-	12,6	3	0,318	26	0,071	0,094	-	-	1,1953

Fallpauschalen-Katalog und Pflegeerlöskatalog
Teil b) Bewertungsrelationen bei Versorgung durch Belegabteilungen

DRG	Partition	Bezeichnung [6]	Bewertungsrelation bei Belegoperateur	Bewertungsrelation bei Belegoperateur und Beleganästhesist	Bewertungsrelation bei Belegoperateur und Beleghebamme	Bewertungsrelation bei Belegoperateur, -anästhesist und -hebamme	Mittlere Verweildauer [1]	Untere Grenzverweildauer		Obere Grenzverweildauer		Externe Verlegung Abschlag/Tag (Bewertungsrelation)	Verlegungsfallpauschale	Ausnahme von Wiederaufnahme [4]	Pflegeerlös Bewertungsrelation/Tag
								Erster Tag mit Abschlag [2], [5]	Bewertungsrelation/Tag	Erster Tag zus. Entgelt [3], [5]	Bewertungsrelation/Tag				
1	2	3	4	5	6	7	8	9	10	11	12	13	14	15	16
F56B	O	Perkutane Koronarangioplastie mit hochkomplexer Intervention, ohne bestimmte hochkomplexe Intervention oder ohne äußerst schwere CC oder Kryoplastie oder koronare Lithoplastie	0,826	0,826	-	-	2,8	1	0,247	7	0,063	0,066	-	-	0,8454
F58A	O	Perkutane Koronarangioplastie oder bestimmte kardiologische Diagnostik mit Gefäßeingriff, mit äußerst schweren CC	1,578	1,576	-	-	9,9	2	0,349	21	0,070	0,095	-	-	1,0690
F58B	O	Perkutane Koronarangioplastie oder bestimmte kardiologische Diagnostik mit Gefäßeingriff, ohne äußerst schwere CC	0,610	0,610	-	-	2,7	1	0,172	7	0,060	0,061	-	-	0,8262
F59A	O	Mäßig komplexe Gefäßeingriffe mit äußerst schweren CC	2,586	2,485	-	-	18,9	5	0,295	36	0,067	0,090	-	-	0,9702
F59B	O	Mäßig komplexe Gefäßeingriffe mit aufwendiger Gefäßintervention, ohne äußerst schwere CC	1,586	1,559	-	-	4,0	1	0,450	10	0,159	0,194	-	-	0,9092
F59C	O	Mäßig komplexe Gefäßeingriffe ohne äußerst schwere CC, ohne aufwendige Gefäßintervention, mit aufwendigem Eingriff oder Mehrfacheingriff oder bestimmter Diagnose oder Alter < 16 Jahre, mehr als ein Belegungstag	1,325	1,254	-	-	6,7	1	0,343	15	0,073	0,086	-	-	0,8135
F59D	O	Mäßig komplexe Gefäßeingriffe ohne äußerst schwere CC, ohne aufwendige Gefäßintervention, mit bestimmtem Eingriff oder anderem Mehrfacheingriff, Alter > 15 Jahre oder ein Belegungstag oder mit pAVK mit Gangrän, mehr als ein Belegungstag	0,952	0,903	-	-	4,5	1	0,156	13	0,080	0,093	-	-	0,7788
F59E	O	Mäßig komplexe Gefäßeingriffe ohne äußerst schwere CC, ohne aufwend. Gefäßinterv., mit best. anderen Eingriff oder best. Mehrfacheingriff oder PTA, mehr als ein Belegungstag, ohne aufwendigen oder bestimmten Eingr., Alter > 15 Jahre oder ein Belegungstag	0,749	0,726	-	-	3,2	1	0,169	9	0,097	0,108	-	-	0,7747
F59F	O	Mäßig komplexe Gefäßeingriffe ohne äußerst schwere CC, ohne aufwendige Gefäßintervention, ohne aufwendigen, bestimmten oder bestimmten anderen Eingriff, ohne Mehrfacheingriff, Alter > 15 Jahre oder ein Belegungstag	0,580	0,567	-	-	2,4	1	0,103	6	0,117	0,118	-	-	0,8325
F60B	M	Akuter Myokardinfarkt ohne invasive kardiologische Diagnostik ohne äußerst schwere CC	0,469	0,469	-	-	5,2	1	0,294	12	0,060	0,076	-	-	0,9053
F61B	M	Infektiöse Endokarditis ohne komplizierende Diagnose, ohne komplizierende Konstellation	1,782	1,779	-	-	25,8	8	0,188	44	0,045	0,063	-	-	0,7769
F62B	M	Herzinsuff. und Schock mit äuß. schw. CC, mit Dialyse oder kompliz. Diag. od. mit best. hochaufw. Beh. od. ohne kompliz. Konst., ohne best. hochaufw. Beh., mehr als 1 BT bei best. akuten Nierenvers. mit äuß. schw. CC od. Komplexbeh. des akut. Schlaganf.	1,478	1,474	-	-	16,6	5	0,233	32	0,055	0,082	-	-	1,0798
F62C	M	Herzinsuffizienz und Schock ohne äuß. schw. CC od. ohne Dialyse, ohne kompliz. Diagnose, ohne kompliz. Konst., ohne best. hochaufw. Beh., mehr als 1 Belegungstag, ohne best. akut. Nierenvers. od. ohne äuß. schw. CC. ohne Komplexbeh. des akut. Schlaganf.	0,503	0,503	-	-	7,7	2	0,162	17	0,045	0,057	-	-	0,7838
F62D	M	Herzinsuffizienz und Schock ohne äußerst schwere CC oder ohne Dialyse, ohne komplizierende Diagnose, ohne komplizierende Konstellation, ohne bestimmte hochaufwendige Behandlung, ein Belegungstag	0,179	0,178	-	-	1,0	-	-	-	-	-	-	-	1,2349
F63B	M	Venenthrombose ohne äußerst schwere CC	0,338	0,338	-	-	4,8	1	0,178	11	0,050	0,059	-	-	0,7100
F64Z	M	Hautulkus bei Kreislauferkrankungen	0,518	0,518	-	-	9,0	2	0,168	17	0,040	0,051	-	-	0,7092
F65B	M	Periphere Gefäßkrankheiten ohne komplexe Diagnose oder ohne äußerst schwere CC, ohne intensivmedizinische Komplexbehandlung > 196 / 184 / 184 Aufwandspunkte	0,465	0,462	-	-	6,9	1	0,206	15	0,045	0,057	-	-	0,7628
F66B	M	Koronararteriosklerose ohne äußerst schwere CC	0,317	0,317	-	-	3,6	1	0,164	9	0,059	0,067	-	-	0,6552
F67B	M	Hypertonie ohne komplizierende Diagnose, ohne äußerst schwere oder schwere CC, ohne bestimmte hochaufwendige / mäßig aufwendige / aufwendige Behandlung, Alter < 18 Jahre	0,321	0,320	-	-	3,2	1	0,105	7	0,066	0,068	-	-	1,0363
F67C	M	Hypertonie ohne komplizierende Diagnose, ohne äußerst schwere oder schwere CC, ohne bestimmte hochaufwendige / mäßig aufwendige / aufwendige Behandlung, Alter > 17 Jahre	0,284	0,284	-	-	3,5	1	0,147	8	0,054	0,061	-	-	0,6287
F68B	M	Angeborene Herzkrankheit ohne intensivmedizinische Komplexbehandlung > 196 / - / - Aufwandspunkte, Alter > 5 Jahre und Alter < 16 Jahre, ohne äußerst schwere oder schwere CC oder Alter > 15 Jahre	0,359	0,353	-	-	3,3	1	0,175	8	0,075	0,084	-	-	1,0711
F69B	M	Herzklappenerkrankungen ohne äußerst schwere oder schwere CC	0,355	0,355	-	-	4,7	1	0,208	12	0,050	0,060	-	-	0,6929
F70B	M	Schwere Arrhythmie und Herzstillstand ohne äußerst schwere CC	0,440	0,440	-	-	4,3	1	0,299	10	0,070	0,081	-	-	0,9640
F71A	M	Nicht schwere kardiale Arrhythmie und Erregungsleitungsstörungen mit äußerst schweren CC, mehr als ein Belegungstag oder mit kathetergestützter elektrophysiologischer Untersuchung des Herzens oder bestimmter hochaufwendiger Behandlung	0,987	0,986	-	-	12,4	3	0,236	25	0,052	0,072	-	-	0,9803

Fallpauschalen-Katalog und Pflegeerlöskatalog

Teil b) Bewertungsrelationen bei Versorgung durch Belegabteilungen

DRG	Partition	Bezeichnung [6]	Bewertungsrelation bei Belegoperateur	Bewertungsrelation bei Belegoperateur und Beleganästhesist	Bewertungsrelation bei Belegoperateur und Beleghebamme	Bewertungsrelation bei Belegoperateur, -anästhesist und -hebamme	Mittlere Verweildauer [1]	Untere Grenzverweildauer: Erster Tag mit Abschlag [2], [5]	Untere Grenzverweildauer: Bewertungsrelation/Tag	Obere Grenzverweildauer: Erster Tag zus. Entgelt [3], [5]	Obere Grenzverweildauer: Bewertungsrelation/Tag	Externe Verlegung Abschlag/Tag (Bewertungsrelation)	Verlegungsfallpauschale	Ausnahme von Wiederaufnahme [4]	Pflegeerlös Bewertungsrelation/Tag
1	2	3	4	5	6	7	8	9	10	11	12	13	14	15	16
F71B	M	Nicht schwere kardiale Arrhythmie und Erregungsleitungsstörungen ohne äußerst schwere CC oder ein Belegungstag, ohne kathetergestützte elektrophysiologische Untersuchung des Herzens, ohne bestimmte hochaufwendige Behandlung	0,290	0,290	-	-	3,3	1	0,152	8	0,059	0,065	-	-	0,7747
F72B	M	Angina pectoris ohne äußerst schwere CC	0,276	0,276	-	-	2,8	1	0,119	7	0,056	0,077	-	-	0,6860
F73B	M	Synkope und Kollaps, Alter > 13 Jahre oder mehr als ein Belegungstag	0,339	0,339	-	-	3,5	1	0,181	9	0,064	0,074	-	-	0,7462
F74Z	M	Thoraxschmerz und sonstige und nicht näher bezeichnete Krankheiten des Kreislaufsystems	0,255	0,255	-	-	2,5	1	0,112	6	0,068	0,070	-	-	0,7239
F75C	M	Andere Krankheiten des Kreislaufsystems ohne äußerst schwere CC oder ein Belegungstag, Alter > 9 Jahre und Alter < 16 Jahre, ohne schwere CC oder Alter > 15	0,582	0,578	-	-	5,2	1	0,373	14	0,063	0,074	-	-	0,7842
F95A	O	Interventioneller Septumverschluss oder Verschluss einer paravalvulären Leckage mit einem kardialen Okkluder, Alter < 18 Jahre oder Vorhofohrverschluss	1,891	1,871	-	-	3,5	1	0,239	10	0,064	0,069	-	-	0,9296
F95B	O	Interventioneller Septumverschluss oder Verschluss einer paravalvulären Leckage mit einem kardialen Okkluder, Alter > 17 Jahre, ohne Vorhofohrverschluss	1,378	1,370	-	-	2,4	1	0,152	5	0,066	0,066	-	-	0,9681
MDC 06 Krankheiten und Störungen der Verdauungsorgane															
G02A	O	Bestimmte Eingriffe an den Verdauungsorganen bei angeb. Fehlbildung, Alter < 2 Jahre oder sehr komplexe Eingriffe an Dünn- und Dickdarm, Alter < 10 Jahre oder best. Eingriffe an Dünn- und Dickdarm mit kompliz. Diagnose, mit bestimmten kompliz. Faktoren	3,224	3,015	-	-	19,4	5	0,303	37	0,067	0,091	-	-	1,1582
G02B	O	Bestimmte komplexe Eingriffe an Dünn- und Dickdarm oder andere Eingriffe an den Verdauungsorganen bei angeb. Fehlbildung, Alter < 2 Jahre oder bestimmte Eingriffe an Dünn- und Dickdarm mit komplizierender Diagnose, ohne bestimmte komplizierende Faktoren	2,237	2,077	-	-	13,3	3	0,278	26	0,062	0,080	-	-	0,9107
G02C	O	Andere komplexe Eingriffe an Dünn- und Dickdarm oder andere Eingriffe an Dünn- und Dickdarm mit komplizierender Diagnose, ohne Eingriffe an den Verdauungsorganen bei angeborener Fehlbildung, Alter < 2 Jahre	1,895	1,756	-	-	11,8	3	0,246	23	0,058	0,073	-	-	0,9395
G04Z	O	Adhäsiolyse am Peritoneum, Alter < 4 Jahre od. mit äuß. schw. od. schw. CC oder kleine Eingriffe an Dünn- und Dickdarm oder best. Eingriffe an abd. Gefäßen mit äuß. schw. CC oder Implantation eines Antireflux-Stimulationssystems od. best. Gastrektomie	3,131	2,947	-	-	19,8	6	0,276	37	0,068	0,093	-	-	1,1302
G07A	O	Appendektomie oder laparoskopische Adhäsiolyse bei Peritonitis mit äuß. schw. od. schw. CC od. kl. Eingr. an Dünn- / Dickdarm od. an abdom. Gefäßen, oh. äuß. schw. CC od. best. Anorektoplastik, Alter < 10 Jahre od. mit best. Eingr. an abdominalen Gefäßen	1,593	1,504	-	-	8,4	2	0,330	18	0,082	0,105	-	-	1,4163
G07B	O	Appendekt. od. laparoskop. Adhäsiolyse bei Peritonitis mit äuß. schw. od. schw. CC od. kl. Eingr. an Dünn-/Dickdarm, oh. äuß. schw. CC od. best. Anorektopl., Alt. > 9 J. u. Alt. < 16 J. od. mit laparoskop. Adhäsiolyse od. Rektopexie od. best. Magenexz.	1,391	1,279	-	-	8,4	2	0,200	18	0,051	0,065	-	-	0,9343
G07C	O	Appendektomie bei Peritonitis mit äußerst schweren oder schweren CC oder kleine Eingriffe an Dünn- und Dickdarm ohne äußerst schwere CC oder bestimmte Anorektoplastik, Alter > 15 Jahre, ohne laparoskopische Adhäsiolyse, ohne Rektopexie	0,936	0,860	-	-	6,0	1	0,256	13	0,051	0,063	-	-	0,7516
G08B	O	Komplexe Rekonstruktion der Bauchwand, Alter > 0 Jahre, ohne äußerst schwere CC	0,826	0,739	-	-	3,6	1	0,357	9	0,046	0,052	-	-	0,7422
G09Z	O	Beidseitige Eingriffe bei Leisten- und Schenkelhernien, Alter > 55 Jahre oder komplexe Herniotomien oder Operation einer Hydrocele testis oder andere kleine Eingriffe an Dünn- und Dickdarm	0,692	0,610	-	-	2,4	1	0,118	6	0,052	0,067	-	-	0,9112
G11B	O	Pyloromyotomie oder Anoproktoplastik und Rekonstruktion von Anus und Sphinkter außer bei Analfissuren und Hämorrhoiden, Alter > 5 Jahre	0,417	0,396	-	-	4,2	1	0,114	10	0,036	0,056	-	-	0,7830
G12B	O	Andere OR-Prozeduren an den Verdauungsorganen mit mäßig komplexer OR-Prozedur, mehr als ein Belegungstag, Alter > 15 Jahre	1,432	1,341	-	-	13,1	3	0,220	28	0,048	0,063	-	-	0,8619
G12C	O	Andere OR-Prozeduren an den Verdauungsorganen mit wenig komplexer OR-Prozedur, mehr als ein Belegungstag	1,058	0,999	-	-	11,5	3	0,183	24	0,052	0,060	-	-	0,7997
G12D	O	Andere OR-Prozeduren an den Verdauungsorganen ohne komplexe OR-Prozedur, ein Belegungstag oder ohne mäßig komplexe OR-Prozedur, mit bestimmtem Eingriff oder Alter < 14 Jahre oder bei bösartiger Neubildung der Verdauungsorgane	0,928	0,891	-	-	9,1	2	0,218	20	0,053	0,068	-	-	0,7980
G12E	O	Andere OR-Prozeduren an den Verdauungsorganen ohne komplexe OR-Prozedur, ein Belegungstag oder ohne mäßig komplexe OR-Prozedur, ohne bestimmten Eingriff, Alter > 13 Jahre, außer bei bösartiger Neubildung der Verdauungsorgane	0,594	0,543	-	-	3,7	1	0,191	11	0,054	0,042	-	-	0,8434

Fallpauschalen-Katalog und Pflegeerlöskatalog
Teil b) Bewertungsrelationen bei Versorgung durch Belegabteilungen

DRG	Partition	Bezeichnung [6]	Bewertungsrelation bei Belegoperateur	Bewertungsrelation bei Belegoperateur und Beleganästhesist	Bewertungsrelation bei Belegoperateur und Beleghebamme	Bewertungsrelation bei Belegoperateur, -anästhesist und -hebamme	Mittlere Verweildauer [1]	Untere Grenzverweildauer: Erster Tag mit Abschlag [2], [5]	Untere Grenzverweildauer: Bewertungsrelation/Tag	Obere Grenzverweildauer: Erster Tag zus. Entgelt [3], [5]	Obere Grenzverweildauer: Bewertungsrelation/Tag	Externe Verlegung Abschlag/Tag (Bewertungsrelation)	Verlegungsfallpauschale	Ausnahme von Wiederaufnahme [4]	Pflegeerlös Bewertungsrelation/Tag
1	2	3	4	5	6	7	8	9	10	11	12	13	14	15	16
G13A	O	Implantation und Wechsel von Neurostimulatoren und Neurostimulationselektroden bei Krankheiten und Störungen der Verdauungsorgane ohne Implantation oder Wechsel eines permanenten Elektrodensystems	0,906	0,859	-	-	2,3	1	0,092	4	0,045	0,076	-	-	0,8381
G13B	O	Implantation und Wechsel von Neurostimulatoren und Neurostimulationselektroden bei Krankheiten und Störungen der Verdauungsorgane mit Implantation oder Wechsel eines permanenten Elektrodensystems	1,195	1,134	-	-	2,3	1	0,088	4	0,044	0,068	-	-	0,7839
G16B	O	Komplexe Rektumresektion od. andere Rektumres. mit best. Eingr. od. kompl. Diag. od. mehrz. Enterostomaanlage u. -rückverlagerung, ohne kompliz. Konstell. od. plast. Rekonstruktion m. myokut. Lappen od. IntK > 196/ 368/ - P. ohne endorekt. Vakuumtherapie	2,841	2,624	-	-	15,3	4	0,253	30	0,056	0,077	-	-	0,9306
G17A	O	Andere Rektumresektion ohne bestimmten Eingriff oder Implantation eines künstlichen Analsphinkters, bei bösartiger Neubildung oder Alter < 16 Jahre	2,517	2,330	-	-	10,1	2	0,359	21	0,064	0,095	-	-	0,8616
G17B	O	Andere Rektumresektion ohne bestimmten Eingriff oder Implantation eines künstlichen Analsphinkters, außer bei bösartiger Neubildung, Alter > 15 Jahre	2,032	1,871	-	-	10,5	2	0,258	21	0,052	0,068	-	-	0,8867
G18B	O	Bestimmte Eingriffe an Dünn- und Dickdarm oder Anlegen eines Enterostomas oder andere Eingriffe am Darm oder an abdominalen Gefäßen mit bestimmter sehr komplexer Prozedur oder Diagnose	2,022	1,882	-	-	11,2	3	0,263	24	0,061	0,086	-	-	0,9093
G18C	O	Bestimmte Eingriffe an Dünn- und Dickdarm oder Anlegen eines Enterostomas oder andere Eingriffe am Darm mit äußerst schweren CC, mit komplexem Eingriff	1,543	1,417	-	-	8,6	2	0,227	19	0,046	0,068	-	-	0,8259
G18D	O	Bestimmte Eingriffe an Dünn- und Dickdarm oder Anlegen eines Enterostomas oder andere Eingriffe am Darm mit äußerst schweren CC, ohne komplexen Eingriff	1,243	1,146	-	-	8,1	2	0,206	18	0,048	0,073	-	-	0,8839
G19B	O	Andere Eingriffe an Magen, Ösophagus und Duodenum außer bei angeborener Fehlbildung oder Alter > 1 Jahr, ohne komplizierende Konstellation, außer bei bösartiger Neubildung, Alter > 15 Jahre, mit komplexem Eingriff	1,657	1,541	-	-	10,1	2	0,259	22	0,055	0,074	-	-	0,9722
G19C	O	Andere Eingriffe an Magen, Ösophagus und Duodenum außer bei angeborener Fehlbildung oder Alter > 1 Jahr, ohne komplizierende Konstellation, außer bei bösartiger Neubildung, Alter > 15 Jahre, ohne komplexen Eingriff	1,093	0,988	-	-	4,6	1	0,176	11	0,054	0,066	-	-	0,8052
G21A	O	Komplexe Adhäsiolyse am Peritoneum, Alter > 3 J., ohne äußerst schw. oder schw. CC od. andere Eingriffe an Darm u. Enterostoma od. best. Eingriffe am Pharynx od. Verschluss Darmfistel m. äußerst schw. CC od. aufw. Eingriff am Darm oder Alter < 16 Jahre	1,223	1,118	-	-	7,0	1	0,288	15	0,057	0,073	-	-	0,8783
G21B	O	Andere Eingriffe an Darm und Enterostoma oder bestimmte Eingriffe am Pharynx oder Verschluss Darmfistel ohne äußerst schwere CC, ohne aufwendigen Eingriff am Darm, Alter > 15 Jahre	0,708	0,652	-	-	4,4	1	0,370	12	0,049	0,057	-	-	0,7507
G22B	O	Appendektomie oder laparoskopische Adhäsiolyse bei Peritonitis oder mit äußerst schweren oder schweren CC, Alter > 5 Jahre, außer bei bösartiger Neubildung, mit laparoskopischer Adhäsiolyse oder sekundärer Appendektomie oder Alter < 16 Jahre	1,017	0,931	-	-	6,6	1	0,239	14	0,054	0,068	-	-	1,0343
G22C	O	Appendektomie oder laparoskopische Adhäsiolyse bei Peritonitis oder mit äußerst schweren oder schweren CC, Alter > 15 Jahre, außer bei bösartiger Neubildung, ohne laparoskopische Adhäsiolyse, ohne sekundäre Appendektomie	0,801	0,735	-	-	5,2	1	0,179	10	0,049	0,058	-	-	0,7340
G23A	O	Appendektomie oder laparoskopische Adhäsiolyse außer bei Peritonitis oder Exzision erkranktes Gewebe Dickdarm ohne äußerst schwere oder schwere CC, Alter < 10 Jahre oder bei bösartiger Neubildung oder Endometriose am Darm	0,729	0,664	-	-	3,9	1	0,152	7	0,055	0,060	-	-	1,0726
G23B	O	Appendektomie oder laparoskopische Adhäsiolyse außer bei Peritonitis oder Exzision erkranktes Gewebe Dickdarm ohne äußerst schwere oder schwere CC, Alter > 9 Jahre, außer bei bösartiger Neubildung oder Endometriose am Darm	0,614	0,557	-	-	2,9	1	0,119	6	0,052	0,059	-	-	0,7752
G24A	O	Eingriffe bei Hernien mit plastischer Rekonstruktion der Bauchwand oder bestimmte partielle Resektion des Dickdarmes	0,840	0,748	-	-	4,0	1	0,121	9	0,051	0,038	-	-	0,7978
G24B	O	Eingriffe bei Hernien ohne plastische Rekonstruktion der Bauchwand, mit beidseitigem oder komplexem Eingriff oder Alter < 14 Jahre mit äußerst schweren oder schweren CC	0,668	0,590	-	-	2,6	1	0,193	6	0,049	0,051	-	-	0,7139
G24C	O	Eingriffe bei Hernien ohne plastische Rekonstruktion der Bauchwand, ohne beidseitigen Eingriff, ohne komplexen Eingriff, Alter > 13 Jahre oder ohne äußerst schwere oder schwere CC	0,424	0,375	-	-	2,3	1	0,046	4	0,036	0,077	-	-	0,8394
G26A	O	Andere Eingriffe am Anus oder Anoproktoplastik und Rekonstruktion von Anus und Sphinkter bei Analfissuren und Hämorrhoiden, Alter < 18 Jahre oder mit komplexer Diagnose oder mit kleinem Eingriff am Rektum	0,514	0,468	-	-	3,7	1	0,216	9	0,051	0,055	-	-	0,8633

Fallpauschalen-Katalog und Pflegeerlöskatalog
Teil b) Bewertungsrelationen bei Versorgung durch Belegabteilungen

DRG	Partition	Bezeichnung [6]	Bewertungsrelation bei Belegoperateur	Bewertungsrelation bei Belegoperateur und Beleganästhesist	Bewertungsrelation bei Belegoperateur und Beleghebamme	Bewertungsrelation bei Belegoperateur, -anästhesist und -hebamme	Mittlere Verweildauer [1]	Untere Grenzverweildauer: Erster Tag mit Abschlag [2), 5)]	Untere Grenzverweildauer: Bewertungsrelation/Tag	Obere Grenzverweildauer: Erster Tag zus. Entgelt [3), 5)]	Obere Grenzverweildauer: Bewertungsrelation/Tag	Externe Verlegung Abschlag/Tag (Bewertungsrelation)	Verlegungsfallpauschale	Ausnahme von Wiederaufnahme [4)]	Pflegeerlös Bewertungsrelation/Tag
1	2	3	4	5	6	7	8	9	10	11	12	13	14	15	16
G26B	O	Andere Eingriffe am Anus oder Anoproktoplastik und Rekonstruktion von Anus und Sphinkter bei Analfissuren und Hämorrhoiden, Alter > 17 Jahre, ohne komplexe Diagnose, ohne kleinen Eingriff am Rektum	0,276	0,253	-	-	2,3	1	0,066	4	0,037	0,076	-	-	0,8304
G27B	O	Strahlentherapie bei Krankheiten und Störungen der Verdauungsorgane, Bestrahlungen an mindestens 8 Tagen, ohne äußerst schwere CC	2,094	2,090	-	-	21,1	6	0,288	38	0,085	0,092	-	x	0,7242
G29A	O	Strahlentherapie bei Krankheiten und Störungen der Verdauungsorgane, mehr als ein Belegungstag, Bestrahlungen an mindestens 5 Tagen	0,825	0,823	-	-	6,2	-	-	14	0,130	0,127	-	x	0,7624
G29B	O	Strahlentherapie bei Krankheiten und Störungen der Verdauungsorgane, mehr als ein Belegungstag, Bestrahlungen an weniger als 5 Tagen	0,561	0,560	-	-	4,3	-	-	12	0,134	0,112	-	x	0,8615
G46B	A	Komplexe therapeutische Gastroskopie mit schw. CC od. and. Gastroskopie mit äuß. schw. CC, bei schw. Krankh. der Verd.organe, Alter > 14 J., mehr als 1 BT od. best. Gastroskopie, Alter < 15 J. od. mit kompliz. Faktoren od. ERCP mit and. endoskop. Eingr.	1,388	1,384	-	-	13,7	4	0,227	28	0,059	0,078	-	-	0,9695
G46C	A	Verschiedenartige komplexe und andere Gastroskopie, ohne komplexe therapeutische Gastroskopie bei schw. Krankheiten der Verdauungsorgane und äuß. schw. oder schw. CC, ohne bestimmte Gastroskopie mit kompliz. Faktoren, mit anderem aufwendigen Eingriff	0,890	0,889	-	-	6,8	1	0,408	15	0,052	0,065	-	-	0,6615
G46D	A	Verschiedenartige komplexe und andere Gastroskopie, ohne komplexe therapeutische Gastroskopie bei schw. Krankheiten der Verdauungsorgane und äuß. schw. oder schw. CC, ohne bestimmte Gastroskopie mit kompliz. Faktoren, ohne anderen aufwendigen Eingriff	0,675	0,669	-	-	5,8	1	0,338	14	0,051	0,063	-	-	0,7956
G47B	A	Andere Gastroskopie oder bestimmte koloskopische Eingriffe, ohne bestimmte endoskopische Maßnahme am Dickdarm oder mehr als ein Belegungstag	0,565	0,562	-	-	5,0	1	0,277	12	0,055	0,068	-	-	0,7234
G48B	A	Koloskopie mit äußerst schweren oder schweren CC, komplizierendem Eingriff oder Alter < 15 Jahre oder mehrzeitige endoskopische Blutstillung, ohne schwere Darminfektion, außer bei bösartiger Neubildung od. best. Darminfektion od. ohne äußerst schwere CC	1,017	1,011	-	-	9,4	2	0,257	20	0,057	0,074	-	-	0,9008
G60A	M	Bösartige Neubildung der Verdauungsorgane, mehr als ein Belegungstag mit äußerst schweren CC oder bestimmte hochaufwendige Behandlung	1,057	1,051	-	-	13,0	3	0,242	26	0,052	0,070	-	x	0,9793
G60B	M	Bösartige Neubildung der Verdauungsorgane, ein Belegungstag oder ohne äußerst schwere CC, ohne bestimmte hochaufwendige Behandlung	0,338	0,336	-	-	4,6	1	0,113	11	0,052	0,049	-	x	0,8510
G64B	M	Entzündliche Darmerkrankung oder andere schwere Erkrankungen der Verdauungsorgane, ohne äußerst schwere CC, Alter > 15 Jahre oder ohne schwere CC	0,436	0,435	-	-	5,3	1	0,266	12	0,048	0,061	-	-	0,6577
G66Z	M	Abdominalschmerz oder mesenteriale Lymphadenitis, Alter > 55 Jahre und mit CC	0,463	0,462	-	-	5,9	1	0,264	14	0,048	0,067	-	-	0,7660
G67A	M	Ösophagitis, Gastroenteritis, gastrointestinale Blutung, Ulkuserkrankung und verschiedene Erkrankungen der Verdauungsorgane oder Obstruktion des Verdauungstraktes mit bestimmten komplizierenden Faktoren	0,495	0,493	-	-	5,4	1	0,254	13	0,049	0,074	-	-	0,8508
G67B	M	Ösophagitis, Gastroenteritis, gastrointestinale Blutung, Ulkuserkrankung und verschiedene Erkrankungen der Verdauungsorgane oder Obstruktion des Verdauungstraktes mit anderen komplizierenden Faktoren oder mit äußerst schweren CC	0,220	0,220	-	-	3,8	1	0,074	9	0,039	0,015	-	-	0,7253
G67C	M	Ösophagitis, Gastroenteritis, gastrointestinale Blutung, Ulkuserkrankung und verschiedene Erkrankungen der Verdauungsorgane ohne bestimmte oder andere komplizierende Faktoren, ohne äußerst schwere CC	0,166	0,166	-	-	3,3	1	0,058	8	0,033	0,035	-	-	0,8325
G70A	M	Andere schwere Erkrankungen der Verdauungsorgane ohne äußerst schwere CC, Alter < 18 Jahre oder mit komplexer Diagnose	0,600	0,594	-	-	6,7	1	0,294	15	0,083	0,072	-	-	0,9697
G70B	M	Andere schwere Erkrankungen der Verdauungsorgane ohne äußerst schwere CC, Alter > 17 Jahre, ohne komplexe Diagnose	0,485	0,484	-	-	5,4	1	0,270	13	0,050	0,073	-	-	0,7582
G71Z	M	Andere mäßig schwere Erkrankungen der Verdauungsorgane	0,357	0,355	-	-	2,8	1	0,126	8	0,056	0,059	-	-	0,7634
G72B	M	Andere leichte bis moderate Erkrankungen der Verdauungsorgane, Alter > 2 Jahre oder Abdominalschmerz oder mesenteriale Lymphadenitis, Alter > 2 Jahre und Alter < 56 Jahre oder ohne CC	0,242	0,242	-	-	2,6	1	0,094	5	0,059	0,061	-	-	0,8049
G73Z	M	Gastrointestinale Blutung oder Ulkuserkrankung mit äußerst schweren CC, mehr als ein Belegungstag	0,539	0,539	-	-	5,2	-	-	12	0,053	0,076	-	-	0,8541
G74Z	M	Hämorrhoiden oder andere wenig schwere Erkrankungen der Verdauungsorgane	0,296	0,295	-	-	2,8	1	0,131	7	0,054	0,057	-	-	0,7458

Fallpauschalen-Katalog und Pflegeerlöskatalog
Teil b) Bewertungsrelationen bei Versorgung durch Belegabteilungen

DRG	Partition	Bezeichnung [6]	Bewertungsrelation bei Belegoperateur	Bewertungsrelation bei Belegoperateur und Beleganästhesist	Bewertungsrelation bei Belegoperateur und Beleghebamme	Bewertungsrelation bei Belegoperateur, -anästhesist und -hebamme	Mittlere Verweildauer [1]	Untere Grenzverweildauer: Erster Tag mit Abschlag [2), 5)]	Untere Grenzverweildauer: Bewertungsrelation/Tag	Obere Grenzverweildauer: Erster Tag zus. Entgelt [3), 5)]	Obere Grenzverweildauer: Bewertungsrelation/Tag	Externe Verlegung Abschlag/Tag (Bewertungsrelation)	Verlegungsfallpauschale	Ausnahme von Wiederaufnahme [4]	Pflegeerlös Bewertungsrelation/Tag
1	2	3	4	5	6	7	8	9	10	11	12	13	14	15	16
MDC 07 Krankheiten und Störungen an hepatobiliärem System und Pankreas															
H05Z	O	Laparotomie und mäßig komplexe Eingriffe an Gallenblase und Gallenwegen	1,781	1,647	-	-	11,2	3	0,225	24	0,056	0,081	-	-	0,8673
H06C	O	Andere OR-Prozeduren an hepatobiliärem System und Pankreas ohne bestimmten Eingriff und komplexe Diagnose, Dialyse, komplexe OR-Prozedur oder komplizierende Konstellation	0,798	0,784	-	-	6,5	1	0,193	17	0,075	0,085	-	-	0,7537
H07B	O	Cholezystektomie und wenig komplexe Eingriffe an Gallenblase, Gallenwegen, Leber ohne sehr komplexe Diagnose, ohne komplizierende Konstellation	1,231	1,136	-	-	9,1	2	0,184	20	0,053	0,064	-	-	0,8544
H08B	O	Laparoskopische Cholezystektomie oder bestimmte Eingriffe an Leber und Bauchwand, Alter < 12 Jahre oder mit endoskopischer Steinentfernung oder mit bestimmter Diagnose	1,218	1,139	-	-	8,2	2	0,181	16	0,046	0,061	-	-	0,6807
H08C	O	Laparoskopische Cholezystektomie oder bestimmte Eingriffe an Leber und Bauchwand, Alter > 11 Jahre	0,634	0,567	-	-	3,0	1	0,151	7	0,053	0,056	-	-	0,7593
H12C	O	Verschiedene Eingriffe am hepatobiliären System oder Eingriffe an abdominalen oder pelvinen Gefäßen ohne äußerst schwere CC, ohne komplexen Eingriff	1,171	1,126	-	-	10,2	2	0,259	24	0,052	0,070	-	-	0,7390
H41C	A	Bestimmte ERCP mit schweren CC oder komplexem Eingriff oder Alter < 16 J. oder andere ERCP mit Radiofrequenzablation und endoskopischer Stentimplantation oder andere aufwendige ERCP oder bestimmter endoskopischer Eingriff mit bestimmter BNB	1,159	1,152	-	-	10,3	2	0,249	22	0,051	0,064	-	-	0,7481
H41D	A	Andere aufwendige ERCP oder bestimmter endoskopischer Eingriff oder andere ERCP mit bestimmter BNB oder bestimmter Pankreatitis	0,661	0,659	-	-	4,8	1	0,348	12	0,055	0,065	-	-	0,6840
H41E	A	Andere ERCP ohne bestimmte oder andere aufwendige ERCP, Alter > 15 Jahre	0,441	0,440	-	-	4,5	1	0,190	10	0,051	0,049	-	-	0,6964
H61A	M	Bösartige Neubildung an hepatobiliärem System und Pankreas, mehr als ein Belegungstag, mit komplexer Diagnose, mit äußerst schweren CC	0,988	0,985	-	-	12,7	3	0,229	26	0,050	0,067	-	x	0,9671
H61B	M	Bösartige Neubildung an hepatobiliärem System und Pankreas, Alter < 18 Jahre oder mehr als ein Belegungstag, mit komplexer Diagnose, mit Pfortaderthrombose	0,613	0,609	-	-	5,7	1	0,280	14	0,093	0,086	-	x	0,9050
H61C	M	Bösartige Neubildung an hepatobiliärem System und Pankreas, Alter > 17 Jahre	0,403	0,402	-	-	4,9	1	0,173	11	0,052	0,061	-	x	0,8233
H62B	M	Erkrankungen des Pankreas außer bösartige Neubildung, mit akuter Pankreatitis mit Organkomplikation oder Leberzirrhose oder bestimmter nichtinfektiöser Hepatitis, Alter > 15 Jahre	0,538	0,538	-	-	6,8	1	0,347	16	0,047	0,067	-	-	0,7397
H62C	M	Erkrankungen des Pankreas außer bösartige Neubildung, ohne akute Pankreatitis mit Organkomplikation, ohne Leberzirrhose, ohne bestimmte nichtinfektiöse Hepatitis, Alter > 15 Jahre	0,392	0,391	-	-	5,4	1	0,207	12	0,049	0,060	-	-	0,6929
H63B	M	Erkrankungen der Leber außer bösartige Neubildung, Leberzirrhose und bestimmte nichtinfektiöse Hepatitiden und best. Erkrankungen der Gallenwege, mehr als ein Belegungstag, mit kompl. Diagnose oder äuß. schw. o. schw. CC oder Leberbiopsie, Alter < 18 J.	0,812	0,810	-	-	8,5	2	0,239	18	0,059	0,076	-	-	0,7990
H63C	M	Erkrankungen der Leber außer bösartige Neubildung, Leberzirrhose und bestimmte nichtinfektiöse Hepatitiden und bestimmte Erkrankungen der Gallenwege, ein Belegungstag oder ohne komplexe Diagnose und ohne äußerst schwere oder schwere CC	0,423	0,422	-	-	5,2	1	0,232	11	0,054	0,066	-	-	0,6940
H64Z	M	Erkrankungen von Gallenblase und Gallenwegen	0,342	0,341	-	-	4,9	1	0,182	11	0,047	0,055	-	-	0,7315
MDC 08 Krankheiten und Störungen an Muskel-Skelett-System und Bindegewebe															
I01Z	O	Beidseitige Eingriffe oder mehrere große Eingriffe an Gelenken der unteren Extremität mit komplexer Diagnose	3,457	3,243	-	-	27,1	8	0,199	45	0,046	0,064	-	-	0,8132
I03A	O	Revision oder Ersatz des Hüftgelenkes mit kompl. Diagnose od. Arthrodese od. Alter < 16 Jahre oder beidseitige od. mehrere gr. Eingr. an Gelenken der unt. Extr. mit kompl. Eingriff, mit äuß. schw. CC oder mehrzeitigem Wechsel oder Eingr. an mehr. Lok.	4,574	4,316	-	-	36,8	11	0,220	55	0,051	0,071	-	-	1,0388
I03B	O	Revision oder Ersatz des Hüftgelenkes mit kompl. Diagnose od. Arthrodese od. Alter < 16 Jahre oder beidseitige od. mehrere gr. Eingr. an Gelenken der unt. Extr. mit kompl. Eingriff, ohne äuß. schw. CC, ohne mehrzeit. Wechsel, ohne Eingr. an mehr. Lok.	2,339	2,188	-	-	15,6	4	0,232	32	0,049	0,066	-	-	0,7746
I04Z	O	Implantation, Wechsel oder Entfernung einer Endoprothese am Kniegelenk mit komplizierender Diagnose oder Arthrodese oder Implantation einer Endoprothese nach vorheriger Explantation oder periprothetische Fraktur an der Schulter oder am Knie	2,378	2,235	-	-	14,4	4	0,207	28	0,051	0,068	-	-	0,8252
I05B	O	Implantation oder Wechsel einer inversen Endoprothese am Schultergelenk oder Implantation einer Sprunggelenkendoprothese	1,769	1,658	-	-	7,2	1	0,331	15	0,048	0,067	-	-	0,7932

Fallpauschalen-Katalog und Pflegeerlöskatalog
Teil b) Bewertungsrelationen bei Versorgung durch Belegabteilungen

DRG	Partition	Bezeichnung [6)]	Bewertungsrelation bei Belegoperateur	Bewertungsrelation bei Belegoperateur und Beleganästhesist	Bewertungsrelation bei Belegoperateur und Beleghebamme	Bewertungsrelation bei Belegoperateur, -anästhesist und -hebamme	Mittlere Verweildauer [1)]	Untere Grenzverweildauer: Erster Tag mit Abschlag [2), 5)]	Untere Grenzverweildauer: Bewertungsrelation/Tag	Obere Grenzverweildauer: Erster Tag zus. Entgelt [3), 5)]	Obere Grenzverweildauer: Bewertungsrelation/Tag	Externe Verlegung Abschlag/Tag (Bewertungsrelation)	Verlegungsfallpauschale	Ausnahme von Wiederaufnahme [4)]	Pflegeerlös Bewertungsrelation/Tag
1	2	3	4	5	6	7	8	9	10	11	12	13	14	15	16
I05C	O	Anderer großer Gelenkersatz ohne Implantation oder Wechsel einer inversen Endoprothese am Schultergelenk, ohne Implantation einer Sprunggelenkendoprothese	1,508	1,402	-	-	6,1	1	0,215	12	0,048	0,068	-	-	0,7668
I08D	O	Andere Eingriffe an Hüftgelenk und Femur mit komplexer Diagnose oder Prozedur oder äußerst schweren CC	2,061	1,920	-	-	14,5	4	0,219	29	0,054	0,071	-	-	0,9554
I08E	O	Andere Eingriffe an Hüftgelenk und Femur ohne komplexe Diagnose oder Prozedur, ohne äußerst schwere CC, mit bestimmten Eingriffen an Becken und Femur oder mit bestimmten komplizierenden Diagnosen	1,615	1,495	-	-	9,1	2	0,243	19	0,053	0,073	-	-	0,9082
I08F	O	Andere Eingriffe an Hüftgelenk und Femur ohne komplexe Diagnose oder Prozedur, ohne äußerst schwere CC, mehr als ein Belegungstag, mit bestimmten anderen Eingriffen an Hüftgelenk und Femur	1,158	1,076	-	-	7,4	1	0,361	17	0,053	0,075	-	-	0,8869
I08G	O	Andere Eingriffe an Hüftgelenk und Femur ohne komplexe Diagnose oder Prozedur, ohne äußerst schwere CC, mehr als ein Belegungstag, mit mäßig komplexem Eingriff	0,862	0,787	-	-	4,0	1	0,153	11	0,054	0,062	-	-	0,8026
I08H	O	Andere Eingriffe an Hüftgelenk und Femur, ein Belegungstag oder ohne mäßig komplexen Eingriff, mit bestimmtem anderen Eingriff oder Alter < 12 Jahre oder Eingriff an der unteren Extremität	0,709	0,635	-	-	2,6	1	0,075	7	0,053	0,056	-	-	0,9182
I08I	O	Andere Eingriffe an Hüftgelenk und Femur, ein Belegungstag oder ohne mäßig komplexen Eingriff, ohne bestimmten anderen Eingriff, Alter > 11 Jahre, ohne Eingriff an der unteren Extremität	0,630	0,570	-	-	2,6	1	0,094	5	0,051	0,056	-	-	0,9609
I09C	O	Bestimmte Eingriffe an der Wirbelsäule mit best. kompl. Faktoren, mit Wirbelkörperersatz oder komplexer Spondylodese oder andere mehrzeitige komplexe Eingriffe an der Wirbelsäule mit aufwendiger intensmed. Komplexbehandlung ab 185 Aufwandspunkten	3,874	3,632	-	-	17,8	5	0,270	32	0,061	0,087	-	-	1,0607
I09D	O	Bestimmte Eingriffe an der Wirbelsäule mit best. kompl. Faktoren, bei Frakturen der Halswirbelsäule oder sek. bösartiger Neub. des Knochens oder mit anderen mehrz. kompl. Eingriffen ohne aufwendige intensmed. Komplexbehandlung ab 185 Aufwandspunkten	3,593	3,389	-	-	21,4	6	0,256	39	0,059	0,080	-	-	0,9969
I09E	O	Bestimmte Eingriffe an der Wirbelsäule und best. komplizierende Faktoren oder best. Eingriffe an der WS mit best. anderen kompl. Faktoren und Eingriffe ZNS oder transpleuraler Zugang BWS oder best. langstreckige Spondylodese/Osteosynthese oder Diszitis	2,617	2,447	-	-	11,9	3	0,222	25	0,052	0,069	-	-	0,8249
I09F	O	Best. Eingriffe an der Wirbelsäule, best. kompliz. Faktoren od. Alter < 16 Jahre oder knöcherne Dekompression Spinalkanal / best. Osteosynthese > 3 Segm. oder Impl. eines Schrauben-Band-Systems oder Schrauben-Stab-Systems, 1 Segment bei Diszitis	2,154	2,008	-	-	9,1	2	0,227	20	0,052	0,073	-	-	0,7519
I09G	O	Bestimmte Eingriffe an der Wirbelsäule mit bestimmten anderen kompliz. Faktoren oder mit anderen kompl. Faktoren und Frakturen Halswirbelsäule oder BNB der Wirbelsäule mit Kyphoplastie, mit Radiofrequenzablation oder komplexer Eingriff an der Wirbelsäule	1,916	1,764	-	-	6,9	1	0,346	15	0,049	0,067	-	-	0,7497
I09H	O	Bestimmte Eingriffe an der Wirbelsäule mit bestimmten anderen kompliz. Faktoren oder mit anderen kompliz. Faktoren, ohne Frakturen HWS, ohne BNB der Wirbelsäule oder ohne Kyphoplastie od. ohne Radiofrequenzabl., ohne komplexen Eingriff an der Wirbelsäule	1,262	1,171	-	-	6,1	1	0,216	15	0,050	0,061	-	-	0,6987
I09I	O	Bestimmte Eingriffe an der Wirbelsäule ohne komplizierende Faktoren	1,035	0,972	-	-	6,6	1	0,232	16	0,050	0,061	-	-	0,6905
I10A	O	Andere Eingriffe an der Wirbelsäule mit bestimmtem Eingriff an Rückenmark, Spinalkanal, Wirbelsäule, Rumpf mit äußerst schweren CC	3,409	3,235	-	-	21,8	6	0,264	40	0,060	0,081	-	-	1,0323
I10B	O	Andere Eingriffe WS m. best. kompl. Eingriffen od. Para- / Tetrapl. od. Wirbelfraktur m. best. Eingriffen oh. äuß. schw. CC od. best. andere Operationen WS m. äuß. schw. CC u. > 1 BT od. mäßig kompl. Eingriffe u. Diszitis od. Exzision spin. Tumorgewebe	1,861	1,707	-	-	9,2	2	0,265	22	0,054	0,077	-	-	0,8031
I10C	O	Andere Eingriffe an der Wirbelsäule bei Bandscheibeninfektion oder mit bestimmtem Eingriff an der Wirbelsäule	1,210	1,088	-	-	5,0	1	0,187	12	0,048	0,072	-	-	0,7319
I10D	O	Andere Eingriffe an der Wirbelsäule mit komplexem Eingriff an der Wirbelsäule oder mit äußerst schweren oder schweren CC ohne Bandscheibeninfektion, ohne Diszitis, ohne bestimmten anderen Eingriff an der Wirbelsäule	0,671	0,639	-	-	3,4	1	0,103	6	0,043	0,047	-	-	0,7072
I10E	O	Andere Eingriffe an der Wirbelsäule mit mäßig komplexem Eingriff, mit bestimmtem kleinen Eingriff oder wenig komplexer Eingriff, mehr als 1 Belegungstag, Alter < 18 Jahre oder mit bestimmtem anderen kleinen Eingriff ohne äußerst schwere oder schwere CC	0,772	0,692	-	-	4,6	1	0,237	11	0,045	0,052	-	-	0,6568
I10F	O	Andere Eingriffe an der Wirbelsäule ohne mäßig komplexen Eingriff an der Wirbelsäule mit bestimmtem kleinen Eingriff oder wenig komplexer Eingriff, mehr als ein Belegungstag oder ohne bestimmten anderen kleinen Eingriff, Alter > 17 Jahre	0,661	0,595	-	-	4,8	1	0,213	10	0,042	0,051	-	-	0,6697

Fallpauschalen-Katalog und Pflegeerlöskatalog
Teil b) Bewertungsrelationen bei Versorgung durch Belegabteilungen

DRG	Partition	Bezeichnung [6]	Bewertungsrelation bei Belegoperateur	Bewertungsrelation bei Belegoperateur und Beleganästhesist	Bewertungsrelation bei Belegoperateur und Beleghebamme	Bewertungsrelation bei Belegoperateur, -anästhesist und -hebamme	Mittlere Verweildauer [1]	Untere Grenzverweildauer: Erster Tag mit Abschlag [2), 5)]	Untere Grenzverweildauer: Bewertungsrelation/Tag	Obere Grenzverweildauer: Erster Tag zus. Entgelt [3), 5)]	Obere Grenzverweildauer: Bewertungsrelation/Tag	Externe Verlegung Abschlag/Tag (Bewertungsrelation)	Verlegungsfallpauschale	Ausnahme von Wiederaufnahme [4]	Pflegeerlös Bewertungsrelation/Tag
1	2	3	4	5	6	7	8	9	10	11	12	13	14	15	16
I10G	O	Andere Eingriffe an der Wirbelsäule ohne mäßig komplexen Eingriff an der Wirbelsäule, ohne bestimmten kleinen Eingriff, ohne wenig komplexen Eingriff oder ein Belegungstag, mit anderem kleinen Eingriff	0,546	0,531	-	-	4,5	1	0,150	13	0,062	0,065	-	-	0,6797
I10H	O	Andere Eingriffe an der Wirbelsäule ohne mäßig komplexen Eingriff, ohne bestimmten kleinen Eingriff, ohne anderen kleinen Eingriff	0,394	0,351	-	-	2,3	1	0,169	5	0,038	0,023	-	-	0,8643
I11Z	O	Eingriffe zur Verlängerung einer Extremität	1,837	1,718	-	-	5,8	1	0,249	12	0,048	0,074	-	-	0,7837
I12B	O	Knochen- und Gelenkinfektion / -entzündung mit verschiedenen Eingriffen am Muskel-Skelett-System und Bindegewebe mit schweren CC, mit Revision des Kniegelenkes, mit Einbringen oder Wechsel von Abstandshaltern oder Osteomyelitis, Alter < 16 Jahre	1,851	1,740	-	-	16,7	5	0,187	31	0,047	0,064	-	-	0,8301
I12C	O	Knochen- und Gelenkinfektion / -entzündung mit verschiedenen Eingriffen am Muskel-Skelett-System und Bindegewebe mit schweren CC, ohne Revision des Kniegelenkes, ohne Einbringen oder Wechsel von Abstandshaltern, ohne Osteomyelitis, Alter > 15 Jahre	1,057	0,974	-	-	9,0	2	0,187	21	0,045	0,058	-	-	0,6908
I13A	O	Bestimmte Eingriffe an den Extremitäten mit komplexem Mehrfacheingriff, mit komplizierendem Eingriff an der unteren Extremität oder aufwendiger Osteosynthese	2,378	2,179	-	-	15,2	4	0,193	28	0,043	0,061	-	-	0,7256
I13B	O	Bestimmte Eingriffe an den Extremitäten mit best. Mehrfacheingriff oder kompliz. Diagnose oder bei Endoprothese der oberen Extremität oder mit Fixateur ext., mit best. BNB od. mit Einbringen von Abstandshalt od. Alter < 18 J. mit äuß. schw. od. schw. CC	1,921	1,759	-	-	12,6	3	0,184	24	0,041	0,055	-	-	0,7255
I13C	O	Bestimmte Eingriffe an den Extremitäten mit best. Mehrfacheingr. od. kompliz Diag. od. bei Endopr. der oberen Extrem. od. m. Fix. ext., m. kompl. Eingr. od. schw. Weichteilsch., m. best. kompl. Osteot. od. BNB od. Alter < 18 J. m. äuß. schw. od. schw. CC	1,515	1,380	-	-	6,9	1	0,336	17	0,051	0,073	-	-	0,7429
I13D	O	Bestimmte Eingriffe an den Extremitäten mit bestimmtem anderen Mehrfacheingriff oder komplizierender Diagnose oder bei endoprothetischem Eingriff an der oberen Extremität od. mit Fixateur externe oder mit and. kompl. Eingr. od. bei sek. BNB Knochen/-mark	1,256	1,145	-	-	7,5	2	0,155	16	0,045	0,060	-	-	0,7165
I13E	O	Bestimmte Eingriffe an den Extremitäten od. bei Endoproth. am Knie m. kompl. Eingr. od. schw. Weichteilsch. od. Pseudarthrose od. best. Osteotom. od. best. Eingr. Knieproth. od. Epiphyseodese od. bei BNB od. Alter > 17 J. od. ohne äuß. schw. od. schw. CC	1,042	0,943	-	-	4,6	1	0,417	12	0,051	0,058	-	-	0,7356
I13F	O	Bestimmte Eingriffe an den Extremitäten mit bestimmtem anderen Eingriff an den Extremitäten oder bei bösartiger Neubildung oder kleiner Eingriff bei Knochen- und Gelenkinfektion oder Alter < 18 Jahre mit äußerst schweren oder schweren CC	0,780	0,705	-	-	3,6	1	0,247	9	0,049	0,055	-	-	0,7489
I13G	O	Bestimmte Eingriffe an den Extremitäten ohne bestimmten anderen Eingriff an den Extremitäten, außer bei bösartiger Neubildung, ohne kleinen Eingriff bei Knochen- und Gelenkinfektion oder Alter > 17 Jahre oder ohne äußerst schwere oder schwere CC	0,711	0,637	-	-	3,2	1	0,188	9	0,049	0,076	-	-	0,7590
I16A	O	Andere Eingriffe an der Schulter und bestimmte Eingriffe an der oberen Extremität mit bestimmtem Eingriff an Schulter, Oberarm und Ellenbogen	0,670	0,598	-	-	2,5	1	0,080	5	0,052	0,056	-	-	0,8409
I16B	O	Andere Eingriffe an der Schulter und bestimmte Eingriffe an der oberen Extremität ohne bestimmten Eingriff an Schulter, Oberarm und Ellenbogen, mit bestimmtem anderem Eingriff an Klavikula, Schulter und Ellenbogen	0,555	0,504	-	-	2,6	1	0,103	6	0,055	0,058	-	-	0,7921
I16C	O	Andere Eingriffe an der Schulter und bestimmte Eingriffe an der oberen Extremität ohne bestimmten Eingriff an Schulter, Oberarm und Ellenbogen, ohne bestimmten anderen Eingriff an Klavikula, Schulter und Oberarm	0,353	0,306	-	-	2,3	1	0,073	5	0,040	0,039	-	-	0,8507
I17A	O	Aufwendige Operationen am Gesichtsschädel oder Alter < 16 Jahre	1,369	1,226	-	-	6,5	1	0,241	14	0,053	0,066	-	-	0,8063
I17B	O	Operationen am Gesichtsschädel ohne aufwendige Operationen, Alter > 15 Jahre	0,765	0,691	-	-	4,3	1	0,169	9	0,062	0,073	-	-	0,7939
I18A	O	Wenig komplexe Eingriffe an Kniegelenk, Ellenbogengelenk und Unterarm, Alter < 16 Jahre oder mit mäßig komplexem Eingriff oder mit beidseitigem Eingriff am Kniegelenk	0,626	0,565	-	-	2,7	1	0,148	7	0,057	0,060	-	-	0,7984
I18B	O	Wenig komplexe Eingriffe an Kniegelenk, Ellenbogengelenk und Unterarm, Alter > 15 Jahre, ohne mäßig komplexen Eingriff, ohne beidseitigen Eingriff am Kniegelenk	0,502	0,450	-	-	2,8	1	0,101	7	0,046	0,053	-	-	0,8112
I19A	O	Implantation und Wechsel von Neurostimulatoren und Neurostimulationselektroden bei Krankheiten und Störungen an Muskel-Skelett-System und Bindegewebe ohne Implantation oder Wechsel eines permanenten Elektrodensystems	1,002	0,958	-	-	3,1	1	0,284	7	0,036	0,045	-	-	0,6969

Fallpauschalen-Katalog und Pflegeerlöskatalog
Teil b) Bewertungsrelationen bei Versorgung durch Belegabteilungen

DRG	Partition	Bezeichnung [6]	Bewertungsrelation bei Belegoperateur	Bewertungsrelation bei Belegoperateur und Beleganästhesist	Bewertungsrelation bei Belegoperateur und Beleghebamme	Bewertungsrelation bei Belegoperateur, -anästhesist und -hebamme	Mittlere Verweildauer [1]	Untere Grenzverweildauer: Erster Tag mit Abschlag [2), 5)]	Untere Grenzverweildauer: Bewertungsrelation/Tag	Obere Grenzverweildauer: Erster Tag zus. Entgelt [3), 5)]	Obere Grenzverweildauer: Bewertungsrelation/Tag	Externe Verlegung Abschlag/Tag (Bewertungsrelation)	Verlegungsfallpauschale	Ausnahme von Wiederaufnahme [4]	Pflegeerlös Bewertungsrelation/Tag
1	2	3	4	5	6	7	8	9	10	11	12	13	14	15	16
I19B	O	Implantation und Wechsel von Neurostimulatoren und Neurostimulationselektroden bei Krankheiten und Störungen an Muskel-Skelett-System und Bindegewebe mit Implantation oder Wechsel eines permanenten Elektrodensystems	1,272	1,215	-	-	3,0	1	0,065	7	0,042	0,069	-	-	0,7385
I20A	O	Eingriffe am Fuß mit mehreren hochkomplexen Eingriffen oder Teilwechsel Endoprothese des unteren Sprunggelenks, mit hochkomplexem Eingriff und komplexer Diagnose oder bestimmter Arthrodese	1,669	1,522	-	-	10,3	2	0,198	22	0,041	0,053	-	-	0,7130
I20B	O	Eingriffe am Fuß mit mehreren komplexen Eingriffen od. hochkompl. Eingriff od. Teilwechsel Endoprothese d. unteren Sprunggelenks od. bei Zerebralparese od. mit kompl. Eingriff und kompl. Diagnose od. mit Eingriff an Sehnen des Rückfußes, Alter < 12 Jahre	1,253	1,136	-	-	6,8	1	0,215	17	0,047	0,055	-	-	0,7088
I20C	O	Eingriffe am Fuß ohne mehrere komplexe Eingriffe, ohne hochkomplexen Eingriff, mit bestimmten komplizierenden Faktoren oder Alter > 11 Jahre	0,855	0,778	-	-	5,3	1	0,446	14	0,040	0,055	-	-	0,7094
I20D	O	Eingriffe am Fuß ohne bestimmte komplizierende Faktoren, mit Knochentransplantation oder schwerem Weichteilschaden oder bestimmtem Eingriff am Fuß oder Kalkaneusfraktur	0,557	0,486	-	-	2,8	1	0,070	6	0,037	0,038	-	-	0,7677
I20E	O	Andere Eingriffe am Fuß oder chronische Polyarthritis oder Diabetes Mellitus mit Komplikationen oder Alter < 16 Jahre	0,521	0,458	-	-	2,9	1	0,049	7	0,038	0,039	-	-	0,7992
I20F	O	Eingriffe am Fuß ohne komplexe Eingriffe oder komplizierende Faktoren, Alter > 15 Jahre	0,398	0,346	-	-	2,5	1	0,094	6	0,039	0,020	-	-	0,7772
I21Z	O	Lokale Exzision und Entfernung von Osteosynthesematerial an Hüftgelenk, Femur und Wirbelsäule oder komplexe Eingriffe an Ellenbogengelenk und Unterarm oder bestimmte Eingriffe an der Klavikula	0,680	0,607	-	-	2,7	1	0,112	6	0,046	0,056	-	-	0,8386
I23A	O	Andere kleine Eingriffe an Knochen und Weichteilen mit bestimmten kleinen Eingriffen am Knochen oder Revision mit Osteosynthese an der oberen Extremität oder Alter < 18 Jahre mit äußerst schweren oder schweren CC	0,670	0,593	-	-	3,5	1	0,134	8	0,044	0,049	-	-	0,8657
I23B	O	Andere kleine Eingriffe an Knochen und Weichteilen mit bestimmten kleinen Eigriffen an Knochen und Weichteilen, Alter > 17 Jahre oder ohne äußerst schwere oder schwere CC	0,538	0,480	-	-	2,4	1	0,193	6	0,049	0,101	-	-	0,8769
I23C	O	Andere kleine Eingriffe an Knochen und Weichteilen ohne bestimmte kleine Eingriffe an Knochen und Weichteilen, Alter > 17 Jahre oder ohne äußerst schwere oder schwere CC	0,426	0,372	-	-	2,6	1	0,062	5	0,048	0,029	-	-	0,8784
I24A	O	Arthroskopie oder andere Eingriffe an den Extremitäten oder Eingriffe am Weichteilgewebe oder Alter < 18 Jahre	0,500	0,446	-	-	2,5	1	0,121	6	0,056	0,059	-	-	0,9945
I24B	O	Arthroskopie oder andere Eingriffe an den Extremitäten oder Eingriffe am Weichteilgewebe ohne komplexen Eingriff, Alter > 17 Jahre	0,263	0,246	-	-	2,3	1	0,055	5	0,036	0,035	-	-	1,2313
I27B	O	Eingriffe am Weichteilgewebe oder kleinflächige Gewebe-Tx mit äußerst schweren CC oder bei BNB mit schweren CC oder mit kompliz. Faktoren, mit schweren CC oder bei BNB oder mit best. Eingr. am Weichteilgewebe, > 1 Belegungstag oder best. Eingriff	2,564	2,405	-	-	17,9	5	0,256	36	0,059	0,081	-	-	0,9862
I27C	O	Eingriffe am Weichteilgewebe oder kleinflächige Gewebetransplantationen mit schweren CC oder bei BNB oder mit bestimmtem Eingriff am Weichteilgewebe, mehr als ein Belegungstag oder bestimmter Eingriff ohne komplizierende Faktoren	1,094	1,006	-	-	7,8	2	0,191	18	0,052	0,066	-	-	0,8110
I27D	O	Bestimmte andere Eingriffe am Weichteilgewebe oder ein Belegungstag	0,624	0,550	-	-	3,4	1	0,093	9	0,041	0,044	-	-	0,7460
I27E	O	Bestimmte kleine Eingriffe am Weichteilgewebe oder ein Belegungstag	0,553	0,493	-	-	2,8	1	0,132	7	0,054	0,059	-	-	0,7845
I28C	O	Andere Eingriffe an Muskel-Skelett-System und Bindegewebe mit bestimmtem Eingriff an Knochen, Weichteilen oder Bindegewebe, mehr als ein Belegungstag oder Alter < 10 Jahre	1,293	1,236	-	-	10,2	2	0,308	23	0,057	0,082	-	-	0,7896
I28D	O	Andere Eingriffe an Muskel-Skelett-System und Bindegewebe mit mäßig komplexem Eingriff, mehr als ein Belegungstag, Alter > 9 Jahre	0,872	0,842	-	-	8,0	2	0,212	18	0,056	0,071	-	-	0,6609
I28E	O	Andere Eingriffe an Muskel-Skelett-System und Bindegewebe, ohne bestimmte, mäßig komplexe und komplexe Eingriffe, Alter > 9 Jahre oder ein Belegungstag	0,411	0,365	-	-	3,7	1	0,085	12	0,043	0,032	-	-	0,8191
I29A	O	Komplexe Eingriffe am Schultergelenk oder bestimmte Osteosynthesen an der Klavikula, bei komplizierender Diagnose oder Eingriff an mehreren Lokalisationen	1,038	0,929	-	-	3,5	1	0,326	9	0,053	0,059	-	-	0,7685
I29B	O	Komplexe Eingriffe am Schultergelenk oder best. Osteosynthesen an der Klavikula ohne kompliz. Diagnose, ohne Eingriff an mehreren Lokalisationen oder sonst. arthroskopische Rekonstruktion der Rotatorenmanschette mit bestimmten Eingriffen an der Schulter	0,721	0,633	-	-	2,3	1	0,061	4	0,039	0,037	-	-	0,8920

Fallpauschalen-Katalog und Pflegeerlöskatalog
Teil b) Bewertungsrelationen bei Versorgung durch Belegabteilungen

DRG	Partition	Bezeichnung [6]	Bewertungsrelation bei Belegoperateur	Bewertungsrelation bei Belegoperateur und Beleganästhesist	Bewertungsrelation bei Belegoperateur und Beleghebamme	Bewertungsrelation bei Belegoperateur, -anästhesist und -hebamme	Mittlere Verweildauer [1]	Untere Grenzverweildauer: Erster Tag mit Abschlag [2), 5)]	Untere Grenzverweildauer: Bewertungsrelation/Tag	Obere Grenzverweildauer: Erster Tag zus. Entgelt [3), 5)]	Obere Grenzverweildauer: Bewertungsrelation/Tag	Externe Verlegung Abschlag/Tag (Bewertungsrelation)	Verlegungsfallpauschale	Ausnahme von Wiederaufnahme [4]	Pflegeerlös Bewertungsrelation/Tag
1	2	3	4	5	6	7	8	9	10	11	12	13	14	15	16
I29C	O	Sonstige arthroskopische Rekonstruktion der Rotatorenmanschette ohne bestimmte Eingriffe an der Schulter	0,610	0,547	-	-	2,5	1	0,108	5	0,041	0,020	-	-	0,8452
I30A	O	Arthroskopischer Eingriff am Hüftgelenk, Alter < 16 Jahre oder komplexe Eingriffe am Kniegelenk mit sehr komplexem Eingriff oder bestimmte komplexe Eingriffe am Kniegelenk, Alter < 18 Jahre, mit äußerst schweren oder schweren CC	1,090	0,983	-	-	4,5	1	0,169	11	0,051	0,060	-	-	0,6386
I30B	O	Arthroskopischer Eingriff am Hüftgelenk, Alter > 15 Jahre oder bestimmte komplexe Eingriffe am Kniegelenk, Alter > 17 Jahre oder ohne äußerst schwere oder schwere CC	0,756	0,671	-	-	2,4	1	0,071	4	0,042	0,042	-	-	0,8008
I30C	O	Komplexe Eingriffe am Kniegelenk ohne bestimmte komplexe Eingriffe am Kniegelenk, Alter > 17 Jahre oder ohne äußerst schwere oder schwere CC oder bestimmte arthroskopische Eingriffe am Hüftgelenk, Alter > 15 Jahre	0,591	0,528	-	-	2,7	1	0,148	7	0,051	0,054	-	-	0,7966
I31A	O	Mehrere komplexe Eingriffe an Ellenbogengelenk und Unterarm oder gelenkübergreifende Weichteildistraktion bei angeborenen Anomalien der Hand, mit aufwendigen Eingriffen am Unterarm	1,664	1,509	-	-	8,5	2	0,181	17	0,045	0,058	-	-	0,7139
I31B	O	Mehrere komplexe Eingriffe an Ellenbogengelenk und Unterarm oder gelenkübergreifende Weichteildistraktion bei angeborenen Anomalien der Hand oder bestimmte Eingriffe bei Mehrfragmentfraktur der Patella, mit bestimmten komplexen Eingriffen am Unterarm	1,116	1,007	-	-	4,6	1	0,358	12	0,050	0,059	-	-	0,7475
I31C	O	Mehrere komplexe Eingriffe an Ellenbogengelenk und Unterarm ohne gelenkübergreifende Weichteildistraktion bei angeborenen Anomalien der Hand, ohne bestimmte Eingriffe bei Mehrfragmentfraktur der Patella, ohne bestimmte komplexe Eingriffe am Unterarm	0,860	0,770	-	-	3,1	1	0,205	8	0,058	0,061	-	-	0,7396
I32C	O	Eingriffe an Handgelenk und Hand mit komplexem Eingriff oder bei angeborener Anomalie der Hand oder Pseudarthrose, Alter > 5 Jahre oder mit hochkomplexem Eingriff bei angeb. Fehlbildung der Hand, Alter < 16 Jahre oder mit best. Eingr. od. kompl. Diagnose	1,178	1,051	-	-	6,6	1	0,194	17	0,045	0,054	-	-	0,6795
I32D	O	Eingriffe an Handgelenk und Hand mit komplexem Eingriff, ohne komplexe Diagnose oder ohne sehr komplexen Eingriff oder mit komplexer Diagnose oder mit bestimmtem oder beidseitigem Eingriff	0,786	0,696	-	-	2,8	1	0,195	7	0,052	0,057	-	-	0,7831
I32E	O	Bestimmte mäßig komplexe Eingriffe an Handgelenk und Hand, mehr als ein Belegungstag oder Alter < 6 Jahre	0,591	0,519	-	-	2,4	1	0,181	6	0,053	0,054	-	-	0,7530
I32F	O	Eingriffe an Handgelenk und Hand ohne komplexe oder mäßig komplexe Eingriffe oder ohne bestimmtem mäßig komplexen Eingriff, Alter > 5 Jahre, ein Belegungstag	0,476	0,419	-	-	2,3	1	0,055	5	0,053	0,052	-	-	0,9209
I36Z	O	Beidseitige oder kombinierte Implantation oder Wechsel einer Endoprothese an Hüft-, Kniegelenk und/oder an der oberen Extremität	2,139	2,000	-	-	8,8	2	0,224	17	0,047	0,067	-	-	0,7984
I39Z	O	Strahlentherapie bei Krankheiten und Störungen an Muskel-Skelett-System und Bindegewebe, Bestrahlungen an mindestens 8 Tagen	2,162	2,157	-	-	19,2	5	0,358	34	0,104	-	x	x	0,7722
I42A	A	Multimodale Schmerztherapie bei Krankheiten und Störungen an Muskel-Skelett-System und Bindegewebe, mindestens 14 Tage	0,946	0,946	-	-	16,0	-	-	19	0,044	0,057	-	x	0,4215
I42B	A	Multimodale Schmerztherapie bei Krankheiten und Störungen an Muskel-Skelett-System und Bindegewebe, weniger als 14 Tage	0,662	0,662	-	-	8,7	-	-	14	0,047	0,066	-	x	0,4310
I43A	O	Implantation oder Wechsel bestimmter Endoprothesen am Knie- oder am Ellenbogengelenk oder Prothesenwechsel am Schulter- oder am Sprunggelenk oder Entfernung bestimmter Endoprothesen am Kniegelenk, mit äußerst schweren CC	4,442	4,189	-	-	29,1	9	0,208	47	0,052	0,069	-	-	0,9171
I43B	O	Implantation oder Wechsel bestimmter Endoprothesen am Knie- oder am Ellenbogengelenk oder Prothesenwechsel am Schulter- oder am Sprunggelenk oder Entfernung bestimmter Endoprothesen am Kniegelenk, ohne äußerst schwere CC	1,688	1,583	-	-	9,4	2	0,155	18	0,044	0,047	-	-	0,7497
I44A	O	Bestimmte Endoprotheseneingriffe am Kniegelenk mit äußerst schweren CC oder Implantation bestimmter schaftverankerten Prothese am Knie oder Korrektur einer Brustkorbdeformität	1,964	1,844	-	-	9,8	2	0,247	18	0,045	0,063	-	-	0,7078
I44B	O	Bestimmte Endoprotheseneingriffe am Kniegelenk ohne äußerst schwere CC, mit bestimmtem Wechsel von Endoprothesen oder Implantation einer patientenindividuell angefertigten Endoprothese am Kniegelenk oder Einbringen oder Wechsel von Abstandshaltern	1,705	1,600	-	-	10,5	2	0,251	21	0,048	0,066	-	-	0,7700
I44C	O	Bestimmte Endoprotheseneingriffe am Kniegelenk ohne äußerst schwere CC, ohne bestimmten Wechsel von Endoprothesen oder Prothesenkomponenten, ohne Impl. e. patientenindiv. angefertigten Endoprothese am Knie, ohne Einbringen od. Wechsel von Abstandshaltern	1,229	1,147	-	-	8,0	2	0,161	12	0,040	0,054	-	-	0,7440

Fallpauschalen-Katalog und Pflegeerlöskatalog
Teil b) Bewertungsrelationen bei Versorgung durch Belegabteilungen

DRG	Partition	Bezeichnung [6]	Bewertungsrelation bei Belegoperateur	Bewertungsrelation bei Belegoperateur und Beleganästhesist	Bewertungsrelation bei Belegoperateur und Beleghebamme	Bewertungsrelation bei Belegoperateur, -anästhesist und -hebamme	Mittlere Verweildauer [1]	Untere Grenzverweildauer		Obere Grenzverweildauer		Externe Verlegung Abschlag/Tag (Bewertungsrelation)	Verlegungsfallpauschale	Ausnahme von Wiederaufnahme [4]	Pflegeerlös Bewertungsrelation/Tag
								Erster Tag mit Abschlag [2), 5)]	Bewertungsrelation/Tag	Erster Tag zus. Entgelt [3), 5)]	Bewertungsrelation/Tag				
1	2	3	4	5	6	7	8	9	10	11	12	13	14	15	16
I44D	O	Bestimmte Endoprotheseneingriffe am Kniegelenk oder Einbringen einer Entlastungsfeder am Kniegelenk	1,162	1,091	-	-	7,1	1	0,214	12	0,042	0,053	-	-	0,7148
I44E	O	Andere Endoprotheseneingriffe am Kniegelenk	1,018	0,941	-	-	6,7	1	0,300	12	0,049	0,066	-	-	0,6941
I45A	O	Implantation und Ersatz einer Bandscheibenendoprothese, mehr als ein Segment	1,947	1,830	-	-	3,8	1	0,141	8	0,058	0,056	-	-	0,6410
I45B	O	Implantation und Ersatz einer Bandscheibenendoprothese, weniger als 2 Segmente	1,428	1,324	-	-	3,6	1	0,143	7	0,053	0,061	-	-	0,6422
I46B	O	Prothesenwechsel am Hüftgelenk ohne äußerst schwere CC, ohne Eingriff an mehreren Lokalisationen, mit periprothetischer Fraktur	2,601	2,450	-	-	17,6	5	0,218	33	0,051	0,071	-	-	0,9856
I46C	O	Prothesenwechsel am Hüftgelenk ohne äußerst schwere CC, ohne Eingriff an mehreren Lokalisationen, ohne periprothetische Fraktur	1,965	1,832	-	-	10,5	3	0,205	22	0,047	0,070	-	-	0,8052
I47A	O	Revision oder Ersatz des Hüftgelenkes ohne komplizierende Diagnose, ohne Arthrodese, ohne äußerst schwere CC, Alter > 15 Jahre, mit komplizierendem Eingriff	1,746	1,628	-	-	10,5	2	0,252	22	0,048	0,065	-	-	0,8346
I47B	O	Revision oder Ersatz des Hüftgelenkes ohne best. kompliz. Faktoren, mit kompl. Diagnose an Becken/Oberschenkel, mit best. endoproth. oder gelenkplast. Eingr. od. m. Impl. od. Wechsel Radiuskopfproth. od. m. kompl. Erstimpl. od. m. Entf. Osteosynthesemat.	1,401	1,309	-	-	8,7	2	0,214	18	0,049	0,067	-	-	0,8872
I47C	O	Revision oder Ersatz des Hüftgelenkes ohne best. kompliz. Faktoren, ohne komplexe Diagnose an Becken/OS, ohne best. endoproth. Eingriff, ohne gelenkpl. Eingriff am Hüftgelenk, ohne Impl. oder Wechsel einer Radiuskopfprothese, ohne Entf. Osteosynthesemat.	1,109	1,048	-	-	8,2	2	0,132	13	0,035	0,044	-	-	0,7511
I50A	O	Gewebe- / Haut-Transplantation außer an der Hand, ohne bestimmte komplizierende Faktoren, mit bestimmtem Eingriff oder bestimmter Vakuumbehandlung mit kontinuierlicher Sogbehandlung ab 8 Tagen	1,810	1,652	-	-	15,7	4	0,178	30	0,040	0,053	-	-	0,6638
I50B	O	Gewebe- / Haut-Transplantation außer an der Hand, ohne bestimmte komplizierende Faktoren, ohne bestimmten Eingriff, mit bestimmter Vakuumbehandlung oder Alter < 16 Jahre	1,096	0,995	-	-	10,0	2	0,184	20	0,038	0,050	-	-	0,6491
I50C	O	Gewebe- / Haut-Transplantation außer an der Hand, ohne bestimmte komplizierende Faktoren, ohne bestimmten Eingriff, ohne bestimmte Vakuumbehandlung, Alter > 15 Jahre	0,595	0,568	-	-	4,4	1	0,174	10	0,050	0,079	-	-	0,6307
I54A	O	Strahlentherapie bei Krankheiten und Störungen an Muskel-Skelett-System und Bindegewebe, bei bösartiger Neubildung, Bestrahlungen an mindestens 5 Tagen oder Alter < 18 Jahre	1,038	1,036	-	-	11,0	3	0,233	24	0,080	0,083	-	x	0,8348
I54B	O	Strahlentherapie bei Krankheiten und Störungen an Muskel-Skelett-System und Bindegewebe, bei bösartiger Neubildung, Bestrahlungen an weniger als 5 Tagen, Alter > 17 Jahre	0,706	0,704	-	-	5,9	1	0,347	16	0,121	0,102	-	x	0,8255
I59Z	O	Andere Eingriffe an den Extremitäten oder am Gesichtsschädel	0,536	0,462	-	-	2,2	1	0,061	4	0,043	0,035	-	-	0,9882
I64C	M	Osteomyelitis, Alter > 15 Jahre, ohne äußerst schwere oder schwere CC	0,492	0,489	-	-	8,1	2	0,154	17	0,045	0,056	-	-	0,6892
I65C	M	Bösartige Neubildung des Bindegewebes einschließlich pathologischer Fraktur, Alter > 16 Jahre, ohne äußerst schwere CC	0,489	0,486	-	-	5,0	1	0,244	12	0,063	0,078	-	x	0,8052
I66E	M	Amyloidose, bestimmte Vaskulitiden oder adulte Form des Morbus Still, Alter > 15 Jahre	0,597	0,597	-	-	6,4	1	0,146	15	0,062	0,076	-	-	0,6132
I66F	M	Frakturen an Becken und Schenkelhals oder bestimmte Systemkrankheiten des Bindegewebes	0,493	0,493	-	-	7,5	2	0,159	16	0,047	0,058	-	-	0,7356
I66G	M	Andere Erkrankungen des Bindegewebes, mehr als ein Belegungstag, ohne bestimmte Erkrankungen, ohne äußerst schwere CC, ohne intensivmed. Komplexbeh. > 196 / 184 / - Aufwandsp. od. multisystemisches Entzündungssyndrom bei COVID-19 od. Alter < 6 J., 1 BT	0,369	0,367	-	-	4,8	1	0,219	12	0,053	0,062	-	-	0,5830
I66H	M	Andere Erkrankungen des Bindegewebes oder Frakturen an Becken und Schenkelhals, Alter > 5 Jahre, ein Belegungstag	0,138	0,137	-	-	1,0	-	-	-	-	-	-	-	1,1268
I68B	M	Nicht operativ behandelte Erkrankungen und Verletzungen im Wirbelsäulenbereich, mehr als 1 BT, mit äuß. schw. oder schw. CC od. bei Para- / Tetraplegie, mit kompl. Diagn. oder ohne äuß. schw. oder schw. CC, ohne Para- / Tetraplegie bei Diszitis	1,036	1,034	-	-	14,2	4	0,203	28	0,048	0,067	-	-	0,8573
I68C	M	Nicht operativ behandelte Erkrankungen und Verletzungen WS, > 1 BT od. and. Femurfraktur, bei Para- / Tetraplegie od. mit äuß. schw. CC od. schw. CC od. Alter > 65 J., oh. kompl. Diagn. od. Kreuzbeinfraktur od. best. mäßig aufw., aufw. od. hochaufw. Beh.	0,614	0,613	-	-	8,9	2	0,200	19	0,047	0,061	-	-	0,7853
I68D	M	Nicht operativ behandelte Erkrankungen und Verletzungen WS, > 1 Belegungstag oder andere Femurfraktur, außer bei Diszitis oder infektiöser Spondylopathie, ohne Kreuzbeinfraktur, ohne best. mäßig aufw., aufw. od. hochaufw. Beh., mit Wirbelsäulenfraktur	0,482	0,481	-	-	6,5	1	0,236	14	0,050	0,072	-	-	0,7464

Fallpauschalen-Katalog und Pflegeerlöskatalog
Teil b) Bewertungsrelationen bei Versorgung durch Belegabteilungen

DRG	Partition	Bezeichnung [6]	Bewertungsrelation bei Belegoperateur	Bewertungsrelation bei Belegoperateur und Beleganästhesist	Bewertungsrelation bei Belegoperateur und Beleghebamme	Bewertungsrelation bei Belegoperateur, -anästhesist und -hebamme	Mittlere Verweildauer [1]	Untere Grenzverweildauer: Erster Tag mit Abschlag [2), 5)]	Untere Grenzverweildauer: Bewertungsrelation/Tag	Obere Grenzverweildauer: Erster Tag zus. Entgelt [3), 5)]	Obere Grenzverweildauer: Bewertungsrelation/Tag	Externe Verlegung Abschlag/Tag (Bewertungsrelation)	Verlegungsfallpauschale	Ausnahme von Wiederaufnahme [4)]	Pflegeerlös Bewertungsrelation/Tag
1	2	3	4	5	6	7	8	9	10	11	12	13	14	15	16
I68E	M	Nicht operativ behandelte Erkrankungen und Verletzungen WS, > 1 Belegungstag oder andere Femurfraktur, außer bei Diszitis oder infektiöser Spondylopathie, ohne Kreuzbeinfraktur, ohne best. mäßig aufw., aufw. od. hochaufw. Beh., oh. Wirbelsäulenfraktur	0,261	0,261	-	-	5,8	1	0,126	11	0,034	0,033	-	-	0,6146
I68F	M	Nicht operativ behandelte Erkrankungen und Verletzungen im Wirbelsäulenbereich, ein Belegungstag oder Prellung am Oberschenkel	0,167	0,164	-	-	1,0	-	-	-	-	-	-	-	1,0068
I69A	M	Knochenkrankheiten und spezifische Arthropathie mit bestimmter Arthropathie oder Muskel- / Sehnenerkrankung bei Para- /Tetraplegie	0,477	0,477	-	-	7,5	1	0,311	16	0,045	0,057	-	-	0,5764
I69B	M	Knochenkrankheiten und spezifische Arthropathie ohne bestimmte Arthropathie, ohne Muskel- / Sehnenerkrankung bei Para- /Tetraplegie	0,348	0,347	-	-	4,7	1	0,235	12	0,049	0,059	-	-	0,6520
I71B	M	Muskel- und Sehnenerkrankungen außer bei Para- / Tetraplegie oder Verstauchung, Zerrung, Luxation an Hüftgelenk, Becken und Oberschenkel, ohne Zerebralparese, ohne Kontraktur	0,332	0,328	-	-	3,8	1	0,179	10	0,053	0,065	-	-	0,7096
I72Z	M	Entzündung von Sehnen, Muskeln und Schleimbeuteln mit äußerst schweren oder schweren CC oder Frakturen am Femurschaft	0,782	0,776	-	-	10,2	2	0,245	23	0,052	0,069	-	-	0,9580
I73Z	M	Nachbehandlung bei Erkrankungen des Bindegewebes	0,483	0,480	-	-	7,2	1	0,294	17	0,046	0,056	-	-	0,7620
I74B	M	Verletzungen an Unterarm, Handgelenk, Hand oder Fuß oder leichte bis moderate Verletzungen von Schulter, Arm, Ellenbogen, Knie, Bein und Sprunggelenk mit unspezifischen Arthropathien ohne äußerst schwere oder schwere CC	0,398	0,397	-	-	5,3	1	0,235	12	0,051	0,062	-	-	0,6704
I74C	M	Verletzungen an Unterarm, Handgelenk, Hand oder Fuß oder leichte bis moderate Verletzungen von Schulter, Arm, Ellenbogen, Knie, Bein und Sprunggelenk ohne äußerst schwere oder schwere CC, Alter < 10 Jahre	0,420	0,387	-	-	2,1	1	0,122	4	0,070	0,068	-	-	1,3276
I74D	M	Verletzungen an Unterarm, Handgelenk, Hand oder Fuß oder leichte bis moderate Verletzungen von Schulter, Arm, Ellenbogen, Knie, Bein und Sprunggelenk ohne äußerst schwere oder schwere CC, Alter > 9 Jahre	0,303	0,299	-	-	3,5	1	0,117	8	0,059	0,062	-	-	0,8045
I75B	M	Schwere Verletzungen von Schulter, Arm, Ellenbogen, Knie, Bein und Sprunggelenk ohne CC oder Entzündungen von Sehnen, Muskeln und Schleimbeuteln ohne äußerst schwere oder schwere CC	0,361	0,360	-	-	4,8	1	0,198	12	0,051	0,062	-	-	0,7476
I76B	M	Andere Erkrankungen des Bindegewebes ohne komplizierende Diagnose, ohne äußerst schwere CC, ohne septische Arthritis oder Alter > 15 Jahre	0,404	0,398	-	-	4,9	1	0,187	13	0,050	0,078	-	-	0,8213
I77Z	M	Mäßig schwere Verletzungen von Schulter, Arm, Ellenbogen, Knie, Bein und Sprunggelenk	0,340	0,339	-	-	4,4	1	0,170	11	0,053	0,062	-	-	0,7825
I79Z	M	Fibromyalgie	0,526	0,525	-	-	9,3	2	0,173	17	0,039	0,052	-	-	0,4351
MDC 09 Krankheiten und Störungen an Haut, Unterhaut und Mamma															
J01Z	O	Gewebetransplantation mit mikrovaskulärer Anastomosierung bei bösartiger Neubildung an Haut, Unterhaut und Mamma	2,151	1,901	-	-	7,0	1	0,264	12	0,053	0,067	-	-	0,9182
J02B	O	Hauttransplantation oder bestimmte Lappenplastik an der unteren Extr. bei Ulkus od. Infektion od. ausgedehnte Lymphadenekt. oder Gewebetransplant. mit mikrovask. Anastomose, mit äuß. schw. CC, oh. kompl. Eingr. od. oh. äuß. schw. CC, m. kompl. Eingr.	2,648	2,455	-	-	22,5	7	0,184	41	0,046	0,063	-	-	0,9422
J02C	O	Hauttransplantation oder bestimmte Lappenplastik an der unteren Extremität bei Ulkus oder Infektion oder ausgedehnte Lymphadenektomie, ohne äußerst schwere CC, ohne komplexen Eingriff	1,404	1,311	-	-	17,1	5	0,148	32	0,036	0,048	-	-	0,8320
J03Z	O	Eingriffe an der Haut der unteren Extremität bei Ulkus oder Infektion / Entzündung	0,689	0,654	-	-	8,9	2	0,165	19	0,036	0,050	-	-	0,7715
J04Z	O	Eingriffe an der Haut der unteren Extremität außer bei Ulkus oder Infektion / Entzündung	0,432	0,417	-	-	3,5	1	0,194	8	0,056	0,063	-	-	0,6706
J06Z	O	Mastektomie mit Prothesenimplantation und plastischer Operation bei bösartiger Neubildung oder komplexe Prothesenimplantation	1,284	1,172	-	-	4,9	1	0,256	10	0,075	0,083	-	-	0,7424
J07A	O	Best. Eingr. an der Mamma mit Lymphknotenex. oder PCCL >2 oder Impl. Hautexpander oder best. Eingr. an Ovar/Plexus brachialis oder Lymphknotenex. mit Hautransplantation oder Debridement, mit beidseitigem Eingr. oder best. Eingr. Ovar/Plexus brachialis	1,030	0,937	-	-	3,3	1	0,251	7	0,106	0,140	-	-	0,7296
J07B	O	Best. Eingr. an der Mamma mit Lymphknotenex. oder PCCL >2 oder Impl. Hautexpander oder best. Eingr. an Ovar/Plexus brachialis oder Lymphknotenex. mit Hautransplantation oder Debridement, ohne beidseitigen Eingr., ohne best. Eingr. Ovar/Plexus brachialis	0,789	0,722	-	-	3,1	1	0,173	7	0,095	0,103	-	-	0,8082
J08B	O	Bestimmte Hauttransplantation oder Debridement ohne Eingriff an Kopf und Hals, ohne bestimmten Eingriff an Haut und Unterhaut oder ohne äußerst schwere CC	0,867	0,806	-	-	7,6	2	0,183	17	0,045	0,057	-	-	0,6811

Fallpauschalen-Katalog und Pflegeerlöskatalog
Teil b) Bewertungsrelationen bei Versorgung durch Belegabteilungen

DRG	Partition	Bezeichnung [6]	Bewertungsrelation bei Belegoperateur	Bewertungsrelation bei Belegoperateur und Beleganästhesist	Bewertungsrelation bei Belegoperateur und Beleghebamme	Bewertungsrelation bei Belegoperateur, -anästhesist und -hebamme	Mittlere Verweildauer [1]	Untere Grenzverweildauer		Obere Grenzverweildauer		Externe Verlegung Abschlag/Tag (Bewertungsrelation)	Verlegungsfallpauschale	Ausnahme von Wiederaufnahme [4]	Pflegeerlös Bewertungsrelation/Tag
								Erster Tag mit Abschlag [2), 5)]	Bewertungsrelation/Tag	Erster Tag zus. Entgelt [3), 5)]	Bewertungsrelation/Tag				
1	2	3	4	5	6	7	8	9	10	11	12	13	14	15	16
J09A	O	Eingriffe bei Sinus pilonidalis und perianal, Alter < 16 Jahre	0,478	0,426	-	-	2,7	1	0,154	6	0,057	0,059	-	-	1,1534
J09B	O	Eingriffe bei Sinus pilonidalis und perianal, Alter > 15 Jahre	0,286	0,263	-	-	2,6	-	-	6	0,035	0,064	-	-	0,7785
J10A	O	Plastische Operationen an Haut, Unterhaut und Mamma mit äußerst schweren oder schweren CC oder mit komplexem Eingriff	0,799	0,758	-	-	5,9	1	0,224	13	0,047	0,065	-	-	0,6979
J10B	O	Plastische Operationen an Haut, Unterhaut und Mamma ohne äußerst schwere oder schwere CC, ohne komplexen Eingriff	0,421	0,396	-	-	3,1	1	0,085	8	0,048	0,055	-	-	0,6896
J11A	O	Andere Eingriffe an Haut, Unterhaut und Mamma mit komplexem Eingriff bei komplizierender Diagnose oder bei Para- / Tetraplegie oder selektive Embolisation bei Hämangiom	0,942	0,906	-	-	10,2	2	0,228	23	0,049	0,065	-	-	0,8368
J11B	O	Andere Eingriffe an Haut, Unterhaut und Mamma mit komplizierender Diagnose oder mit mäßig komplexer Prozedur oder Diagnose oder Alter < 18 Jahre mit äußerst schweren oder schweren CC oder mit bestimmtem Eingriff bei bösartiger Neubildung oder Pemphigoid	0,629	0,583	-	-	4,2	1	0,240	12	0,056	0,068	-	-	0,7999
J11C	O	And. Eingr. an Haut, Unterhaut u. Mamma oh. kompliz. Diag., oh. mäßig kompl. Proz. od. Diagn., Alter > 17 J. od. oh. äuß. schw. oder schw. CC, m. best. Eingr. od. m. Hidradenitis suppurativa od. bei BNB/Pemphigoid od. mit kl. Eingr. an d. Haut u. Weicht.	0,410	0,389	-	-	3,3	1	0,120	7	0,047	0,054	-	-	0,7189
J11D	O	And. Eingr. an Haut, Unterhaut u. Mamma oh. kompliz. Diag., oh. mäßig kompl. Proz. od. Diag., Alter > 17 J. od. oh. äuß. schw. od. schw. CC, oh. best. Eingr., oh. Hidradenitis suppurativa, auß. b. BNB od. Pemphigoid, oh. kl. Eingr. an d. Haut od. Weicht.	0,354	0,336	-	-	2,9	1	0,104	6	0,050	0,056	-	-	0,7729
J14Z	O	Plastische Rekonstruktion der Mamma bei BNB mit aufwend. Rekonstr. oder beidseit. Mastektomie bei BNB oder Strahlenther. mit operat. Proz. bei Krankh. und Störungen an Haut, Unterhaut und Mamma, mit beidseit. Prothesenimpl. oder Impl. eines Hautexpanders	1,603	1,471	-	-	5,9	1	0,284	11	0,067	0,083	-	-	0,7833
J16A	O	Beidseitige Mastektomie bei bösartiger Neubildung	1,198	1,096	-	-	5,2	1	0,310	11	0,082	0,098	-	-	0,7946
J16B	O	Strahlentherapie mit operativer Prozedur bei Krankheiten und Störungen an Haut, Unterhaut und Mamma	1,357	1,297	-	-	4,6	1	0,475	11	0,177	0,145	-	-	0,8302
J17Z	O	Strahlentherapie bei Krankheiten und Störungen an Haut, Unterhaut und Mamma, Bestrahlungen an mindestens 9 Tagen	2,733	2,724	-	-	24,5	7	0,331	43	0,109	0,104	-	x	0,8357
J18A	O	Strahlentherapie bei Krankheiten und Störungen an Haut, Unterhaut und Mamma, mehr als ein Belegungstag, Bestrahlungen an mindestens 5 Tagen	1,577	1,573	-	-	14,4	4	0,306	29	0,107	0,104	-	x	0,8916
J18B	O	Strahlentherapie bei Krankheiten und Störungen an Haut, Unterhaut und Mamma, mehr als ein Belegungstag, Bestrahlungen an weniger als 5 Tagen	0,969	0,965	-	-	9,3	2	0,311	21	0,100	0,090	-	x	0,8971
J21Z	O	Andere Hauttransplantation oder Debridement mit Lymphknotenexzision oder schweren CC	1,121	1,050	-	-	8,4	2	0,208	22	0,051	0,072	-	-	0,7413
J22Z	O	Andere Hauttransplantation oder Debridement ohne komplexen Eingriff, ohne komplexe Diagnose, ohne äußerst schwere oder schwere CC oder mit Weichteildeckung oder Mehrfachtumoren der Haut oder Erysipel	0,588	0,546	-	-	4,6	1	0,260	12	0,044	0,051	-	-	0,6586
J23Z	O	Große Eingriffe an der Mamma bei bösartiger Neubildung ohne komplexen Eingriff, ohne bestimmten Eingriff an den weiblichen Geschlechtsorganen bei bösartiger Neubildung	0,891	0,812	-	-	4,3	1	0,317	10	0,071	0,094	-	-	0,7811
J24A	O	Eingriffe an der Mamma außer bei bösartiger Neubildung mit ausgedehntem Eingriff, mit Prothesenimplantation oder bestimmter Mammareduktionsplastik oder beidseitiger Mastopexie	0,935	0,855	-	-	2,9	1	0,246	7	0,051	0,058	-	-	0,8623
J24B	O	Eingriffe an der Mamma außer bei bösartiger Neubildung mit ausgedehntem Eingriff, mit Prothesenimplantation, ohne bestimmte Mammareduktionsplastik, ohne beidseitige Mastopexie	0,792	0,705	-	-	3,1	1	0,261	7	0,065	0,070	-	-	0,7292
J24C	O	Eingriffe an der Mamma außer bei bösartiger Neubildung ohne ausgedehnten Eingriff, mit komplexem Eingriff	0,698	0,618	-	-	3,2	1	0,204	7	0,051	0,059	-	-	0,8237
J24D	O	Eingriffe an der Mamma außer bei bösartiger Neubildung ohne ausgedehnten Eingriff, ohne komplexen Eingriff	0,521	0,468	-	-	2,4	1	0,125	5	0,067	0,134	-	-	0,9749
J25Z	O	Kleine Eingriffe an der Mamma bei bösartiger Neubildung ohne äußerst schwere oder schwere CC	0,607	0,550	-	-	2,7	1	0,160	6	0,078	0,082	-	-	0,8296
J61A	M	Schwere Erkrankungen der Haut, mehr als ein BT, Alter > 17 Jahre oder mit kompl. Diagn., mit äuß. schw. CC od. Hautulkus bei Para-/Tetraplegie od. hochkompl. Diagn. od. Epid. bullosa, Alter < 10 Jahre oder mit schwerer Erkr. der Haut, mit aufw. Behandl.	0,939	0,939	-	-	12,7	3	0,231	26	0,076	0,068	-	-	1,1354
J61B	M	Schwere Erkrankungen der Haut, mehr als ein Belegungstag, Alter > 17 Jahre, ohne äußerst schwere CC, ohne hochkomplexe Diagnose, mit schwerer Erkrankung der Haut, ohne aufwendige Behandlung	0,567	0,567	-	-	8,1	2	0,185	17	0,048	0,061	-	-	0,6056

Fallpauschalen-Katalog und Pflegeerlöskatalog
Teil b) Bewertungsrelationen bei Versorgung durch Belegabteilungen

DRG	Parti-tion	Bezeichnung [6]	Bewertungsrelation bei Belegoperateur	Bewertungsrelation bei Belegoperateur und Beleganästhesist	Bewertungsrelation bei Belegoperateur und Beleghebamme	Bewertungsrelation bei Belegoperateur, -anästhesist und -hebamme	Mittlere Verweil-dauer [1]	Untere Grenzverweildauer: Erster Tag mit Abschlag [2), 5)]	Untere Grenzverweildauer: Bewertungs-relation/Tag	Obere Grenzverweildauer: Erster Tag zus. Entgelt [3), 5)]	Obere Grenzverweildauer: Bewertungs-relation/Tag	Externe Verlegung Abschlag/Tag (Bewertungsrelation)	Verlegungs-fallpauschale	Ausnahme von Wieder-aufnahme [4]	Pflegeerlös Bewertungs-relation/Tag
1	2	3	4	5	6	7	8	9	10	11	12	13	14	15	16
J61C	M	Schwere Erkrankungen der Haut, mehr als ein Belegungstag, Alter < 18 Jahre, ohne hochkomplexe Diagnose oder mäßig schwere Hauterkrankungen, mehr als ein Belegungstag	0,370	0,369	-	-	6,0	-	-	13	0,045	0,055	-	-	0,6873
J62A	M	Bösartige Neubildungen der Mamma, mehr als ein Belegungstag, mit äußerst schweren CC	1,241	1,237	-	-	14,5	4	0,237	29	0,057	0,077	-	x	1,0186
J62B	M	Bösartige Neubildungen der Mamma, ein Belegungstag oder ohne äußerst schwere CC	0,496	0,495	-	-	5,9	1	0,297	15	0,056	0,068	-	x	0,9440
J64B	M	Bestimmte Infektion / Entzündung der Haut und Unterhaut oder Hautulkus ohne äußerst schwere CC oder Alter < 6 Jahre mit komplexer Diagnose	0,379	0,378	-	-	7,0	1	0,228	14	0,039	0,049	-	-	0,7105
J64C	M	Andere Infektion / Entzündung der Haut und Unterhaut oder Alter > 5 Jahre oder ohne komplexe Diagnose	0,319	0,312	-	-	5,0	1	0,098	11	0,043	0,053	-	-	0,7694
J65A	M	Verletzung der Haut, Unterhaut und Mamma, mehr als 1 Belegungstag	0,291	0,289	-	-	4,0	-	-	9	0,053	0,061	-	-	0,8375
J65B	M	Verletzung der Haut, Unterhaut und Mamma, ein Belegungstag	0,164	0,164	-	-	1,0	-	-	-	-	-	-	-	1,2371
J67A	M	Bestimmte Erkrankungen der Mamma außer bösartige Neubildung oder moderate Hauterkrankungen	0,384	0,380	-	-	5,8	1	0,172	12	0,044	0,052	-	-	0,7335
J67B	M	Andere Erkrankungen der Mamma außer bösartige Neubildung oder leichte Hauterkrankungen	0,250	0,248	-	-	3,9	1	0,015	9	0,045	0,051	-	-	0,8130
J68A	M	Erkrankungen der Haut, ein Belegungstag, mit komplexer Diagnose oder Alter < 16 Jahre mit anderer komplexer Diagnose	0,183	0,179	-	-	1,0	-	-	-	-	-	-	x	1,2422
J68B	M	Erkrankungen der Haut, ein Belegungstag, ohne komplexe Diagnose, Alter > 15 Jahre	0,146	0,143	-	-	1,0	-	-	-	-	-	-	-	1,0680
MDC 10 Endokrine, Ernährungs- und Stoffwechselkrankheiten															
K06B	O	Eingriffe an Schilddrüse, Nebenschilddrüse und Ductus thyreoglossus ohne IntK > 392 / 368 / - Punkte, bei BNB oder mit äuß. schw. oder schw. CC oder Eingr. an der Schilddrüse außer kl. Eingr., mit Thyreoidektomie durch Sternotomie oder Alter < 16 Jahre	0,958	0,841	-	-	3,2	1	0,143	8	0,065	0,072	-	-	0,8976
K06C	O	Eingriffe an Schilddrüse, Nebenschilddrüse u. Ductus thyreogl. ohne IntK > 392 / 368 / - P., auß. bei BNB, oh. äuß. schw. od. schw. CC, mit Eingr. an d. Schilddrüse auß. kl. Eingr., ohne Thyreoidektomie durch Sternotomie, Alter > 15 J. od. Alter < 18 J.	0,802	0,704	-	-	2,9	1	0,056	6	0,053	0,059	-	-	0,8190
K06D	O	Andere Eingriffe an Schilddrüse, Nebenschilddrüse und Ductus thyreoglossus ohne IntK > 392 / 368 / - Punkte, außer bei bösartiger Neubildung, ohne äußerst schwere oder schwere CC oder bestimmte Reduktionseingriffe an Haut und Unterhaut	0,680	0,600	-	-	2,6	1	0,050	5	0,056	0,061	-	-	0,8080
K06E	O	Kleine Eingriffe an Schilddrüse, Nebenschilddrüse und Ductus thyreoglossus ohne IntK > 392 / 368 / - Punkte, außer bei bösartiger Neubildung, ohne äußerst schwere oder schwere CC, ohne bestimmte Reduktionseingriffe an Haut und Unterhaut	0,637	0,561	-	-	2,6	1	0,138	5	0,058	0,063	-	-	0,7902
K07A	O	Andere Eingriffe bei Adipositas mit bestimmten größeren Eingriffen am Magen oder Darm	1,072	0,974	-	-	4,3	1	0,147	8	0,046	0,056	-	-	0,8525
K07B	O	Andere Eingriffe bei Adipositas ohne bestimmte größere Eingriffe am Magen oder Darm	0,828	0,757	-	-	3,1	1	0,117	6	0,046	0,057	-	-	0,9287
K09D	O	Andere Prozeduren bei endokrinen, Ernährungs- und Stoffwechselkrankheiten ohne mäßig komplexen Eingriff	0,717	0,649	-	-	4,4	1	0,269	13	0,051	0,060	-	-	0,8116
K14Z	O	Andere Eingriffe an der Nebenniere oder ausgedehnte Lymphadenektomie	1,315	1,180	-	-	4,7	1	0,229	11	0,066	0,084	-	-	0,8907
K15A	O	Strahlentherapie bei endokrinen, Ernährungs- und Stoffwechselkrankheiten, mehr als ein Belegungstag, mit hochkomplexer Radiojodtherapie	0,769	0,768	-	-	2,8	-	-	5	0,181	0,197	-	x	0,9742
K15B	O	Strahlentherapie bei endokrinen, Ernährungs- und Stoffwechselkrankheiten, mehr als ein Belegungstag, ohne hochkomplexe Radiojodtherapie	1,155	1,146	-	-	12,9	3	0,272	28	0,107	0,077	-	x	0,8538
K15C	O	Strahlentherapie bei endokrinen, Ernährungs- und Stoffwechselkrankheiten, mehr als ein Belegungstag, mit mäßig komplexer Radiojodtherapie bei bösartiger Neubildung oder mit bestimmter nuklearmedizinischer Therapie	0,620	0,620	-	-	3,2	-	-	6	0,181	0,143	-	x	0,9862
K15D	O	Strahlentherapie bei endokrinen, Ernährungs- und Stoffwechselkrankheiten, mehr als ein Belegungstag, mit mäßig komplexer Radiojodtherapie, außer bei bösartiger Neubildung, ohne bestimmte nuklearmedizinische Therapie	0,540	0,540	-	-	5,1	-	-	12	0,092	0,091	-	x	0,7836
K15E	O	Strahlentherapie bei endokrinen, Ernährungs- und Stoffwechselkrankheiten, mehr als ein Belegungstag, mit anderer Radiojodtherapie	0,370	0,370	-	-	3,2	-	-	7	0,113	0,085	-	x	0,9031
K60E	M	Diabetes mellitus mit schweren CC oder mit komplexer Diagnose, Alter > 15 Jahre, mehr als ein Belegungstag	0,615	0,615	-	-	7,4	1	0,397	15	0,052	0,072	-	-	0,6417

Fallpauschalen-Katalog und Pflegeerlöskatalog
Teil b) Bewertungsrelationen bei Versorgung durch Belegabteilungen

DRG	Partition	Bezeichnung [6]	Bewertungsrelation bei Belegoperateur	Bewertungsrelation bei Belegoperateur und Beleganästhesist	Bewertungsrelation bei Belegoperateur und Beleghebamme	Bewertungsrelation bei Belegoperateur, -anästhesist und -hebamme	Mittlere Verweildauer [1]	Untere Grenzverweildauer: Erster Tag mit Abschlag [2), 5)]	Untere Grenzverweildauer: Bewertungsrelation/Tag	Obere Grenzverweildauer: Erster Tag zus. Entgelt [3), 5)]	Obere Grenzverweildauer: Bewertungsrelation/Tag	Externe Verlegung Abschlag/Tag (Bewertungsrelation)	Verlegungsfallpauschale	Ausnahme von Wiederaufnahme [4)]	Pflegeerlös Bewertungsrelation/Tag
1	2	3	4	5	6	7	8	9	10	11	12	13	14	15	16
K60F	M	Diabetes mellitus, Alter > 10 Jahre, ein Belegungstag oder ohne äußerst schwere oder schwere CC oder ohne komplexe Diagnose	0,422	0,422	-	-	5,5	1	0,286	13	0,048	0,064	-	-	0,6334
K62B	M	Verschiedene Stoffwechselerkrankungen bei Para- / Tetrapleg. oder mit kompliz. Diagnose oder endoskop. Einlage eines Magenballons oder Alter < 16 Jahre, ein Belegungstag od. ohne äußerst schwere CC od. ohne best. aufwendige / hochaufwendige Behandlung	0,468	0,466	-	-	6,6	1	0,268	15	0,051	0,064	-	-	1,0657
K62C	M	Verschiedene Stoffwechselerkrankungen außer bei Para- / Tetraplegie, ohne kompliz. Diagnose, ohne endoskopische Einlage eines Magenballons, ohne äußerst schwere CC oder ein Belegungstag, ohne best. aufwendige / hochaufwendige Behandlung, Alter > 15 Jahre	0,404	0,403	-	-	6,2	1	0,218	13	0,047	0,057	-	-	0,8810
K64C	M	Endokrinopathien mit komplexer Diagnose oder äußerst schweren CC, Alter > 5 Jahre oder mit bestimmter komplexer Diagnose oder mit invasiver endokrinologischer Diagnostik oder Alter < 18 Jahre bei bösartiger Neubildung oder Alter < 1 Jahr	0,584	0,582	-	-	5,5	1	0,385	15	0,072	0,087	-	x	0,9667
K64D	M	Endokrinopathien ohne komplexe Diagnose, ohne bestimmte Diagnose, ohne äußerst schwere CC, ohne invasive endokrinologische Diagnostik, Alter > 17 Jahre oder außer bei bösartiger Neubildung, Alter > 0 Jahre	0,408	0,408	-	-	4,8	1	0,210	11	0,047	0,078	-	x	0,7222
MDC 11 Krankheiten und Störungen der Harnorgane															
L02C	O	Operatives Einbringen eines Peritonealkatheters, Alter > 9 Jahre mit akuter Niereninsuffizienz oder mit chronischer Niereninsuffizienz mit Dialyse oder transurethrale Injektion bei Ostiuminsuffizienz	0,608	0,550	-	-	3,9	1	0,117	9	0,046	0,052	-	-	0,8656
L03Z	O	Bestimmte Nieren-, Ureter- und große Harnblaseneingriffe bei Neubildung, Alter < 19 Jahre oder mit äußerst schweren CC oder bestimmter Kombinationseingriff, ohne großen Eingriff am Darm	3,179	2,945	-	-	18,7	5	0,273	32	0,147	0,083	-	-	1,0535
L04A	O	Bestimmte komplexe Nieren-, Ureter- und große Harnblaseneingriffe außer bei Neubildung, ohne äußerst schwere CC, ohne Kombinationseingriff oder bestimmte Harnblaseneingriffe oder Alter < 16 Jahre	1,534	1,391	-	-	7,2	1	0,312	15	0,047	0,063	-	-	0,8646
L04B	O	Andere Nieren-, Ureter- und große Harnblaseneingriffe außer bei Neubildung, ohne äußerst schwere CC, ohne Kombinationseingriff, ohne bestimmte Harnblaseneingriffe oder Exzision und Resektion von retroperitonealem Gewebe, Alter > 15 Jahre	1,172	1,056	-	-	7,0	1	0,198	14	0,041	0,050	-	-	0,7357
L06A	O	Bestimmte kleine Eingriffe an den Harnorganen mit äußerst schweren CC	2,146	2,044	-	-	17,8	5	0,251	35	0,060	0,082	-	-	1,0491
L06B	O	Kleine Eingriffe an den Harnorganen ohne äußerst schwere CC oder ohne bestimmte Prozeduren oder Alter < 16 Jahre	0,586	0,539	-	-	5,7	1	0,186	13	0,038	0,036	-	-	0,7853
L06C	O	Andere kleine Eingriffe an den Harnorganen, Alter > 15 Jahre	0,501	0,461	-	-	2,9	1	0,117	7	0,053	0,056	-	-	0,8935
L07Z	O	Andere Nieren-, Ureter-, Prostata- und große Harnblaseneingriffe bei Neubildung, Alter < 19 Jahre oder mit äußerst schweren CC oder anderer Kombinationseingriff oder bestimmte Zystektomien, ohne großen Eingriff am Darm oder komplexe Harnblasenplastik	2,819	2,617	-	-	16,0	4	0,311	31	0,063	0,091	-	-	1,0483
L08Z	O	Komplexe Eingriffe an der Urethra oder Ureter	0,880	0,790	-	-	5,2	1	0,418	11	0,044	0,055	-	-	0,9136
L09D	O	Andere Eingriffe bei Erkrankungen der Harnorgane ohne Anlage eines Dialyseshunts bei akuter Niereninsuffizienz od. bei chronischer Niereninsuffizienz mit Dialyse, ohne Kalziphylaxie, ohne best. Laparotomie, mit best. anderen Eingriff od. Alter < 18 Jahre	1,182	1,109	-	-	8,1	2	0,224	19	0,059	0,067	-	-	0,7968
L09E	O	Andere Eingriffe bei Erkrankungen der Harnorgane ohne Anlage eines Dialyseshunts bei akuter Niereninsuffizienz oder bei chron. Niereninsuff. mit Dialyse, ohne Kalziphylaxie, ohne best. Laparotomie, ohne bestimmten anderen Eingriff, Alter > 17 Jahre	0,637	0,568	-	-	3,6	1	0,151	10	0,047	0,059	-	-	0,7776
L10Z	O	Blasenrekonstruktion und kontinenter Pouch bei Neubildung ohne Multiviszeraleingriff oder Nieren-, Ureter- und große Harnblaseneingriffe bei Neubildung, Alter < 19 Jahre oder mit äußerst schweren CC oder Kombinationseingriff, mit großem Eingriff am Darm	3,728	3,454	-	-	20,4	6	0,274	35	0,063	0,090	-	-	0,9407
L12A	O	Strahlentherapie bei Krankheiten und Störungen der Harnorgane, mehr als ein Belegungstag, Bestrahlungen an mindestens 9 Tagen	2,798	2,785	-	-	24,6	7	0,337	43	0,110	0,105	-	x	0,8592
L12B	O	Strahlentherapie bei Krankheiten und Störungen der Harnorgane, mehr als ein Belegungstag, Bestrahlungen an weniger als 9 Tagen	1,013	1,003	-	-	10,9	3	0,228	25	0,103	0,080	-	x	0,9110
L13A	O	Nieren-, Ureter- und große Harnblaseneingriffe bei Neubildung, Alter > 18 Jahre, ohne Kombinationseingriff, mit bestimmtem Eingriff mit CC oder mit komplexem Eingriff	1,869	1,701	-	-	10,6	3	0,197	19	0,050	0,067	-	-	0,8056
L13B	O	Nieren-, Ureter- und große Harnblaseneingriffe bei Neubildung, Alter > 18 Jahre, ohne Kombinationseingriff, ohne CC, ohne komplexen Eingriff, mit anderem Eingriff	1,526	1,387	-	-	7,8	2	0,185	13	0,049	0,064	-	-	0,7965

Fallpauschalen-Katalog und Pflegeerlöskatalog
Teil b) Bewertungsrelationen bei Versorgung durch Belegabteilungen

DRG	Partition	Bezeichnung [6]	Bewertungsrelation bei Belegoperateur	Bewertungsrelation bei Belegoperateur und Beleganästhesist	Bewertungsrelation bei Belegoperateur und Beleghebamme	Bewertungsrelation bei Belegoperateur, -anästhesist und -hebamme	Mittlere Verweildauer [1]	Untere Grenzverweildauer: Erster Tag mit Abschlag [2], [5]	Untere Grenzverweildauer: Bewertungsrelation/Tag	Obere Grenzverweildauer: Erster Tag zus. Entgelt [3], [5]	Obere Grenzverweildauer: Bewertungsrelation/Tag	Externe Verlegung Abschlag/Tag (Bewertungsrelation)	Verlegungsfallpauschale	Ausnahme von Wiederaufnahme [4]	Pflegeerlös Bewertungsrelation/Tag
1	2	3	4	5	6	7	8	9	10	11	12	13	14	15	16
L13C	O	Nieren-, Ureter- und große Harnblaseneingriffe bei Neubildung, Alter > 18 Jahre, ohne Kombinationseingriff, ohne äußerst schwere CC, ohne bestimmten Eingriff oder ohne CC, ohne komplexen Eingriff, ohne anderen Eingriff	0,631	0,573	-	-	2,9	1	0,169	6	0,058	0,067	-	-	0,7295
L17A	O	Andere Eingriffe an der Urethra außer bei Para- / Tetraplegie, kleine Eingriffe an den Harnorganen, mit bestimmten Eingriffen an der Urethra oder Alter < 16 Jahre	0,620	0,553	-	-	3,8	1	0,224	9	0,070	0,056	-	-	1,2204
L17B	O	Andere Eingriffe an der Urethra außer bei Para- / Tetraplegie, kleine Eingriffe an den Harnorganen, ohne bestimmte Eingriffe an der Urethra, Alter > 15 Jahre	0,289	0,270	-	-	2,7	1	0,075	5	0,038	0,040	-	-	0,7191
L18A	O	Komplexe transurethrale, perkutan-transrenale und andere retroperitoneale Eingriffe mit äußerst schweren CC	2,246	2,141	-	-	17,3	5	0,265	34	0,063	0,084	-	-	1,0490
L18B	O	Komplexe transurethrale, perkutan-transrenale / andere retroperitoneale Eingriffe oh. ESWL, oh. äußerst schwere CC od. best. Eingriffe Niere od. transurethrale Eingriffe auß. Prostatares. u. kompl. Ureterorenoskop., b. Para-/Tetrapl., m. äuß. schw. CC	0,820	0,742	-	-	4,5	1	0,455	10	0,049	0,074	-	-	0,7476
L19Z	O	Transurethrale Eingriffe außer Prostataresektion und komplexe Ureterorenoskopien mit extrakorporaler Stoßwellenlithotripsie (ESWL), ohne äußerst schwere CC oder perkutane Thermo- oder Kryoablation der Niere	0,895	0,837	-	-	3,5	1	0,275	8	0,109	0,121	-	-	0,7054
L20A	O	Transurethrale Eingriffe außer Prostataresektion und komplexe Ureterorenoskopien oder bestimmte Eingriffe an den Harnorganen, mit äußerst schweren CC	1,708	1,627	-	-	15,0	4	0,235	31	0,053	0,073	-	-	0,9766
L20B	O	Transurethrale Eingriffe außer Prostataresektion und komplexe Ureterorenoskopien oder bestimmte Eingriffe an den Harnorganen, ohne äußerst schwere CC oder Alter < 16 Jahre oder Alter > 89 Jahre	0,546	0,515	-	-	3,2	1	0,073	6	0,046	0,048	-	-	0,7931
L20C	O	Transurethrale Eingriffe außer Prostataresektion und komplexe Ureterorenoskopien oder bestimmte Eingriffe an den Harnorganen, ohne äußerst schwere CC oder Alter > 15 Jahre oder Alter < 90 Jahre	0,353	0,324	-	-	3,0	1	0,056	6	0,039	0,041	-	-	0,7225
L37Z	O	Multiviszeraleingriff bei Krankheiten und Störungen der Harnorgane	3,359	3,106	-	-	17,6	5	0,270	30	0,065	0,087	-	-	1,0436
L40Z	A	Diagnostische Ureterorenoskopie	0,475	0,437	-	-	3,3	1	0,102	8	0,050	0,054	-	-	0,7645
L42A	A	Extrakorporale Stoßwellenlithotripsie (ESWL) bei Harnsteinen mit auxiliären Maßnahmen oder bei Para- / Tetraplegie	0,549	0,515	-	-	3,3	1	0,162	7	0,087	0,096	-	-	0,6541
L42B	A	Extrakorporale Stoßwellenlithotripsie (ESWL) bei Harnsteinen ohne auxiliäre Maßnahmen, außer bei Para- / Tetraplegie	0,451	0,443	-	-	2,7	1	0,160	5	0,110	0,073	-	-	0,7612
L60B	M	Niereninsuffizienz, mehr als ein Belegungstag, mit Dialyse und komplizierenden Faktoren oder äußerst schweren CC oder mit intensivmedizinischer Komplexbehandlung > 196 / 184 / - Aufwandspunkte, Alter > 15 Jahre	1,432	1,423	-	-	13,9	4	0,270	27	0,067	0,097	-	x	1,1528
L60C	M	Niereninsuffizienz, mehr als ein Belegungstag, mit Dialyse oder äußerst schweren CC oder Alter < 18 Jahre mit schweren CC, ohne intensivmedizinische Komplexbehandlung > 196 / 184 / - Aufwandspunkte	0,912	0,905	-	-	9,7	2	0,306	22	0,059	0,082	-	x	1,0618
L60D	M	Niereninsuffizienz, mehr als ein Belegungstag, ohne Dialyse, ohne äußerst schwere CC, Alter > 17 Jahre oder ohne schwere CC, ohne intensivmedizinische Komplexbehandlung > 196 / 184 / - Aufwandspunkte	0,486	0,484	-	-	6,6	1	0,231	15	0,048	0,061	-	x	0,8367
L62C	M	Neubildungen der Harnorgane ohne äußerst schwere CC, Alter > 15 Jahre	0,347	0,345	-	-	4,2	1	0,184	12	0,053	0,062	-	x	0,8973
L63B	M	Infektionen der Harnorgane ohne best. hochaufw. Beh., mit best. aufwendiger Beh. od. mit äußerst schw. CC, ohne Komplexbeh. bei isolationspfl. Erregern od. mit Komplexbeh. bei isolationspfl. Erregern od. bei TBC des Urogenitalsyst., ohne äußerst schw. CC	0,996	0,992	-	-	13,8	4	0,190	27	0,050	0,060	-	-	1,0811
L63C	M	Infektionen der Harnorgane ohne äußerst schwere CC, ohne Komplexbeh. bei isolationspflichtigen Erregern, ohne best. aufw. / hochaufw. Behandl., außer bei TBC des Urogenitalsyst., Alter < 3 Jahre oder best. schwere Infektionen oder best. mäßig aufw. Beh.	0,366	0,365	-	-	5,0	1	0,207	10	0,050	0,068	-	-	1,1943
L63D	M	Infektionen der Harnorgane oh. äuß. schwere CC, oh. best. mäßig aufwendige / aufwendige / hochaufw. Behandl., oh. Komplexbeh. b. isolationspfl. Erregern, oh. best. schw. Infektionen, Alter > 2 J. u. < 6 J. od. Alter < 18 J. mit schw. CC od. Alter > 89 J.	0,375	0,374	-	-	6,1	1	0,208	13	0,046	0,050	-	-	0,9751
L63E	M	Infektionen der Harnorgane ohne äußerst schwere CC, ohne best. mäßig aufw. / aufw. / hochaufw. Behandlung, ohne Komplexbeh. b. isolationspfl. Erregern, ohne best. schw. Infektionen, Alter > 5 und < 18 Jahre, ohne schwere CC od. Alter > 17 und < 90 Jahre	0,239	0,237	-	-	4,1	1	0,122	8	0,042	0,046	-	-	0,8018

Fallpauschalen-Katalog und Pflegeerlöskatalog
Teil b) Bewertungsrelationen bei Versorgung durch Belegabteilungen

DRG	Partition	Bezeichnung [6]	Bewertungsrelation bei Belegoperateur	Bewertungsrelation bei Belegoperateur und Beleganästhesist	Bewertungsrelation bei Belegoperateur und Beleghebamme	Bewertungsrelation bei Belegoperateur, -anästhesist und -hebamme	Mittlere Verweildauer [1]	Untere Grenzverweildauer: Erster Tag mit Abschlag [2), 5)]	Untere Grenzverweildauer: Bewertungsrelation/Tag	Obere Grenzverweildauer: Erster Tag zus. Entgelt [3), 5)]	Obere Grenzverweildauer: Bewertungsrelation/Tag	Externe Verlegung Abschlag/Tag (Bewertungsrelation)	Verlegungsfallpauschale	Ausnahme von Wiederaufnahme [4]	Pflegeerlös Bewertungsrelation/Tag
1	2	3	4	5	6	7	8	9	10	11	12	13	14	15	16
L64A	M	Andere Erkrankungen der Harnorgane mit äußerst schweren oder schweren CC oder bestimmter Diagnose, mehr als ein Belegungstag oder Urethrozystoskopie, bei angeborener Fehlbildung oder BNB der Harnorgane oder Alter < 3 Jahre	0,566	0,535	-	-	5,2	1	0,246	14	0,071	0,057	-	-	1,2981
L64B	M	Andere Erkrankungen der Harnorgane mit äußerst schweren oder schweren CC oder bestimmter Diagnose, mehr als ein Belegungstag oder Urethrozystoskopie, außer bei angeborener Fehlbildung, außer bei BNB der Harnorgane, Alter > 2 Jahre	0,268	0,254	-	-	3,0	1	0,069	6	0,041	0,045	-	-	0,7942
L64C	M	Andere Erkrankungen der Harnorgane ohne äußerst schwere oder schwere CC, ohne bestimmte Diagnose oder ein Belegungstag, bestimmte Eingriffe am Ureter oder Retroperitonealfibrose oder Alter < 16 Jahre	0,316	0,301	-	-	2,7	1	0,076	6	0,057	0,059	-	-	0,8496
L64D	M	Andere Erkrankungen der Harnorgane ohne äußerst schwere oder schwere CC, ohne bestimmte Diagnose oder ein Belegungstag, ohne bestimmte Eingriffe am Ureter, Alter > 15 Jahre	0,186	0,185	-	-	2,4	1	0,062	5	0,055	0,054	-	-	0,7558
L68B	M	Andere mäßig schwere Erkrankungen der Harnorgane, Alter > 17 Jahre	0,293	0,289	-	-	4,2	1	0,138	11	0,052	0,058	-	-	0,7825
L69B	M	Andere schwere Erkrankungen der Harnorgane, mehr als ein Belegungstag, Alter > 15 Jahre	0,618	0,615	-	-	7,9	2	0,195	17	0,052	0,066	-	-	0,6698
L70B	M	Krankheiten und Störungen der Harnorgane, ein Belegungstag, Alter > 5 Jahre	0,169	0,167	-	-	1,0	-	-	-	-	-	-	-	1,1569
L74Z	M	Bestimmte Krankheiten und Störungen der Harnorgane bei Para- / Tetraplegie	0,439	0,431	-	-	4,9	1	0,238	12	0,056	0,066	-	-	1,1312
MDC 12 Krankheiten und Störungen der männlichen Geschlechtsorgane															
M01B	O	Große Eingriffe an den Beckenorganen beim Mann ohne äußerst schwere CC oder bestimmte Eingriffe an den Beckenorganen beim Mann mit äußerst schweren CC	1,620	1,471	-	-	10,5	3	0,247	17	0,049	0,070	-	-	0,7498
M02A	O	Transurethrale Prostataresektion oder bestimmte andere Operationen an der Prostata mit äußerst schweren CC	1,750	1,646	-	-	16,5	4	0,219	32	0,053	0,066	-	-	0,9614
M02B	O	Transurethrale Prostataresektion oder bestimmte andere Operationen an der Prostata ohne äußerst schwere CC	0,476	0,444	-	-	4,4	1	0,114	9	0,035	0,044	-	-	0,6935
M03A	O	Komplexe Eingriffe am Penis, Alter < 6 Jahre oder aufwendige plastische Rekonstruktion des Penis, Alter < 18 Jahre oder totale Amputation des Penis oder partielle Amputation des Penis mit bestimmter Lymphadenektomie	1,082	0,958	-	-	7,0	1	0,203	15	0,057	0,050	-	-	1,2393
M03B	O	Mäßig komplexe Eingriffe am Penis, Alter < 18 Jahre, ohne aufwendige plastische Rekonstruktion des Penis, ohne totale Amputation des Penis, ohne partielle Amputation des Penis mit bestimmter Lymphadenektomie	0,804	0,702	-	-	4,6	1	0,368	10	0,062	0,041	-	-	1,3323
M03C	O	Eingriffe am Penis, Alter > 17 Jahre oder kleine Eingriffe an Urethra und Penis, Alter < 18 Jahre, ohne aufwendige plastische Rekonstruktion, ohne totale Amputation des Penis, ohne partielle Amputation mit bestimmter Lymphadenektomie	0,738	0,650	-	-	3,2	1	0,218	8	0,043	0,061	-	-	0,7207
M04A	O	Eingriffe am Hoden oder bestimmte Eingriffe an Urethra und Prostata bei bösartiger Neubildung mit äußerst schweren CC oder bei Fournier-Gangrän oder bestimmte radikale Prostatovesikulektomien oder bestimmte Lymphadenektomie	1,815	1,662	-	-	9,7	2	0,233	19	0,049	0,064	-	-	0,8098
M04B	O	Eingriffe am Hoden mit bestimmtem Eingriff bei Orchitis mit Abszess oder bösartiger Neubildung oder bestimmte Eingriffe am Hoden oder bestimmte Eingriffe an Urethra und Prostata bei bösartiger Neubildung	0,699	0,630	-	-	3,6	1	0,124	9	0,064	0,082	-	-	0,8001
M04C	O	Eingriffe am Hoden mit mäßig komplexem Eingriff, Alter < 3 Jahre oder mit schweren CC oder beidseitigem Hodenhochstand, Alter < 14 Jahre	0,585	0,499	-	-	2,2	1	0,119	4	0,048	0,049	-	-	1,4576
M04D	O	Eingriffe am Hoden ohne äußerst schwere CC, ohne bestimmten Eingriff, ohne mäßig komplexen Eingriff oder Alter > 2 Jahre, ohne schwere CC oder ohne beidseitigen Hodenhochstand oder Alter > 13 Jahre	0,361	0,315	-	-	2,3	1	0,060	4	0,039	0,078	-	-	0,7750
M05Z	O	Zirkumzision, andere Eingriffe am Penis oder großflächige Ablationen der Haut	0,440	0,395	-	-	3,4	1	0,098	8	0,047	0,030	-	-	0,9168
M06Z	O	Andere OR-Prozeduren an den männlichen Geschlechtsorganen oder Stanzbiopsie an der Prostata, ein Belegungstag	0,683	0,666	-	-	3,5	1	0,334	8	0,100	0,111	-	-	0,8959
M07Z	O	Brachytherapie bei Krankheiten und Störungen der männlichen Geschlechtsorgane, Implantation von > 10 Seeds	1,123	1,050	-	-	2,0	1	0,081	3	0,057	0,054	-	x	1,0512
M09A	O	OR-Prozeduren an den männlichen Geschlechtsorganen bei bösartiger Neubildung mit äußerst schweren CC oder bestimmte Eingriffe an den Beckenorganen beim Mann ohne äußerst schwere CC oder BNB des Penis	1,171	1,071	-	-	9,0	2	0,195	16	0,044	0,059	-	-	0,7176

Fallpauschalen-Katalog und Pflegeerlöskatalog

Teil b) Bewertungsrelationen bei Versorgung durch Belegabteilungen

DRG	Partition	Bezeichnung [6]	Bewertungsrelation bei Belegoperateur	Bewertungsrelation bei Belegoperateur und Beleganästhesist	Bewertungsrelation bei Belegoperateur und Beleghebamme	Bewertungsrelation bei Belegoperateur, -anästhesist und -hebamme	Mittlere Verweildauer [1]	Untere Grenzverweildauer: Erster Tag mit Abschlag [2), 5)]	Untere Grenzverweildauer: Bewertungsrelation/Tag	Obere Grenzverweildauer: Erster Tag zus. Entgelt [3), 5)]	Obere Grenzverweildauer: Bewertungsrelation/Tag	Externe Verlegung Abschlag/Tag (Bewertungsrelation)	Verlegungsfallpauschale	Ausnahme von Wiederaufnahme [4)]	Pflegeerlös Bewertungsrelation/Tag
1	2	3	4	5	6	7	8	9	10	11	12	13	14	15	16
M09B	O	OR-Prozeduren an den männlichen Geschlechtsorganen bei bösartiger Neubildung, ohne äußerst schwere CC, ohne BNB des Penis	0,726	0,658	-	-	4,5	1	0,491	10	0,051	0,060	-	-	0,7324
M10A	O	Strahlentherapie bei Krankheiten und Störungen der männlichen Geschlechtsorgane, mehr als ein Belegungstag, Bestrahlungen an mindestens 8 Tagen	2,764	2,749	-	-	23,9	7	0,330	42	0,111	0,106	-	x	0,7944
M10B	O	Radioligandentherapie mit Lutetium-177-PSMA-Liganden	1,487	1,487	-	-	2,4	1	0,743	5	0,435	0,436	-	-	1,3905
M10C	O	Strahlentherapie bei Krankheiten und Störungen der männlichen Geschlechtsorgane, mehr als ein Belegungstag, Bestrahlungen an weniger als 8 Tagen oder interstitielle Brachytherapie	0,963	0,922	-	-	4,9	1	0,157	15	0,078	0,088	-	x	0,8967
M11Z	O	Transurethrale Laserdestruktion und -resektion der Prostata	0,742	0,666	-	-	4,2	1	0,138	8	0,044	0,053	-	-	0,7885
M60A	M	Bösartige Neubildungen der männlichen Geschlechtsorgane, mehr als ein Belegungstag, Alter < 11 Jahre oder mit äußerst schweren CC	1,264	1,255	-	-	14,9	4	0,234	30	0,057	0,075	-	x	1,0287
M60B	M	Bösartige Neubildungen der männlichen Geschlechtsorgane, ein Belegungstag oder Alter > 10 Jahre, ohne äußerst schwere CC	0,310	0,298	-	-	3,3	1	0,060	7	0,040	0,064	-	x	0,8641
M61Z	M	Benigne Prostatahyperplasie	0,339	0,326	-	-	3,6	1	0,003	8	0,053	0,060	-	-	0,7964
M62Z	M	Infektion / Entzündung der männlichen Geschlechtsorgane	0,259	0,257	-	-	4,4	1	0,122	9	0,037	0,057	-	-	0,6903
M64Z	M	Andere Krankheiten der männlichen Geschlechtsorgane und Sterilisation beim Mann	0,277	0,269	-	-	3,3	1	0,119	7	0,051	0,054	-	-	0,8512
MDC 13 Krankheiten und Störungen der weiblichen Geschlechtsorgane															
N01D	O	Beckeneviszeration bei der Frau und komplexe Vulvektomie oder bestimmte Lymphadenektomie ohne äußerst schwere oder schwere CC	2,035	1,856	-	-	8,4	2	0,322	16	0,069	0,093	-	-	0,9409
N02B	O	Eingriffe an Uterus und Adnexen oder bestimmten Hernien und große operative Eingriffe an Vagina, Zervix und Vulva bei BNB oder bestimmte Eingriffe am Darm oder Rekonstruktion von Vagina und Vulva, ohne äußerst schwere CC, mit komplexem Eingriff	2,129	1,958	-	-	11,0	3	0,233	22	0,063	0,079	-	-	0,9727
N02C	O	Eingriffe an Uterus und Adnexen od. best. Hernien und große operative Eingriffe an Vagina, Zervix und Vulva bei BNB od. best. Eingriffe am Darm od. Rekonstruktion von Vagina und Vulva, ohne äuß. schw. CC, ohne kompl. Eingriff, mit mäßig kompl. Eingriff	1,461	1,328	-	-	6,6	1	0,329	15	0,068	0,089	-	-	0,9170
N02D	O	Eingriffe an Uterus und Adnexen oder bestimmten Hernien und große operative Eingriffe an Vagina, Zervix und Vulva bei bösartiger Neubildung, ohne äußerst schwere CC, ohne komplexen Eingriff, ohne mäßig komplexen Eingriff	0,981	0,883	-	-	4,0	1	0,430	10	0,064	0,073	-	-	0,8377
N04Z	O	Hysterektomie außer bei bösartiger Neubildung, mit äußerst schweren oder schweren CC oder mit komplexem Eingriff	1,496	1,365	-	-	8,8	2	0,192	20	0,056	0,062	-	-	0,9548
N05B	O	Ovariektomien und komplexe Eingriffe an den Tubae uterinae außer bei bösartiger Neubildung, ohne äußerst schwere oder schwere CC oder anderer Eingriff an der Harnblase oder Adhäsiolyse, Alter > 15 Jahre	0,619	0,552	-	-	2,8	1	0,084	6	0,051	0,056	-	-	0,8354
N06Z	O	Komplexe rekonstruktive Eingriffe an den weiblichen Geschlechtsorganen oder bestimmte Embolisation an viszeralen u. anderen abdominalen Gefäßen auß. bei bösartiger Neubildung oder andere Hysterektomie auß. bei bösartiger Neubildung mit Beckenbodenplastik	0,873	0,793	-	-	4,4	1	0,155	8	0,049	0,065	-	-	0,8117
N07A	O	Andere Eingriffe an Uterus und Adnexen oder bestimmten Hernien außer bei bösartiger Neubildung, mit komplexer Diagnose oder bestimmte Eingriffe am Uterus oder kleine rekonstruktive Eingriffe an den weiblichen Geschlechtsorganen, mit bestimmtem Eingriff	0,554	0,506	-	-	3,3	1	0,045	7	0,034	0,078	-	-	0,8194
N07B	O	Andere Eingriffe an Uterus und Adnexen oder bestimmten Hernien außer bei bösartiger Neubildung, mit komplexer Diagnose oder bestimmte Eingriffe am Uterus oder kleine rekonstruktive Eingriffe an den weiblichen Geschlechtsorganen, ohne bestimmten Eingriff	0,504	0,452	-	-	3,6	1	0,126	7	0,039	0,048	-	-	0,7930
N08Z	O	Endoskopische Eingriffe an den weiblichen Geschlechtsorg. oder andere Eingriffe an Uterus und Adnexen oder best. Hernien auß. bei bösartiger Neubildung, ohne kompl. Diagnose oder andere kleine Eingriffe an den weiblichen Geschlechtsorg., Alter < 14 Jahre	0,732	0,659	-	-	3,5	1	0,259	8	0,057	0,063	-	-	0,8063
N09B	O	Andere Eingriffe an Vagina, Zervix und Vulva, kleine Eingriffe an Blase, Uterus, Bauchwand und Peritoneum	0,465	0,423	-	-	2,9	1	0,129	7	0,059	0,062	-	-	1,0016
N10Z	O	Diagnostische Kürettage, Hysteroskopie, Sterilisation, Pertubation und kleine Eingriffe an Vagina und Vulva	0,415	0,378	-	-	2,6	1	0,125	6	0,064	0,064	-	-	1,0598
N11B	O	Andere OR-Prozeduren an den weiblichen Geschlechtsorganen, ohne bestimmten Eingriff, ohne komplexe Diagnose oder äußerst schwere CC	0,929	0,891	-	-	9,7	2	0,239	22	0,053	0,068	-	-	0,8356

Fallpauschalen-Katalog und Pflegeerlöskatalog
Teil b) Bewertungsrelationen bei Versorgung durch Belegabteilungen

DRG	Partition	Bezeichnung [6]	Bewertungsrelation bei Belegoperateur	Bewertungsrelation bei Belegoperateur und Beleganästhesist	Bewertungsrelation bei Belegoperateur und Beleghebamme	Bewertungsrelation bei Belegoperateur, -anästhesist und -hebamme	Mittlere Verweildauer [1]	Untere Grenzverweildauer: Erster Tag mit Abschlag [2], [5]	Untere Grenzverweildauer: Bewertungsrelation/Tag	Obere Grenzverweildauer: Erster Tag zus. Entgelt [3], [5]	Obere Grenzverweildauer: Bewertungsrelation/Tag	Externe Verlegung Abschlag/Tag (Bewertungsrelation)	Verlegungsfallpauschale	Ausnahme von Wiederaufnahme [4]	Pflegeerlös Bewertungsrelation/Tag
1	2	3	4	5	6	7	8	9	10	11	12	13	14	15	16
N13A	O	Große Eingriffe an Vagina, Zervix und Vulva auß. bei BNB od. kl. Eingriffe an Vagina/Douglasr. od. best. Eingr. an der Harnblase, Alter > 80 J. od. äuß. schw. od. schw. CC od. best. Fistelverschl. od. best. Embolis. an visz. und and. abd. Gefäßen bei BNB	1,054	0,974	-	-	9,2	2	0,203	22	0,051	0,057	-	-	0,9186
N13B	O	Große Eingriffe an Vagina, Zervix und Vulva außer bei BNB oder kleine Eingriffe an Vagina und Douglasraum oder best. Eingriff an der Harnblase, Alt. < 81 Jahre, oh. äußerst schwere oder schwere CC, oh. best. Fistelverschluss, mit aufwendigem Eingriff	0,699	0,636	-	-	4,3	1	0,275	9	0,051	0,059	-	-	0,8258
N13C	O	Große Eingriffe an Vagina, Zervix und Vulva außer bei BNB oder kleine Eingriffe an Vagina und Douglasraum oder bestimmter Eingriff an der Harnblase, Alter < 81 Jahre, ohne äuß. schw. od. schw. CC, oh. best. Fistelverschluss, ohne aufwendigen Eingriff	0,533	0,482	-	-	3,2	1	0,166	7	0,056	0,061	-	-	0,9461
N14Z	O	Best. Hysterektomie auß. bei BNB m. Beckenbodenpl. od. Brachytherapie b. Krankh./Stör. weibl. Geschlechtsorg., > 1 BT, m. äuß. schw. CC od. Ovariektomie u. kompl. Eingriffe an den Tubae uterinae auß. bei BNB, ohne äuß. schw. od. schw. CC, Alter < 16 J.	0,946	0,852	-	-	4,0	1	0,120	8	0,034	0,046	-	-	0,7908
N15Z	O	Strahlentherapie bei Krankheiten und Störungen der weiblichen Geschlechtsorgane, Bestrahlungen an mindestens 9 Tagen	2,628	2,617	-	-	23,8	7	0,312	42	0,107	0,102	-	x	0,7769
N16A	O	Strahlentherapie bei Krankheiten und Störungen der weiblichen Geschlechtsorgane, mehr als ein Belegungstag, Bestrahlungen an mindestens 5 Tagen	1,005	0,997	-	-	8,2	2	0,316	17	0,122	0,108	-	x	0,7510
N16B	O	Strahlentherapie bei Krankheiten und Störungen der weiblichen Geschlechtsorgane, mehr als ein Belegungstag, Bestrahlungen an weniger als 5 Tagen oder Brachytherapie	0,541	0,528	-	-	3,3	1	0,238	8	0,139	0,108	-	x	0,8500
N21A	O	Hysterektomie außer bei bösartiger Neubildung, ohne äuß. schw. oder schw. CC, ohne komplexen Eingriff, ohne Beckenbodenplastik oder subtotale und andere Hysterektomie bei bösartiger Neubildung oder komplexe Myomenukleation, mit aufwendigem Eingriff	0,751	0,679	-	-	4,1	1	0,132	8	0,032	0,065	-	-	0,8172
N21B	O	Hysterektomie außer bei bösartiger Neubildung, ohne äuß. schw. oder schw. CC, ohne komplexen Eingriff, ohne Beckenbodenplastik oder subtotale und andere Hysterektomie bei bösartiger Neubildung oder komplexe Myomenukleation, ohne aufwendigen Eingriff	0,806	0,720	-	-	3,4	1	0,234	6	0,047	0,080	-	-	0,8482
N23Z	O	Andere rekonstruktive Eingriffe an den weiblichen Geschlechtsorganen oder andere Myomenukleation	0,837	0,754	-	-	3,6	1	0,172	7	0,043	0,066	-	-	0,8664
N25Z	O	Andere Eingriffe an Uterus und Adnexen oder bestimmten Hernien außer bei bösartiger Neubildung, ohne komplexe Diagnose oder andere kleine Eingriffe an den weiblichen Geschlechtsorganen, Alter > 13 Jahre	0,463	0,414	-	-	2,6	1	0,071	6	0,040	0,044	-	-	0,9080
N60A	M	Bösartige Neubildung der weiblichen Geschlechtsorgane, mehr als ein Belegungstag, Alter < 19 Jahre oder äußerst schwere CC	1,240	1,233	-	-	14,3	4	0,231	29	0,057	0,076	-	x	1,0360
N60B	M	Bösartige Neubildung der weiblichen Geschlechtsorgane, ein Belegungstag oder Alter > 18 Jahre, ohne äußerst schwere CC	0,448	0,444	-	-	5,5	1	0,244	15	0,054	0,060	-	x	0,9592
N61Z	M	Infektion und Entzündung der weiblichen Geschlechtsorgane	0,271	0,267	-	-	4,2	1	0,073	9	0,046	0,052	-	-	0,7380
N62A	M	Menstruationsstörungen und andere Erkrankungen der weiblichen Geschlechtsorgane mit komplexer Diagnose oder Alter < 16 Jahre	0,291	0,285	-	-	3,2	1	0,122	7	0,052	0,058	-	-	0,9195
N62B	M	Menstruationsstörungen und andere Erkrankungen der weiblichen Geschlechtsorgane ohne komplexe Diagnose, Alter > 15 Jahre	0,205	0,204	-	-	2,5	1	0,080	5	0,057	0,056	-	-	0,8589
MDC 14 Schwangerschaft, Geburt und Wochenbett															
O01C	O	Sectio caesarea mit mehreren kompliz. Diag., Schwangerschaftsdauer 26 bis 33 SSW, oh. best. kompliz. Faktoren od. mit kompliz. Diag., bis 25 SSW od. mit Tamponade einer Blutung od. Thromboembolie in Gestationsperiode m. OR-Proz., oh. äuß. schw. CC	1,092	1,039	0,954	0,901	10,3	2	0,214	23	0,059	0,055	-	x	0,7000
O01D	O	Sekundäre Sectio caesarea m. mehrer. kompliz. Diagn., Schwangerschaftsdauer > 33 vollendete Wochen (SSW), oh. intraut. Ther., oh. kompliz. Konst., ohne Mehrlingsschw. od. bis 33 SSW od. m. kompl. Diag., mit od. ohne kompliz. Diag., oh. äuß. schw. CC	0,901	0,848	0,729	0,675	5,7	1	0,157	12	0,036	0,044	-	x	0,6806
O01E	O	Primäre Sectio caesarea ohne äuß. schwere CC, mit komplizierender oder komplexer Diagnose oder Schwangerschaftsdauer bis 33 vollendete Wochen (SSW) oder sekundäre Sectio caesarea, ohne komplexe Diagnose, Schwangerschaftsdauer > 33 vollendete Wochen	0,660	0,620	0,510	0,469	4,5	1	0,120	9	0,031	0,037	-	x	0,7111
O01F	O	Primäre Sectio caesarea ohne komplexe Diagnose, Schwangerschaftsdauer mehr als 33 vollendete Wochen (SSW)	0,578	0,533	0,498	0,453	3,6	1	0,105	7	0,031	0,049	-	x	0,7824

Fallpauschalen-Katalog und Pflegeerlöskatalog
Teil b) Bewertungsrelationen bei Versorgung durch Belegabteilungen

DRG	Partition	Bezeichnung [6]	Bewertungsrelation bei Belegoperateur	Bewertungsrelation bei Belegoperateur und Beleganästhesist	Bewertungsrelation bei Belegoperateur und Beleghebamme	Bewertungsrelation bei Belegoperateur, -anästhesist und -hebamme	Mittlere Verweildauer [1]	Untere Grenzverweildauer: Erster Tag mit Abschlag [2], [5]	Untere Grenzverweildauer: Bewertungsrelation/Tag	Obere Grenzverweildauer: Erster Tag zus. Entgelt [3], [5]	Obere Grenzverweildauer: Bewertungsrelation/Tag	Externe Verlegung Abschlag/Tag (Bewertungsrelation)	Verlegungsfallpauschale	Ausnahme von Wiederaufnahme [4]	Pflegeerlös Bewertungsrelation/Tag
1	2	3	4	5	6	7	8	9	10	11	12	13	14	15	16
O02A	O	Vaginale Entbindung mit komplizierender OR-Prozedur, Schwangerschaftsdauer bis 33 vollendete Wochen oder mit intrauteriner Therapie oder komplizierende Konstellation oder bestimmtem Eingriff oder komplizierender Diagnose oder mit äußerst schweren CC	0,892	0,848	0,738	0,693	5,9	1	0,436	15	0,050	0,051	-	x	0,8517
O02B	O	Vaginale Entbindung mit komplizierender OR-Prozedur, Schwangerschaftsdauer mehr als 33 vollendete Wochen, ohne intrauterine Therapie, ohne komplizierende Konstellation, ohne bestimmten Eingriff, ohne komplizierende Diagnose, ohne äußerst schwere CC	0,647	0,617	0,474	0,445	3,6	1	0,195	7	0,038	0,045	-	x	0,7271
O03Z	O	Eingriffe bei Extrauteringravidität	0,561	0,502	0,561	0,500	2,8	1	0,122	5	0,054	0,056	-	x	0,8766
O04A	O	Stationäre Aufnahme nach Entbindung oder Abort mit OR-Prozedur oder bestimmtem Eingriff an der Mamma mit komplexem Eingriff	1,200	1,106	1,193	1,100	6,5	1	0,297	16	0,064	0,080	-	x	1,0365
O04B	O	Stationäre Aufnahme nach Entbindung oder Abort mit OR-Prozedur oder bestimmtem Eingriff an der Mamma, ohne komplexen Eingriff	0,504	0,467	0,493	0,455	4,0	1	0,179	9	0,046	0,057	-	x	0,8277
O04C	O	Stationäre Aufnahme nach Entbindung mit kleinem Eingriff an Uterus, Vagina, Perianalregion und Bauchwand oder Abort mit Dilatation und Kürettage, Aspirationskürettage oder Hysterotomie oder bestimmte Amnionpunktion	0,367	0,336	0,362	0,330	2,6	1	0,103	5	0,054	0,058	-	x	0,9101
O05B	O	Cerclage und Muttermundverschluss oder komplexe OR-Prozedur oder bestimmte intrauterine Operation am Feten, mehr als ein Belegungstag	0,629	0,581	0,605	0,556	5,9	1	0,157	16	0,035	0,046	-	x	0,6625
O05C	O	Bestimmte OR-Prozeduren in der Schwangerschaft, ein Belegungstag oder ohne Cerclage, ohne Muttermundverschluss, ohne komplexe OR-Prozedur, ohne bestimmte intrauterine Operation am Feten, mit fetoskopischer Hochfrequenzablation von Gefäßen	0,569	0,521	0,543	0,496	4,3	1	0,222	10	0,046	0,050	-	x	0,7807
O05D	O	Bestimmte OR-Prozeduren in der Schwangerschaft, ein Belegungstag oder ohne Cerclage, Muttermundverschluss, komplexe OR-Prozedur und bestimmte intrauterine Operation am Feten, mit wenig aufwendigem Eingriff oder intrauterine Therapie des Feten	0,452	0,418	0,435	0,402	3,3	1	0,173	7	0,053	0,058	-	x	0,7503
O60B	M	Vaginale Entbindung mit mehr. kompliz. Diag., mind. eine schwer od. Maßn. bei postpart. Blutung, > 19 vollend. SSW, oh. kompliz. Proz. od. Thromboemb. während der Gestationsp. oh. OR-Proz. od. schwere od. mäßig schwere kompliz. Diag. bis 33 vollend. SSW	0,569	0,553	0,398	0,381	4,2	1	0,199	9	0,037	0,031	-	x	0,6664
O60C	M	Vaginale Entbindung mit schwerer oder mäßig schwerer komplizierender Diagnose oder Schwangerschaftsdauer bis 33 vollendete Wochen oder Alter < 18 Jahre	0,410	0,410	0,256	0,257	3,7	1	0,083	7	0,033	0,037	-	x	0,6479
O60D	M	Vaginale Entbindung ohne komplizierende Diagnose, Schwangerschaftsdauer mehr als 33 vollendete Wochen, Alter > 17 Jahre	0,359	0,359	0,228	0,228	3,0	1	0,033	6	0,033	0,037	-	x	0,6808
O61Z	M	Stationäre Aufnahme nach Entbindung oder Abort ohne OR-Prozedur, ohne bestimmten Eingriff an der Mamma	0,229	0,228	0,221	0,220	3,5	1	0,090	7	0,039	0,044	-	x	0,7280
O63Z	M	Abort ohne Dilatation und Kürettage, Aspirationskürettage oder Hysterotomie	0,191	0,190	0,186	0,185	2,5	1	0,070	5	0,052	0,045	-	x	0,8326
O65B	M	Andere vorgeburtliche stationäre Aufnahme mit äußerst schweren oder schweren CC oder komplexer Diagnose oder komplizierendem Eingriff oder ein Belegungstag	0,295	0,292	0,260	0,258	3,3	1	0,162	7	0,042	0,064	-	x	0,7603
O65C	M	Andere vorgeburtliche stationäre Aufnahme ohne äußerst schwere oder schwere CC, ohne komplexe Diagnose, ohne komplizierenden Eingriff, mehr als ein Belegungstag	0,188	0,188	0,187	0,188	3,8	-	-	9	0,034	0,038	-	x	0,6490
MDC 15 Neugeborene															
P60C	M	Neugeborenes, verlegt < 5 Tage nach Aufnahme ohne signifikante OR-Prozedur, nicht zuverlegt, ohne Beatmung > 24 Stunden (Mindestverweildauer 24 Stunden für das Krankenhaus, in dem die Geburt stattfindet)	0,149	0,149	-	-	1,8	-	-	-	-	-	x	x	1,0124
P66C	M	Aufnahmegewicht 2000 - 2499 g ohne signifikante OR-Prozedur, ohne Beatmung > 95 Stunden, mit anderem Problem	0,920	0,920	-	-	9,2	2	0,306	20	0,094	0,093	-	x	1,7797
P66D	M	Aufnahmegewicht 2000 - 2499 g ohne signifikante OR-Prozedur, ohne Beatmung > 95 Stunden, ohne Problem	0,163	0,163	-	-	3,7	1	0,072	7	0,030	0,034	-	x	0,8268
P67B	M	Neugeborenes, Aufnahmegew. > 2499 g mit schw. Prob., oh. Hypothermiebeh., oh. Krampfanfall mit best. diag. Maßnah., oh. Beatmung > 24 Std. od. mit anderem Prob., mehr als ein Belegungstag, neugeb. Mehrling od. mit bestimmter aufwendiger Prozedur	0,535	0,533	-	-	4,3	1	0,352	10	0,117	0,115	-	x	1,8026
P67C	M	Neugeborenes, Aufnahmegew. > 2499 g oh. sig. OR-Proz., oh. Beatmung > 95 Std., ohne schw. Prob., anderes Problem und mehr als ein Belegungstag oder nicht signifikante OR-Prozedur, ohne Mehrling, ohne bestimmte aufwendige Prozeduren	0,205	0,205	-	-	4,1	1	0,101	9	0,031	0,049	-	x	1,4454

Fallpauschalen-Katalog und Pflegeerlöskatalog
Teil b) Bewertungsrelationen bei Versorgung durch Belegabteilungen

DRG	Partition	Bezeichnung [6]	Bewertungsrelation bei Belegoperateur	Bewertungsrelation bei Belegoperateur und Beleganästhesist	Bewertungsrelation bei Belegoperateur und Beleghebamme	Bewertungsrelation bei Belegoperateur, -anästhesist und -hebamme	Mittlere Verweildauer [1]	Untere Grenzverweildauer: Erster Tag mit Abschlag [2), 5)]	Untere Grenzverweildauer: Bewertungsrelation/Tag	Obere Grenzverweildauer: Erster Tag zus. Entgelt [3), 5)]	Obere Grenzverweildauer: Bewertungsrelation/Tag	Externe Verlegung Abschlag/Tag (Bewertungsrelation)	Verlegungsfallpauschale	Ausnahme von Wiederaufnahme [4]	Pflegeerlös Bewertungsrelation/Tag
1	2	3	4	5	6	7	8	9	10	11	12	13	14	15	16
P67D	M	Neugeborenes, Aufnahmegewicht > 1999 g ohne OR-Prozedur, ohne Beatmung > 95 Stunden, ohne schweres Problem, ohne anderes Problem oder ein Belegungstag, mit bestimmter Prozedur oder best. Diagnose beim Neugeborenen oder neugeborener Mehrling	0,190	0,190	-	-	4,0	1	0,024	8	0,031	0,047	-	x	0,7419
P67E	M	Neugeborener Einling, Aufnahmegewicht > 2499 g ohne OR-Prozedur, ohne Beatmung > 95 Stunden, ohne schweres Problem, ohne anderes Problem oder ein Belegungstag, ohne bestimmte Prozedur ohne bestimmte Diagnosen beim Neugeborenen	0,119	0,119	-	-	3,0	1	0,047	5	0,024	0,027	-	x	0,6036
MDC 16 Krankheiten des Blutes, der blutbildenden Organe und des Immunsystems															
Q02B	O	Verschiedene OR-Prozeduren bei Krankheiten des Blutes, der blutbildenden Organe u. des Immunsystems oh. äußerst schwere CC, Alter < 6 J. od. best. Exzisionen u. Resektionen Mediastinum od. Thymus od. mit best. mäßig aufwendiger / aufwendiger Behandlung	1,561	1,561	-	-	5,7	1	0,373	13	0,124	0,106	-	-	1,2158
Q02C	O	Verschiedene OR-Prozeduren bei Krankheiten des Blutes, der blutbildenden Organe u. des Immunsystems oh. äußerst schwere CC, Alter > 5 Jahre, oh. bestimmte Exzisionen u. Resektionen Mediastinum od. Thymus, oh. best. aufwendige / hochaufwendige Behandlung	0,956	0,894	-	-	6,4	1	0,273	17	0,056	0,071	-	-	0,7364
Q03B	O	Kleine Eingriffe bei Krankheiten des Blutes, der blutbildenden Organe und des Immunsystems, Alter > 9 Jahre	0,554	0,512	-	-	2,7	1	0,212	7	0,073	0,077	-	-	0,7117
Q60C	M	Erkrankungen des retikuloendothelialen Systems, des Immunsystems und Gerinnungsstörungen mit komplexer Diagnose oder äußerst schweren oder schweren CC, ohne Granulozytenstörung oder Alter > 15 Jahre oder ohne äußerst schwere CC	0,526	0,524	-	-	6,8	1	0,312	15	0,055	0,062	-	-	0,8033
Q60D	M	Erkrankungen des retikuloendothelialen Systems, des Immunsystems und Gerinnungsstörungen ohne komplexe Diagnose, ohne äußerst schwere oder schwere CC	0,357	0,353	-	-	4,0	1	0,167	9	0,055	0,063	-	-	0,8853
Q61B	M	Andere Erkrankungen der Erythrozyten, ohne äußerst schwere CC	0,466	0,466	-	-	4,9	1	0,270	11	0,055	0,066	-	-	0,7521
Q62Z	M	Andere Anämie	0,693	0,692	-	-	6,8	1	0,470	16	0,068	0,084	-	-	0,9905
Q63B	M	Aplastische Anämie, Alter > 15 Jahre, ohne bestimmte Anämie	0,642	0,642	-	-	6,8	1	0,427	17	0,063	0,079	-	-	0,8586
MDC 17 Hämatologische und solide Neubildungen															
R01D	O	Lymphom und Leukämie mit großen OR-Prozeduren, ohne äußerst schwere CC, ohne komplexe OR-Prozedur	1,320	1,226	-	-	7,9	2	0,244	18	0,065	0,082	-	-	0,7387
R06Z	O	Strahlentherapie bei hämatologischen und soliden Neubildungen, Bestrahlungen an mindestens 9 Tagen oder bei akuter myeloischer Leukämie, Alter > 18 Jahre, ohne äußerst schwere CC	2,437	2,431	-	-	23,8	7	0,289	42	0,109	0,096	-	x	0,7701
R07B	O	Strahlentherapie bei hämatologischen und soliden Neubildungen, außer bei akuter myeloischer Leukämie, Alter > 18 Jahre, ohne äußerst schwere CC, Bestrahlungen an weniger als 7 Tagen	0,699	0,699	-	-	6,0	1	0,344	16	0,118	0,104	-	x	0,7834
R11B	O	Lymphom und Leukämie mit bestimmter OR-Prozedur, ohne äußerst schwere oder schwere CC oder mit anderen OR-Prozeduren, mit schweren CC	1,078	1,015	-	-	4,8	1	0,539	14	0,081	0,126	-	-	0,7032
R11C	O	Lymphom und Leukämie mit anderen OR-Prozeduren ohne äußerst schwere oder schwere CC	0,646	0,609	-	-	3,2	1	0,242	9	0,092	0,103	-	-	0,7448
R12B	O	Andere hämatologische und solide Neubildungen mit großen OR-Prozeduren ohne äußerst schwere CC, ohne komplexen Eingriff, mit komplexer OR-Prozedur	1,548	1,404	-	-	7,1	1	0,398	15	0,142	0,078	-	-	0,8497
R12C	O	Andere hämatologische und solide Neubildungen mit großen OR-Prozeduren ohne äußerst schwere CC, ohne komplexen Eingriff, ohne komplexe OR-Prozedur	1,077	0,976	-	-	5,2	1	0,237	12	0,110	0,078	-	-	0,7916
R13A	O	Andere hämatologische und solide Neubildungen mit bestimmter OR-Prozedur, ohne äußerst schwere oder schwere CC, mit komplexer OR-Prozedur oder komplizierender Konstellation	0,954	0,868	-	-	5,0	1	0,220	11	0,123	0,074	-	-	0,7735
R13B	O	Andere hämatologische und solide Neubildungen mit bestimmter OR-Prozedur, ohne äußerst schwere oder schwere CC, ohne komplexe OR-Prozedur, ohne komplizierende Konstellation	0,781	0,708	-	-	3,7	1	0,371	9	0,079	0,077	-	-	0,7566
R14Z	O	Andere hämatologische und solide Neubildungen mit anderen OR-Prozeduren ohne äußerst schwere oder schwere CC oder Therapie mit offenen Nukliden bei hämatologischen und soliden Neubildungen, mehr als ein Belegungstag	0,579	0,540	-	-	3,2	1	0,212	7	0,082	0,090	-	x	0,7947
R60E	M	Akute myeloische Leukämie mit mäßig komplexer Chemoth., ohne komplizierende Diagnose, ohne Dialyse, ohne Portimpl., ohne äußerst schwere CC od. mit lokaler Chemoth. od. mit Komplexbeh. bei multiresistenten Erregern od. mit kompl. Diagnostik bei Leukämie	0,825	0,824	-	-	7,8	2	0,272	17	0,106	0,094	-	x	0,8117
R60F	M	Akute myeloische Leukämie ohne Chemotherapie, ohne Dialyse, ohne äußerst schwere CC, ohne Komplexbehandlung bei multiresistenten Erregern, ohne komplexe Diagnostik bei Leukämie	0,777	0,776	-	-	7,8	2	0,256	16	0,071	0,086	-	x	0,9401

Fallpauschalen-Katalog und Pflegeerlöskatalog
Teil b) Bewertungsrelationen bei Versorgung durch Belegabteilungen

DRG	Partition	Bezeichnung [6]	Bewertungsrelation bei Belegoperateur	Bewertungsrelation bei Belegoperateur und Beleganästhesist	Bewertungsrelation bei Belegoperateur und Beleghebamme	Bewertungsrelation bei Belegoperateur, -anästhesist und -hebamme	Mittlere Verweildauer [1]	Untere Grenzverweildauer: Erster Tag mit Abschlag [2, 5]	Untere Grenzverweildauer: Bewertungsrelation/Tag	Obere Grenzverweildauer: Erster Tag zus. Entgelt [3, 5]	Obere Grenzverweildauer: Bewertungsrelation/Tag	Externe Verlegung Abschlag/Tag (Bewertungsrelation)	Verlegungsfallpauschale	Ausnahme von Wiederaufnahme [4]	Pflegeerlös Bewertungsrelation/Tag
1	2	3	4	5	6	7	8	9	10	11	12	13	14	15	16
R61B	M	Lymphom und nicht akute Leukämie mit Sepsis oder anderer kompliz. Konstell. oder mit kompl. Diagnose oder Portimpl., mit äuß. schw. CC, Alter > 15 Jahre od. mit äuß. schw. CC od. Tumorlyse-Syndrom, mit kompl. Diagnostik bei Leukämie od. mit schwersten CC	2,514	2,507	-	-	21,8	6	0,346	38	0,111	-	x	x	1,0156
R61C	M	Lymphom und nicht akute Leukämie ohne Sepsis, ohne komplizierende Konstellation, mit Agranulozytose oder Portimplantation oder Komplexbehandlung bei isolationspflichtigen Erregern oder komplexer Diagnostik bei Leukämie, Alter < 16 Jahre	2,311	2,248	-	-	12,2	3	0,492	25	0,160	0,149	-	x	1,8920
R61D	M	Lymphom u. nicht akute Leukämie m. Agranuloz., Portimpl., Komplbeh. bei isolationspfl. Erregern od. kompl. Diag. bei Leukämie, > 15 J., mit intens. Chemo od. < 18 J. od. m. äuß. schw. CC od. Blastenkrise, oh. kompl. Diag. bei Leukämie, oh. schwerste CC	1,560	1,555	-	-	14,4	4	0,297	29	0,108	0,097	-	x	0,9710
R61E	M	Lymph. u. nicht akute Leukämie mit best. kompliz. Faktoren, oh. äuß. schw. CC, Alt. > 17 J., oh. intensive Chemoth. od. kompl. Diag., kompliz. Proz., Alt. < 16 J. od. best. Lymph. mit best. Chemo. od. kompl. Diag., and. Komplbeh. b. isolat.pfl. Erregern	1,051	1,032	-	-	8,9	2	0,307	21	0,108	0,094	-	x	0,7658
R61F	M	Lymphom und nicht akute Leukämie ohne bestimmte kompliz. Faktoren, oh. äuß. schw. CC, mit kompl. Diagnose od. kompliz. Prozedur, Alter < 16 J. od. best. Lymphom mit best. Chemotherapie od. kompl. Diagnose od. andere Komplexbeh. b. isolationspfl. Erregern	0,894	0,892	-	-	8,2	2	0,293	18	0,107	0,097	-	x	1,0448
R61G	M	Lymphom und nicht akute Leukämie oh. best. kompliz. Faktoren, oh. äuß. schw. CC, Alter < 16 J. od. mit kompl. Diag. od. kompliz. Prozedur, Alter > 15 J., oh. best. Lymphom m. best. Chemoth., oh. kompl. Diagnose, oh. and. Komplbeh. b. isolat.pfl. Erregern	0,852	0,850	-	-	7,4	1	0,410	16	0,114	0,098	-	x	0,7749
R61H	M	Lymphom und nicht akute Leukämie ohne bestimmte komplizierende Faktoren, ohne äußerst schwere CC, ohne komplexe Diagnose, ohne komplizierende Prozedur, Alter > 15 Jahre	0,476	0,475	-	-	5,5	1	0,230	13	0,058	0,069	-	x	0,8343
R62B	M	Andere hämatologische und solide Neubildungen ohne kompliz. Diagnose, ohne Portimplantation, mit Knochenaffektionen oder bestimmten Metastasen oder äußerst schweren CC oder Dialyse oder Alter < 1 Jahr, ohne komplexe Diagnose, ohne kompliz. Konstellation	0,804	0,802	-	-	9,3	2	0,251	22	0,058	0,076	-	x	0,8949
R62C	M	Andere hämatologische und solide Neubildungen ohne komplizierende Diagnose, ohne Portimplantation, ohne Knochenaffektionen, ohne bestimmte Metastasen, ohne äußerst schwere CC, ohne Dialyse, Alter > 0 Jahre	0,443	0,439	-	-	5,1	1	0,191	13	0,059	0,056	-	x	0,7995
R65Z	M	Hämatologische und solide Neubildungen, ein Belegungstag	0,213	0,211	-	-	1,0	-	-	-	-	-	-	x	1,3235
MDC 18B Infektiöse und parasitäre Krankheiten															
T01C	O	OR-Prozedur bei infektiösen und parasitären Krankheiten mit bestimmter komplexer Prozedur oder komplizierender Konstellation, ohne bestimmten komplexen Eingriff, ohne äußerst schwere CC	2,388	2,302	-	-	19,8	6	0,259	37	0,064	-	x	-	1,0233
T01D	O	OR-Prozedur bei infektiösen und parasitären Krankheiten ohne bestimmte komplexe Prozedur, ohne komplizierende Konstellation, ohne bestimmten komplexen Eingriff, ohne äußerst schwere CC mit bestimmtem anderen Eingriff	1,394	1,298	-	-	13,2	3	0,208	28	0,046	0,058	-	-	0,7781
T01E	O	OR-Prozedur bei infektiösen und parasitären Krankheiten ohne bestimmte komplexe Prozedur, ohne komplizierende Konstellation, ohne bestimmten komplexen Eingriff, ohne äußerst schwere CC, ohne bestimmten anderen Eingriff	0,682	0,636	-	-	6,0	1	0,330	16	0,045	0,065	-	-	0,7473
T60E	M	Sepsis ohne komplizierende Konstellation, außer bei Zustand nach Organtransplantation, ohne komplexe Diagnose, ohne äußerst schwere CC, Alter > 9 Jahre, ohne intensivmedizinische Komplexbehandlung > 196 / 184 / - Aufwandspunkte, mehr als ein Belegungstag	0,675	0,672	-	-	10,0	2	0,212	20	0,051	0,052	-	-	0,9354
T60F	M	Sepsis, verstorben < 5 Tage nach Aufnahme, ohne intensivmedizinische Komplexbehandlung > 196/ 184 / - Aufwandspunkte	0,391	0,388	-	-	1,6	-	-	-	-	-	x	-	2,0973
T60G	M	Sepsis ohne komplizierende Konstellation, außer bei Zustand nach Organtransplantation, ohne komplexe Diagnose, ohne äußerst schwere CC, Alter > 9 Jahre, ohne intensivmedizinische Komplexbehandlung > 196 / 184 / - Aufwandspunkte, ein Belegungstag	0,247	0,246	-	-	1,0	-	-	-	-	-	-	-	1,3094
T61Z	M	Postoperative und posttraumatische Infektionen	0,377	0,372	-	-	5,4	1	0,220	13	0,045	0,060	-	-	0,7161
T62B	M	Fieber unbekannter Ursache ohne äußerst schwere oder schwere CC oder Alter < 6 Jahre	0,351	0,351	-	-	3,8	1	0,172	8	0,053	0,079	-	-	1,0282
T63C	M	Mäßig schwere virale Erkrankung, außer bei Zustand nach Organtransplantation, ohne intensivmedizinische Komplexbehandlung > 196 / 184 / - Aufwandspunkte, Alter > 13 Jahre oder ohne komplexe Diagnose	0,345	0,345	-	-	5,0	1	0,157	10	0,047	0,068	-	-	0,8648

Fallpauschalen-Katalog und Pflegeerlöskatalog

Teil b) Bewertungsrelationen bei Versorgung durch Belegabteilungen

DRG	Partition	Bezeichnung [6]	Bewertungsrelation bei Belegoperateur	Bewertungsrelation bei Belegoperateur und Beleganästhesist	Bewertungsrelation bei Belegoperateur und Beleghebamme	Bewertungsrelation bei Belegoperateur, -anästhesist und -hebamme	Mittlere Verweildauer [1]	Untere Grenzverweildauer: Erster Tag mit Abschlag [2), 5)]	Untere Grenzverweildauer: Bewertungsrelation/Tag	Obere Grenzverweildauer: Erster Tag zus. Entgelt [3), 5)]	Obere Grenzverweildauer: Bewertungsrelation/Tag	Externe Verlegung Abschlag/Tag (Bewertungsrelation)	Verlegungsfallpauschale	Ausnahme von Wiederaufnahme [4]	Pflegeerlös Bewertungsrelation/Tag
1	2	3	4	5	6	7	8	9	10	11	12	13	14	15	16
T63D	M	Andere virale Erkrankung, außer bei Zustand nach Organtransplantation ohne intensivmedizinische Komplexbehandlung > 196 / 184 / - Aufwandspunkte, Alter > 13 Jahre oder ohne komplexe Diagnose	0,292	0,292	-	-	3,5	1	0,127	7	0,055	0,065	-	-	0,9574
T64B	M	Andere infektiöse und parasitäre Krankheiten mit komplexer Diagnose, Alter > 15 Jahre, mehr als ein Belegungstag, ohne intensivmedizinische Komplexbehandlung > 196 / 184 / - Aufwandspunkte	0,655	0,653	-	-	8,8	2	0,214	19	0,055	0,064	-	-	0,7995
T64C	M	Andere infektiöse und parasitäre Krankheiten mit komplexer Diagnose, Alter > 15 Jahre, ein Belegungstag oder ohne komplexe Diagnose, ohne intensivmedizinische Komplexbehandlung > 196 / 184 / - Aufwandspunkte	0,509	0,508	-	-	7,0	1	0,315	15	0,049	0,061	-	-	0,8433
T77Z	M	Komplexbehandlung bei isolationspflichtigen Erregern bei infektiösen und parasitären Krankheiten	1,383	1,383	-	-	15,7	-	-	29	0,067	0,077	-	-	1,1859
MDC 19 Psychische Krankheiten und Störungen															
U60B	M	Psychiatrische Behandlung, ein Belegungstag, Alter > 15 Jahre	0,188	0,188	-	-	1,0	-	-	-	-	-	-	-	1,0898
U63Z	M	Schwere affektive Störungen	0,464	0,464	-	-	6,2	1	0,226	14	0,051	0,063	-	-	0,7218
U64Z	M	Angststörungen oder andere affektive und somatoforme Störungen	0,439	0,439	-	-	5,0	1	0,213	11	0,060	0,071	-	-	0,7005
U66Z	M	Ess-, Zwangs- und Persönlichkeitsstörungen und akute psychische Reaktionen oder psychische Störungen in der Kindheit	0,402	0,398	-	-	5,5	1	0,194	16	0,058	0,055	-	-	1,1037
MDC 20 Alkohol- und Drogengebrauch und alkohol- und drogeninduzierte psychische Störungen															
V60A	M	Alkoholintoxikation und Alkoholentzug oder Störungen durch Alkoholmissbrauch und Alkoholabhängigkeit mit bestimmten psychischen und Verhaltensstörungen durch Alkohol oder HIV-Krankheit	0,645	0,645	-	-	8,5	2	0,227	19	0,062	0,064	-	-	1,0886
V60B	M	Alkoholintoxikation und Alkoholentzug oder Störungen durch Alkoholmissbrauch und Alkoholabhängigkeit ohne bestimmte psychische und Verhaltensstörungen durch Alkohol, ohne HIV-Krankheit	0,321	0,321	-	-	5,0	1	0,178	10	0,047	0,056	-	-	0,7907
V64Z	M	Störungen durch anderen Drogengebrauch und Medikamentenmissbrauch und andere Drogen- und Medikamentenabhängigkeit	0,365	0,364	-	-	2,6	1	0,213	5	0,092	0,095	-	-	1,3113
MDC 21B Verletzungen, Vergiftungen und toxische Wirkungen von Drogen und Medikamenten															
X01B	O	Rekonstruktive Operation bei Verletzungen ohne kompliz. Konstellation, ohne freie Lappenplastik mit mikrovask. Anastomosierung, mit schweren Weichteilschäden oder komplex. OR-Prozedur oder best. mäßig kompl. Eingriff oder äußerst schw. CC, mehr als 1 BT	1,381	1,255	-	-	14,0	4	0,137	28	0,039	-	x	-	0,6829
X01C	O	Rekonstr. Operation bei Verletzungen ohne kompliz. Konst., ohne freie Lappenplastik mit mikrovask. Anastomosierung, ohne schw. Weichteilschäden, ohne kompl. OR-Prozedur, ohne äuß. schw. CC, mit best. Nervennaht od. Hautplastik, > 1 BT od. Alter < 18 J.	0,843	0,752	-	-	4,6	1	0,157	12	0,048	0,057	-	-	0,7491
X01D	O	Rekonstr. Operation bei Verletzungen ohne kompliz. Konst., ohne freie Lappenplastik mit mikrovask. Anastomosierung, ohne schw. Weichteilschäden, ohne kompl. OR-Prozedur, ohne äuß. schw. CC, ohne best. Nervennaht oder Hautplastik oder 1 BT, Alter > 17 J.	0,620	0,560	-	-	4,0	1	0,158	10	0,045	0,053	-	-	0,7070
X04Z	O	Andere Eingriffe bei Verletzungen der unteren Extremität	0,823	0,756	-	-	6,6	1	0,201	17	0,045	0,056	-	-	0,7447
X06B	O	Andere Eingriffe bei anderen Verletzungen ohne äußerst schwere CC, mit komplexer OR-Prozedur oder Alter > 65 Jahre mit bestimmtem Eingriff oder mit schweren CC	0,997	0,919	-	-	6,4	1	0,313	16	0,052	0,070	-	-	0,8580
X06C	O	Andere Eingriffe bei anderen Verletzungen ohne äußerst schwere oder schwere CC, ohne komplexe OR-Prozedur, Alter < 66 Jahre oder ohne bestimmten Eingriff	0,562	0,511	-	-	3,9	1	0,204	10	0,047	0,075	-	-	0,7808
X60A	M	Bestimmte Verletzungen	0,334	0,321	-	-	3,5	1	0,112	8	0,056	0,062	-	-	0,9441
X60B	M	Verletzungen und allergische Reaktionen ohne bestimmte Verletzungen	0,262	0,260	-	-	2,7	1	0,114	6	0,065	0,068	-	-	1,0968
X62Z	M	Vergiftungen / Toxische Wirkungen von Drogen, Medikamenten und anderen Substanzen oder Folgen einer medizinischen Behandlung oder bestimmte Erfrierungen und andere Traumata	0,333	0,328	-	-	3,6	1	0,180	9	0,058	0,056	-	-	0,9843
X64Z	M	Andere Krankheit verursacht durch Verletzung, Vergiftung oder toxische Wirkung	0,238	0,237	-	-	2,5	1	0,104	5	0,068	0,060	-	-	1,0748
MDC 22 Verbrennungen															
Y03Z	O	Andere Verbrennungen mit anderen Eingriffen	0,605	0,569	-	-	4,5	1	0,335	11	0,059	0,068	-	-	1,3190

Fallpauschalen-Katalog und Pflegeerlöskatalog

Teil b) Bewertungsrelationen bei Versorgung durch Belegabteilungen

DRG	Partition	Bezeichnung [6]	Bewertungsrelation bei Belegoperateur	Bewertungsrelation bei Belegoperateur und Beleganästhesist	Bewertungsrelation bei Belegoperateur und Beleghebamme	Bewertungsrelation bei Belegoperateur, -anästhesist und -hebamme	Mittlere Verweildauer [1]	Untere Grenzverweildauer: Erster Tag mit Abschlag [2), 5)]	Untere Grenzverweildauer: Bewertungsrelation/Tag	Obere Grenzverweildauer: Erster Tag zus. Entgelt [3), 5)]	Obere Grenzverweildauer: Bewertungsrelation/Tag	Externe Verlegung Abschlag/Tag (Bewertungsrelation)	Verlegungsfallpauschale	Ausnahme von Wiederaufnahme [4]	Pflegeerlös Bewertungsrelation/Tag
1	2	3	4	5	6	7	8	9	10	11	12	13	14	15	16
MDC 23 Faktoren, die den Gesundheitszustand beeinflussen, und andere Inanspruchnahme des Gesundheitswesens															
Z01B	O	OR-Prozeduren bei anderen Zuständen, die zur Inanspruchnahme des Gesundheitswesens führen ohne komplexen Eingriff, ohne komplizierende Konstellation, mit bestimmtem Eingriff	0,743	0,664	-	-	2,9	1	0,182	7	0,060	0,063	-	-	0,9150
Z01C	O	OR-Prozeduren bei anderen Zuständen, die zur Inanspruchnahme des Gesundheitswesens führen ohne komplexen Eingriff, ohne komplizierende Konstellation, ohne bestimmten Eingriff	0,390	0,378	-	-	4,2	1	0,152	10	0,050	0,056	-	-	0,7635
Z64A	M	Andere Faktoren, die den Gesundheitszustand beeinflussen, Nachbehandlung nach abgeschlossener Behandlung mit komplexer Radiojoddiagnostik	0,686	0,686	-	-	2,0	1	0,342	4	0,214	0,210	-	-	1,2066
Z64B	M	Andere Faktoren, die den Gesundheitszustand beeinflussen, Nachbehandlung nach abgeschlossener Behandlung mit bestimmter Radiojoddiagnostik, mit bestimmtem Kontaktanlass	0,452	0,447	-	-	2,7	1	0,150	6	0,097	0,101	-	-	0,9675
Z64C	M	Andere Faktoren, die den Gesundheitszustand beeinflussen, Nachbehandlung nach abgeschlossener Behandlung ohne Radiojoddiagnostik, ohne bestimmten Kontaktanlass oder allergologische Provokationstestung bis 2 Belegungstage	0,220	0,219	-	-	2,4	1	0,070	5	0,060	0,115	-	-	0,9445
Z65Z	M	Beschwerden, Symptome, andere Anomalien und Nachbehandlung	0,361	0,360	-	-	4,2	1	0,196	10	0,057	0,065	-	-	0,8957
MDC 24 Sonstige DRGs															
801B	O	Ausgedehnte OR-Prozedur ohne Bezug zur Hauptdiagnose mit hochkomplexer OR-Prozedur oder mit komplizierender Konstellation, Alter > 17 Jahre oder ohne komplizierende Faktoren oder mit komplexer OR-Prozedur oder schweren CC, Alter < 16 Jahre	2,841	2,730	-	-	22,2	6	0,287	40	0,064	0,088	-	x	1,0586
801C	O	Ausgedehnte OR-Prozedur ohne Bezug zur Hauptdiagnose mit komplexer OR-Prozedur oder anderem Eingriff an Kopf und Wirbelsäule oder mit neurologischer Komplexbehandlung des akuten Schlaganfalls oder bei Para- / Tetraplegie	2,295	2,195	-	-	17,9	5	0,256	34	0,056	0,082	-	x	0,9975
801D	O	Ausgedehnte OR-Prozedur ohne Bezug zur Hauptdiagnose mit bestimmter OR-Prozedur oder mit intensivmediz. Komplexbeh. > 196 / 184 / 368 Aufwandspunkte oder bestimmte nicht ausgedehnte OR-Prozedur mit neurolog. Komplexbehandlung des akuten Schlaganfalls	2,016	1,943	-	-	17,6	5	0,226	33	0,057	0,074	-	x	0,9350
801E	O	Ausgedehnte OR-Prozedur ohne Bezug zur Hauptdiagnose ohne komplizierende Konstellation, ohne hochkomplexe, komplexe oder bestimmte OR-Prozedur	1,535	1,495	-	-	15,6	4	0,211	29	0,051	0,064	-	x	0,8277
802A	O	Bestimmte nicht ausgedehnte OR-Prozedur ohne Bezug zur Hauptdiagnose oder andere nicht ausgedehnte OR-Prozedur mit intensivmedizinischer Komplexbehandlung > 196 / 184 / 368 Aufwandspunkte	1,873	1,822	-	-	16,2	4	0,298	31	0,064	0,086	-	x	0,9510
802B	O	Andere nicht ausgedehnte OR-Prozedur ohne Bezug zur Hauptdiagnose mit mäßig komplexer OR-Prozedur	1,571	1,535	-	-	17,0	5	0,206	32	0,053	0,070	-	x	0,7604
802C	O	Andere nicht ausgedehnte OR-Prozedur ohne Bezug zur Hauptdiagnose ohne mäßig komplexe OR-Prozedur	1,289	1,229	-	-	12,5	3	0,217	26	0,050	0,066	-	x	0,7946
802D	O	Wenig komplexe nicht ausgedehnte OR-Prozedur ohne Bezug zur Hauptdiagnose	0,695	0,645	-	-	7,2	1	0,333	19	0,048	0,048	-	x	0,8312
Fehler-DRGs															
960Z	M	Nicht gruppierbar	-	-	-	-	-	-	-	-	-	-	-	-	-
961Z	M	Unzulässige Hauptdiagnose	-	-	-	-	-	-	-	-	-	-	-	-	-
962Z	M	Unzulässige Kodierung einer Sectio caesarea	-	-	-	-	-	-	-	-	-	-	-	-	-

Fallpauschalen-Katalog und Pflegeerlöskatalog
Teil c) Bewertungsrelationen bei teilstationärer Versorgung

DRG	Partition	Bezeichnung	Bewertungsrelation	Mittlere Verweildauer [1]	Untere Grenzverweildauer: Erster Tag mit Abschlag [2), 5)]	Untere Grenzverweildauer: Bewertungsrelation pro Tag	Obere Grenzverweildauer: Erster Tag mit zusätzlichem Entgelt [3), 5)]	Obere Grenzverweildauer: Bewertungsrelation pro Tag	Pflegeerlös Bewertungsrelation pro Tag
1	2	3	4	5	6	7	8	9	10
MDC 11 Krankheiten und Störungen der Harnorgane									
L90B	M	Niereninsuffizienz, teilstationär, Alter > 14 Jahre mit Peritonealdialyse	0,058	1,0	-	-	-	-	0,5979
L90C	M	Niereninsuffizienz, teilstationär, Alter > 14 Jahre ohne Peritonealdialyse	0,050	1,0	-	-	-	-	0,5496

Fallpauschalen-Katalog und Pflegeerlöskatalog

Teil d) Bewertungsrelationen mit gezielter Absenkung in Abhängigkeit der Median-Fallzahl bei Versorgung durch Hauptabteilungen

DRG	Partition	Bezeichnung [6]	Bewertungsrelation bei Hauptabteilung	Bewertungsrelation bei Hauptabteilung und Beleghebamme	Mittlere Verweildauer [1]	Untere Grenzverweildauer		Obere Grenzverweildauer		Externe Verlegung Abschlag pro Tag (Bewertungsrelation)	Verlegungsfallpauschale	Ausnahme von Wiederaufnahme [4]	Median-Fallzahl	Pflegeerlös Bewertungsrelation pro Tag
						Erster Tag mit Abschlag [2), 5)]	Bewertungsrelation/Tag	Erster Tag zus. Entgelt [3), 5)]	Bewertungsrelation/Tag					
1	2	3	4	5	6	7	8	9	10	11	12	13	14	15
MDC 08 Krankheiten und Störungen an Muskel-Skelett-System und Bindegewebe														
I68D	M	Nicht operativ behandelte Erkrankungen und Verletzungen WS, > 1 Belegungstag oder andere Femurfraktur, außer bei Diszitis oder infektiöser Spondylopathie, ohne Kreuzbeinfraktur, ohne best. mäßig aufw., aufw. od. hochaufw. Beh., mit Wirbelsäulenfraktur	0,535	-	5,5	1	0,264	13	0,071	0,086	-	-	26	0,7464
I68E	M	Nicht operativ behandelte Erkrankungen und Verletzungen WS, > 1 Belegungstag oder andere Femurfraktur, außer bei Diszitis oder infektiöser Spondylopathie, ohne Kreuzbeinfraktur, ohne best. mäßig aufw., aufw. od. hochaufw. Beh., oh. Wirbelsäulenfraktur	0,378	-	4,7	1	0,179	11	0,066	0,071	-	-	92	0,6146
I68F	M	Nicht operativ behandelte Erkrankungen und Verletzungen im Wirbelsäulenbereich, ein Belegungstag oder Prellung am Oberschenkel	0,173	-	1,0	-	-	-	-	-	-	-	31	1,0068

Fallpauschalen-Katalog und Pflegeerlöskatalog
Teil e) Bewertungsrelationen mit gezielter Absenkung in Abhängigkeit der Median-Fallzahl bei Versorgung durch Belegabteilungen

DRG	Partition	Bezeichnung [6]	Bewertungsrelation bei Belegoperateur	Bewertungsrelation bei Belegoperateur und Beleganästhesist	Bewertungsrelation bei Belegoperateur und Beleghebamme	Bewertungsrelation bei Belegoperateur, -anästhesist und -hebamme	Mittlere Verweildauer [1]	Untere Grenzverweildauer		Obere Grenzverweildauer		Externe Verlegung Abschlag/Tag (Bewertungsrelation)	Verlegungsfallpauschale	Ausnahme von Wiederaufnahme [4]	Median-Fallzahl	Pflegeerlös Bewertungsrelation/Tag
								Erster Tag mit Abschlag [2), 5)]	Bewertungsrelation/Tag	Erster Tag zus. Entgelt [3), 5)]	Bewertungsrelation/Tag					
1	2	3	4	5	6	7	8	9	10	11	12	13	14	15	16	17
MDC 08 Krankheiten und Störungen an Muskel-Skelett-System und Bindegewebe																
I68D	M	Nicht operativ behandelte Erkrankungen und Verletzungen WS, > 1 Belegungstag oder andere Femurfraktur, außer bei Diszitis oder infektiöser Spondylopathie, ohne Kreuzbeinfraktur, ohne best. mäßig aufw., aufw. od. hochaufw. Beh., mit Wirbelsäulenfraktur	0,423	0,422	-	-	6,5	1	0,224	14	0,050	0,072	-	-	26	0,7464
I68E	M	Nicht operativ behandelte Erkrankungen und Verletzungen WS, > 1 Belegungstag oder andere Femurfraktur, außer bei Diszitis oder infektiöser Spondylopathie, ohne Kreuzbeinfraktur, ohne best. mäßig aufw., aufw. od. hochaufw. Beh., oh. Wirbelsäulenfraktur	0,230	0,230	-	-	5,8	1	0,120	11	0,034	0,033	-	-	92	0,6146
I68F	M	Nicht operativ behandelte Erkrankungen und Verletzungen im Wirbelsäulenbereich, ein Belegungstag oder Prellung am Oberschenkel	0,146	0,144	-	-	1,0	-	-	-	-	-	-	-	31	1,0068

Zusatzentgelte-Katalog [1)]
- Liste -

ZE	Bezeichnung	Betrag
1	2	3
ZE01.01 [2)]	Hämodialyse, intermittierend, Alter > 14 Jahre	163,91 €
ZE01.02 [2)]	Hämodialyse, intermittierend, Alter < 15 Jahre	356,58 €
ZE02 [2)]	Hämodiafiltration, intermittierend	168,90 €
ZE09	Vollimplantierbare Medikamentenpumpe mit programmierbarem variablen Tagesprofil	8.734,93 €
ZE10	Künstlicher Blasenschließmuskel	2.800,26 €
ZE11	Wirbelkörperersatz	siehe Anlage 5
ZE30 [3)]	Gabe von Prothrombinkomplex, parenteral	siehe Anlage 5
ZE36	Plasmapherese	siehe Anlage 5
ZE37	Extrakorporale Photopherese	1.266,30 €
ZE47	Gabe von Antithrombin III, parenteral	siehe Anlage 5
ZE50	Gabe von Cetuximab, parenteral	siehe Anlage 5
ZE51	Gabe von Human-Immunglobulin, spezifisch gegen Hepatitis-B-surface-Antigen, parenteral	siehe Anlage 5
ZE52	Gabe von Liposomalem Doxorubicin, parenteral	siehe Anlage 5
ZE56	Vollimplantierbare Medikamentenpumpe mit konstanter Flussrate	4.151,14 €
ZE58	Hydraulische Penisprothesen	5.752,95 €
ZE60	Palliativmedizinische Komplexbehandlung	siehe Anlage 5
ZE61	Lipoprotein-Apherese	1.017,16 €
ZE62 [2)]	Hämofiltration, intermittierend	226,34 €
ZE64	Gabe von Human-Immunglobulin, spezifisch gegen Zytomegalie-Virus, parenteral	siehe Anlage 5
ZE67	Gabe von Human-Immunglobulin, spezifisch gegen Varicella-Zoster-Virus, parenteral	siehe Anlage 5
ZE70	Gabe von C1-Esteraseinhibitor, parenteral	siehe Anlage 5
ZE72	Gabe von Pegyliertem liposomalen Doxorubicin, parenteral	siehe Anlage 5
ZE78	Gabe von Temozolomid, oral	siehe Anlage 5
ZE93	Gabe von Human-Immunglobulin, polyvalent, parenteral	siehe Anlage 5
ZE96	Gabe von Carmustin, Implantat, intrathekal	siehe Anlage 5
ZE98	Gabe von Palivizumab, parenteral	siehe Anlage 5
ZE100	Implantation eines endobronchialen Klappensystems	siehe Anlage 5
ZE101	Medikamente-freisetzende Koronarstents	siehe Anlage 5
ZE105	Selektive Embolisation mit Metallspiralen (Coils) an Kopf, Hals (intra- und extrakraniell) und spinalen Gefäßen oder mit großlumigem Gefäßverschlusskörper	siehe Anlage 5
ZE106	Selektive Embolisation mit Metallspiralen (Coils), andere Lokalisationen	siehe Anlage 5
ZE107	Gabe von Erythrozytenkonzentraten	siehe Anlage 5
ZE108	Gabe von patientenbezogenen Thrombozytenkonzentraten	siehe Anlage 5
ZE110	Gabe von Liposomalem Amphotericin B, parenteral	siehe Anlage 5
ZE116	Gabe von Panitumumab, parenteral	siehe Anlage 5
ZE119 [2)]	Hämofiltration, kontinuierlich	siehe Anlage 5
ZE120 [2)]	Hämodialyse, kontinuierlich, venovenös, pumpengetrieben (CVVHD)	siehe Anlage 5
ZE121 [2)]	Hämodiafiltration, kontinuierlich	siehe Anlage 5
ZE122 [2)]	Peritonealdialyse, intermittierend, maschinell unterstützt (IPD)	196,71 €
ZE123 [2)]	Peritonealdialyse, kontinuierlich, nicht maschinell unterstützt (CAPD)	siehe Anlage 5
ZE125	Implantation oder Wechsel eines interspinösen Spreizers	siehe Anlage 5
ZE126	Autogene / Autologe matrixinduzierte Chondrozytentransplantation	4.300,94 €
ZE132	Implantation eines Wachstumsstents	siehe Anlage 5
ZE135	Gabe von Vinflunin, parenteral	siehe Anlage 5
ZE136	Medikamente-freisetzende Ballons an Koronargefäßen	siehe Anlage 5
ZE137	Medikamente-freisetzende Ballons an anderen Gefäßen	siehe Anlage 5
ZE138	Neurostimulatoren zur Rückenmarkstimulation oder zur Stimulation des peripheren Nervensystems, Einkanalstimulator, mit Sondenimplantation	7.873,47 €
ZE139	Neurostimulatoren zur Rückenmarkstimulation oder zur Stimulation des peripheren Nervensystems, Einkanalstimulator, ohne Sondenimplantation	5.408,53 €
ZE140	Neurostimulatoren zur Rückenmarkstimulation oder zur Stimulation des peripheren Nervensystems, Mehrkanalstimulator, nicht wiederaufladbar, mit Sondenimplantation	12.245,45 €

Zusatzentgelte-Katalog [1)]
- Liste -

ZE	Bezeichnung	Betrag
1	2	3
ZE141	Neurostimulatoren zur Rückenmarkstimulation oder zur Stimulation des peripheren Nervensystems, Mehrkanalstimulator, nicht wiederaufladbar, ohne Sondenimplantation	9.976,34 €
ZE144	Gabe von Romiplostim, parenteral	siehe Anlage 5
ZE145	Spezialisierte stationäre palliativmedizinische Komplexbehandlung	siehe Anlage 5
ZE146	Gabe von Thrombozytenkonzentraten	siehe Anlage 5
ZE147	Gabe von Apherese-Thrombozytenkonzentraten	siehe Anlage 5
ZE151	Gabe von Abatacept, intravenös	siehe Anlage 5
ZE152	Perkutan-transluminale Fremdkörperentfernung und Thrombektomie an intrakraniellen Gefäßen unter Verwendung eines Stentretriever	siehe Anlage 5
ZE153	Zügeloperation mit alloplastischem Material, adjustierbar	176,73 €
ZE156	Gabe von Decitabin, parenteral	siehe Anlage 5
ZE158	Vagusnervstimulationssysteme, mit Sondenimplantation	13.484,97 €
ZE159	Vagusnervstimulationssysteme, ohne Sondenimplantation	10.603,10 €
ZE161	Radiofrequenzablation Ösophagus	1.474,43 €
ZE162 [4)]	Erhöhter Pflegeaufwand bei pflegebedürftigen Patienten (DRG-Tabelle 1)	28,76 €
ZE163 [5)]	Erhöhter Pflegeaufwand bei pflegebedürftigen Patienten (DRG-Tabelle 2)	57,08 €
ZE164	Gabe von pathogeninaktivierten Thrombozytenkonzentraten	siehe Anlage 5
ZE165	Gabe von pathogeninaktivierten Apherese-Thrombozytenkonzentraten	siehe Anlage 5
ZE168	Gabe von Ipilimumab, parenteral	siehe Anlage 5
ZE169	Adjustierbare Harnkontinenztherapien	2.559,99 €
ZE170	Suspensionsoperation bei Harninkontinenz des Mannes	1.407,78 €
ZE171	Gabe von Pembrolizumab, parenteral	siehe Anlage 5
ZE172	Gabe von Atezolizumab, parenteral	siehe Anlage 5
ZE173	Gabe von Ocrelizumab, parenteral	siehe Anlage 5
ZE174	Gabe von Venetoclax, oral	siehe Anlage 5
ZE175	Perkutan-transluminale Fremdkörperentfernung und Thrombektomie an intrakraniellen Gefäßen unter Verwendung eines Thrombektomie-Aspirationskatheters	siehe Anlage 5

Fußnoten:

1) Die jeweiligen Definitionen (OPS-Kodes und OPS-Texte) sowie die fehlenden differenzierten €-Beträge sind in Anlage 5 aufgeführt.

2) Eine zusätzliche Abrechnung ist im Zusammenhang mit einer Fallpauschale der Basis-DRG L60 oder L71 oder der DRG L90B oder L90C und dem nach Anlage 3b krankenhausindividuell zu vereinbarenden Entgelt L90A nicht möglich.

3) Bei der Behandlung von Blutern mit Blutgerinnungsfaktoren erfolgt die Abrechnung der Gabe von Prothrombinkomplex über das ZE2024-97 nach Anlage 4 bzw. 6, die gleichzeitige Abrechnung des ZE30 ist ausgeschlossen.

4) Das Zusatzentgelt ist ab einer Mindestverweildauer von 5 Belegungstagen und nur in Verbindung mit einer der in Anlage 8 Tabelle 1 genannten DRG-Fallpauschale abrechenbar.

5) Das Zusatzentgelt ist ab einer Mindestverweildauer von 5 Belegungstagen und nur in Verbindung mit einer der in Anlage 8 Tabelle 2 genannten DRG-Fallpauschale abrechenbar.

Nicht mit dem Fallpauschalen-Katalog vergütete vollstationäre Leistungen und Pflegeerlöskatalog

Für die nachfolgend aufgeführten Leistungen sind krankenhausindividuelle Entgelte nach Paragraf 6 Absatz 1 Satz 1 Krankenhausentgeltgesetz zu vereinbaren, soweit diese als Krankenhausleistung erbracht werden dürfen.

Nach Paragraf 7 Absatz 4 ist für diese Fallpauschalen die nach Paragraf 6 Absatz 1 Krankenhausentgeltgesetz bisher krankenhausindividuell vereinbarte Entgelthöhe bis zum Beginn des Wirksamwerdens der neuen Budgetvereinbarung weiter zu erheben.

DRG	Partition	Bezeichnung [6)]	Pflegeerlös Bewertungsrelation/Tag
1	2	3	4
Prä-MDC			
A04A	O	Knochenmarktransplantation / Stammzelltransfusion, allogen, mit zweiter Knochenmarktransplantation / Stammzelltransfusion im selben Aufenthalt	1,0000
A15A	O	Knochenmarktransplantation / Stammzelltransfusion, autogen, mit zweiter Knochenmarktransplantation / Stammzelltransfusion im selben Aufenthalt	1,0000
A16A	O	Transplantation von Darm oder Pankreas	1,0000
A16B	O	Injektion von Pankreasgewebe	1,0000
A22Z	O	Korrektureingriff bei Doppelfehlbildung	1,0000
A43Z	A	Frührehabilitation bei Wachkoma und Locked-in-Syndrom	1,0000
MDC 01 Krankheiten und Störungen des Nervensystems			
B11Z	O	Frührehabilitation mit bestimmter OR-Prozedur	1,4997
B13Z	O	Epilepsiechirurgie mit invasivem präoperativen Video-EEG	0,9937
B43Z	A	Frührehabilitation bei Krankheiten und Störungen des Nervensystems, mehr als 27 Tage	1,3999
B46Z	A	Sozial- und neuropädiatrische und pädiatrisch-psychosomatische Therapie bei Krankheiten und Störungen des Nervensystems	1,0443
B49Z	A	Multimodale Komplexbehandlung bei Morbus Parkinson	0,6118
B61B	M	Bestimmte akute Erkrankungen und Verletzungen des Rückenmarks ohne komplexen Eingriff oder mehr als 13 Belegungstage oder nicht wegverlegt	1,4777
B76A	M	Anfälle, mehr als ein Belegungstag, mit komplexer Diagnostik und Therapie	1,0652
MDC 03 Krankheiten und Störungen des Ohres, der Nase, des Mundes und des Halses			
D01A	O	Kochleaimplantation, bilateral	1,0334
D23Z	O	Implantation eines aktiven mechanischen Hörimplantates	0,7708
MDC 04 Krankheiten und Störungen der Atmungsorgane			
E37Z	O	Längerer stationärer Aufenthalt vor Transplantation bei hoher Dringlichkeitsstufe bei Krankheiten und Störungen der Atmungsorgane	1,0000
E41Z	A	Frührehabilitation bei Krankheiten und Störungen der Atmungsorgane	0,9918
E76A	M	Tuberkulose, mehr als 14 Belegungstage	0,6811
MDC 05 Krankheiten und Störungen des Kreislaufsystems			
F29Z	O	Frührehabilitation bei Krankheiten und Störungen des Kreislaufsystems, mit bestimmter OR-Prozedur, außer kardiothorakale Eingriffe	1,0000
F37Z	O	Längerer stationärer Aufenthalt vor Transplantation bei hoher Dringlichkeitsstufe bei Krankheiten und Störungen des Kreislaufsystems	1,0000
F45Z	A	Frührehabilitation bei Krankheiten und Störungen des Kreislaufsystems	0,9174
F96Z	O	Stammzelltransfusion bei Krankheiten und Störungen des Kreislaufsystems	1,0000
MDC 06 Krankheiten und Störungen der Verdauungsorgane			
G51Z	A	Frührehabilitation bei Krankheiten und Störungen der Verdauungsorgane	0,9650
MDC 07 Krankheiten und Störungen an hepatobiliärem System und Pankreas			
H37Z	O	Längerer stationärer Aufenthalt vor Transplantation bei hoher Dringlichkeitsstufe bei Krankheiten und Störungen an hepatobiliärem System und Pankreas	1,0000
MDC 08 Krankheiten und Störungen an Muskel-Skelett-System und Bindegewebe			
I40Z	A	Frührehabilitation bei Krankheiten und Störungen an Muskel-Skelett-System und Bindegewebe	0,6956
I96Z	O	Frührehabilitation mit bestimmter OR-Prozedur bei Krankheiten und Störungen an Muskel-Skelett-System und Bindegewebe, mehr als 20 Tage	0,8648
MDC 10 Endokrine, Ernährungs- und Stoffwechselkrankheiten			
K01Z	O	Verschiedene Eingriffe bei Diabetes mellitus mit Komplikationen, mit Frührehabilitation oder geriatrischer frührehabilitativer Komplexbehandlung	1,0000
K43Z	A	Frührehabilitation bei endokrinen, Ernährungs- und Stoffwechselkrankheiten	1,0000

Nicht mit dem Fallpauschalen-Katalog vergütete vollstationäre Leistungen und Pflegeerlöskatalog

Für die nachfolgend aufgeführten Leistungen sind krankenhausindividuelle Entgelte nach Paragraf 6 Absatz 1 Satz 1 Krankenhausentgeltgesetz zu vereinbaren, soweit diese als Krankenhausleistung erbracht werden dürfen.

Nach Paragraf 7 Absatz 4 ist für diese Fallpauschalen die nach Paragraf 6 Absatz 1 Krankenhausentgeltgesetz bisher krankenhausindividuell vereinbarte Entgelthöhe bis zum Beginn des Wirksamwerdens der neuen Budgetvereinbarung weiter zu erheben.

DRG	Partition	Bezeichnung [6)]	Pflegeerlös Bewertungsrelation/Tag
1	2	3	4
MDC 19 Psychische Krankheiten und Störungen			
U01Z	O	Genitalorganumwandelnde Operation	0,7670
U41Z	A	Sozial- und neuropädiatrische und pädiatrisch-psychosomatische Therapie bei psychischen Krankheiten und Störungen	0,9743
U42A	A	Multimodale Schmerztherapie bei psychischen Krankheiten und Störungen, Alter < 19 Jahre	1,1257
U43Z	A	Psychosomatische Therapie, Alter < 18 Jahre	0,9450
MDC 21A Polytrauma			
W01A	O	Polytrauma mit Beatmung > 72 Stunden oder komplexen Eingriffen oder intensivmedizinische Komplexbehandlung > 392 / 368 / 552 Aufwandspunkte, mit Frührehabilitation	1,0000
W05Z	O	Frührehabilitation bei Polytrauma mit OR-Prozedur	1,0096
W40Z	A	Frührehabilitation bei Polytrauma	1,1791
MDC 22 Verbrennungen			
Y01Z	O	Operative Eingriffe bei schweren Verbrennungen oder Beatmung > 95 Stunden bei Verbrennungen oder intensivmedizinische Komplexbehandlung > 1176 / 1104 / 1104 Aufwandspunkte bei Verbrennungen	4,3682
Y61Z	M	Schwere Verbrennungen	1,0000
MDC 23 Faktoren, die den Gesundheitszustand beeinflussen, und andere Inanspruchnahme des Gesundheitswesens			
Z02Z	O	Leberspende (Lebendspende)	1,1183
Z04Z	O	Lungenspende (Lebendspende)	1,0000
Z41Z	A	Knochenmarkentnahme bei Eigenspender	1,0000
Z42Z	A	Stammzellentnahme bei Fremdspender	0,9735
Z43Z	A	Knochenmarkentnahme bei Fremdspender	1,5740

Nicht mit dem Fallpauschalen-Katalog vergütete teilstationäre Leistungen und Pflegeerlöskatalog

Für die nachfolgend aufgeführten Leistungen sind krankenhausindividuelle Entgelte nach Paragraf 6 Absatz 1 Satz 1 Krankenhausentgeltgesetz zu vereinbaren, soweit diese als Krankenhausleistung erbracht werden dürfen.

Nach Paragraf 7 Absatz 4 ist für diese Fallpauschalen die nach Paragraf 6 Absatz 1 Krankenhausentgeltgesetz bisher krankenhausindividuell vereinbarte Entgelthöhe bis zum Beginn des Wirksamwerdens der neuen Budgetvereinbarung weiter zu erheben.

DRG	Parti-tion	Bezeichnung	Pflegeerlös Bewertungs-relation/Tag
1	2	3	4
Prä-MDC			
A90A	A	Teilstationäre geriatrische Komplexbehandlung, umfassende Behandlung	0,2730
A90B	A	Teilstationäre geriatrische Komplexbehandlung, Basisbehandlung	0,2730
MDC 11 Krankheiten und Störungen der Harnorgane			
L90A	M	Niereninsuffizienz, teilstationär, Alter < 15 Jahre	0,5000
MDC 25 Teilstationäre pädiatrische Diagnostik und Behandlung			
740Z	A	Bestimmte radiologische Diagnostik in Sedierung oder Anästhesie, Alter < 18 Jahre, teilstationär	0,5000
741Z	A	Bestimmte endoskopische Diagnostik in Sedierung oder Anästhesie, Alter < 18 Jahre, teilstationär	0,5000
742Z	A	Knochenmark-Biopsie oder Liquordiagnostik in Sedierung oder Anästhesie, Alter < 18 Jahre, teilstationär	0,5000
743Z	A	Bougierung und Dilatation des Ösophagus in Sedierung oder Anästhesie, Alter < 18 Jahre, teilstationär	0,5000
744Z	A	Dilatation des Anus in Sedierung oder Anästhesie, Alter < 18 Jahre, teilstationär	0,5000
745Z	A	Dilatation der Vagina in Sedierung oder Anästhesie, Alter < 18 Jahre, teilstationär	0,5000
746Z	A	Augenuntersuchung in Sedierung oder Anästhesie, Alter < 18 Jahre, teilstationär	0,5000
747Z	A	Testung oder Nachprogrammierung kardialer Systeme, Alter < 18 Jahre, teilstationär	0,5000
748Z	A	Bestimmte Behandlung ohne Sedierung oder Anästhesie, Alter < 18 Jahre, teilstationär	0,5000
749Z	A	Beobachtung bei Vergiftung, Alter < 10 Jahre, teilstationär	0,5000

Pflegeerlöskatalog für Hybrid-DRGs

DRG	Partition	Bezeichnung	Pflegeerlös Bewertungs-relation/Tag
1	2	3	4
MDC 06 Krankheiten und Störungen der Verdauungsorgane			
G09N	O	Hybrid-DRG der DRG G09Z	1,3473
G24M	O	Hybrid-DRG der DRG G24C	1,2685
G24N	O	Hybrid-DRG der DRG G24B	1,3855
MDC 08 Krankheiten und Störungen an Muskel-Skelett-System und Bindegewebe			
I20M	O	Hybrid-DRG der DRG I20F	1,2780
I20N	O	Hybrid-DRG der DRG I20E	1,4064
MDC 09 Krankheiten und Störungen an Haut, Unterhaut und Mamma			
J09N	O	Hybrid-DRG der DRG J09B	1,1653
MDC 11 Krankheiten und Störungen der Harnorgane			
L17N	O	Hybrid-DRG der DRG L17B	1,1228
L20M	O	Hybrid-DRG der DRG L20C	1,1576
L20N	O	Hybrid-DRG der DRG L20B	1,1644
MDC 13 Krankheiten und Störungen der weiblichen Geschlechtsorgane			
N05N	O	Hybrid-DRG der DRG N05B	1,5296
N07N	O	Hybrid-DRG der DRG N07A	1,4498
N25N	O	Hybrid-DRG der DRG N25Z	1,4826

Zusatzentgelte-Katalog [1)]
- Liste -

Für die nachfolgend aufgeführten Leistungen sind krankenhausindividuelle Entgelte nach Paragraf 6 Absatz 1 Satz 1 des Krankenhausentgeltgesetzes zu vereinbaren, soweit diese als Krankenhausleistungen erbracht werden dürfen.

Zusatzentgelt	Bezeichnung
1	2
ZE2024-01 [4)]	Beckenimplantate
ZE2024-02 [4)]	Links- und rechtsventrikuläre Herzassistenzsysteme („Kunstherz")
ZE2024-03 [4)]	ECMO und PECLA
ZE2024-04 [4)]	Individuell nach CAD gefertigte Rekonstruktionsimplantate im Gesichts- und Schädelbereich
ZE2024-05 [4)]	Distraktion am Gesichtsschädel
ZE2024-07 [4)]	Andere implantierbare Medikamentenpumpen
ZE2024-08 [3), 4)]	Sonstige Dialyse
ZE2024-09 [4)]	Hämoperfusion [Vollblut-Adsorption]
ZE2024-10 [4)]	Leberersatztherapie
ZE2024-13 [4)]	Adsorption zur Entfernung von Immunglobulinen und/oder Immunkomplexen
ZE2024-15 [4)]	Zellapherese
ZE2024-16 [4)]	Isolierte Extremitätenperfusion
ZE2024-17 [4)]	Retransplantation von Organen während desselben stationären Aufenthaltes
ZE2024-18 [4)]	Zwerchfellschrittmacher
ZE2024-22 [4)]	IABP
ZE2024-24 [4)]	Andere Penisprothesen
ZE2024-25 [4)]	Modulare Endoprothesen
ZE2024-26 [4)]	Anthroposophisch-medizinische Komplexbehandlung
ZE2024-33 [2), 4)]	Gabe von Sargramostim, parenteral
ZE2024-34 [4)]	Gabe von Granulozytenkonzentraten
ZE2024-35 [4)]	Fremdbezug von hämatopoetischen Stammzellen
ZE2024-36 [4)]	Versorgung von Schwerstbehinderten
ZE2024-40 [4)]	Naturheilkundliche Komplexbehandlung
ZE2024-41 [4), 5)]	Multimodal-nichtoperative Komplexbehandlung des Bewegungssystems
ZE2024-44 [4)]	Stammzellboost nach erfolgter Transplantation von hämatopoetischen Stammzellen, nach In-vitro-Aufbereitung
ZE2024-45 [4)]	Komplexe Diagnostik bei hämatologischen und onkologischen Erkrankungen bei Kindern und Jugendlichen
ZE2024-46 [2), 4)]	Gabe von Anti-Human-T-Lymphozyten-Immunglobulin, parenteral
ZE2024-49 [4)]	Hypertherme intraperitoneale Chemotherapie (HIPEC) in Kombination mit Peritonektomie und ggf. mit Multiviszeralresektion oder hypertherme intrathorakale Chemotherapie (HITOC) in Kombination mit Pleurektomie und ggf. mit Tumorreduktion
ZE2024-50 [4), 6)]	Implantation einer (Hybrid)-Prothese an der Aorta
ZE2024-54 [4)]	Selbstexpandierende Prothesen am Gastrointestinaltrakt
ZE2024-56 [4)]	Gabe von Bosentan, oral
ZE2024-57 [4)]	Gabe von Jod-131-MIBG (Metajodobenzylguanidin), parenteral
ZE2024-58 [4)]	Gabe von Alpha-1-Proteinaseninhibitor human, parenteral
ZE2024-61 [4)]	Neurostimulatoren zur Hirn- oder Rückenmarkstimulation oder zur Stimulation des peripheren Nervensystems, Mehrkanalstimulator, wiederaufladbar
ZE2024-62 [4)]	Mikroaxial-Blutpumpe
ZE2024-63 [4)]	Gabe von Dibotermin alfa, Implantation am Knochen
ZE2024-65 [4)]	Selektive intravaskuläre Radionuklidtherapie [SIRT] mit Yttrium-90- oder Rhenium-188- oder Holmium-166-markierten Mikrosphären
ZE2024-66 [4)]	Enzymersatztherapie bei lysosomalen Speicherkrankheiten
ZE2024-67 [4)]	Implantation einer Stent-Prothese an der Aorta, perkutan-transluminal
ZE2024-69 [4)]	Gabe von Hämin, parenteral
ZE2024-71 [4)]	Radiorezeptortherapie mit DOTA-konjugierten Somatostatinanaloga
ZE2024-72 [4)]	Distraktionsmarknagel, motorisiert
ZE2024-74 [4)]	Gabe von Sunitinib, oral
ZE2024-75 [4)]	Gabe von Sorafenib, oral

Zusatzentgelte-Katalog [1)]
- Liste -

Für die nachfolgend aufgeführten Leistungen sind krankenhausindividuelle Entgelte nach Paragraf 6 Absatz 1 Satz 1 des Krankenhausentgeltgesetzes zu vereinbaren, soweit diese als Krankenhausleistungen erbracht werden dürfen.

Zusatzentgelt	Bezeichnung
1	2
ZE2024-77 [4)]	Gabe von Lenalidomid, oral
ZE2024-79 [4)]	Gabe von Nelarabin, parenteral
ZE2024-80 [2), 4)]	Gabe von Amphotericin-B-Lipidkomplex, parenteral
ZE2024-82 [3), 4)]	Peritonealdialyse, kontinuierlich, maschinell unterstützt (APD)
ZE2024-84 [4)]	Gabe von Ambrisentan, oral
ZE2024-85 [4)]	Gabe von Temsirolimus, parenteral
ZE2024-86 [4)]	Andere Neurostimulatoren und Neuroprothesen
ZE2024-88 [4)]	Komplexe neuropädiatrische Diagnostik mit weiteren Maßnahmen
ZE2024-91 [4)]	Gabe von Dasatinib, oral
ZE2024-97 [4), 7)]	Behandlung von Blutern mit Blutgerinnungsfaktoren
ZE2024-99 [4)]	Fremdbezug von Donor-Lymphozyten
ZE2024-101 [4)]	Gabe von Mifamurtid, parenteral
ZE2024-103 [4)]	Gabe von Rituximab, subkutan
ZE2024-104 [4)]	Gabe von Trastuzumab, subkutan
ZE2024-106 [4)]	Gabe von Abatacept, subkutan
ZE2024-107 [4)]	Medikamente-freisetzende bioresorbierbare Koronarstents
ZE2024-108 [4)]	Implantation einer Irisprothese
ZE2024-109 [3), 4)]	Dialyse mit High-Cut-off-Dialysemembran
ZE2024-110 [4)]	Gabe von Tocilizumab, subkutan
ZE2024-111 [4)]	Gabe von Paclitaxel, als an Albumin gebundene Nanopartikel, parenteral
ZE2024-112 [4)]	Gabe von Abirateron, oral
ZE2024-113 [4)]	Gabe von Cabazitaxel, parenteral
ZE2024-115 [4)]	Molekulares Monitoring der Resttumorlast [MRD]: Molekulargenetische Identifikation und Herstellung von patientenspezifischen Markern
ZE2024-116 [4)]	Molekulares Monitoring der Resttumorlast [MRD]: Patientenspezifische molekulargenetische Quantifizierung
ZE2024-117 [4)]	Chemosaturations-Therapie mittels perkutaner Leberperfusion
ZE2024-118 [4)]	Neurostimulatoren zur Hirnstimulation, Einkanalstimulator
ZE2024-119 [4)]	Distraktionsmarknagel, nicht motorisiert
ZE2024-120 [4)]	Gabe von Pemetrexed, parenteral
ZE2024-121 [4)]	Gabe von Etanercept, parenteral
ZE2024-122 [4)]	Gabe von Imatinib, oral
ZE2024-123 [4)]	Gabe von Caspofungin, parenteral
ZE2024-124 [4)]	Gabe von Voriconazol, oral
ZE2024-125 [4)]	Gabe von Voriconazol, parenteral
ZE2024-127 [4)]	Gabe von L-Asparaginase aus Erwinia chrysanthemi [Erwinase], parenteral
ZE2024-128 [4)]	Gabe von nicht pegylierter Asparaginase, parenteral
ZE2024-129 [4)]	Gabe von pegylierter Asparaginase, parenteral
ZE2024-130 [4)]	Gabe von Belimumab, parenteral
ZE2024-131 [4)]	Gabe von Defibrotid, parenteral
ZE2024-132 [4)]	Gabe von Thiotepa, parenteral
ZE2024-133 [4)]	Spezialisierte palliativmedizinische Komplexbehandlung durch einen internen Palliativdienst
ZE2024-134 [4)]	Spezialisierte palliativmedizinische Komplexbehandlung durch einen externen Palliativdienst
ZE2024-135 [4)]	Basisdiagnostik bei unklarem Symptomkomplex bei Neugeborenen und Säuglingen mit weiteren Maßnahmen
ZE2024-136 [4)]	Einlegen von endobronchialen Nitinolspiralen
ZE2024-137 [4), 7), 8)]	Gabe von rekombinantem aktiviertem Faktor VII
ZE2024-138 [4), 7), 9)]	Gabe von Fibrinogenkonzentrat
ZE2024-139 [4), 7), 10)]	Gabe von Blutgerinnungsfaktoren
ZE2024-140 [4)]	Gabe von Brentuximab vedotin, parenteral

Zusatzentgelte-Katalog [1)]
- Liste -

Für die nachfolgend aufgeführten Leistungen sind krankenhausindividuelle Entgelte nach Paragraf 6 Absatz 1 Satz 1 des Krankenhausentgeltgesetzes zu vereinbaren, soweit diese als Krankenhausleistungen erbracht werden dürfen.

Zusatzentgelt	Bezeichnung
1	2
ZE2024-141 [4)]	Gabe von Enzalutamid, oral
ZE2024-142 [4)]	Gabe von Aflibercept, intravenös
ZE2024-143 [4)]	Gabe von Eltrombopag, oral
ZE2024-144 [4)]	Gabe von Obinutuzumab, parenteral
ZE2024-145 [4)]	Gabe von Ibrutinib, oral
ZE2024-146 [4)]	Gabe von Ramucirumab, parenteral
ZE2024-147 [4)]	Gabe von Bortezomib, parenteral
ZE2024-148 [4)]	Gabe von Adalimumab, parenteral
ZE2024-149 [4)]	Gabe von Infliximab, parenteral
ZE2024-150 [4)]	Gabe von Busulfan, parenteral
ZE2024-151 [4)]	Gabe von Rituximab, intravenös
ZE2024-152 [4)]	Mehrdimensionale pädiatrische Diagnostik
ZE2024-153 [4)]	Gabe von Trastuzumab, intravenös
ZE2024-154 [4)]	Gabe von Anidulafungin, parenteral
ZE2024-156 [4)]	Gabe von Posaconazol, parenteral
ZE2024-157 [4)]	Gabe von Pixantron, parenteral
ZE2024-158 [4)]	Gabe von Pertuzumab, parenteral
ZE2024-159 [4)]	Gabe von Blinatumomab, parenteral
ZE2024-161 [4)]	Gabe von Nivolumab, parenteral
ZE2024-162 [4)]	Gabe von Carfilzomib, parenteral
ZE2024-163 [4)]	Gabe von Macitentan, oral
ZE2024-164 [4)]	Gabe von Riociguat, oral
ZE2024-165 [4)]	Gabe von Nusinersen, intrathekal
ZE2024-166 [4)]	Gabe von Isavuconazol, parenteral
ZE2024-167 [4)]	Gabe von Isavuconazol, oral
ZE2024-169 [4)]	Gabe von Liposomalem Irinotecan, parenteral
ZE2024-170 [4)]	Gabe von Bevacizumab, parenteral
ZE2024-171 [4)]	Gabe von Clofarabin, parenteral
ZE2024-172 [4)]	Gabe von Posaconazol, oral, Suspension
ZE2024-173 [4)]	Gabe von Posaconazol, oral, Tabletten
ZE2024-175 [4), 11)]	Gabe von Filgrastim, parenteral
ZE2024-176 [4), 11)]	Gabe von Lenograstim, parenteral
ZE2024-177 [4), 11)]	Gabe von Pegfilgrastim, parenteral
ZE2024-178 [4), 11)]	Gabe von Lipegfilgrastim, parenteral
ZE2024-180 [4)]	Gabe von Azacytidin, parenteral
ZE2024-182 [4)]	Gabe von Vedolizumab, parenteral
ZE2024-183 [4)]	Gabe von Elotuzumab, parenteral
ZE2024-187 [4)]	Neurostimulatoren zur Hypoglossusnerv-Stimulation
ZE2024-188 [4)]	Patientenindividuell hergestellte Stent-Prothesen an der Aorta, ohne Öffnung
ZE2024-189 [4)]	Stent-Prothesen an der Aorta, mit Öffnung
ZE2024-190 [4)]	Längerfristige Beatmungsentwöhnung
ZE2024-191 [4)]	Gabe von Dinutuximab beta, parenteral
ZE2024-192 [4)]	Gabe von Midostaurin, oral
ZE2024-193 [4)]	Gabe von Onasemnogen abeparvovec, parenteral
ZE2024-194 [4)]	Gabe von Ustekinumab, intravenös
ZE2024-195 [4)]	Gabe von Ustekinumab, subkutan
ZE2024-196 [4)]	Gabe von Micafungin, parenteral
ZE2024-198 [4)]	Molekulares Monitoring der Resttumorlast [MRD]: Molekulargenetische Identifikation von krankheitsspezifischen Markern

Zusatzentgelte-Katalog [1)]
- Liste -

Für die nachfolgend aufgeführten Leistungen sind krankenhausindividuelle Entgelte nach Paragraf 6 Absatz 1 Satz 1 des Krankenhausentgeltgesetzes zu vereinbaren, soweit diese als Krankenhausleistungen erbracht werden dürfen.

Zusatzentgelt	Bezeichnung
1	2
ZE2024-199 [4)]	Molekulares Monitoring der Resttumorlast [MRD]: Krankheitsspezifische molekulargenetische Quantifizierung
ZE2024-200 [4)]	Gabe von Daratumumab, intravenös
ZE2024-201 [4)]	Gabe von Daratumumab, subkutan
ZE2024-202 [12)]	Gabe von Aldesleukin, parenteral
ZE2024-203 [4)]	Gabe von Durvalumab, parenteral
ZE2024-204 [4)]	Gabe von Gemtuzumab ozogamicin, parenteral
ZE2024-205 [4)]	Gabe von Polatuzumab vedotin, parenteral
ZE2024-206 [13)]	Gabe von Natalizumab, parenteral
ZE2024-207 [14)]	Gabe von Itraconazol, parenteral
ZE2024-208 [15)]	Gabe von Trabectedin, parenteral
ZE2024-209 [16)]	Gabe von Plerixafor, parenteral
ZE2024-210 [17)]	Gabe von Eculizumab, parenteral
ZE2024-211 [18)]	Gabe von Tocilizumab, intravenös
ZE2024-212 [4)]	Gabe von Idarucizumab, parenteral
ZE2024-213 [4)]	Gabe von Andexanet alfa, parenteral
ZE2024-214 [4)]	Gabe von Letermovir, oral
ZE2024-215 [4)]	Gabe von Letermovir, parenteral
ZE2024-216 [4)]	Gabe von Avelumab, parenteral
ZE2024-217 [4)]	Gabe von Apalutamid, oral
ZE2024-218 [4)]	Gabe von Cemiplimab, parenteral
ZE2024-219 [4), 19)]	Gabe von rekombinantem aktiviertem Faktor VII bei postpartaler Blutung
ZE2024-220 [4), 20)]	Zusatzaufwand bei Behandlung mit Gabe von CAR-T-Zellen

Fußnoten:

1) Die jeweiligen Definitionen (OPS-Kodes und OPS-Texte) sind in Anlage 6 aufgeführt.

2) Das Zulassungsrecht bleibt von der Katalogaufnahme unberührt. Die Kostenträger entscheiden im Einzelfall, ob die Kosten dieser Medikamente übernommen werden.

3) Eine zusätzliche Abrechnung ist im Zusammenhang mit einer Fallpauschale der Basis-DRG L60 oder L71 oder der DRG L90B oder L90C und dem nach Anlage 3b krankenhausindividuell zu vereinbarenden Entgelt L90A nicht möglich.

4) Nach Paragraf 5 Abs. 2 Satz 3 FPV 2024 ist für diese Zusatzentgelte das bisher krankenhausindividuell vereinbarte Entgelt der Höhe nach bis zum Beginn des Wirksamwerdens der neuen Budgetvereinbarung weiter zu erheben. Dies gilt auch, sofern eine Anpassung der entsprechenden OPS-Kodes erfolgt sein sollte.

5) Die Bewertung des Zusatzentgeltes mittels einer Differenzkostenbetrachtung hat in Abhängigkeit der abzurechnenden DRG-Fallpauschalen zu erfolgen.

6) Die Bewertung des Zusatzentgeltes mittels einer Differenzkostenbetrachtung hat in Abhängigkeit der abzurechnenden DRG-Fallpauschalen und ggf. weiterer abrechenbarer Zusatzentgelte für Stent-Prothesen an der Aorta zu erfolgen.

7) Die jeweils zugehörigen ICD-Kodes und -Texte sind in Anlage 7 aufgeführt.

8) Für das Jahr 2024 gilt ein Schwellenwert in der Höhe von 20.000 € für den im Rahmen der Behandlung des Patienten für Blutgerinnungsfaktoren angefallenen Betrag. Ab Überschreitung dieses Schwellenwertes ist der gesamte für die Behandlung des Patienten mit Blutgerinnungsfaktoren angefallene Betrag abzurechnen.

9) Für das Jahr 2024 gilt ein Schwellenwert in der Höhe von 2.500 € für den im Rahmen der Behandlung des Patienten für Blutgerinnungsfaktoren angefallenen Betrag. Ab Überschreitung dieses Schwellenwertes ist der gesamte für die Behandlung des Patienten mit Blutgerinnungsfaktoren angefallene Betrag abzurechnen.

10) Für das Jahr 2024 gilt ein Schwellenwert in der Höhe von 6.000 € für die Summe der im Rahmen der Behandlung des Patienten für Blutgerinnungsfaktoren angefallenen Beträge. Ab Überschreitung dieses Schwellenwertes ist der gesamte für die Behandlung des Patienten mit Blutgerinnungsfaktoren angefallene Betrag abzurechnen.

11) Bei der Vereinbarung der Entgelthöhen für die Zusatzentgelte für Granulozyten-Kolonie-stimulierende Faktoren wird in analoger Umsetzung der bisherigen Bewertung empfohlen, die Verhandlung zu den Entgelthöhen auf Basis der krankenhausindividuellen Kostensituation zu führen und bei der finalen Vereinbarung die Entgelthöhe der Zusatzentgelte für Pegfilgrastim (ZE2024-177) bzw. Lipegfilgrastim (ZE2024-178) um einen Betrag zu reduzieren, der in etwa dem dreifachen Wert der Kosten einer typischen Tagesdosis Filgrastim (ZE2024-175) bzw. Lenograstim (ZE2024-176) entspricht.

Fußnoten (Fortsetzung):

12) Nach Paragraf 5 Abs. 2 Satz 3 FPV 2024 ist für dieses Zusatzentgelt das bisher krankenhausindividuell vereinbarte Entgelt der Höhe nach bis zum Beginn des Wirksamwerdens der Budgetvereinbarung 2024 weiter zu erheben. Bei fehlender Budgetvereinbarung 2023 ist für dieses Zusatzentgelt das bewertete Zusatzentgelt ZE48 in Höhe von 70 Prozent der im DRG-Katalog 2022 bewerteten Höhe bis zum Beginn des Wirksamwerdens der Budgetvereinbarung 2023 weiter zu erheben. Dies gilt auch, sofern eine Anpassung der entsprechenden OPS-Kodes erfolgt sein sollte.

13) Nach Paragraf 5 Abs. 2 Satz 3 FPV 2024 ist für dieses Zusatzentgelt das bisherige bewertete Zusatzentgelt ZE97 aus 2023 bis zum Beginn des Wirksamwerdens der neuen Budgetvereinbarung der Höhe nach weiter zu erheben. Dies gilt auch, sofern eine Anpassung der entsprechenden OPS-Kodes erfolgt sein sollte.

14) Nach Paragraf 5 Abs. 2 Satz 3 FPV 2024 ist für dieses Zusatzentgelt das bisherige bewertete Zusatzentgelt ZE113 aus 2023 bis zum Beginn des Wirksamwerdens der neuen Budgetvereinbarung der Höhe nach weiter zu erheben. Dies gilt auch, sofern eine Anpassung der entsprechenden OPS-Kodes erfolgt sein sollte.

15) Nach Paragraf 5 Abs. 2 Satz 3 FPV 2024 ist für dieses Zusatzentgelt das bisherige bewertete Zusatzentgelt ZE117 aus 2023 bis zum Beginn des Wirksamwerdens der neuen Budgetvereinbarung der Höhe nach weiter zu erheben. Dies gilt auch, sofern eine Anpassung der entsprechenden OPS-Kodes erfolgt sein sollte.

16) Nach Paragraf 5 Abs. 2 Satz 3 FPV 2024 ist für dieses Zusatzentgelt das bisherige bewertete Zusatzentgelt ZE143 aus 2023 bis zum Beginn des Wirksamwerdens der neuen Budgetvereinbarung der Höhe nach weiter zu erheben. Dies gilt auch, sofern eine Anpassung der entsprechenden OPS-Kodes erfolgt sein sollte.

17) Nach Paragraf 5 Abs. 2 Satz 3 FPV 2024 ist für dieses Zusatzentgelt das bisherige bewertete Zusatzentgelt ZE154 aus 2023 bis zum Beginn des Wirksamwerdens der neuen Budgetvereinbarung der Höhe nach weiter zu erheben. Dies gilt auch, sofern eine Anpassung der entsprechenden OPS-Kodes erfolgt sein sollte.

18) Nach Paragraf 5 Abs. 2 Satz 3 FPV 2024 ist für dieses Zusatzentgelt das bisherige bewertete Zusatzentgelt ZE157 aus 2023 bis zum Beginn des Wirksamwerdens der neuen Budgetvereinbarung der Höhe nach weiter zu erheben. Dies gilt auch, sofern eine Anpassung der entsprechenden OPS-Kodes erfolgt sein sollte.

19) Das Zusatzentgelt kann ausschließlich bei postpartaler Blutung (ICD Kode O72.-) abgerechnet werden. Bei Vorliegen einer dauerhaften Gerinnungsstörung ist ggf. das Zusatzentgelt ZE2024-97 abzurechnen.

20) Die Bewertung des Zusatzentgeltes erfolgt mittels einer Differenzkostenbetrachtung in Abhängigkeit der abzurechnenden DRG-Fallpauschalen. Die Kosten des CAR-T-Produkts selbst sind nicht zu berücksichtigen.

Zusatzentgelte-Katalog
- Definition und differenzierte Beträge -

ZE	Bezeichnung	ZE_D	OPS Version 2024		Betrag
			OPS-Kode	OPS-Text	
1	2	3	4	5	6
ZE01.01 [1)]	Hämodialyse, intermittierend, Alter > 14 Jahre		8-854.2	Hämodialyse: Intermittierend, Antikoagulation mit Heparin oder ohne Antikoagulation	siehe Anlage 2
			8-854.3	Hämodialyse: Intermittierend, Antikoagulation mit sonstigen Substanzen	
			8-854.4	Hämodialyse: Verlängert intermittierend, Antikoagulation mit Heparin oder ohne Antikoagulation	
			8-854.5	Hämodialyse: Verlängert intermittierend, Antikoagulation mit sonstigen Substanzen	
ZE01.02 [1)]	Hämodialyse, intermittierend, Alter < 15 Jahre		8-854.2	Hämodialyse: Intermittierend, Antikoagulation mit Heparin oder ohne Antikoagulation	siehe Anlage 2
			8-854.3	Hämodialyse: Intermittierend, Antikoagulation mit sonstigen Substanzen	
			8-854.4	Hämodialyse: Verlängert intermittierend, Antikoagulation mit Heparin oder ohne Antikoagulation	
			8-854.5	Hämodialyse: Verlängert intermittierend, Antikoagulation mit sonstigen Substanzen	
ZE02 [1)]	Hämodiafiltration, intermittierend		8-855.3	Hämodiafiltration: Intermittierend, Antikoagulation mit Heparin oder ohne Antikoagulation	siehe Anlage 2
			8-855.4	Hämodiafiltration: Intermittierend, Antikoagulation mit sonstigen Substanzen	
			8-855.5	Hämodiafiltration: Verlängert intermittierend, Antikoagulation mit Heparin oder ohne Antikoagulation	
			8-855.6	Hämodiafiltration: Verlängert intermittierend, Antikoagulation mit sonstigen Substanzen	
ZE09	Vollimplantierbare Medikamentenpumpe mit programmierbarem variablen Tagesprofil		5-028.11	Funktionelle Eingriffe an Schädel, Gehirn und Hirnhäuten: Implantation oder Wechsel einer Medikamentenpumpe zur intraventrikulären Infusion: Vollimplantierbare Medikamentenpumpe mit programmierbarem variablen Tagesprofil	siehe Anlage 2
			5-038.41	Operationen am spinalen Liquorsystem: Implantation oder Wechsel einer Medikamentenpumpe zur intrathekalen und/oder epiduralen Infusion: Vollimplantierbare Medikamentenpumpe mit programmierbarem variablen Tagesprofil	
ZE10	Künstlicher Blasenschließmuskel		5-597.0*	Eingriffe bei artifiziellem Harnblasensphinkter: Implantation	siehe Anlage 2
			5-597.30	Eingriffe bei artifiziellem Harnblasensphinkter: Wechsel: Vollständig, bulbär, 1 Cuff	
			5-597.31	Eingriffe bei artifiziellem Harnblasensphinkter: Wechsel: Vollständig, bulbär, 2 Cuffs	
			5-597.32	Eingriffe bei artifiziellem Harnblasensphinkter: Wechsel: Vollständig, am Blasenhals	
ZE11	Wirbelkörperersatz			Wirbelkörperersatz: Wirbelkörperersatz durch Implantat	
		ZE11.01	5-837.00	1 Wirbelkörper	935,79 €
		ZE11.02	5-837.01	2 Wirbelkörper	1.577,63 €
		ZE11.03	5-837.02	3 Wirbelkörper	2.219,47 €
		ZE11.04	5-837.04	4 Wirbelkörper	2.861,31 €
		ZE11.05	5-837.05	5 oder mehr Wirbelkörper	3.503,15 €

Zusatzentgelte-Katalog
- Definition und differenzierte Beträge -

ZE	Bezeichnung	ZE_D	OPS Version 2024		Betrag
			OPS-Kode	OPS-Text	
1	2	3	4	5	6
ZE30 [8)]	Gabe von Prothrombinkomplex, parenteral			Transfusion von Plasma und anderen Plasmabestandteilen und gentechnisch hergestellten Plasmaproteinen: Prothrombinkomplex	
		ZE30.02	8-812.53	3.500 IE bis unter 4.500 IE	846,95 €
		ZE30.03	8-812.54	4.500 IE bis unter 5.500 IE	1.077,35 €
		ZE30.04	8-812.55	5.500 IE bis unter 6.500 IE	1.300,25 €
		ZE30.05	8-812.56	6.500 IE bis unter 7.500 IE	1.521,75 €
		ZE30.06	8-812.57	7.500 IE bis unter 8.500 IE	1.746,05 €
		ZE30.07	8-812.58	8.500 IE bis unter 9.500 IE	1.968,45 €
		ZE30.08	8-812.59	9.500 IE bis unter 10.500 IE	2.191,85 €
		ZE30.09	8-812.5a	10.500 IE bis unter 15.500 IE	2.711,95 €
		ZE30.10	8-812.5b	15.500 IE bis unter 20.500 IE	3.826,45 €
		ZE30.11	8-812.5c	20.500 IE bis unter 25.500 IE	4.940,95 €
		ZE30.12	8-812.5d	25.500 IE bis unter 30.500 IE	6.055,45 €
		ZE30.13		Siehe weitere Differenzierung ZE30.14 bis ZE30.23	
		ZE30.14	8-812.5f	30.500 IE bis unter 40.500 IE	7.355,70 €
		ZE30.15	8-812.5g	40.500 IE bis unter 50.500 IE	9.584,70 €
		ZE30.16	8-812.5h	50.500 IE bis unter 60.500 IE	11.813,70 €
		ZE30.17	8-812.5j	60.500 IE bis unter 80.500 IE	14.599,95 €
		ZE30.18	8-812.5k	80.500 IE bis unter 100.500 IE	19.057,95 €
		ZE30.19	8-812.5m	100.500 IE bis unter 120.500 IE	23.515,95 €
		ZE30.20	8-812.5n	120.500 IE bis unter 140.500 IE	27.973,95 €
		ZE30.21	8-812.5p	140.500 IE bis unter 160.500 IE	32.431,95 €
		ZE30.22	8-812.5q	160.500 IE bis unter 200.500 IE	38.004,45 €
		ZE30.23	8-812.5r	200.500 IE oder mehr	46.920,45 €
ZE36	Plasmapherese			Therapeutische Plasmapherese	
		ZE36.01	8-820.00	1 Plasmapherese	1.123,95 €
			8-820.10	1 Plasmapherese	
			8-820.20	1 Plasmapherese	
			8-826.*0	1 Doppelfiltrationsplasmapherese	
		ZE36.02	8-820.01	2 Plasmapheresen	2.247,90 €
			8-820.11	2 Plasmapheresen	
			8-820.21	2 Plasmapheresen	
			8-826.*1	2 Doppelfiltrationsplasmapheresen	
		ZE36.03	8-820.02	3 Plasmapheresen	3.371,85 €
			8-820.12	3 Plasmapheresen	
			8-820.22	3 Plasmapheresen	
			8-826.*2	3 Doppelfiltrationsplasmapheresen	
		ZE36.04	8-820.03	4 Plasmapheresen	4.495,80 €
			8-820.13	4 Plasmapheresen	
			8-820.23	4 Plasmapheresen	
			8-826.*3	4 Doppelfiltrationsplasmapheresen	
		ZE36.05	8-820.04	5 Plasmapheresen	5.619,75 €
			8-820.14	5 Plasmapheresen	
			8-820.24	5 Plasmapheresen	
			8-826.*4	5 Doppelfiltrationsplasmapheresen	
		ZE36.06	8-820.08	6 Plasmapheresen	6.743,70 €
			8-820.18	6 Plasmapheresen	
			8-820.25	6 Plasmapheresen	
			8-826.*5	6 Doppelfiltrationsplasmapheresen	
		ZE36.07	8-820.09	7 Plasmapheresen	7.867,65 €
			8-820.19	7 Plasmapheresen	
			8-820.26	7 Plasmapheresen	
			8-826.*6	7 Doppelfiltrationsplasmapheresen	
		ZE36.08	8-820.0a	8 Plasmapheresen	8.991,60 €
			8-820.1a	8 Plasmapheresen	
			8-820.27	8 Plasmapheresen	
			8-826.*7	8 Doppelfiltrationsplasmapheresen	

Zusatzentgelte-Katalog
- Definition und differenzierte Beträge -

ZE	Bezeichnung	ZE_D	OPS Version 2024		Betrag
			OPS-Kode	OPS-Text	
1	2	3	4	5	6
		ZE36.09	8-820.0b	9 Plasmapheresen	10.115,55 €
			8-820.1b	9 Plasmapheresen	
			8-820.28	9 Plasmapheresen	
			8-826.*8	9 Doppelfiltrationsplasmapheresen	
		ZE36.10	8-820.0c	10 Plasmapheresen	11.239,50 €
			8-820.1c	10 Plasmapheresen	
			8-820.29	10 Plasmapheresen	
			8-826.*9	10 Doppelfiltrationsplasmapheresen	
		ZE36.11	8-820.0d	11 Plasmapheresen	12.363,45 €
			8-820.1d	11 Plasmapheresen	
			8-820.2a	11 Plasmapheresen	
			8-826.*a	11 Doppelfiltrationsplasmapheresen	
		ZE36.12	8-820.0e	12 Plasmapheresen	13.487,40 €
			8-820.1e	12 Plasmapheresen	
			8-820.2b	12 Plasmapheresen	
			8-826.*b	12 Doppelfiltrationsplasmapheresen	
		ZE36.13	8-820.0f	13 Plasmapheresen	14.611,35 €
			8-820.1f	13 Plasmapheresen	
			8-820.2c	13 Plasmapheresen	
			8-826.*c	13 Doppelfiltrationsplasmapheresen	
		ZE36.14	8-820.0g	14 Plasmapheresen	15.735,30 €
			8-820.1g	14 Plasmapheresen	
			8-820.2d	14 Plasmapheresen	
			8-826.*d	14 Doppelfiltrationsplasmapheresen	
		ZE36.15	8-820.0h	15 Plasmapheresen	16.859,25 €
			8-820.1h	15 Plasmapheresen	
			8-820.2e	15 Plasmapheresen	
			8-826.*e	15 Doppelfiltrationsplasmapheresen	
		ZE36.16	8-820.0j	16 bis 17 Plasmapheresen	18.545,18 €
			8-820.1j	16 bis 17 Plasmapheresen	
			8-820.2f	16 bis 17 Plasmapheresen	
			8-826.*f	16 bis 17 Doppelfiltrationsplasmapheresen	
		ZE36.17	8-820.0k	18 bis 19 Plasmapheresen	20.793,08 €
			8-820.1k	18 bis 19 Plasmapheresen	
			8-820.2g	18 bis 19 Plasmapheresen	
			8-826.*g	18 bis 19 Doppelfiltrationsplasmapheresen	
		ZE36.18	8-820.0m	20 bis 21 Plasmapheresen	23.040,98 €
			8-820.1m	20 bis 21 Plasmapheresen	
			8-820.2h	20 bis 21 Plasmapheresen	
			8-826.*h	20 bis 21 Doppelfiltrationsplasmapheresen	
		ZE36.19	8-820.0n	22 bis 23 Plasmapheresen	25.288,88 €
			8-820.1n	22 bis 23 Plasmapheresen	
			8-820.2j	22 bis 23 Plasmapheresen	
			8-826.*j	22 bis 23 Doppelfiltrationsplasmapheresen	
		ZE36.20	8-820.0p	24 bis 25 Plasmapheresen	27.536,78 €
			8-820.1p	24 bis 25 Plasmapheresen	
			8-820.2k	24 bis 25 Plasmapheresen	
			8-826.*k	24 bis 25 Doppelfiltrationsplasmapheresen	
		ZE36.21	8-820.0q	26 bis 28 Plasmapheresen	30.346,65 €
			8-820.1q	26 bis 28 Plasmapheresen	
			8-820.2m	26 bis 28 Plasmapheresen	
			8-826.*m	26 bis 28 Doppelfiltrationsplasmapheresen	
		ZE36.22	8-820.0r	29 bis 31 Plasmapheresen	33.718,50 €
			8-820.1r	29 bis 31 Plasmapheresen	
			8-820.2n	29 bis 31 Plasmapheresen	
			8-826.*n	29 bis 31 Doppelfiltrationsplasmapheresen	

Zusatzentgelte-Katalog
- Definition und differenzierte Beträge -

ZE	Bezeichnung	ZE_D	OPS Version 2024		Betrag
			OPS-Kode	OPS-Text	
1	2	3	4	5	6
		ZE36.23	8-820.0s	32 bis 34 Plasmapheresen	37.090,35 €
			8-820.1s	32 bis 34 Plasmapheresen	
			8-820.2p	32 bis 34 Plasmapheresen	
			8-826.*p	32 bis 34 Doppelfiltrationsplasmapheresen	
		ZE36.24	8-820.0t	35 bis 39 Plasmapheresen	41.586,15 €
			8-820.1t	35 bis 39 Plasmapheresen	
			8-820.2q	35 bis 39 Plasmapheresen	
			8-826.*q	35 bis 39 Doppelfiltrationsplasmapheresen	
		ZE36.25	8-820.0u	40 bis 44 Plasmapheresen	47.205,90 €
			8-820.1u	40 bis 44 Plasmapheresen	
			8-820.2r	40 bis 44 Plasmapheresen	
			8-826.*r	40 bis 44 Doppelfiltrationsplasmapheresen	
		ZE36.26	8-820.0v	45 bis 49 Plasmapheresen	52.825,65 €
			8-820.1v	45 bis 49 Plasmapheresen	
			8-820.2s	45 bis 49 Plasmapheresen	
			8-826.*s	45 bis 49 Doppelfiltrationsplasmapheresen	
		ZE36.27	8-820.0w	50 oder mehr Plasmapheresen	58.445,40 €
			8-820.1w	50 oder mehr Plasmapheresen	
			8-820.2t	50 oder mehr Plasmapheresen	
			8-826.*t	50 oder mehr Doppelfiltrationsplasmapheresen	
ZE37	Extrakorporale Photopherese		8-824	Photopherese	siehe Anlage 2
ZE47	Gabe von Antithrombin III, parenteral			Transfusion von Plasmabestandteilen und gentechnisch hergestellten Plasmaproteinen: Antithrombin III	
		ZE47.01[6)]	8-810.g1	2.000 IE bis unter 3.500 IE	147,00 €
		ZE47.02[6)]	8-810.g2	3.500 IE bis unter 5.000 IE	235,20 €
		ZE47.03[6)]	8-810.g3	5.000 IE bis unter 7.000 IE	333,20 €
		ZE47.04	8-810.g4	7.000 IE bis unter 10.000 IE	470,40 €
		ZE47.05	8-810.g5	10.000 IE bis unter 15.000 IE	686,00 €
		ZE47.06	8-810.g6	15.000 IE bis unter 20.000 IE	980,00 €
		ZE47.07	8-810.g7	20.000 IE bis unter 25.000 IE	1.274,00 €
		ZE47.08	8-810.g8	25.000 IE bis unter 30.000 IE	1.568,00 €
		ZE47.09	8-810.ga	30.000 IE bis unter 40.000 IE	1.960,00 €
		ZE47.10	8-810.gb	40.000 IE bis unter 50.000 IE	2.548,00 €
		ZE47.11	8-810.gc	50.000 IE bis unter 60.000 IE	3.136,00 €
		ZE47.12	8-810.gd	60.000 IE bis unter 70.000 IE	3.724,00 €
		ZE47.13	8-810.ge	70.000 IE bis unter 90.000 IE	4.508,00 €
		ZE47.14	8-810.gf	90.000 IE bis unter 110.000 IE	5.684,00 €
		ZE47.15	8-810.gg	110.000 IE bis unter 130.000 IE	6.860,00 €
		ZE47.16	8-810.gh	130.000 IE bis unter 150.000 IE	8.036,00 €
		ZE47.17	8-810.gj	150.000 IE oder mehr	9.212,00 €
ZE50	Gabe von Cetuximab, parenteral			Applikation von Medikamenten, Liste 1: Cetuximab, parenteral	
		ZE50.01	6-001.a0	250 mg bis unter 350 mg	774,78 €
		ZE50.02	6-001.a1	350 mg bis unter 450 mg	1.048,23 €
		ZE50.03	6-001.a2	450 mg bis unter 550 mg	1.321,68 €
		ZE50.04	6-001.a3	550 mg bis unter 650 mg	1.595,13 €
		ZE50.05	6-001.a4	650 mg bis unter 750 mg	1.868,58 €
		ZE50.06	6-001.a5	750 mg bis unter 850 mg	2.142,03 €
		ZE50.07	6-001.a6	850 mg bis unter 1.050 mg	2.506,63 €
		ZE50.08	6-001.a7	1.050 mg bis unter 1.250 mg	3.053,53 €
		ZE50.09	6-001.a8	1.250 mg bis unter 1.450 mg	3.600,43 €
		ZE50.10	6-001.a9	1.450 mg bis unter 1.650 mg	4.147,33 €
		ZE50.11	6-001.aa	1.650 mg bis unter 1.850 mg	4.694,23 €
		ZE50.12	6-001.ab	1.850 mg bis unter 2.150 mg	5.332,28 €
		ZE50.13	6-001.ac	2.150 mg bis unter 2.450 mg	6.152,63 €
		ZE50.14	6-001.ad	2.450 mg bis unter 2.750 mg	6.972,98 €

Zusatzentgelte-Katalog
- Definition und differenzierte Beträge -

ZE	Bezeichnung	ZE_D	OPS Version 2024		Betrag
			OPS-Kode	OPS-Text	
1	2	3	4	5	6
		ZE50.15	6-001.ae	2.750 mg bis unter 3.050 mg	7.793,33 €
		ZE50.16	6-001.af	3.050 mg bis unter 3.350 mg	8.613,68 €
		ZE50.17		Siehe weitere Differenzierung ZE50.18 bis ZE50.20	
		ZE50.18	6-001.ah	3.350 mg bis unter 3.950 mg	9.707,48 €
		ZE50.19	6-001.aj	3.950 mg bis unter 4.550 mg	11.348,18 €
		ZE50.20	6-001.ak	4.550 mg oder mehr	12.988,88 €
ZE51	Gabe von Human-Immunglobulin, spezifisch gegen Hepatitis-B-surface-Antigen, parenteral			Transfusion von Plasmabestandteilen und gentechnisch hergestellten Plasmaproteinen: Human-Immunglobulin, spezifisch gegen Hepatitis-B-surface-Antigen [HBsAg]	
		ZE51.01	8-810.q0	2.000 IE bis unter 4.000 IE	1.821,20 €
		ZE51.02	8-810.q1	4.000 IE bis unter 6.000 IE	3.642,40 €
		ZE51.03	8-810.q2	6.000 IE bis unter 8.000 IE	5.463,60 €
		ZE51.04	8-810.q3	8.000 IE bis unter 10.000 IE	7.284,80 €
		ZE51.05	8-810.q4	10.000 IE bis unter 12.000 IE	9.106,00 €
		ZE51.06	8-810.q5	12.000 IE bis unter 14.000 IE	10.927,20 €
		ZE51.07	8-810.q6	14.000 IE bis unter 16.000 IE	12.748,40 €
		ZE51.08	8-810.q7	16.000 IE bis unter 18.000 IE	14.569,60 €
		ZE51.09	8-810.q8	18.000 IE bis unter 20.000 IE	16.390,80 €
		ZE51.10	8-810.q9	20.000 IE bis unter 22.000 IE	18.212,00 €
		ZE51.11	8-810.qa	22.000 IE bis unter 24.000 IE	20.033,20 €
		ZE51.12	8-810.qb	24.000 IE bis unter 28.000 IE	21.854,40 €
		ZE51.13	8-810.qc	28.000 IE bis unter 32.000 IE	25.496,80 €
		ZE51.14	8-810.qd	32.000 IE bis unter 36.000 IE	29.139,20 €
		ZE51.15	8-810.qe	36.000 IE bis unter 40.000 IE	32.781,60 €
		ZE51.16	8-810.qf	40.000 IE bis unter 46.000 IE	36.424,00 €
		ZE51.17	8-810.qg	46.000 IE bis unter 52.000 IE	41.887,60 €
		ZE51.18	8-810.qh	52.000 IE bis unter 58.000 IE	47.351,20 €
		ZE51.19	8-810.qj	58.000 IE bis unter 64.000 IE	52.814,80 €
		ZE51.20		Siehe weitere Differenzierung ZE51.21 bis ZE51.25	
		ZE51.21	8-810.qm	64.000 IE bis unter 76.000 IE	58.278,40 €
		ZE51.22	8-810.qn	76.000 IE bis unter 88.000 IE	69.205,60 €
		ZE51.23	8-810.qp	88.000 IE bis unter 100.000 IE	80.132,80 €
		ZE51.24	8-810.qq	100.000 IE bis unter 112.000 IE	91.060,00 €
		ZE51.25	8-810.qr	112.000 IE oder mehr	101.987,20 €
ZE52	Gabe von Liposomalem Doxorubicin, parenteral			Applikation von Medikamenten, Liste 1: Liposomales Doxorubicin, parenteral	
		ZE52.01[6)]	6-001.b0	10 mg bis unter 20 mg	321,67 €
		ZE52.02[6)]	6-001.b1	20 mg bis unter 30 mg	562,92 €
		ZE52.03	6-001.b2	30 mg bis unter 40 mg	804,18 €
		ZE52.04	6-001.b3	40 mg bis unter 50 mg	1.038,84 €
		ZE52.05	6-001.b4	50 mg bis unter 60 mg	1.286,68 €
		ZE52.06	6-001.b5	60 mg bis unter 70 mg	1.527,94 €
		ZE52.07	6-001.b6	70 mg bis unter 80 mg	1.769,19 €
		ZE52.08	6-001.b7	80 mg bis unter 90 mg	2.010,44 €
		ZE52.09	6-001.b8	90 mg bis unter 100 mg	2.251,69 €
		ZE52.10	6-001.b9	100 mg bis unter 110 mg	2.492,95 €
		ZE52.11	6-001.ba	110 mg bis unter 120 mg	2.734,20 €
		ZE52.12	6-001.bb	120 mg bis unter 140 mg	3.055,87 €
		ZE52.13	6-001.bc	140 mg bis unter 160 mg	3.538,38 €
		ZE52.14	6-001.bd	160 mg bis unter 180 mg	4.020,88 €
		ZE52.15	6-001.be	180 mg bis unter 200 mg	4.503,39 €
		ZE52.16	6-001.bf	200 mg bis unter 220 mg	4.985,90 €
		ZE52.17	6-001.bg	220 mg bis unter 240 mg	5.468,40 €
		ZE52.18	6-001.bh	240 mg bis unter 260 mg	5.950,91 €
		ZE52.19	6-001.bj	260 mg bis unter 280 mg	6.433,41 €
		ZE52.20	6-001.bk	280 mg bis unter 300 mg	6.915,92 €

Zusatzentgelte-Katalog
- Definition und differenzierte Beträge -

ZE	Bezeichnung	ZE_D	OPS Version 2024		Betrag
			OPS-Kode	OPS-Text	
1	2	3	4	5	6
		ZE52.21	6-001.bm	300 mg bis unter 320 mg	7.398,43 €
		ZE52.22		Siehe weitere Differenzierung ZE52.23 bis ZE52.30	
		ZE52.23	6-001.bp	320 mg bis unter 360 mg	8.041,77 €
		ZE52.24	6-001.bq	360 mg bis unter 400 mg	9.006,78 €
		ZE52.25	6-001.br	400 mg bis unter 440 mg	9.971,79 €
		ZE52.26	6-001.bs	440 mg bis unter 480 mg	10.936,80 €
		ZE52.27	6-001.bt	480 mg bis unter 520 mg	11.901,81 €
		ZE52.28	6-001.bu	520 mg bis unter 560 mg	12.866,83 €
		ZE52.29	6-001.bv	560 mg bis unter 600 mg	13.831,84 €
		ZE52.30	6-001.bw	600 mg oder mehr	14.796,85 €
ZE56	Vollimplantierbare Medikamentenpumpe mit konstanter Flussrate		5-028.10	Funktionelle Eingriffe an Schädel, Gehirn und Hirnhäuten: Implantation oder Wechsel einer Medikamentenpumpe zur intraventrikulären Infusion: Vollimplantierbare Medikamentenpumpe mit konstanter Flussrate	siehe Anlage 2
			5-038.40	Operationen am spinalen Liquorsystem: Implantation oder Wechsel einer Medikamentenpumpe zur intrathekalen und/oder epiduralen Infusion: Vollimplantierbare Medikamentenpumpe mit konstanter Flussrate	
ZE58	Hydraulische Penisprothesen		5-649.51	Andere Operationen am Penis: Implantation einer Penisprothese: Hydraulische Prothese	siehe Anlage 2
			5-649.a1	Andere Operationen am Penis: Wechsel einer semirigiden Penisprothese: In eine hydraulische Prothese	
			5-649.b1	Andere Operationen am Penis: Wechsel einer hydraulischen Penisprothese: Vollständig, in eine hydraulische Prothese	
ZE60	Palliativmedizinische Komplexbehandlung	ZE60.01	8-982.1	Palliativmedizinische Komplexbehandlung: Mindestens 7 bis höchstens 13 Behandlungstage	1.367,99 €
		ZE60.02	8-982.2	Palliativmedizinische Komplexbehandlung: Mindestens 14 bis höchstens 20 Behandlungstage	1.367,99 €
		ZE60.03	8-982.3	Palliativmedizinische Komplexbehandlung: Mindestens 21 Behandlungstage	1.502,41 €
ZE61	Lipoprotein-Apherese		8-822	Lipoprotein-Apherese	siehe Anlage 2
ZE62 [1)]	Hämofiltration, intermittierend		8-853.3	Hämofiltration: Intermittierend, Antikoagulation mit Heparin oder ohne Antikoagulation	siehe Anlage 2
			8-853.4	Hämofiltration: Intermittierend, Antikoagulation mit sonstigen Substanzen	
			8-853.5	Hämofiltration: Verlängert intermittierend, Antikoagulation mit Heparin oder ohne Antikoagulation	
			8-853.6	Hämofiltration: Verlängert intermittierend, Antikoagulation mit sonstigen Substanzen	
ZE64	Gabe von Human-Immunglobulin, spezifisch gegen Zytomegalie-Virus, parenteral			Transfusion von Plasmabestandteilen und gentechnisch hergestellten Plasmaproteinen: Human-Immunglobulin, spezifisch gegen Zytomegalie-Virus [CMV]	
		ZE64.01 [4)]	8-810.s0	1,0 g bis unter 2,0 g	371,17 €
		ZE64.02 [4)]	8-810.s1	2,0 g bis unter 3,0 g	649,54 €
		ZE64.03 [4)]	8-810.s2	3,0 g bis unter 5,0 g	1.020,71 €
		ZE64.04	8-810.s3	5,0 g bis unter 7,5 g	1.391,88 €
		ZE64.05	8-810.s4	7,5 g bis unter 10,0 g	2.087,82 €
		ZE64.06	8-810.s5	10,0 g bis unter 12,5 g	2.783,76 €
		ZE64.07	8-810.s6	12,5 g bis unter 15,0 g	3.479,70 €
		ZE64.08	8-810.s7	15,0 g bis unter 20,0 g	4.175,63 €
		ZE64.09	8-810.s8	20,0 g bis unter 25,0 g	5.567,51 €

Zusatzentgelte-Katalog
- Definition und differenzierte Beträge -

ZE	Bezeichnung	ZE_D	OPS Version 2024		Betrag
			OPS-Kode	OPS-Text	
1	2	3	4	5	6
		ZE64.10	8-810.s9	25,0 g bis unter 30,0 g	6.959,39 €
		ZE64.11	8-810.sa	30,0 g bis unter 35,0 g	8.351,27 €
		ZE64.12	8-810.sb	35,0 g bis unter 40,0 g	9.743,15 €
		ZE64.13	8-810.sc	40,0 g bis unter 45,0 g	11.135,02 €
		ZE64.14	8-810.sd	45,0 g bis unter 50,0 g	12.526,90 €
		ZE64.15		Siehe weitere Differenzierung ZE64.16 bis ZE64.24	
		ZE64.16	8-810.sf	50,0 g bis unter 60,0 g	13.918,78 €
		ZE64.17	8-810.sg	60,0 g bis unter 70,0 g	16.702,54 €
		ZE64.18	8-810.sh	70,0 g bis unter 80,0 g	19.486,29 €
		ZE64.19	8-810.sj	80,0 g bis unter 90,0 g	22.270,05 €
		ZE64.20	8-810.sk	90,0 g bis unter 100,0 g	25.053,80 €
		ZE64.21	8-810.sm	100,0 g bis unter 120,0 g	27.837,56 €
		ZE64.22	8-810.sn	120,0 g bis unter 140,0 g	33.405,07 €
		ZE64.23	8-810.sp	140,0 g bis unter 160,0 g	38.972,58 €
		ZE64.24	8-810.sq	160,0 g oder mehr	44.540,10 €
ZE67	Gabe von Human-Immunglobulin, spezifisch gegen Varicella-Zoster-Virus, parenteral			Transfusion von Plasmabestandteilen und gentechnisch hergestellten Plasmaproteinen: Human-Immunglobulin, spezifisch gegen Varicella-Zoster-Virus [VZV]	
		ZE67.01[6)]	8-810.t0	250 IE bis unter 500 IE	369,60 €
		ZE67.02[6)]	8-810.t1	500 IE bis unter 750 IE	646,80 €
		ZE67.03[6)]	8-810.t2	750 IE bis unter 1.000 IE	924,00 €
		ZE67.04	8-810.t3	1.000 IE bis unter 1.500 IE	1.108,80 €
		ZE67.05	8-810.t4	1.500 IE bis unter 2.000 IE	1.663,20 €
		ZE67.06	8-810.t5	2.000 IE bis unter 2.500 IE	2.217,60 €
		ZE67.07	8-810.t6	2.500 IE bis unter 3.000 IE	2.772,00 €
		ZE67.08	8-810.t7	3.000 IE bis unter 3.500 IE	3.326,40 €
		ZE67.09	8-810.t8	3.500 IE bis unter 4.000 IE	3.880,80 €
		ZE67.10	8-810.t9	4.000 IE bis unter 5.000 IE	4.435,20 €
		ZE67.11	8-810.ta	5.000 IE bis unter 6.000 IE	5.544,00 €
		ZE67.12	8-810.tb	6.000 IE bis unter 7.000 IE	6.652,80 €
		ZE67.13	8-810.tc	7.000 IE bis unter 8.000 IE	7.761,60 €
		ZE67.14	8-810.td	8.000 IE oder mehr	8.870,40 €
ZE70	Gabe von C1-Esteraseinhibitor, parenteral			Transfusion von Plasmabestandteilen und gentechnisch hergestellten Plasmaproteinen: C1-Esteraseinhibitor	
		ZE70.01	8-810.h3	500 Einheiten bis unter 1.000 Einheiten	802,60 €
		ZE70.02	8-810.h4	1.000 Einheiten bis unter 1.500 Einheiten	1.605,20 €
		ZE70.03	8-810.h5	1.500 Einheiten bis unter 2.000 Einheiten	2.407,80 €
		ZE70.04	8-810.h6	2.000 Einheiten bis unter 2.500 Einheiten	3.210,40 €
		ZE70.05	8-810.h7	2.500 Einheiten bis unter 3.000 Einheiten	4.013,00 €
		ZE70.06	8-810.h8	3.000 Einheiten bis unter 4.000 Einheiten	5.216,90 €
		ZE70.07	8-810.h9	4.000 Einheiten bis unter 5.000 Einheiten	6.822,10 €
		ZE70.08	8-810.ha	5.000 Einheiten bis unter 6.000 Einheiten	8.427,30 €
		ZE70.09	8-810.hb	6.000 Einheiten bis unter 7.000 Einheiten	10.032,50 €
		ZE70.10	8-810.hc	7.000 Einheiten bis unter 9.000 Einheiten	12.306,53 €
		ZE70.11	8-810.hd	9.000 Einheiten bis unter 11.000 Einheiten	15.516,93 €
		ZE70.12	8-810.he	11.000 oder mehr Einheiten	18.727,33 €
ZE72	Gabe von Pegyliertem liposomalen Doxorubicin, parenteral			Applikation von Medikamenten, Liste 2: Pegyliertes liposomales Doxorubicin, parenteral	
		ZE72.01[6)]	6-002.80	10 mg bis unter 20 mg	384,63 €
		ZE72.02[6)]	6-002.81	20 mg bis unter 30 mg	673,09 €
		ZE72.03	6-002.82	30 mg bis unter 40 mg	961,56 €
		ZE72.04	6-002.83	40 mg bis unter 50 mg	1.250,03 €
		ZE72.05	6-002.84	50 mg bis unter 60 mg	1.538,50 €
		ZE72.06	6-002.85	60 mg bis unter 70 mg	1.826,97 €
		ZE72.07	6-002.86	70 mg bis unter 80 mg	2.115,44 €
		ZE72.08	6-002.87	80 mg bis unter 90 mg	2.403,91 €

Zusatzentgelte-Katalog
- Definition und differenzierte Beträge -

ZE	Bezeichnung	ZE_D	OPS Version 2024		Betrag
			OPS-Kode	OPS-Text	
1	2	3	4	5	6
		ZE72.09	6-002.88	90 mg bis unter 100 mg	2.692,38 €
		ZE72.10	6-002.89	100 mg bis unter 110 mg	2.980,85 €
		ZE72.11	6-002.8a	110 mg bis unter 120 mg	3.269,32 €
		ZE72.12	6-002.8b	120 mg bis unter 140 mg	3.653,94 €
		ZE72.13	6-002.8c	140 mg bis unter 160 mg	4.230,88 €
		ZE72.14	6-002.8d	160 mg bis unter 180 mg	4.807,82 €
		ZE72.15	6-002.8e	180 mg bis unter 200 mg	5.384,75 €
		ZE72.16	6-002.8f	200 mg bis unter 220 mg	5.961,69 €
		ZE72.17	6-002.8g	220 mg bis unter 240 mg	6.538,63 €
		ZE72.18		Siehe weitere Differenzierung ZE72.19 bis ZE72.30	
		ZE72.19	6-002.8j	240 mg bis unter 260 mg	7.115,57 €
		ZE72.20	6-002.8k	260 mg bis unter 280 mg	7.692,51 €
		ZE72.21	6-002.8m	280 mg bis unter 300 mg	8.269,44 €
		ZE72.22	6-002.8n	300 mg bis unter 320 mg	8.846,38 €
		ZE72.23	6-002.8p	320 mg bis unter 360 mg	9.615,63 €
		ZE72.24	6-002.8q	360 mg bis unter 400 mg	10.769,51 €
		ZE72.25	6-002.8r	400 mg bis unter 440 mg	11.923,39 €
		ZE72.26	6-002.8s	440 mg bis unter 480 mg	13.077,26 €
		ZE72.27	6-002.8t	480 mg bis unter 520 mg	14.231,14 €
		ZE72.28	6-002.8u	520 mg bis unter 560 mg	15.385,01 €
		ZE72.29	6-002.8v	560 mg bis unter 600 mg	16.538,89 €
		ZE72.30	6-002.8w	600 mg oder mehr	17.692,77 €
ZE78	Gabe von Temozolomid, oral			Applikation von Medikamenten, Liste 2: Temozolomid, oral	
		ZE78.01[4)]	6-002.e0	200 mg bis unter 350 mg	29,95 €
		ZE78.02[4)]	6-002.e1	350 mg bis unter 500 mg	47,92 €
		ZE78.03[4)]	6-002.e2	500 mg bis unter 750 mg	69,88 €
		ZE78.04[4)]	6-002.e3	750 mg bis unter 1.000 mg	99,83 €
		ZE78.05	6-002.e4	1.000 mg bis unter 1.250 mg	129,78 €
		ZE78.06	6-002.e5	1.250 mg bis unter 1.500 mg	159,73 €
		ZE78.07	6-002.e6	1.500 mg bis unter 1.750 mg	189,17 €
		ZE78.08	6-002.e7	1.750 mg bis unter 2.000 mg	219,63 €
		ZE78.09	6-002.e8	2.000 mg bis unter 2.250 mg	249,58 €
		ZE78.10	6-002.e9	2.250 mg bis unter 2.500 mg	279,53 €
		ZE78.11	6-002.ea	2.500 mg bis unter 2.750 mg	309,48 €
		ZE78.12	6-002.eb	2.750 mg bis unter 3.000 mg	339,43 €
		ZE78.13	6-002.ec	3.000 mg bis unter 3.500 mg	379,37 €
		ZE78.14	6-002.ed	3.500 mg bis unter 4.000 mg	439,27 €
		ZE78.15	6-002.ee	4.000 mg bis unter 4.500 mg	499,17 €
		ZE78.16	6-002.ef	4.500 mg bis unter 5.000 mg	559,07 €
		ZE78.17	6-002.eg	5.000 mg bis unter 5.500 mg	618,97 €
		ZE78.18	6-002.eh	5.500 mg bis unter 6.000 mg	678,87 €
		ZE78.19	6-002.ej	6.000 mg bis unter 7.000 mg	758,73 €
		ZE78.20	6-002.ek	7.000 mg oder mehr	878,53 €
ZE93	Gabe von Human-Immunglobulin, polyvalent, parenteral			Transfusion von Plasmabestandteilen und gentechnisch hergestellten Plasmaproteinen: Human-Immunglobulin, polyvalent	
		ZE93.01[6)]	8-810.w0	2,5 g bis unter 5 g	201,31 €
		ZE93.02[6)]	8-810.w1	5 g bis unter 10 g	402,62 €
		ZE93.03	8-810.w2	10 g bis unter 15 g	621,45 €
		ZE93.04	8-810.w3	15 g bis unter 25 g	1.107,21 €
		ZE93.05	8-810.w4	25 g bis unter 35 g	1.711,15 €
		ZE93.06	8-810.w5	35 g bis unter 45 g	2.315,08 €
		ZE93.07	8-810.w6	45 g bis unter 55 g	2.919,02 €
		ZE93.08	8-810.w7	55 g bis unter 65 g	3.522,95 €
		ZE93.09	8-810.w8	65 g bis unter 75 g	4.126,89 €
		ZE93.10	8-810.w9	75 g bis unter 85 g	4.730,82 €
		ZE93.11	8-810.wa	85 g bis unter 105 g	5.536,07 €

Zusatzentgelte-Katalog
- Definition und differenzierte Beträge -

ZE	Bezeichnung	ZE_D	OPS Version 2024		Betrag
			OPS-Kode	OPS-Text	
1	2	3	4	5	6
		ZE93.12	8-810.wb	105 g bis unter 125 g	6.743,94 €
		ZE93.13	8-810.wc	125 g bis unter 145 g	7.951,81 €
		ZE93.14	8-810.wd	145 g bis unter 165 g	9.159,68 €
		ZE93.15	8-810.we	165 g bis unter 185 g	10.367,55 €
		ZE93.16	8-810.wf	185 g bis unter 205 g	11.575,42 €
		ZE93.17	8-810.wg	205 g bis unter 225 g	12.783,29 €
		ZE93.18	8-810.wh	225 g bis unter 245 g	13.991,16 €
		ZE93.19	8-810.wj	245 g bis unter 285 g	15.601,65 €
		ZE93.20	8-810.wk	285 g bis unter 325 g	18.017,39 €
		ZE93.21	8-810.wm	325 g bis unter 365 g	20.433,13 €
		ZE93.22	8-810.wn	365 g bis unter 445 g	23.654,12 €
		ZE93.23	8-810.wp	445 g bis unter 525 g	29.290,85 €
		ZE93.24	8-810.wq	525 g bis unter 605 g	34.122,33 €
		ZE93.25	8-810.wr	605 g bis unter 685 g	38.953,81 €
		ZE93.26	8-810.ws	685 g bis unter 765 g	43.785,29 €
		ZE93.27	8-810.wt	765 g bis unter 845 g	48.616,77 €
		ZE93.28	8-810.wu	845 g oder mehr	53.448,25 €
ZE96	Gabe von Carmustin, Implantat, intrathekal			Applikation von Medikamenten, Liste 3: Carmustin, Implantat, intrathekal	
		ZE96.01	6-003.30	4 Implantate bis unter 7 Implantate	7.798,35 €
		ZE96.02	6-003.31	7 Implantate bis unter 10 Implantate	12.477,35 €
		ZE96.03	6-003.32	10 oder mehr Implantate	17.156,36 €
ZE98	Gabe von Palivizumab, parenteral			Applikation von Medikamenten, Liste 4: Palivizumab, parenteral	
		ZE98.01[3)]	6-004.00	15 mg bis unter 30 mg	254,48 €
		ZE98.02[3)]	6-004.01	30 mg bis unter 45 mg	445,34 €
		ZE98.03[3)]	6-004.02	45 mg bis unter 60 mg	636,20 €
		ZE98.04[3)]	6-004.03	60 mg bis unter 75 mg	827,06 €
		ZE98.05[3)]	6-004.04	75 mg bis unter 90 mg	1.017,92 €
		ZE98.06[3)]	6-004.05	90 mg bis unter 120 mg	1.272,40 €
		ZE98.07[3)]	6-004.06	120 mg bis unter 150 mg	1.654,12 €
		ZE98.08[3)]	6-004.07	150 mg bis unter 180 mg	2.035,84 €
		ZE98.09[3)]	6-004.08	180 mg bis unter 240 mg	2.544,80 €
		ZE98.10[3)]	6-004.09	240 mg bis unter 300 mg	3.308,24 €
		ZE98.11[3)]	6-004.0a	300 mg bis unter 360 mg	4.071,68 €
		ZE98.12[3)]	6-004.0b	360 mg bis unter 420 mg	4.835,12 €
		ZE98.13[3)]	6-004.0c	420 mg bis unter 480 mg	5.598,56 €
		ZE98.14[3)]	6-004.0d	480 mg bis unter 540 mg	6.362,00 €
		ZE98.15[3)]	6-004.0e	540 mg bis unter 600 mg	7.125,44 €
		ZE98.16[3)]	6-004.0f	600 mg oder mehr	7.888,88 €
ZE100	Implantation eines endobronchialen Klappensystems			Implantation oder Wechsel eines endobronchialen Klappensystems, endoskopisch	
		ZE100.01	5-339.50	1 Ventil	1.391,79 €
		ZE100.02	5-339.51	2 Ventile	2.783,58 €
		ZE100.03	5-339.52	3 Ventile	4.175,37 €
		ZE100.04	5-339.53	4 Ventile	5.567,16 €
		ZE100.05		Siehe weitere Differenzierung ZE100.06 bis ZE100.09	
		ZE100.06	5-339.55	5 Ventile	6.958,95 €
		ZE100.07	5-339.56	6 Ventile	8.350,74 €
		ZE100.08	5-339.57	7 Ventile	9.742,53 €
		ZE100.09	5-339.58	8 oder mehr Ventile	11.134,32 €

Zusatzentgelte-Katalog
- Definition und differenzierte Beträge -

ZE	Bezeichnung	ZE_D	OPS Version 2024		Betrag
			OPS-Kode	OPS-Text	
1	2	3	4	5	6
ZE101	Medikamente-freisetzende Koronarstents	ZE101.01	8-837.m0	Perkutan-transluminale Gefäßintervention an Herz und Koronargefäßen: Einlegen eines medikamentefreisetzenden Stents: Ein Stent in eine Koronararterie	39,89 €
			8-83d.20	Andere perkutan-transluminale Gefäßintervention an Herz und Koronargefäßen: Einlegen eines medikamentefreisetzenden selbstexpandierenden Stents: Ein selbstexpandierender Stent in eine Koronararterie	
		ZE101.02	8-837.m1	Perkutan-transluminale Gefäßintervention an Herz und Koronargefäßen: Einlegen eines medikamentefreisetzenden Stents: 2 Stents in eine Koronararterie	79,78 €
			8-837.m2	Perkutan-transluminale Gefäßintervention an Herz und Koronargefäßen: Einlegen eines medikamentefreisetzenden Stents: 2 Stents in mehrere Koronararterien	
			8-83d.21	Andere perkutan-transluminale Gefäßintervention an Herz und Koronargefäßen: Einlegen eines medikamentefreisetzenden selbstexpandierenden Stents: 2 selbstexpandierende Stents in eine Koronararterie	
			8-83d.22	Andere perkutan-transluminale Gefäßintervention an Herz und Koronargefäßen: Einlegen eines medikamentefreisetzenden selbstexpandierenden Stents: 2 selbstexpandierende Stents in mehrere Koronararterien	
		ZE101.03	8-837.m3	Perkutan-transluminale Gefäßintervention an Herz und Koronargefäßen: Einlegen eines medikamentefreisetzenden Stents: 3 Stents in eine Koronararterie	119,67 €
			8-837.m4	Perkutan-transluminale Gefäßintervention an Herz und Koronargefäßen: Einlegen eines medikamentefreisetzenden Stents: 3 Stents in mehrere Koronararterien	
			8-83d.23	Andere perkutan-transluminale Gefäßintervention an Herz und Koronargefäßen: Einlegen eines medikamentefreisetzenden selbstexpandierenden Stents: 3 selbstexpandierende Stents in eine Koronararterie	
			8-83d.24	Andere perkutan-transluminale Gefäßintervention an Herz und Koronargefäßen: Einlegen eines medikamentefreisetzenden selbstexpandierenden Stents: 3 selbstexpandierende Stents in mehrere Koronararterien	

Zusatzentgelte-Katalog
- Definition und differenzierte Beträge -

ZE	Bezeichnung	ZE_D	OPS Version 2024		Betrag
			OPS-Kode	OPS-Text	
1	2	3	4	5	6
		ZE101.04	8-837.m5	Perkutan-transluminale Gefäßintervention an Herz und Koronargefäßen: Einlegen eines medikamentefreisetzenden Stents: 4 Stents in eine Koronararterie	159,56 €
			8-837.m6	Perkutan-transluminale Gefäßintervention an Herz und Koronargefäßen: Einlegen eines medikamentefreisetzenden Stents: 4 Stents in mehrere Koronararterien	
			8-83d.25	Andere perkutan-transluminale Gefäßintervention an Herz und Koronargefäßen: Einlegen eines medikamentefreisetzenden selbstexpandierenden Stents: 4 selbstexpandierende Stents in eine Koronararterie	
			8-83d.26	Andere perkutan-transluminale Gefäßintervention an Herz und Koronargefäßen: Einlegen eines medikamentefreisetzenden selbstexpandierenden Stents: 4 selbstexpandierende Stents in mehrere Koronararterien	
		ZE101.05	8-837.m7	Perkutan-transluminale Gefäßintervention an Herz und Koronargefäßen: Einlegen eines medikamentefreisetzenden Stents: 5 Stents in eine Koronararterie	199,45 €
			8-837.m8	Perkutan-transluminale Gefäßintervention an Herz und Koronargefäßen: Einlegen eines medikamentefreisetzenden Stents: 5 Stents in mehrere Koronararterien	
			8-83d.27	Andere perkutan-transluminale Gefäßintervention an Herz und Koronargefäßen: Einlegen eines medikamentefreisetzenden selbstexpandierenden Stents: 5 selbstexpandierende Stents in eine Koronararterie	
			8-83d.28	Andere perkutan-transluminale Gefäßintervention an Herz und Koronargefäßen: Einlegen eines medikamentefreisetzenden selbstexpandierenden Stents: 5 selbstexpandierende Stents in mehrere Koronararterien	
		ZE101.06	8-837.m9	Perkutan-transluminale Gefäßintervention an Herz und Koronargefäßen: Einlegen eines medikamentefreisetzenden Stents: Mindestens 6 Stents in eine Koronararterie	239,34 €
			8-837.ma	Perkutan-transluminale Gefäßintervention an Herz und Koronargefäßen: Einlegen eines medikamentefreisetzenden Stents: Mindestens 6 Stents in mehrere Koronararterien	
			8-83d.29	Andere perkutan-transluminale Gefäßintervention an Herz und Koronargefäßen: Einlegen eines medikamentefreisetzenden selbstexpandierenden Stents: Mindestens 6 selbstexpandierende Stents in eine Koronararterie	
			8-83d.2a	Andere perkutan-transluminale Gefäßintervention an Herz und Koronargefäßen: Einlegen eines medikamentefreisetzenden selbstexpandierenden Stents: Mindestens 6 selbstexpandierende Stents in mehrere Koronararterien	

Zusatzentgelte-Katalog
- Definition und differenzierte Beträge -

ZE	Bezeichnung	ZE_D	OPS Version 2024		Betrag
			OPS-Kode	OPS-Text	
1	2	3	4	5	6
ZE105 [2), 7)]	Selektive Embolisation mit Metallspiralen (Coils) an Kopf, Hals (intra- und extrakraniell) und spinalen Gefäßen oder mit großlumigem Gefäßverschlusskörper		8-836.m0	(Perkutan-)transluminale Gefäßintervention: Selektive Embolisation mit Metallspiralen: Gefäße intrakraniell	
			8-836.m1	(Perkutan-)transluminale Gefäßintervention: Selektive Embolisation mit Metallspiralen: Gefäße Kopf extrakraniell und Hals	
			8-836.mf	(Perkutan-)transluminale Gefäßintervention: Selektive Embolisation mit Metallspiralen: Gefäße spinal	
			8-83b.34	Zusatzinformationen zu Materialien: Art der Metall- oder Mikrospiralen zur selektiven Embolisation: Nicht gecoverter großlumiger Gefäßverschlusskörper [Vascular Plug]	
			8-83b.35	Zusatzinformationen zu Materialien: Art der Metall- oder Mikrospiralen zur selektiven Embolisation: Großvolumige Metallspiralen [Volumencoils]	
			8-83b.38	Zusatzinformationen zu Materialien: Art der Metall- oder Mikrospiralen zur selektiven Embolisation: Gecoverter großlumiger Gefäßverschlusskörper [Vascular Plug]	
		ZE105.01	8-836.n1	1 Metallspirale	215,51 €
		ZE105.02	8-836.n2	2 Metallspiralen	431,02 €
		ZE105.03	8-836.n3	3 Metallspiralen	646,53 €
		ZE105.04	8-836.n4	4 Metallspiralen	862,04 €
		ZE105.05	8-836.n5	5 Metallspiralen	1.077,55 €
		ZE105.06	8-836.n6	6 Metallspiralen	1.293,06 €
		ZE105.07	8-836.n7	7 Metallspiralen	1.508,57 €
		ZE105.08	8-836.n8	8 Metallspiralen	1.724,08 €
		ZE105.09	8-836.n9	9 Metallspiralen	1.939,59 €
		ZE105.10	8-836.na	10 Metallspiralen	2.155,10 €
		ZE105.11	8-836.nb	11 Metallspiralen	2.370,61 €
		ZE105.12	8-836.nc	12 Metallspiralen	2.586,12 €
		ZE105.13	8-836.nd	13 Metallspiralen	2.801,63 €
		ZE105.14	8-836.ne	14 Metallspiralen	3.017,14 €
		ZE105.15	8-836.nf	15 Metallspiralen	3.232,65 €
		ZE105.16	8-836.ng	16 Metallspiralen	3.448,16 €
		ZE105.17	8-836.nh	17 Metallspiralen	3.663,67 €
		ZE105.18	8-836.nj	18 Metallspiralen	3.879,18 €
		ZE105.19	8-836.nk	19 Metallspiralen	4.094,69 €
		ZE105.20	8-836.nm	20 Metallspiralen	4.310,20 €
		ZE105.21		Siehe weitere Differenzierung ZE105.22 bis ZE105.29	
		ZE105.22	8-836.np	21 Metallspiralen	4.525,71 €
		ZE105.23	8-836.nq	22 Metallspiralen	4.741,22 €
		ZE105.24	8-836.nr	23 Metallspiralen	4.956,73 €
		ZE105.25	8-836.ns	24 Metallspiralen	5.172,24 €
		ZE105.26	8-836.nt	25 Metallspiralen	5.387,75 €
		ZE105.27	8-836.nu	26 Metallspiralen	5.603,26 €
		ZE105.28	8-836.nv	27 Metallspiralen	5.818,77 €
		ZE105.29		Siehe weitere Differenzierung ZE105.30 bis ZE105.45	
		ZE105.30	8-83c.j0	28 Metallspiralen	6.034,28 €
		ZE105.31	8-83c.j1	29 bis 31 Metallspiralen	6.465,30 €
		ZE105.32	8-83c.j2	32 bis 34 Metallspiralen	7.111,83 €
		ZE105.33	8-83c.j3	35 bis 37 Metallspiralen	7.758,36 €
		ZE105.34	8-83c.j4	38 bis 40 Metallspiralen	8.404,89 €
		ZE105.35	8-83c.j5	41 bis 45 Metallspiralen	9.266,93 €
		ZE105.36	8-83c.j6	46 bis 50 Metallspiralen	10.344,48 €
		ZE105.37	8-83c.j7	51 bis 55 Metallspiralen	11.422,03 €

Zusatzentgelte-Katalog
- Definition und differenzierte Beträge -

ZE	Bezeichnung	ZE_D	OPS Version 2024		Betrag
			OPS-Kode	OPS-Text	
1	2	3	4	5	6
		ZE105.38	8-83c.j8	56 bis 60 Metallspiralen	12.499,58 €
		ZE105.39	8-83c.j9	61 bis 65 Metallspiralen	13.577,13 €
		ZE105.40	8-83c.ja	66 bis 70 Metallspiralen	14.654,68 €
		ZE105.41	8-83c.jb	71 bis 80 Metallspiralen	15.947,74 €
		ZE105.42	8-83c.jc	81 bis 90 Metallspiralen	18.102,84 €
		ZE105.43	8-83c.jd	91 bis 120 Metallspiralen	21.551,00 €
		ZE105.44	8-83c.je	121 bis 150 Metallspiralen	28.231,81 €
		ZE105.45	8-83c.jf	151 oder mehr Metallspiralen	32.542,01 €
ZE106 [2), 7)]	Selektive Embolisation mit Metallspiralen (Coils), andere Lokalisationen		8-836.m2	(Perkutan-)transluminale Gefäßintervention: Selektive Embolisation mit Metallspiralen: Gefäße Schulter und Oberarm	
			8-836.m3	(Perkutan-)transluminale Gefäßintervention: Selektive Embolisation mit Metallspiralen: Gefäße Unterarm	
			8-836.m4	(Perkutan-)transluminale Gefäßintervention: Selektive Embolisation mit Metallspiralen: Aorta	
			8-836.m5	(Perkutan-)transluminale Gefäßintervention: Selektive Embolisation mit Metallspiralen: Aortenisthmus	
			8-836.m6	(Perkutan-)transluminale Gefäßintervention: Selektive Embolisation mit Metallspiralen: Ductus arteriosus apertus	
			8-836.m7	(Perkutan-)transluminale Gefäßintervention: Selektive Embolisation mit Metallspiralen: V. cava	
			8-836.m8	(Perkutan-)transluminale Gefäßintervention: Selektive Embolisation mit Metallspiralen: Andere Gefäße thorakal	
			8-836.ma	(Perkutan-)transluminale Gefäßintervention: Selektive Embolisation mit Metallspiralen: Gefäße viszeral	
			8-836.mc	(Perkutan-)transluminale Gefäßintervention: Selektive Embolisation mit Metallspiralen: Gefäße Unterschenkel	
			8-836.md	(Perkutan-)transluminale Gefäßintervention: Selektive Embolisation mit Metallspiralen: Gefäßmalformationen	
			8-836.me	(Perkutan-)transluminale Gefäßintervention: Selektive Embolisation mit Metallspiralen: Künstliche Gefäße	
			8-836.mg	(Perkutan-)transluminale Gefäßintervention: Selektive Embolisation mit Metallspiralen: V. portae	
			8-836.mh	(Perkutan-)transluminale Gefäßintervention: Selektive Embolisation mit Metallspiralen: Andere Arterien abdominal und pelvin	
			8-836.mj	(Perkutan-)transluminale Gefäßintervention: Selektive Embolisation mit Metallspiralen: Andere Venen abdominal und pelvin	
			8-836.mk	(Perkutan-)transluminale Gefäßintervention: Selektive Embolisation mit Metallspiralen: Arterien Oberschenkel	
			8-836.mm	(Perkutan-)transluminale Gefäßintervention: Selektive Embolisation mit Metallspiralen: Venen Oberschenkel	
			8-836.mx	(Perkutan-)transluminale Gefäßintervention: Selektive Embolisation mit Metallspiralen: Sonstige	

Zusatzentgelte-Katalog
- Definition und differenzierte Beträge -

ZE	Bezeichnung	ZE$_D$	OPS Version 2024		Betrag
			OPS-Kode	OPS-Text	
1	2	3	4	5	6
			8-838.90	(Perkutan-)transluminale Gefäßintervention an Gefäßen des Lungenkreislaufes: Selektive Embolisation mit Partikeln oder Metallspiralen: Pulmonalarterie	
			8-838.91	(Perkutan-)transluminale Gefäßintervention an Gefäßen des Lungenkreislaufes: Selektive Embolisation mit Partikeln oder Metallspiralen: Pulmonalvene	
			8-838.92	(Perkutan-)transluminale Gefäßintervention an Gefäßen des Lungenkreislaufes: Selektive Embolisation mit Partikeln oder Metallspiralen: Aortopulmonale Kollateralgefäße (MAPCA)	
			8-838.93	(Perkutan-)transluminale Gefäßintervention an Gefäßen des Lungenkreislaufes: Selektive Embolisation mit Partikeln oder Metallspiralen: Gefäßmalformationen	
			8-838.94	(Perkutan-)transluminale Gefäßintervention an Gefäßen des Lungenkreislaufes: Selektive Embolisation mit Partikeln oder Metallspiralen: Künstliche aortopulmonale Shunts	
			8-838.95	(Perkutan-)transluminale Gefäßintervention an Gefäßen des Lungenkreislaufes: Selektive Embolisation mit Partikeln oder Metallspiralen: Künstliche Gefäße	
			8-838.9x	(Perkutan-)transluminale Gefäßintervention an Gefäßen des Lungenkreislaufes: Selektive Embolisation mit Partikeln oder Metallspiralen: Sonstige	
		ZE106.01	8-836.n1	1 Metallspirale	48,67 €
		ZE106.02	8-836.n2	2 Metallspiralen	97,34 €
		ZE106.03	8-836.n3	3 Metallspiralen	146,01 €
		ZE106.04	8-836.n4	4 Metallspiralen	194,68 €
		ZE106.05	8-836.n5	5 Metallspiralen	243,35 €
		ZE106.06	8-836.n6	6 Metallspiralen	292,02 €
		ZE106.07	8-836.n7	7 Metallspiralen	340,69 €
		ZE106.08	8-836.n8	8 Metallspiralen	389,36 €
		ZE106.09	8-836.n9	9 Metallspiralen	438,03 €
		ZE106.10	8-836.na	10 Metallspiralen	486,70 €
		ZE106.11	8-836.nb	11 Metallspiralen	535,37 €
		ZE106.12	8-836.nc	12 Metallspiralen	584,04 €
		ZE106.13	8-836.nd	13 Metallspiralen	632,71 €
		ZE106.14	8-836.ne	14 Metallspiralen	681,38 €
		ZE106.15	8-836.nf	15 Metallspiralen	730,05 €
		ZE106.16	8-836.ng	16 Metallspiralen	778,72 €
		ZE106.17	8-836.nh	17 Metallspiralen	827,39 €
		ZE106.18	8-836.nj	18 Metallspiralen	876,06 €
		ZE106.19	8-836.nk	19 Metallspiralen	924,73 €
		ZE106.20	8-836.nm	20 Metallspiralen	973,40 €
		ZE106.21		Siehe weitere Differenzierung ZE106.22 bis ZE106.29	
		ZE106.22	8-836.np	21 Metallspiralen	1.022,07 €
		ZE106.23	8-836.nq	22 Metallspiralen	1.070,74 €
		ZE106.24	8-836.nr	23 Metallspiralen	1.119,41 €
		ZE106.25	8-836.ns	24 Metallspiralen	1.168,08 €
		ZE106.26	8-836.nt	25 Metallspiralen	1.216,75 €
		ZE106.27	8-836.nu	26 Metallspiralen	1.265,42 €
		ZE106.28	8-836.nv	27 Metallspiralen	1.314,09 €

Zusatzentgelte-Katalog
- Definition und differenzierte Beträge -

ZE	Bezeichnung	ZE_D	OPS Version 2024		Betrag
			OPS-Kode	OPS-Text	
1	2	3	4	5	6
		ZE106.29		Siehe weitere Differenzierung ZE106.30 bis ZE106.45	
		ZE106.30	8-83c.j0	28 Metallspiralen	1.362,76 €
		ZE106.31	8-83c.j1	29 bis 31 Metallspiralen	1.460,10 €
		ZE106.32	8-83c.j2	32 bis 34 Metallspiralen	1.606,11 €
		ZE106.33	8-83c.j3	35 bis 37 Metallspiralen	1.752,12 €
		ZE106.34	8-83c.j4	38 bis 40 Metallspiralen	1.898,13 €
		ZE106.35	8-83c.j5	41 bis 45 Metallspiralen	2.092,81 €
		ZE106.36	8-83c.j6	46 bis 50 Metallspiralen	2.336,16 €
		ZE106.37	8-83c.j7	51 bis 55 Metallspiralen	2.579,51 €
		ZE106.38	8-83c.j8	56 bis 60 Metallspiralen	2.822,86 €
		ZE106.39	8-83c.j9	61 bis 65 Metallspiralen	3.066,21 €
		ZE106.40	8-83c.ja	66 bis 70 Metallspiralen	3.309,56 €
		ZE106.41	8-83c.jb	71 bis 80 Metallspiralen	3.601,58 €
		ZE106.42	8-83c.jc	81 bis 90 Metallspiralen	4.088,28 €
		ZE106.43	8-83c.jd	91 bis 120 Metallspiralen	4.867,00 €
		ZE106.44	8-83c.je	121 bis 150 Metallspiralen	6.375,77 €
		ZE106.45	8-83c.jf	151 oder mehr Metallspiralen	7.349,17 €
ZE107	Gabe von Erythrozytenkonzentraten			Transfusion von Vollblut, Erythrozytenkonzentrat und Thrombozytenkonzentrat: Erythrozytenkonzentrat	
		ZE107.01[6)]	8-800.c1	6 TE bis unter 11 TE	708,13 €
		ZE107.02[6)]	8-800.c2	11 TE bis unter 16 TE	1.169,95 €
		ZE107.03	8-800.c3	16 TE bis unter 24 TE	1.724,14 €
		ZE107.04	8-800.c4	24 TE bis unter 32 TE	2.463,06 €
		ZE107.05	8-800.c5	32 TE bis unter 40 TE	3.201,97 €
		ZE107.06	8-800.c6	40 TE bis unter 48 TE	3.940,89 €
		ZE107.07	8-800.c7	48 TE bis unter 56 TE	4.679,81 €
		ZE107.08	8-800.c8	56 TE bis unter 64 TE	5.418,72 €
		ZE107.09	8-800.c9	64 TE bis unter 72 TE	6.157,64 €
		ZE107.10	8-800.ca	72 TE bis unter 80 TE	6.896,56 €
		ZE107.11	8-800.cb	80 TE bis unter 88 TE	7.635,47 €
		ZE107.12	8-800.cc	88 TE bis unter 104 TE	8.620,70 €
		ZE107.13	8-800.cd	104 TE bis unter 120 TE	10.098,53 €
		ZE107.14	8-800.ce	120 TE bis unter 136 TE	11.576,36 €
		ZE107.15	8-800.cf	136 TE bis unter 152 TE	13.054,20 €
		ZE107.16	8-800.cg	152 TE bis unter 168 TE	14.532,03 €
		ZE107.17	8-800.ch	168 TE bis unter 184 TE	16.009,86 €
		ZE107.18	8-800.cj	184 TE bis unter 200 TE	17.487,70 €
		ZE107.19	8-800.ck	200 TE bis unter 216 TE	18.965,53 €
		ZE107.20	8-800.cm	216 TE bis unter 232 TE	20.443,36 €
		ZE107.21	8-800.cn	232 TE bis unter 248 TE	21.921,20 €
		ZE107.22	8-800.cp	248 TE bis unter 264 TE	23.399,03 €
		ZE107.23	8-800.cq	264 TE bis unter 280 TE	24.876,87 €
		ZE107.24	8-800.cr	280 TE oder mehr	26.354,70 €
ZE108	Gabe von patientenbezogenen Thrombozyten-konzentraten			Transfusion von Vollblut, Erythrozytenkonzentrat und Thrombozytenkonzentrat: Patientenbezogene Thrombozytenkonzentrate	
		ZE108.01	8-800.60	1 patientenbezogenes Thrombozytenkonzentrat	417,29 €
			8-800.p0	1 pathogeninaktiviertes patientenbezogenes Thrombozytenkonzentrat	
		ZE108.02	8-800.61	2 patientenbezogene Thrombozytenkonzentrate	834,59 €
			8-800.p1	2 pathogeninaktivierte patientenbezogene Thrombozytenkonzentrate	
		ZE108.03	8-800.62	3 bis unter 5 patientenbezogene Thrombozytenkonzentrate	1.460,53 €
			8-800.p2	3 bis unter 5 pathogeninaktivierte patientenbezogene Thrombozytenkonzentrate	

Zusatzentgelte-Katalog
- Definition und differenzierte Beträge -

ZE	Bezeichnung	ZE_D	OPS Version 2024		Betrag
			OPS-Kode	OPS-Text	
1	2	3	4	5	6
		ZE108.04	8-800.63	5 bis unter 7 patientenbezogene Thrombozytenkonzentrate	2.278,42 €
			8-800.p3	5 bis unter 7 pathogeninaktivierte patientenbezogene Thrombozytenkonzentrate	
		ZE108.05	8-800.64	7 bis unter 9 patientenbezogene Thrombozytenkonzentrate	3.083,80 €
			8-800.p4	7 bis unter 9 pathogeninaktivierte patientenbezogene Thrombozytenkonzentrate	
		ZE108.06	8-800.65	9 bis unter 11 patientenbezogene Thrombozytenkonzentrate	3.964,28 €
			8-800.p5	9 bis unter 11 pathogeninaktivierte patientenbezogene Thrombozytenkonzentrate	
		ZE108.07	8-800.66	11 bis unter 13 patientenbezogene Thrombozytenkonzentrate	4.798,87 €
			8-800.p6	11 bis unter 13 pathogeninaktivierte patientenbezogene Thrombozytenkonzentrate	
		ZE108.08	8-800.67	13 bis unter 15 patientenbezogene Thrombozytenkonzentrate	5.633,46 €
			8-800.p7	13 bis unter 15 pathogeninaktivierte patientenbezogene Thrombozytenkonzentrate	
		ZE108.09	8-800.68	15 bis unter 17 patientenbezogene Thrombozytenkonzentrate	6.468,04 €
			8-800.p8	15 bis unter 17 pathogeninaktivierte patientenbezogene Thrombozytenkonzentrate	
		ZE108.10	8-800.69	17 bis unter 19 patientenbezogene Thrombozytenkonzentrate	7.302,63 €
			8-800.p9	17 bis unter 19 pathogeninaktivierte patientenbezogene Thrombozytenkonzentrate	
		ZE108.11	8-800.6a	19 bis unter 23 patientenbezogene Thrombozytenkonzentrate	8.345,86 €
			8-800.pa	19 bis unter 23 pathogeninaktivierte patientenbezogene Thrombozytenkonzentrate	
		ZE108.12	8-800.6b	23 bis unter 27 patientenbezogene Thrombozytenkonzentrate	10.015,03 €
			8-800.pb	23 bis unter 27 pathogeninaktivierte patientenbezogene Thrombozytenkonzentrate	
		ZE108.13	8-800.6c	27 bis unter 31 patientenbezogene Thrombozytenkonzentrate	11.684,21 €
			8-800.pc	27 bis unter 31 pathogeninaktivierte patientenbezogene Thrombozytenkonzentrate	
		ZE108.14	8-800.6d	31 bis unter 35 patientenbezogene Thrombozytenkonzentrate	13.353,38 €
			8-800.pd	31 bis unter 35 pathogeninaktivierte patientenbezogene Thrombozytenkonzentrate	
		ZE108.15	8-800.6e	35 bis unter 39 patientenbezogene Thrombozytenkonzentrate	15.022,55 €
			8-800.pe	35 bis unter 39 pathogeninaktivierte patientenbezogene Thrombozytenkonzentrate	
		ZE108.16	8-800.6g	39 bis unter 43 patientenbezogene Thrombozytenkonzentrate	16.691,72 €
			8-800.pf	39 bis unter 43 pathogeninaktivierte patientenbezogene Thrombozytenkonzentrate	
		ZE108.17	8-800.6h	43 bis unter 47 patientenbezogene Thrombozytenkonzentrate	18.360,90 €
			8-800.pg	43 bis unter 47 pathogeninaktivierte patientenbezogene Thrombozytenkonzentrate	

Zusatzentgelte-Katalog
- Definition und differenzierte Beträge -

ZE	Bezeichnung	ZE_D	OPS Version 2024		Betrag
			OPS-Kode	OPS-Text	
1	2	3	4	5	6
		ZE108.18	8-800.6j	47 bis unter 51 patientenbezogene Thrombozytenkonzentrate	20.030,07 €
			8-800.ph	47 bis unter 51 pathogeninaktivierte patientenbezogene Thrombozytenkonzentrate	
		ZE108.19	8-800.6k	51 bis unter 55 patientenbezogene Thrombozytenkonzentrate	21.699,24 €
			8-800.pj	51 bis unter 55 pathogeninaktivierte patientenbezogene Thrombozytenkonzentrate	
		ZE108.20	8-800.6m	55 bis unter 59 patientenbezogene Thrombozytenkonzentrate	23.368,41 €
			8-800.pk	55 bis unter 59 pathogeninaktivierte patientenbezogene Thrombozytenkonzentrate	
		ZE108.21	8-800.6n	59 bis unter 63 patientenbezogene Thrombozytenkonzentrate	25.037,59 €
			8-800.pm	59 bis unter 63 pathogeninaktivierte patientenbezogene Thrombozytenkonzentrate	
		ZE108.22	8-800.6p	63 bis unter 67 patientenbezogene Thrombozytenkonzentrate	26.706,76 €
			8-800.pn	63 bis unter 67 pathogeninaktivierte patientenbezogene Thrombozytenkonzentrate	
		ZE108.23	8-800.6q	67 bis unter 71 patientenbezogene Thrombozytenkonzentrate	28.375,93 €
			8-800.pp	67 bis unter 71 pathogeninaktivierte patientenbezogene Thrombozytenkonzentrate	
		ZE108.24		Siehe weitere Differenzierung ZE108.25 bis ZE108.30	
		ZE108.25	8-800.6s	71 bis unter 79 patientenbezogene Thrombozytenkonzentrate	30.462,40 €
			8-800.pq	71 bis unter 79 pathogeninaktivierte patientenbezogene Thrombozytenkonzentrate	
		ZE108.26	8-800.6t	79 bis unter 87 patientenbezogene Thrombozytenkonzentrate	33.800,74 €
			8-800.pr	79 bis unter 87 pathogeninaktivierte patientenbezogene Thrombozytenkonzentrate	
		ZE108.27	8-800.6u	87 bis unter 95 patientenbezogene Thrombozytenkonzentrate	37.139,09 €
			8-800.ps	87 bis unter 95 pathogeninaktivierte patientenbezogene Thrombozytenkonzentrate	
		ZE108.28	8-800.6v	95 bis unter 103 patientenbezogene Thrombozytenkonzentrate	40.477,43 €
			8-800.pt	95 bis unter 103 pathogeninaktivierte patientenbezogene Thrombozytenkonzentrate	
		ZE108.29	8-800.6w	103 bis unter 111 patientenbezogene Thrombozytenkonzentrate	43.815,78 €
			8-800.pu	103 bis unter 111 pathogeninaktivierte patientenbezogene Thrombozytenkonzentrate	
		ZE108.30	8-800.6z	111 oder mehr patientenbezogene Thrombozytenkonzentrate	47.154,12 €
			8-800.pv	111 oder mehr pathogeninaktivierte patientenbezogene Thrombozytenkonzentrate	
ZE110	Gabe von Liposomalem Amphotericin B, parenteral			Applikation von Medikamenten, Liste 2: Liposomales Amphotericin B, parenteral	
		ZE110.01[6)]	6-002.q0	100 mg bis unter 175 mg	241,63 €
		ZE110.02[6)]	6-002.q1	175 mg bis unter 250 mg	386,60 €
		ZE110.03	6-002.q2	250 mg bis unter 350 mg	547,68 €
		ZE110.04	6-002.q3	350 mg bis unter 450 mg	740,98 €
		ZE110.05	6-002.q4	450 mg bis unter 550 mg	934,28 €

Zusatzentgelte-Katalog
- Definition und differenzierte Beträge -

ZE	Bezeichnung	ZE$_D$	OPS Version 2024		Betrag
			OPS-Kode	OPS-Text	
1	2	3	4	5	6
		ZE110.06	6-002.q5	550 mg bis unter 650 mg	1.127,58 €
		ZE110.07	6-002.q6	650 mg bis unter 750 mg	1.320,88 €
		ZE110.08	6-002.q7	750 mg bis unter 850 mg	1.514,18 €
		ZE110.09	6-002.q8	850 mg bis unter 950 mg	1.707,48 €
		ZE110.10	6-002.q9	950 mg bis unter 1.150 mg	1.965,22 €
		ZE110.11	6-002.qa	1.150 mg bis unter 1.350 mg	2.351,82 €
		ZE110.12	6-002.qb	1.350 mg bis unter 1.550 mg	2.738,42 €
		ZE110.13	6-002.qc	1.550 mg bis unter 1.750 mg	3.125,02 €
		ZE110.14	6-002.qd	1.750 mg bis unter 1.950 mg	3.511,62 €
		ZE110.15	6-002.qe	1.950 mg bis unter 2.150 mg	3.898,22 €
		ZE110.16	6-002.qf	2.150 mg bis unter 3.150 mg	4.800,28 €
		ZE110.17	6-002.qg	3.150 mg bis unter 4.150 mg	6.733,28 €
		ZE110.18	6-002.qh	4.150 mg bis unter 5.150 mg	8.666,28 €
		ZE110.19	6-002.qj	5.150 mg bis unter 6.150 mg	10.599,28 €
		ZE110.20	6-002.qk	6.150 mg bis unter 8.650 mg	13.498,78 €
		ZE110.21	6-002.qm	8.650 mg bis unter 11.150 mg	18.331,28 €
		ZE110.22	6-002.qn	11.150 mg bis unter 13.650 mg	23.163,78 €
		ZE110.23	6-002.qp	13.650 mg bis unter 18.650 mg	29.607,12 €
		ZE110.24	6-002.qq	18.650 mg bis unter 23.650 mg	39.272,12 €
		ZE110.25	6-002.qr	23.650 mg bis unter 28.650 mg	48.937,12 €
		ZE110.26	6-002.qs	28.650 mg bis unter 33.650 mg	58.602,12 €
		ZE110.27	6-002.qt	33.650 mg bis unter 38.650 mg	68.267,12 €
		ZE110.28	6-002.qu	38.650 mg bis unter 43.650 mg	77.932,12 €
		ZE110.29	6-002.qv	43.650 mg oder mehr	87.597,12 €
ZE116	Gabe von Panitumumab, parenteral			Applikation von Medikamenten, Liste 4: Panitumumab, parenteral	
		ZE116.01	6-004.70	180 mg bis unter 300 mg	1.307,11 €
		ZE116.02	6-004.71	300 mg bis unter 420 mg	2.020,08 €
		ZE116.03	6-004.72	420 mg bis unter 540 mg	2.733,04 €
		ZE116.04	6-004.73	540 mg bis unter 660 mg	3.446,01 €
		ZE116.05	6-004.74	660 mg bis unter 780 mg	4.150,96 €
		ZE116.06	6-004.75	780 mg bis unter 900 mg	4.871,95 €
		ZE116.07	6-004.76	900 mg bis unter 1.020 mg	5.584,92 €
		ZE116.08	6-004.77	1.020 mg bis unter 1.260 mg	6.535,54 €
		ZE116.09	6-004.78	1.260 mg bis unter 1.500 mg	7.961,48 €
		ZE116.10	6-004.79	1.500 mg bis unter 1.740 mg	9.387,41 €
		ZE116.11	6-004.7a	1.740 mg bis unter 1.980 mg	10.813,35 €
		ZE116.12	6-004.7b	1.980 mg bis unter 2.220 mg	12.239,28 €
		ZE116.13	6-004.7c	2.220 mg bis unter 2.460 mg	13.665,22 €
		ZE116.14		Siehe weitere Differenzierung ZE116.15 bis ZE116.26	
		ZE116.15	6-004.7e	2.460 mg bis unter 2.700 mg	15.091,16 €
		ZE116.16	6-004.7f	2.700 mg bis unter 3.180 mg	16.992,40 €
		ZE116.17	6-004.7g	3.180 mg bis unter 3.660 mg	19.844,28 €
		ZE116.18	6-004.7h	3.660 mg bis unter 4.140 mg	22.696,15 €
		ZE116.19	6-004.7j	4.140 mg bis unter 4.620 mg	25.548,02 €
		ZE116.20	6-004.7k	4.620 mg bis unter 5.100 mg	28.399,89 €
		ZE116.21	6-004.7m	5.100 mg bis unter 5.580 mg	31.251,76 €
		ZE116.22	6-004.7n	5.580 mg bis unter 6.060 mg	34.103,64 €
		ZE116.23	6-004.7p	6.060 mg bis unter 6.540 mg	36.955,51 €
		ZE116.24	6-004.7q	6.540 mg bis unter 7.020 mg	39.807,38 €
		ZE116.25	6-004.7r	7.020 mg bis unter 7.500 mg	42.659,25 €
		ZE116.26	6-004.7s	7.500 mg oder mehr	45.511,12 €

Zusatzentgelte-Katalog
- Definition und differenzierte Beträge -

ZE	Bezeichnung	ZE_D	OPS Version 2024		Betrag
			OPS-Kode	OPS-Text	
1	2	3	4	5	6
ZE119 [1)]	Hämofiltration, kontinuierlich			Hämofiltration: Kontinuierlich	
		ZE119.01	8-853.13	Arteriovenös (CAVH): Bis 24 Stunden	320,63 €
			8-853.70	Venovenös, pumpengetrieben (CVVH), Antikoagulation mit Heparin oder ohne Antikoagulation: Bis 24 Stunden	
			8-853.80	Venovenös, pumpengetrieben (CVVH), Antikoagulation mit sonstigen Substanzen: Bis 24 Stunden	
		ZE119.02	8-853.14	Arteriovenös (CAVH): Mehr als 24 bis 72 Stunden	801,58 €
			8-853.71	Venovenös, pumpengetrieben (CVVH), Antikoagulation mit Heparin oder ohne Antikoagulation: Mehr als 24 bis 72 Stunden	
			8-853.81	Venovenös, pumpengetrieben (CVVH), Antikoagulation mit sonstigen Substanzen: Mehr als 24 bis 72 Stunden	
		ZE119.03	8-853.15	Arteriovenös (CAVH): Mehr als 72 bis 144 Stunden	1.603,15 €
			8-853.72	Venovenös, pumpengetrieben (CVVH), Antikoagulation mit Heparin oder ohne Antikoagulation: Mehr als 72 bis 144 Stunden	
			8-853.82	Venovenös, pumpengetrieben (CVVH), Antikoagulation mit sonstigen Substanzen: Mehr als 72 bis 144 Stunden	
		ZE119.04	8-853.16	Arteriovenös (CAVH): Mehr als 144 bis 264 Stunden	2.885,67 €
			8-853.73	Venovenös, pumpengetrieben (CVVH), Antikoagulation mit Heparin oder ohne Antikoagulation: Mehr als 144 bis 264 Stunden	
			8-853.83	Venovenös, pumpengetrieben (CVVH), Antikoagulation mit sonstigen Substanzen: Mehr als 144 bis 264 Stunden	
		ZE119.05	8-853.17	Arteriovenös (CAVH): Mehr als 264 bis 432 Stunden	4.809,45 €
			8-853.74	Venovenös, pumpengetrieben (CVVH), Antikoagulation mit Heparin oder ohne Antikoagulation: Mehr als 264 bis 432 Stunden	
			8-853.84	Venovenös, pumpengetrieben (CVVH), Antikoagulation mit sonstigen Substanzen: Mehr als 264 bis 432 Stunden	
		ZE119.06	8-853.19	Arteriovenös (CAVH): Mehr als 432 bis 600 Stunden	7.053,86 €
			8-853.76	Venovenös, pumpengetrieben (CVVH), Antikoagulation mit Heparin oder ohne Antikoagulation: Mehr als 432 bis 600 Stunden	
			8-853.86	Venovenös, pumpengetrieben (CVVH), Antikoagulation mit sonstigen Substanzen: Mehr als 432 bis 600 Stunden	
		ZE119.07	8-853.1a	Arteriovenös (CAVH): Mehr als 600 bis 960 Stunden	10.580,79 €
			8-853.77	Venovenös, pumpengetrieben (CVVH), Antikoagulation mit Heparin oder ohne Antikoagulation: Mehr als 600 bis 960 Stunden	
			8-853.87	Venovenös, pumpengetrieben (CVVH), Antikoagulation mit sonstigen Substanzen: Mehr als 600 bis 960 Stunden	

Zusatzentgelte-Katalog
- Definition und differenzierte Beträge -

ZE	Bezeichnung	ZE_D	OPS Version 2024		Betrag
			OPS-Kode	OPS-Text	
1	2	3	4	5	6
		ZE119.08	8-853.1b	Arteriovenös (CAVH): Mehr als 960 bis 1.320	15.390,24 €
			8-853.78	Venovenös, pumpengetrieben (CVVH), Antikoagulation mit Heparin oder ohne Antikoagulation: Mehr als 960 bis 1.320 Stunden	
			8-853.88	Venovenös, pumpengetrieben (CVVH), Antikoagulation mit sonstigen Substanzen: Mehr als 960 bis 1.320 Stunden	
		ZE119.09	8-853.1c	Arteriovenös (CAVH): Mehr als 1.320 bis 1.680 Stunden	20.199,69 €
			8-853.79	Venovenös, pumpengetrieben (CVVH), Antikoagulation mit Heparin oder ohne Antikoagulation: Mehr als 1.320 bis 1.680 Stunden	
			8-853.89	Venovenös, pumpengetrieben (CVVH), Antikoagulation mit sonstigen Substanzen: Mehr als 1.320 bis 1.680 Stunden	
		ZE119.10	8-853.1d	Arteriovenös (CAVH): Mehr als 1.680 bis 2.040 Stunden	25.009,14 €
			8-853.7a	Venovenös, pumpengetrieben (CVVH), Antikoagulation mit Heparin oder ohne Antikoagulation: Mehr als 1.680 bis 2.040 Stunden	
			8-853.8a	Venovenös, pumpengetrieben (CVVH), Antikoagulation mit sonstigen Substanzen: Mehr als 1.680 bis 2.040 Stunden	
		ZE119.11	8-853.1e	Arteriovenös (CAVH): Mehr als 2.040 bis 2.400 Stunden	29.818,59 €
			8-853.7b	Venovenös, pumpengetrieben (CVVH), Antikoagulation mit Heparin oder ohne Antikoagulation: Mehr als 2.040 bis 2.400 Stunden	
			8-853.8b	Venovenös, pumpengetrieben (CVVH), Antikoagulation mit sonstigen Substanzen: Mehr als 2.040 bis 2.400 Stunden	
		ZE119.12	8-853.1f	Arteriovenös (CAVH): Mehr als 2.400 Stunden	34.628,04 €
			8-853.7c	Venovenös, pumpengetrieben (CVVH), Antikoagulation mit Heparin oder ohne Antikoagulation: Mehr als 2.400 Stunden	
			8-853.8c	Venovenös, pumpengetrieben (CVVH), Antikoagulation mit sonstigen Substanzen: Mehr als	
ZE120 [1)]	Hämodialyse, kontinuierlich, venovenös, pumpengetrieben (CVVHD)			Hämodialyse: Kontinuierlich, venovenös, pumpengetrieben	
		ZE120.01	8-854.60	Antikoagulation mit Heparin oder ohne Antikoagulation: Bis 24 Stunden	276,06 €
			8-854.70	Antikoagulation mit sonstigen Substanzen: Bis 24 Stunden	
		ZE120.02	8-854.61	Antikoagulation mit Heparin oder ohne Antikoagulation: Mehr als 24 bis 72 Stunden	662,54 €
			8-854.71	Antikoagulation mit sonstigen Substanzen: Mehr als 24 bis 72 Stunden	
		ZE120.03	8-854.62	Antikoagulation mit Heparin oder ohne Antikoagulation: Mehr als 72 bis 144 Stunden	1.352,69 €
			8-854.72	Antikoagulation mit sonstigen Substanzen: Mehr als 72 bis 144 Stunden	
		ZE120.04	8-854.63	Antikoagulation mit Heparin oder ohne Antikoagulation: Mehr als 144 bis 264 Stunden	2.429,33 €
			8-854.73	Antikoagulation mit sonstigen Substanzen: Mehr als 144 bis 264 Stunden	

Zusatzentgelte-Katalog
- Definition und differenzierte Beträge -

ZE	Bezeichnung	ZE_D	OPS Version 2024		Betrag
			OPS-Kode	OPS-Text	
1	2	3	4	5	6
		ZE120.05	8-854.64	Antikoagulation mit Heparin oder ohne Antikoagulation: Mehr als 264 bis 432 Stunden	4.030,48 €
			8-854.74	Antikoagulation mit sonstigen Substanzen: Mehr als 264 bis 432 Stunden	
		ZE120.06	8-854.66	Antikoagulation mit Heparin oder ohne Antikoagulation: Mehr als 432 bis 600 Stunden	6.045,71 €
			8-854.76	Antikoagulation mit sonstigen Substanzen: Mehr als 432 bis 600 Stunden	
		ZE120.07	8-854.67	Antikoagulation mit Heparin oder ohne Antikoagulation: Mehr als 600 bis 960 Stunden	9.109,98 €
			8-854.77	Antikoagulation mit sonstigen Substanzen: Mehr als 600 bis 960 Stunden	
		ZE120.08	8-854.68	Antikoagulation mit Heparin oder ohne Antikoagulation: Mehr als 960 bis 1.320 Stunden	13.250,88 €
			8-854.78	Antikoagulation mit sonstigen Substanzen: Mehr als 960 bis 1.320 Stunden	
		ZE120.09	8-854.69	Antikoagulation mit Heparin oder ohne Antikoagulation: Mehr als 1.320 bis 1.680 Stunden	17.391,78 €
			8-854.79	Antikoagulation mit sonstigen Substanzen: Mehr als 1.320 bis 1.680 Stunden	
		ZE120.10	8-854.6a	Antikoagulation mit Heparin oder ohne Antikoagulation: Mehr als 1.680 bis 2.040 Stunden	21.532,68 €
			8-854.7a	Antikoagulation mit sonstigen Substanzen: Mehr als 1.680 bis 2.040 Stunden	
		ZE120.11	8-854.6b	Antikoagulation mit Heparin oder ohne Antikoagulation: Mehr als 2.040 bis 2.400 Stunden	25.673,58 €
			8-854.7b	Antikoagulation mit sonstigen Substanzen: Mehr als 2.040 bis 2.400 Stunden	
		ZE120.12	8-854.6c	Antikoagulation mit Heparin oder ohne Antikoagulation: Mehr als 2.400 Stunden	29.814,48 €
			8-854.7c	Antikoagulation mit sonstigen Substanzen: Mehr als 2.400 Stunden	
ZE121 [1)]	Hämodiafiltration, kontinuierlich			Hämodiafiltration: Kontinuierlich	
		ZE121.01	8-855.13	Arteriovenös (CAVHDF): Bis 24 Stunden	295,74 €
			8-855.70	Venovenös, pumpengetrieben (CVVHDF), Antikoagulation mit Heparin oder ohne Antikoagulation: Bis 24 Stunden	
			8-855.80	Venovenös, pumpengetrieben (CVVHDF), Antikoagulation mit sonstigen Substanzen: Bis 24 Stunden	
		ZE121.02	8-855.14	Arteriovenös (CAVHDF): Mehr als 24 bis 72 Stunden	739,35 €
			8-855.71	Venovenös, pumpengetrieben (CVVHDF), Antikoagulation mit Heparin oder ohne Antikoagulation: Mehr als 24 bis 72 Stunden	
			8-855.81	Venovenös, pumpengetrieben (CVVHDF), Antikoagulation mit sonstigen Substanzen: Mehr als 24 bis 72 Stunden	
		ZE121.03	8-855.15	Arteriovenös (CAVHDF): Mehr als 72 bis 144	1.419,55 €
			8-855.72	Venovenös, pumpengetrieben (CVVHDF), Antikoagulation mit Heparin oder ohne Antikoagulation: Mehr als 72 bis 144 Stunden	
			8-855.82	Venovenös, pumpengetrieben (CVVHDF), Antikoagulation mit sonstigen Substanzen: Mehr als 72 bis 144 Stunden	

Zusatzentgelte-Katalog
- Definition und differenzierte Beträge -

ZE	Bezeichnung	ZE$_D$	OPS Version 2024		Betrag
			OPS-Kode	OPS-Text	
1	2	3	4	5	6
		ZE121.04	8-855.16	Arteriovenös (CAVHDF): Mehr als 144 bis 264 Stunden	2.572,94 €
			8-855.73	Venovenös, pumpengetrieben (CVVHDF), Antikoagulation mit Heparin oder ohne Antikoagulation: Mehr als 144 bis 264 Stunden	
			8-855.83	Venovenös, pumpengetrieben (CVVHDF), Antikoagulation mit sonstigen Substanzen: Mehr als 144 bis 264 Stunden	
		ZE121.05	8-855.17	Arteriovenös (CAVHDF): Mehr als 264 bis 432 Stunden	4.436,10 €
			8-855.74	Venovenös, pumpengetrieben (CVVHDF), Antikoagulation mit Heparin oder ohne Antikoagulation: Mehr als 264 bis 432 Stunden	
			8-855.84	Venovenös, pumpengetrieben (CVVHDF), Antikoagulation mit sonstigen Substanzen: Mehr als 264 bis 432 Stunden	
		ZE121.06	8-855.19	Arteriovenös (CAVHDF): Mehr als 432 bis 600 Stunden	6.506,28 €
			8-855.76	Venovenös, pumpengetrieben (CVVHDF), Antikoagulation mit Heparin oder ohne Antikoagulation: Mehr als 432 bis 600 Stunden	
			8-855.86	Venovenös, pumpengetrieben (CVVHDF), Antikoagulation mit sonstigen Substanzen: Mehr als 432 bis 600 Stunden	
		ZE121.07	8-855.1a	Arteriovenös (CAVHDF): Mehr als 600 bis 960 Stunden	9.759,42 €
			8-855.77	Venovenös, pumpengetrieben (CVVHDF), Antikoagulation mit Heparin oder ohne Antikoagulation: Mehr als 600 bis 960 Stunden	
			8-855.87	Venovenös, pumpengetrieben (CVVHDF), Antikoagulation mit sonstigen Substanzen: Mehr als 600 bis 960 Stunden	
		ZE121.08	8-855.1b	Arteriovenös (CAVHDF): Mehr als 960 bis 1.320 Stunden	14.195,52 €
			8-855.78	Venovenös, pumpengetrieben (CVVHDF), Antikoagulation mit Heparin oder ohne Antikoagulation: Mehr als 960 bis 1.320 Stunden	
			8-855.88	Venovenös, pumpengetrieben (CVVHDF), Antikoagulation mit sonstigen Substanzen: Mehr als 960 bis 1.320 Stunden	
		ZE121.09	8-855.1c	Arteriovenös (CAVHDF): Mehr als 1.320 bis 1.680 Stunden	18.631,62 €
			8-855.79	Venovenös, pumpengetrieben (CVVHDF), Antikoagulation mit Heparin oder ohne Antikoagulation: Mehr als 1.320 bis 1.680 Stunden	
			8-855.89	Venovenös, pumpengetrieben (CVVHDF), Antikoagulation mit sonstigen Substanzen: Mehr als 1.320 bis 1.680 Stunden	
		ZE121.10	8-855.1d	Arteriovenös (CAVHDF): Mehr als 1.680 bis 2.040 Stunden	23.067,72 €
			8-855.7a	Venovenös, pumpengetrieben (CVVHDF), Antikoagulation mit Heparin oder ohne Antikoagulation: Mehr als 1.680 bis 2.040 Stunden	
			8-855.8a	Venovenös, pumpengetrieben (CVVHDF), Antikoagulation mit sonstigen Substanzen: Mehr als 1.680 bis 2.040 Stunden	

Zusatzentgelte-Katalog
- Definition und differenzierte Beträge -

ZE	Bezeichnung	ZE_D	OPS Version 2024		Betrag
			OPS-Kode	OPS-Text	
1	2	3	4	5	6
		ZE121.11	8-855.1e	Arteriovenös (CAVHDF): Mehr als 2.040 bis 2.400 Stunden	27.503,82 €
			8-855.7b	Venovenös, pumpengetrieben (CVVHDF), Antikoagulation mit Heparin oder ohne Antikoagulation: Mehr als 2.040 bis 2.400 Stunden	
			8-855.8b	Venovenös, pumpengetrieben (CVVHDF), Antikoagulation mit sonstigen Substanzen: Mehr als 2.040 bis 2.400 Stunden	
		ZE121.12	8-855.1f	Arteriovenös (CAVHDF): Mehr als 2.400 Stunden	31.939,92 €
			8-855.7c	Venovenös, pumpengetrieben (CVVHDF), Antikoagulation mit Heparin oder ohne Antikoagulation: Mehr als 2.400 Stunden	
			8-855.8c	Venovenös, pumpengetrieben (CVVHDF), Antikoagulation mit sonstigen Substanzen: Mehr als 2.400 Stunden	
ZE122 [1)]	Peritonealdialyse, intermittierend, maschinell unterstützt (IPD)		8-857.0	Peritonealdialyse: Intermittierend, maschinell unterstützt (IPD)	siehe Anlage 2
ZE123 [1)]	Peritonealdialyse, kontinuierlich, nicht maschinell unterstützt (CAPD)			Peritonealdialyse: Kontinuierlich, nicht maschinell unterstützt (CAPD)	
		ZE123.01	8-857.10	Bis 24 Stunden	154,30 €
		ZE123.02	8-857.11	Mehr als 24 bis 72 Stunden	370,32 €
		ZE123.03	8-857.12	Mehr als 72 bis 144 Stunden	771,50 €
		ZE123.04	8-857.13	Mehr als 144 bis 264 Stunden	1.373,27 €
		ZE123.05	8-857.14	Mehr als 264 bis 432 Stunden	2.314,50 €
		ZE123.06	8-857.16	Mehr als 432 bis 600 Stunden	3.394,60 €
		ZE123.07	8-857.17	Mehr als 600 bis 960 Stunden	5.091,90 €
		ZE123.08	8-857.18	Mehr als 960 bis 1.320 Stunden	7.406,40 €
		ZE123.09	8-857.19	Mehr als 1.320 bis 1.680 Stunden	9.720,90 €
		ZE123.10	8-857.1a	Mehr als 1.680 bis 2.040 Stunden	12.035,40 €
		ZE123.11	8-857.1b	Mehr als 2.040 bis 2.400 Stunden	14.349,90 €
		ZE123.12	8-857.1c	Mehr als 2.400 Stunden	16.664,40 €
ZE125	Implantation oder Wechsel eines interspinösen Spreizers	ZE125.01	5-839.b0	Andere Operationen an der Wirbelsäule: Implantation eines interspinösen Spreizers: 1 Segment	182,28 €
			5-839.c0	Andere Operationen an der Wirbelsäule: Wechsel eines interspinösen Spreizers: 1 Segment	
		ZE125.02	5-839.b2	Andere Operationen an der Wirbelsäule: Implantation eines interspinösen Spreizers: 2 Segmente	364,56 €
			5-839.c2	Andere Operationen an der Wirbelsäule: Wechsel eines interspinösen Spreizers: 2 Segmente	
		ZE125.03	5-839.b3	Andere Operationen an der Wirbelsäule: Implantation eines interspinösen Spreizers: 3 oder mehr Segmente	546,84 €
			5-839.c3	Andere Operationen an der Wirbelsäule: Wechsel eines interspinösen Spreizers: 3 oder mehr Segmente	
ZE126	Autogene / Autologe matrixinduzierte Chondrozytentransplantation		5-801.k*	Offen chirurgische Operation am Gelenkknorpel und an den Menisken: Autogene matrixinduzierte Chondrozytentransplantation	siehe Anlage 2
			5-812.h*	Arthroskopische Operation am Gelenkknorpel und an den Menisken: Autogene matrixinduzierte Chondrozytentransplantation	

Zusatzentgelte-Katalog
- Definition und differenzierte Beträge -

ZE	Bezeichnung	ZE$_D$	OPS Version 2024		Betrag
			OPS-Kode	OPS-Text	
1	2	3	4	5	6
ZE132	Implantation eines Wachstumsstents	ZE132.01	8-838.k*	(Perkutan-)transluminale Gefäßintervention an Gefäßen des Lungenkreislaufes: Einlegen eines ungecoverten Wachstumsstents	1.331,30 €
			8-838.m*	(Perkutan-)transluminale Gefäßintervention an Gefäßen des Lungenkreislaufes: Einlegen eines gecoverten Wachstumsstents	
			8-845.0*	(Perkutan-)transluminale Implantation von ungecoverten Cheatham-Platinum-Stents [CP-Stent]: Ein Stent	
			8-846.0*	(Perkutan-)transluminale Implantation von gecoverten Cheatham-Platinum-Stents [CP-Stent]: Ein Stent	
			8-847	(Perkutan-)transluminale Implantation eines Wachstumsstents	
		ZE132.02	8-845.1*	(Perkutan-)transluminale Implantation von ungecoverten Cheatham-Platinum-Stents [CP-Stent]: Zwei oder mehr Stents	2.662,60 €
			8-846.1*	(Perkutan-)transluminale Implantation von gecoverten Cheatham-Platinum-Stents [CP-Stent]: Zwei oder mehr Stents	
ZE135	Gabe von Vinflunin, parenteral			Applikation von Medikamenten, Liste 5: Vinflunin, parenteral	
		ZE135.01	6-005.b0	100 mg bis unter 200 mg	792,99 €
		ZE135.02	6-005.b1	200 mg bis unter 300 mg	1.387,73 €
		ZE135.03	6-005.b2	300 mg bis unter 400 mg	1.982,47 €
		ZE135.04	6-005.b3	400 mg bis unter 500 mg	2.577,21 €
		ZE135.05	6-005.b4	500 mg bis unter 600 mg	3.171,95 €
		ZE135.06	6-005.b5	600 mg bis unter 700 mg	3.766,69 €
		ZE135.07	6-005.b6	700 mg bis unter 800 mg	4.361,43 €
		ZE135.08	6-005.b7	800 mg bis unter 900 mg	4.956,17 €
		ZE135.09	6-005.b8	900 mg bis unter 1.000 mg	5.550,91 €
		ZE135.10	6-005.b9	1.000 mg bis unter 1.200 mg	6.343,89 €
		ZE135.11	6-005.ba	1.200 mg bis unter 1.400 mg	7.533,37 €
		ZE135.12	6-005.bb	1.400 mg bis unter 1.600 mg	8.722,85 €
		ZE135.13	6-005.bc	1.600 mg bis unter 1.800 mg	9.912,33 €
		ZE135.14	6-005.bd	1.800 mg bis unter 2.000 mg	11.101,81 €
		ZE135.15	6-005.be	2.000 mg bis unter 2.200 mg	12.291,29 €
		ZE135.16	6-005.bf	2.200 mg bis unter 2.400 mg	13.480,77 €
		ZE135.17	6-005.bg	2.400 mg bis unter 2.600 mg	14.670,25 €
		ZE135.18	6-005.bh	2.600 mg bis unter 2.800 mg	15.859,73 €
		ZE135.19	6-005.bj	2.800 mg oder mehr	17.049,21 €
ZE136 [2)]	Medikamente-freisetzende Ballons an Koronargefäßen		8-837.00	Perkutan-transluminale Gefäßintervention an Herz und Koronargefäßen: Ballon-Angioplastie: Eine Koronararterie	
			8-837.01	Perkutan-transluminale Gefäßintervention an Herz und Koronargefäßen: Ballon-Angioplastie: Mehrere Koronararterien	
		ZE136.01	8-83b.b6	Zusatzinformationen zu Materialien: Art der verwendeten Ballons: Ein medikamentefreisetzender Ballon an Koronargefäßen	190,39 €
		ZE136.02	8-83b.b7	Zusatzinformationen zu Materialien: Art der verwendeten Ballons: Zwei medikamente-freisetzende Ballons an Koronargefäßen	613,10 €

Zusatzentgelte-Katalog
- Definition und differenzierte Beträge -

ZE	Bezeichnung	ZE_D	OPS Version 2024		Betrag
			OPS-Kode	OPS-Text	
1	2	3	4	5	6
		ZE136.03	8-83b.b8	Zusatzinformationen zu Materialien: Art der verwendeten Ballons: Drei medikamente-freisetzende Ballons an Koronargefäßen	1.035,81 €
		ZE136.04	8-83b.b9	Zusatzinformationen zu Materialien: Art der verwendeten Ballons: Vier oder mehr medika-mentefreisetzende Ballons an Koronargefäßen	1.458,52 €
ZE137 2)	Medikamente-freisetzende Ballons an anderen Gefäßen		8-836.02	(Perkutan-)transluminale Gefäßintervention: Ballon-Angioplastie: Gefäße Schulter und Oberarm	
			8-836.03	(Perkutan-)transluminale Gefäßintervention: Ballon-Angioplastie: Gefäße Unterarm	
			8-836.08	(Perkutan-)transluminale Gefäßintervention: Ballon-Angioplastie: Andere Gefäße thorakal	
			8-836.0a	(Perkutan-)transluminale Gefäßintervention: Ballon-Angioplastie: Gefäße viszeral	
			8-836.0c	(Perkutan-)transluminale Gefäßintervention: Ballon-Angioplastie: Gefäße Unterschenkel	
			8-836.0e	(Perkutan-)transluminale Gefäßintervention: Ballon-Angioplastie: Künstliche Gefäße	
			8-836.0q	(Perkutan-)transluminale Gefäßintervention: Ballon-Angioplastie: Andere Arterien abdominal und pelvin	
			8-836.0r	(Perkutan-)transluminale Gefäßintervention: Ballon-Angioplastie: Andere Venen abdominal und pelvin	
			8-836.0s	(Perkutan-)transluminale Gefäßintervention: Ballon-Angioplastie: Arterien Oberschenkel	
			8-836.0t	(Perkutan-)transluminale Gefäßintervention: Ballon-Angioplastie: Venen Oberschenkel	
		ZE137.01	8-83b.ba	Zusatzinformationen zu Materialien: Art der verwendeten Ballons: Ein medikamente-freisetzender Ballon an anderen Gefäßen	103,43 €
		ZE137.02	8-83b.bb	Zusatzinformationen zu Materialien: Art der verwendeten Ballons: Zwei medikamente-freisetzende Ballons an anderen Gefäßen	518,85 €
		ZE137.03	8-83b.bc	Zusatzinformationen zu Materialien: Art der verwendeten Ballons: Drei medikamente-freisetzende Ballons an anderen Gefäßen	934,27 €
		ZE137.04	8-83b.bd	Zusatzinformationen zu Materialien: Art der verwendeten Ballons: Vier oder mehr medikamentefreisetzende Ballons an anderen Gefäßen	1.349,69 €
ZE138	Neurostimulatoren zur Rückenmarkstimulation oder zur Stimulation des peripheren Nervensystems, Einkanalstimulator, mit Sondenimplantation		5-039.e0	Implantation oder Wechsel eines Neurostimulators zur epiduralen Rückenmarkstimulation mit Implantation oder Wechsel einer Neurostimulationselektrode: Einkanalstimulator, vollimplantierbar, nicht wiederaufladbar	siehe Anlage 2
			5-039.k0	Implantation oder Wechsel eines Neurostimulators zur Stimulation von Spinalganglien mit Implantation oder Wechsel einer Neurostimulationselektrode: Einkanalstimulator, vollimplantierbar, nicht wiederaufladbar	
			5-059.c0	Implantation oder Wechsel eines Neurostimulators zur Stimulation des peripheren Nervensystems mit Implantation oder Wechsel einer Neurostimulationselektrode: Einkanalstimulator, vollimplantierbar, nicht wiederaufladbar	

Zusatzentgelte-Katalog
- Definition und differenzierte Beträge -

ZE	Bezeichnung	ZE_D	OPS Version 2024		Betrag
			OPS-Kode	OPS-Text	
1	2	3	4	5	6
ZE139	Neurostimulatoren zur Rückenmarkstimulation oder zur Stimulation des peripheren Nervensystems, Einkanalstimulator, ohne Sondenimplantation		5-039.f0	Wechsel eines Neurostimulators zur epiduralen Rückenmarkstimulation ohne Wechsel einer Neurostimulationselektrode: Einkanalstimulator, vollimplantierbar, nicht wiederaufladbar	siehe Anlage 2
			5-039.m0	Wechsel eines Neurostimulators zur Stimulation von Spinalganglien ohne Wechsel einer Neurostimulationselektrode: Einkanalstimulator, vollimplantierbar, nicht wiederaufladbar	
			5-039.n0	Implantation eines Neurostimulators zur epiduralen Rückenmarkstimulation ohne Implantation einer Neurostimulationselektrode: Einkanalstimulator, vollimplantierbar, nicht wiederaufladbar	
			5-039.q0	Implantation eines Neurostimulators zur Stimulation von Spinalganglien ohne Implantation einer Neurostimulationselektrode: Einkanalstimulator, vollimplantierbar, nicht wiederaufladbar	
			5-059.d0	Wechsel eines Neurostimulators zur Stimulation des peripheren Nervensystems ohne Wechsel einer Neurostimulationselektrode: Einkanalstimulator, vollimplantierbar, nicht wiederaufladbar	
			5-059.g0	Implantation eines Neurostimulators zur Stimulation des peripheren Nervensystems ohne Implantation einer Neurostimulationselektrode: Einkanal-stimulator, vollimplantierbar, nicht wiederaufladbar	
ZE140	Neurostimulatoren zur Rückenmarkstimulation oder zur Stimulation des peripheren Nervensystems, Mehrkanalstimulator, nicht wiederaufladbar, mit Sondenimplantation		5-039.e1	Implantation oder Wechsel eines Neurostimulators zur epiduralen Rückenmarkstimulation mit Implantation oder Wechsel einer Neurostimulationselektrode: Mehrkanalstimulator, vollimplantierbar, nicht wiederaufladbar	siehe Anlage 2
			5-039.k1	Implantation oder Wechsel eines Neurostimulators zur Stimulation von Spinalganglien mit Implantation oder Wechsel einer Neurostimulationselektrode: Mehrkanalstimulator, vollimplantierbar, nicht wiederaufladbar	
			5-059.c1	Implantation oder Wechsel eines Neurostimulators zur Stimulation des peripheren Nervensystems mit Implantation oder Wechsel einer Neurostimulationselektrode: Mehrkanalstimulator, vollimplantierbar, nicht wiederaufladbar	
ZE141	Neurostimulatoren zur Rückenmarkstimulation oder zur Stimulation des peripheren Nervensystems, Mehrkanalstimulator, nicht wiederaufladbar, ohne Sondenimplantation		5-039.f1	Wechsel eines Neurostimulators zur epiduralen Rückenmarkstimulation ohne Wechsel einer Neurostimulationselektrode: Mehrkanalstimulator, vollimplantierbar, nicht wiederaufladbar	siehe Anlage 2
			5-039.m1	Wechsel eines Neurostimulators zur Stimulation von Spinalganglien ohne Wechsel einer Neurostimulationselektrode: Mehrkanalstimulator, vollimplantierbar, nicht wiederaufladbar	
			5-039.n1	Implantation eines Neurostimulators zur epiduralen Rückenmarkstimulation ohne Implantation einer Neurostimulationselektrode: Mehrkanalstimulator, vollimplantierbar, nicht wiederaufladbar	
			5-039.q1	Implantation eines Neurostimulators zur Stimulation von Spinalganglien ohne Implantation einer Neurostimulationselektrode: Mehrkanalstimulator, vollimplantierbar, nicht wiederaufladbar	

Zusatzentgelte-Katalog
- Definition und differenzierte Beträge -

ZE	Bezeichnung	ZE_D	OPS Version 2024		Betrag
			OPS-Kode	OPS-Text	
1	2	3	4	5	6
			5-059.d1	Wechsel eines Neurostimulators zur Stimulation des peripheren Nervensystems ohne Wechsel einer Neurostimulationselektrode: Mehrkanalstimulator, vollimplantierbar, nicht wiederaufladbar	
			5-059.g1	Implantation eines Neurostimulators zur Stimulation des peripheren Nervensystems ohne Implantation einer Neurostimulationselektrode: Mehrkanal-stimulator, vollimplantierbar, nicht wiederaufladbar	
ZE144	Gabe von Romiplostim, parenteral			Applikation von Medikamenten, Liste 5: Romiplostim, parenteral	
		ZE144.01[6)]	6-005.90	100 µg bis unter 200 µg	414,28 €
		ZE144.02	6-005.91	200 µg bis unter 300 µg	724,99 €
		ZE144.03	6-005.92	300 µg bis unter 400 µg	1.035,70 €
		ZE144.04	6-005.93	400 µg bis unter 500 µg	1.346,41 €
		ZE144.05	6-005.94	500 µg bis unter 600 µg	1.572,10 €
		ZE144.06	6-005.95	600 µg bis unter 700 µg	1.967,83 €
		ZE144.07	6-005.96	700 µg bis unter 800 µg	2.278,54 €
		ZE144.08	6-005.97	800 µg bis unter 900 µg	2.589,25 €
		ZE144.09	6-005.98	900 µg bis unter 1.000 µg	2.899,96 €
		ZE144.10	6-005.99	1.000 µg bis unter 1.200 µg	3.195,99 €
		ZE144.11	6-005.9a	1.200 µg bis unter 1.400 µg	3.935,66 €
		ZE144.12	6-005.9b	1.400 µg bis unter 1.600 µg	4.557,08 €
		ZE144.13	6-005.9c	1.600 µg bis unter 1.800 µg	5.178,50 €
		ZE144.14	6-005.9d	1.800 µg bis unter 2.000 µg	5.799,92 €
		ZE144.15	6-005.9e	2.000 µg bis unter 2.400 µg	6.628,48 €
		ZE144.16	6-005.9f	2.400 µg bis unter 2.800 µg	7.871,32 €
		ZE144.17	6-005.9g	2.800 µg bis unter 3.200 µg	9.114,16 €
		ZE144.18	6-005.9h	3.200 µg bis unter 3.600 µg	10.357,00 €
		ZE144.19	6-005.9j	3.600 µg bis unter 4.000 µg	11.599,84 €
		ZE144.20	6-005.9k	4.000 µg bis unter 4.400 µg	12.842,68 €
		ZE144.21	6-005.9m	4.400 µg bis unter 4.800 µg	14.085,52 €
		ZE144.22	6-005.9n	4.800 µg bis unter 5.200 µg	15.328,36 €
		ZE144.23	6-005.9p	5.200 µg bis unter 5.600 µg	16.571,20 €
		ZE144.24	6-005.9q	5.600 µg oder mehr	17.814,04 €
ZE145	Spezialisierte stationäre palliativmedizinische Komplexbehandlung	ZE145.01	8-98e.1	Spezialisierte stationäre palliativmedizinische Komplexbehandlung: Mindestens 7 bis höchstens 13 Behandlungstage	1.367,99 €
		ZE145.02	8-98e.2	Spezialisierte stationäre palliativmedizinische Komplexbehandlung: Mindestens 14 bis höchstens 20 Behandlungstage	1.367,99 €
		ZE145.03	8-98e.3	Spezialisierte stationäre palliativmedizinische Komplexbehandlung: Mindestens 21 Behandlungstage	2.176,86 €
ZE146	Gabe von Thrombozyten-konzentraten			Transfusion von Vollblut, Erythrozytenkonzentrat und Thrombozytenkonzentrat: Thrombozytenkonzentrat	
		ZE146.01[6)]	8-800.g1	2 Thrombozytenkonzentrate	610,44 €
		ZE146.02[6)]	8-800.g2	3 Thrombozytenkonzentrate	915,66 €
		ZE146.03	8-800.g3	4 Thrombozytenkonzentrate	1.220,87 €
		ZE146.04	8-800.g4	5 Thrombozytenkonzentrate	1.526,09 €
		ZE146.05	8-800.g5	6 bis unter 8 Thrombozytenkonzentrate	1.938,14 €
		ZE146.06	8-800.g6	8 bis unter 10 Thrombozytenkonzentrate	2.572,99 €
		ZE146.07	8-800.g7	10 bis unter 12 Thrombozytenkonzentrate	3.189,53 €
		ZE146.08	8-800.g8	12 bis unter 14 Thrombozytenkonzentrate	3.796,92 €
		ZE146.09	8-800.g9	14 bis unter 16 Thrombozytenkonzentrate	4.404,30 €
		ZE146.10	8-800.ga	16 bis unter 18 Thrombozytenkonzentrate	5.017,79 €
		ZE146.11	8-800.gb	18 bis unter 20 Thrombozytenkonzentrate	5.643,49 €
		ZE146.12	8-800.gc	20 bis unter 24 Thrombozytenkonzentrate	6.409,59 €

Zusatzentgelte-Katalog
- Definition und differenzierte Beträge -

ZE	Bezeichnung	ZE_D	OPS Version 2024		Betrag
			OPS-Kode	OPS-Text	
1	2	3	4	5	6
		ZE146.13	8-800.gd	24 bis unter 28 Thrombozytenkonzentrate	7.630,47 €
		ZE146.14	8-800.ge	28 bis unter 32 Thrombozytenkonzentrate	8.851,34 €
		ZE146.15	8-800.gf	32 bis unter 36 Thrombozytenkonzentrate	10.072,21 €
		ZE146.16	8-800.gg	36 bis unter 40 Thrombozytenkonzentrate	11.293,09 €
		ZE146.17	8-800.gh	40 bis unter 46 Thrombozytenkonzentrate	12.666,57 €
		ZE146.18	8-800.gj	46 bis unter 52 Thrombozytenkonzentrate	14.497,88 €
		ZE146.19	8-800.gk	52 bis unter 58 Thrombozytenkonzentrate	16.329,20 €
		ZE146.20	8-800.gm	58 bis unter 64 Thrombozytenkonzentrate	18.160,51 €
		ZE146.21	8-800.gn	64 bis unter 70 Thrombozytenkonzentrate	19.991,82 €
		ZE146.22	8-800.gp	70 bis unter 78 Thrombozytenkonzentrate	21.975,74 €
		ZE146.23	8-800.gq	78 bis unter 86 Thrombozytenkonzentrate	24.417,49 €
		ZE146.24	8-800.gr	86 bis unter 94 Thrombozytenkonzentrate	26.859,24 €
		ZE146.25	8-800.gs	94 bis unter 102 Thrombozytenkonzentrate	29.300,99 €
		ZE146.26	8-800.gt	102 bis unter 110 Thrombozytenkonzentrate	31.742,73 €
		ZE146.27	8-800.gu	110 bis unter 118 Thrombozytenkonzentrate	34.184,48 €
		ZE146.28	8-800.gv	118 bis unter 126 Thrombozytenkonzentrate	36.626,23 €
		ZE146.29		Siehe weitere Differenzierung ZE146.30 bis ZE146.46	
		ZE146.30	8-800.gz	126 bis unter 134 Thrombozytenkonzentrate	39.067,98 €
		ZE146.31	8-800.m0	134 bis unter 146 Thrombozytenkonzentrate	41.814,95 €
		ZE146.32	8-800.m1	146 bis unter 158 Thrombozytenkonzentrate	45.477,57 €
		ZE146.33	8-800.m2	158 bis unter 170 Thrombozytenkonzentrate	49.140,19 €
		ZE146.34	8-800.m3	170 bis unter 182 Thrombozytenkonzentrate	52.802,82 €
		ZE146.35	8-800.m4	182 bis unter 194 Thrombozytenkonzentrate	56.465,44 €
		ZE146.36	8-800.m5	194 bis unter 210 Thrombozytenkonzentrate	60.433,28 €
		ZE146.37	8-800.m6	210 bis unter 226 Thrombozytenkonzentrate	65.316,78 €
		ZE146.38	8-800.m7	226 bis unter 242 Thrombozytenkonzentrate	70.200,28 €
		ZE146.39	8-800.m8	242 bis unter 258 Thrombozytenkonzentrate	75.083,78 €
		ZE146.40	8-800.m9	258 bis unter 274 Thrombozytenkonzentrate	79.967,27 €
		ZE146.41	8-800.ma	274 bis unter 294 Thrombozytenkonzentrate	85.155,99 €
		ZE146.42	8-800.mb	294 bis unter 314 Thrombozytenkonzentrate	91.260,36 €
		ZE146.43	8-800.mc	314 bis unter 334 Thrombozytenkonzentrate	97.364,73 €
		ZE146.44	8-800.md	334 bis unter 354 Thrombozytenkonzentrate	103.469,11 €
		ZE146.45	8-800.me	354 bis unter 374 Thrombozytenkonzentrate	109.573,48 €
		ZE146.46	8-800.mf	374 oder mehr Thrombozytenkonzentrate	115.677,85 €
ZE147	Gabe von Apherese-Thrombozyten-konzentraten			Transfusion von Vollblut, Erythrozytenkonzentrat und Thrombozytenkonzentrat: Apherese-Thrombozytenkonzentrat	
		ZE147.01[6)]	8-800.f0	1 Apherese-Thrombozytenkonzentrat	358,32 €
		ZE147.02	8-800.f1	2 Apherese-Thrombozytenkonzentrate	716,65 €
		ZE147.03	8-800.f2	3 Apherese-Thrombozytenkonzentrate	1.074,97 €
		ZE147.04	8-800.f3	4 Apherese-Thrombozytenkonzentrate	1.433,30 €
		ZE147.05	8-800.f4	5 Apherese-Thrombozytenkonzentrate	1.791,62 €
		ZE147.06	8-800.f5	6 bis unter 8 Apherese-Thrombozytenkonzentrate	2.307,61 €
		ZE147.07	8-800.f6	8 bis unter 10 Apherese-Thrombozytenkonzentrate	3.042,18 €
		ZE147.08	8-800.f7	10 bis unter 12 Apherese-Thrombozytenkonzentrate	3.762,41 €
		ZE147.09	8-800.f8	12 bis unter 14 Apherese-Thrombozytenkonzentrate	4.475,47 €
		ZE147.10	8-800.f9	14 bis unter 16 Apherese-Thrombozytenkonzentrate	5.195,71 €
		ZE147.11	8-800.fa	16 bis unter 18 Apherese-Thrombozytenkonzentrate	5.883,69 €
		ZE147.12	8-800.fb	18 bis unter 20 Apherese-Thrombozytenkonzentrate	6.629,01 €
		ZE147.13	8-800.fc	20 bis unter 24 Apherese-Thrombozytenkonzentrate	7.524,82 €
		ZE147.14	8-800.fd	24 bis unter 28 Apherese-Thrombozytenkonzentrate	8.958,12 €
		ZE147.15	8-800.fe	28 bis unter 32 Apherese-Thrombozytenkonzentrate	10.391,41 €
		ZE147.16	8-800.ff	32 bis unter 36 Apherese-Thrombozytenkonzentrate	11.824,71 €
		ZE147.17	8-800.fg	36 bis unter 40 Apherese-Thrombozytenkonzentrate	13.258,01 €
		ZE147.18	8-800.fh	40 bis unter 46 Apherese-Thrombozytenkonzentrate	14.870,47 €
		ZE147.19	8-800.fj	46 bis unter 52 Apherese-Thrombozytenkonzentrate	17.020,42 €
		ZE147.20	8-800.fk	52 bis unter 58 Apherese-Thrombozytenkonzentrate	19.170,37 €

Zusatzentgelte-Katalog
- Definition und differenzierte Beträge -

ZE	Bezeichnung	ZE_D	OPS Version 2024		Betrag
			OPS-Kode	OPS-Text	
1	2	3	4	5	6
		ZE147.21	8-800.fm	58 bis unter 64 Apherese-Thrombozytenkonzentrate	21.320,31 €
		ZE147.22	8-800.fn	64 bis unter 70 Apherese-Thrombozytenkonzentrate	23.470,26 €
		ZE147.23	8-800.fp	70 bis unter 78 Apherese-Thrombozytenkonzentrate	25.799,37 €
		ZE147.24	8-800.fq	78 bis unter 86 Apherese-Thrombozytenkonzentrate	28.665,97 €
		ZE147.25	8-800.fr	86 bis unter 94 Apherese-Thrombozytenkonzentrate	31.532,56 €
		ZE147.26	8-800.fs	94 bis unter 102 Apherese-Thrombozytenkonzentrate	34.399,16 €
		ZE147.27	8-800.ft	102 bis unter 110 Apherese-Thrombozytenkonzentrate	37.265,76 €
		ZE147.28	8-800.fu	110 bis unter 118 Apherese-Thrombozytenkonzentrate	40.132,36 €
		ZE147.29	8-800.fv	118 bis unter 126 Apherese-Thrombozytenkonzentrate	42.998,95 €
		ZE147.30		Siehe weitere Differenzierung ZE147.31 bis ZE147.47	
		ZE147.31	8-800.fz	126 bis unter 134 Apherese-Thrombozytenkonzentrate	45.865,55 €
		ZE147.32	8-800.k0	134 bis unter 146 Apherese-Thrombozytenkonzentrate	49.090,47 €
		ZE147.33	8-800.k1	146 bis unter 158 Apherese-Thrombozytenkonzentrate	53.390,37 €
		ZE147.34	8-800.k2	158 bis unter 170 Apherese-Thrombozytenkonzentrate	57.690,26 €
		ZE147.35	8-800.k3	170 bis unter 182 Apherese-Thrombozytenkonzentrate	61.990,16 €
		ZE147.36	8-800.k4	182 bis unter 194 Apherese-Thrombozytenkonzentrate	66.290,05 €
		ZE147.37	8-800.k5	194 bis unter 210 Apherese-Thrombozytenkonzentrate	70.948,27 €
		ZE147.38	8-800.k6	210 bis unter 226 Apherese-Thrombozytenkonzentrate	76.681,46 €
		ZE147.39	8-800.k7	226 bis unter 242 Apherese-Thrombozytenkonzentrate	82.414,66 €
		ZE147.40	8-800.k8	242 bis unter 258 Apherese-Thrombozytenkonzentrate	88.147,85 €
		ZE147.41	8-800.k9	258 bis unter 274 Apherese-Thrombozytenkonzentrate	93.881,05 €
		ZE147.42	8-800.ka	274 bis unter 294 Apherese-Thrombozytenkonzentrate	99.972,56 €
		ZE147.43	8-800.kb	294 bis unter 314 Apherese-Thrombozytenkonzentrate	107.139,06 €
		ZE147.44	8-800.kc	314 bis unter 334 Apherese-Thrombozytenkonzentrate	114.305,55 €
		ZE147.45	8-800.kd	334 bis unter 354 Apherese-Thrombozytenkonzentrate	121.472,04 €
		ZE147.46	8-800.ke	354 bis unter 374 Apherese-Thrombozytenkonzentrate	128.638,53 €
		ZE147.47	8-800.kf	374 oder mehr Apherese-Thrombozytenkonzentrate	135.805,02 €
ZE151	Gabe von Abatacept, intravenös			Applikation von Medikamenten, Liste 3: Abatacept, intravenös	
		ZE151.01[6)]	6-003.s0	125 mg bis unter 250 mg	319,43 €
		ZE151.02[6)]	6-003.s1	250 mg bis unter 500 mg	638,87 €
		ZE151.03	6-003.s2	500 mg bis unter 750 mg	958,30 €
		ZE151.04	6-003.s3	750 mg bis unter 1.000 mg	1.437,45 €
		ZE151.05	6-003.s4	1.000 mg bis unter 1.250 mg	1.916,60 €
		ZE151.06	6-003.s5	1.250 mg bis unter 1.500 mg	2.395,75 €
		ZE151.07	6-003.s6	1.500 mg bis unter 1.750 mg	2.874,90 €
		ZE151.08	6-003.s7	1.750 mg bis unter 2.000 mg	3.354,05 €

Zusatzentgelte-Katalog
- Definition und differenzierte Beträge -

ZE	Bezeichnung	ZE_D	OPS Version 2024		Betrag
			OPS-Kode	OPS-Text	
1	2	3	4	5	6
		ZE151.09	6-003.s8	2.000 mg bis unter 2.250 mg	3.833,20 €
		ZE151.10	6-003.s9	2.250 mg bis unter 2.500 mg	4.312,35 €
		ZE151.11	6-003.sa	2.500 mg bis unter 2.750 mg	4.791,50 €
		ZE151.12	6-003.sb	2.750 mg bis unter 3.000 mg	5.270,65 €
		ZE151.13	6-003.sc	3.000 mg oder mehr	5.749,80 €
ZE152 [2)]	Perkutan-transluminale Fremdkörperentfernung und Thrombektomie an intrakraniellen Gefäßen unter Verwendung eines Stentretriever		8-836.60	(Perkutan-)transluminale Gefäßintervention: Fremdkörperentfernung: Gefäße intrakraniell	
			8-836.80	(Perkutan-)transluminale Gefäßintervention: Thrombektomie: Gefäße intrakraniell	
		ZE152.01	8-83b.84	Zusatzinformationen zu Materialien: Verwendung eines Instruments zur Thrombektomie oder Fremdkörperentfernung: 1 Stentretriever	1.384,92 €
			8-83b.8a	Zusatzinformationen zu Materialien: Verwendung eines Instruments zur Thrombektomie oder Fremdkörperentfernung: 1 Multizonen-Stentretriever	
		ZE152.02	8-83b.85	Zusatzinformationen zu Materialien: Verwendung eines Instruments zur Thrombektomie oder Fremdkörperentfernung: 2 Stentretriever	2.769,84 €
			8-83b.8b	Zusatzinformationen zu Materialien: Verwendung eines Instruments zur Thrombektomie oder Fremdkörperentfernung: 2 Multizonen-Stentretriever	
		ZE152.03	8-83b.86	Zusatzinformationen zu Materialien: Verwendung eines Instruments zur Thrombektomie oder Fremdkörperentfernung: 3 oder mehr Stentretriever	4.154,76 €
			8-83b.8c	Zusatzinformationen zu Materialien: Verwendung eines Instruments zur Thrombektomie oder Fremdkörperentfernung: 3 oder mehr Multizonen-Stentretriever	
ZE153	Zügeloperation mit alloplastischem Material, adjustierbar		5-594.31	Suprapubische (urethrovesikale) Zügeloperation [Schlingenoperation]: Mit alloplastischem Material: Adjustierbar	siehe Anlage 2
ZE156	Gabe von Decitabin, parenteral			Applikation von Medikamenten, Liste 4: Decitabin, parenteral	
		ZE156.01	6-004.40	30 mg bis unter 60 mg	923,34 €
		ZE156.02	6-004.41	60 mg bis unter 90 mg	1.615,85 €
		ZE156.03	6-004.42	90 mg bis unter 120 mg	2.308,36 €
		ZE156.04	6-004.43	120 mg bis unter 150 mg	3.000,87 €
		ZE156.05	6-004.44	150 mg bis unter 180 mg	3.693,38 €
		ZE156.06	6-004.45	180 mg bis unter 210 mg	4.385,88 €
		ZE156.07	6-004.46	210 mg bis unter 240 mg	4.982,60 €
		ZE156.08	6-004.47	240 mg bis unter 270 mg	5.770,90 €
		ZE156.09	6-004.48	270 mg bis unter 300 mg	6.463,41 €
		ZE156.10	6-004.49	300 mg bis unter 330 mg	7.155,92 €
		ZE156.11	6-004.4a	330 mg bis unter 360 mg	7.848,42 €
		ZE156.12	6-004.4b	360 mg bis unter 390 mg	8.540,93 €
		ZE156.13	6-004.4c	390 mg bis unter 420 mg	9.233,44 €
		ZE156.14	6-004.4d	420 mg bis unter 450 mg	9.925,95 €
		ZE156.15	6-004.4e	450 mg bis unter 480 mg	10.618,46 €
		ZE156.16	6-004.4f	480 mg bis unter 510 mg	11.310,96 €
		ZE156.17	6-004.4g	510 mg oder mehr	12.003,47 €
ZE158	Vagusnervstimulations-systeme, mit Sondenimplantation		5-059.c8	Implantation oder Wechsel eines Neurostimulators zur Stimulation des peripheren Nervensystems mit Implantation oder Wechsel einer Neurostimulationselektrode:	siehe Anlage 2

Zusatzentgelte-Katalog
- Definition und differenzierte Beträge -

ZE	Bezeichnung	ZE_D	OPS Version 2024		Betrag
			OPS-Kode	OPS-Text	
1	2	3	4	5	6
ZE159	Vagusnervstimulationssysteme, ohne Sondenimplantation		5-059.d8	Wechsel eines Neurostimulators zur Stimulation des peripheren Nervensystems ohne Wechsel einer Neurostimulationselektrode: Vagusnervstimulationssystem	siehe Anlage 2
ZE161	Radiofrequenzablation Ösophagus		5-422.55	Lokale Exzision und Destruktion von erkranktem Gewebe des Ösophagus: Destruktion, endoskopisch: Radiofrequenzablation	siehe Anlage 2
ZE162 [9)]	Erhöhter Pflegeaufwand bei pflegebedürftigen Patienten (DRG-Tabelle 1)			Pflegebedürftigkeit im Sinne § 14 SGB XI und Pflegegrad gemäß § 15 SGB XI	
			9-984.8	Pflegebedürftig nach Pflegegrad 3	siehe Anlage 2
			9-984.9	Pflegebedürftig nach Pflegegrad 4	siehe Anlage 2
			9-984.a	Pflegebedürftig nach Pflegegrad 5	siehe Anlage 2
ZE163 [10)]	Erhöhter Pflegeaufwand bei pflegebedürftigen Patienten (DRG-Tabelle 2)			Pflegebedürftigkeit im Sinne § 14 SGB XI und Pflegegrad gemäß § 15 SGB XI	
			9-984.8	Pflegebedürftig nach Pflegegrad 3	siehe Anlage 2
			9-984.9	Pflegebedürftig nach Pflegegrad 4	siehe Anlage 2
			9-984.a	Pflegebedürftig nach Pflegegrad 5	siehe Anlage 2
ZE164	Gabe von pathogeninaktivierten Thrombozytenkonzentraten			Transfusion von Vollblut, Erythrozytenkonzentrat und Thrombozytenkonzentrat: Pathogeninaktiviertes Thrombozytenkonzentrat	
		ZE164.01[6)]	8-800.h1	2 pathogeninaktivierte Thrombozytenkonzentrate	738,98 €
		ZE164.02[6)]	8-800.h2	3 pathogeninaktivierte Thrombozytenkonzentrate	1.108,46 €
		ZE164.03	8-800.h3	4 pathogeninaktivierte Thrombozytenkonzentrate	1.477,95 €
		ZE164.04	8-800.h4	5 pathogeninaktivierte Thrombozytenkonzentrate	1.847,44 €
		ZE164.05	8-800.h5	6 bis unter 8 pathogeninaktivierte Thrombozytenkonzentrate	2.401,67 €
		ZE164.06	8-800.h6	8 bis unter 10 pathogeninaktivierte Thrombozytenkonzentrate	3.140,65 €
		ZE164.07	8-800.h7	10 bis unter 12 pathogeninaktivierte Thrombozytenkonzentrate	3.879,63 €
		ZE164.08	8-800.h8	12 bis unter 14 pathogeninaktivierte Thrombozytenkonzentrate	4.618,60 €
		ZE164.09	8-800.h9	14 bis unter 16 pathogeninaktivierte Thrombozytenkonzentrate	5.357,58 €
		ZE164.10	8-800.ha	16 bis unter 18 pathogeninaktivierte Thrombozytenkonzentrate	6.096,56 €
		ZE164.11	8-800.hb	18 bis unter 20 pathogeninaktivierte Thrombozytenkonzentrate	6.835,53 €
		ZE164.12	8-800.hc	20 bis unter 24 pathogeninaktivierte Thrombozytenkonzentrate	7.759,25 €
		ZE164.13	8-800.hd	24 bis unter 28 pathogeninaktivierte Thrombozytenkonzentrate	9.237,21 €
		ZE164.14	8-800.he	28 bis unter 32 pathogeninaktivierte Thrombozytenkonzentrate	10.715,16 €
		ZE164.15	8-800.hf	32 bis unter 36 pathogeninaktivierte Thrombozytenkonzentrate	12.193,11 €
		ZE164.16	8-800.hg	36 bis unter 40 pathogeninaktivierte Thrombozytenkonzentrate	13.671,07 €
		ZE164.17	8-800.hh	40 bis unter 46 pathogeninaktivierte Thrombozytenkonzentrate	15.333,76 €
		ZE164.18	8-800.hj	46 bis unter 52 pathogeninaktivierte Thrombozytenkonzentrate	17.550,69 €
		ZE164.19	8-800.hk	52 bis unter 58 pathogeninaktivierte Thrombozytenkonzentrate	19.767,62 €
		ZE164.20	8-800.hm	58 bis unter 64 pathogeninaktivierte Thrombozytenkonzentrate	21.984,55 €

Zusatzentgelte-Katalog
- Definition und differenzierte Beträge -

ZE	Bezeichnung	ZE$_D$	OPS Version 2024		Betrag
			OPS-Kode	OPS-Text	
1	2	3	4	5	6
		ZE164.21	8-800.hn	64 bis unter 70 pathogeninaktivierte Thrombozytenkonzentrate	24.201,48 €
		ZE164.22	8-800.hp	70 bis unter 78 pathogeninaktivierte Thrombozytenkonzentrate	26.603,16 €
		ZE164.23	8-800.hq	78 bis unter 86 pathogeninaktivierte Thrombozytenkonzentrate	29.559,06 €
		ZE164.24	8-800.hr	86 bis unter 94 pathogeninaktivierte Thrombozytenkonzentrate	32.514,97 €
		ZE164.25	8-800.hs	94 bis unter 102 pathogeninaktivierte Thrombozytenkonzentrate	35.470,88 €
		ZE164.26	8-800.ht	102 bis unter 110 pathogeninaktivierte Thrombozytenkonzentrate	38.426,78 €
		ZE164.27	8-800.hu	110 bis unter 118 pathogeninaktivierte Thrombozytenkonzentrate	41.382,69 €
		ZE164.28	8-800.hv	118 bis unter 126 pathogeninaktivierte Thrombozytenkonzentrate	44.338,60 €
		ZE164.29	8-800.hz	126 bis unter 134 pathogeninaktivierte Thrombozytenkonzentrate	47.294,50 €
		ZE164.30	8-800.n0	134 bis unter 146 pathogeninaktivierte Thrombozytenkonzentrate	50.619,90 €
		ZE164.31	8-800.n1	146 bis unter 158 pathogeninaktivierte Thrombozytenkonzentrate	55.053,76 €
		ZE164.32	8-800.n2	158 bis unter 170 pathogeninaktivierte Thrombozytenkonzentrate	59.487,62 €
		ZE164.33	8-800.n3	170 bis unter 182 pathogeninaktivierte Thrombozytenkonzentrate	63.921,48 €
		ZE164.34	8-800.n4	182 bis unter 194 pathogeninaktivierte Thrombozytenkonzentrate	68.355,34 €
		ZE164.35	8-800.n5	194 bis unter 210 pathogeninaktivierte Thrombozytenkonzentrate	73.158,68 €
		ZE164.36	8-800.n6	210 bis unter 226 pathogeninaktivierte Thrombozytenkonzentrate	79.070,50 €
		ZE164.37	8-800.n7	226 bis unter 242 pathogeninaktivierte Thrombozytenkonzentrate	84.982,31 €
		ZE164.38	8-800.n8	242 bis unter 258 pathogeninaktivierte Thrombozytenkonzentrate	90.894,12 €
		ZE164.39	8-800.n9	258 bis unter 274 pathogeninaktivierte Thrombozytenkonzentrate	96.805,93 €
		ZE164.40	8-800.na	274 bis unter 294 pathogeninaktivierte Thrombozytenkonzentrate	103.087,24 €
		ZE164.41	8-800.nb	294 bis unter 314 pathogeninaktivierte Thrombozytenkonzentrate	110.477,00 €
		ZE164.42	8-800.nc	314 bis unter 334 pathogeninaktivierte Thrombozytenkonzentrate	117.866,77 €
		ZE164.43	8-800.nd	334 bis unter 354 pathogeninaktivierte Thrombozytenkonzentrate	125.256,53 €
		ZE164.44	8-800.ne	354 bis unter 374 pathogeninaktivierte Thrombozytenkonzentrate	132.646,30 €
		ZE164.45	8-800.nf	374 oder mehr pathogeninaktivierte Thrombozytenkonzentrate	140.036,07 €

Zusatzentgelte-Katalog
- Definition und differenzierte Beträge -

ZE	Bezeichnung	ZE_D	OPS Version 2024		Betrag
			OPS-Kode	OPS-Text	
1	2	3	4	5	6
ZE165	Gabe von pathogeninaktivierten Apherese-Thrombozyten-konzentraten			Transfusion von Vollblut, Erythrozytenkonzentrat und Thrombozytenkonzentrat: Pathogeninaktiviertes Apherese-Thrombozytenkonzentrat	
		ZE165.01[6)]	8-800.d0	1 pathogeninaktiviertes Apherese-Thrombozytenkonzentrat	427,12 €
		ZE165.02	8-800.d1	2 pathogeninaktivierte Apherese-Thrombozytenkonzentrate	854,25 €
		ZE165.03	8-800.d2	3 pathogeninaktivierte Apherese-Thrombozytenkonzentrate	1.281,37 €
		ZE165.04	8-800.d3	4 pathogeninaktivierte Apherese-Thrombozytenkonzentrate	1.708,50 €
		ZE165.05	8-800.d4	5 pathogeninaktivierte Apherese-Thrombozytenkonzentrate	2.135,62 €
		ZE165.06	8-800.d5	6 bis unter 8 pathogeninaktivierte Apherese-Thrombozytenkonzentrate	2.776,31 €
		ZE165.07	8-800.d6	8 bis unter 10 pathogeninaktivierte Apherese-Thrombozytenkonzentrate	3.630,55 €
		ZE165.08	8-800.d7	10 bis unter 12 pathogeninaktivierte Apherese-Thrombozytenkonzentrate	4.484,80 €
		ZE165.09	8-800.d8	12 bis unter 14 pathogeninaktivierte Apherese-Thrombozytenkonzentrate	5.339,05 €
		ZE165.10	8-800.d9	14 bis unter 16 pathogeninaktivierte Apherese-Thrombozytenkonzentrate	6.193,30 €
		ZE165.11	8-800.da	16 bis unter 18 pathogeninaktivierte Apherese-Thrombozytenkonzentrate	7.047,55 €
		ZE165.12	8-800.db	18 bis unter 20 pathogeninaktivierte Apherese-Thrombozytenkonzentrate	7.901,79 €
		ZE165.13	8-800.dc	20 bis unter 24 pathogeninaktivierte Apherese-Thrombozytenkonzentrate	8.969,60 €
		ZE165.14	8-800.dd	24 bis unter 28 pathogeninaktivierte Apherese-Thrombozytenkonzentrate	10.678,10 €
		ZE165.15	8-800.de	28 bis unter 32 pathogeninaktivierte Apherese-Thrombozytenkonzentrate	12.386,60 €
		ZE165.16	8-800.df	32 bis unter 36 pathogeninaktivierte Apherese-Thrombozytenkonzentrate	14.095,09 €
		ZE165.17	8-800.dg	36 bis unter 40 pathogeninaktivierte Apherese-Thrombozytenkonzentrate	15.803,59 €
		ZE165.18	8-800.dh	40 bis unter 46 pathogeninaktivierte Apherese-Thrombozytenkonzentrate	17.725,65 €
		ZE165.19	8-800.dj	46 bis unter 52 pathogeninaktivierte Apherese-Thrombozytenkonzentrate	20.288,39 €
		ZE165.20	8-800.dk	52 bis unter 58 pathogeninaktivierte Apherese-Thrombozytenkonzentrate	22.851,13 €
		ZE165.21	8-800.dm	58 bis unter 64 pathogeninaktivierte Apherese-Thrombozytenkonzentrate	25.413,88 €
		ZE165.22	8-800.dn	64 bis unter 70 pathogeninaktivierte Apherese-Thrombozytenkonzentrate	27.976,62 €
		ZE165.23	8-800.dp	70 bis unter 78 pathogeninaktivierte Apherese-Thrombozytenkonzentrate	30.752,93 €
		ZE165.24	8-800.dq	78 bis unter 86 pathogeninaktivierte Apherese-Thrombozytenkonzentrate	34.169,92 €
		ZE165.25	8-800.dr	86 bis unter 94 pathogeninaktivierte Apherese-Thrombozytenkonzentrate	37.586,91 €
		ZE165.26	8-800.ds	94 bis unter 102 pathogeninaktivierte Apherese-Thrombozytenkonzentrate	41.003,90 €

Zusatzentgelte-Katalog
- Definition und differenzierte Beträge -

ZE	Bezeichnung	ZE_D	OPS Version 2024		Betrag
			OPS-Kode	OPS-Text	
1	2	3	4	5	6
		ZE165.27	8-800.dt	102 bis unter 110 pathogeninaktivierte Apherese-Thrombozytenkonzentrate	44.420,90 €
		ZE165.28	8-800.du	110 bis unter 118 pathogeninaktivierte Apherese-Thrombozytenkonzentrate	47.837,89 €
		ZE165.29	8-800.dv	118 bis unter 126 pathogeninaktivierte Apherese-Thrombozytenkonzentrate	51.254,88 €
		ZE165.30	8-800.dz	126 bis unter 134 pathogeninaktivierte Apherese-Thrombozytenkonzentrate	54.671,87 €
		ZE165.31	8-800.j0	134 bis unter 146 pathogeninaktivierte Apherese-Thrombozytenkonzentrate	58.515,99 €
		ZE165.32	8-800.j1	146 bis unter 158 pathogeninaktivierte Apherese-Thrombozytenkonzentrate	63.641,48 €
		ZE165.33	8-800.j2	158 bis unter 170 pathogeninaktivierte Apherese-Thrombozytenkonzentrate	68.766,96 €
		ZE165.34	8-800.j3	170 bis unter 182 pathogeninaktivierte Apherese-Thrombozytenkonzentrate	73.892,45 €
		ZE165.35	8-800.j4	182 bis unter 194 pathogeninaktivierte Apherese-Thrombozytenkonzentrate	79.017,94 €
		ZE165.36	8-800.j5	194 bis unter 210 pathogeninaktivierte Apherese-Thrombozytenkonzentrate	84.570,55 €
		ZE165.37	8-800.j6	210 bis unter 226 pathogeninaktivierte Apherese-Thrombozytenkonzentrate	91.404,54 €
		ZE165.38	8-800.j7	226 bis unter 242 pathogeninaktivierte Apherese-Thrombozytenkonzentrate	98.238,52 €
		ZE165.39	8-800.j8	242 bis unter 258 pathogeninaktivierte Apherese-Thrombozytenkonzentrate	105.072,50 €
		ZE165.40	8-800.j9	258 bis unter 274 pathogeninaktivierte Apherese-Thrombozytenkonzentrate	111.906,49 €
		ZE165.41	8-800.ja	274 bis unter 294 pathogeninaktivierte Apherese-Thrombozytenkonzentrate	119.167,60 €
		ZE165.42	8-800.jb	294 bis unter 314 pathogeninaktivierte Apherese-Thrombozytenkonzentrate	127.710,08 €
		ZE165.43	8-800.jc	314 bis unter 334 pathogeninaktivierte Apherese-Thrombozytenkonzentrate	136.252,56 €
		ZE165.44	8-800.jd	334 bis unter 354 pathogeninaktivierte Apherese-Thrombozytenkonzentrate	144.795,04 €
		ZE165.45	8-800.je	354 bis unter 374 pathogeninaktivierte Apherese-Thrombozytenkonzentrate	153.337,52 €
		ZE165.46	8-800.jf	374 oder mehr pathogeninaktivierte Apherese-Thrombozytenkonzentrate	161.880,00 €
ZE168	Gabe von Ipilimumab, parenteral			Applikation von Medikamenten, Liste 6: Ipilimumab, parenteral	
		ZE168.01[6)]	6-006.j0	20 mg bis unter 30 mg	1.534,93 €
		ZE168.02	6-006.j1	30 mg bis unter 40 mg	2.192,75 €
		ZE168.03	6-006.j2	40 mg bis unter 50 mg	2.850,58 €
		ZE168.04	6-006.j3	50 mg bis unter 60 mg	3.508,41 €
		ZE168.05	6-006.j4	60 mg bis unter 70 mg	4.166,23 €
		ZE168.06	6-006.j5	70 mg bis unter 80 mg	4.824,06 €
		ZE168.07	6-006.j6	80 mg bis unter 90 mg	5.481,88 €
		ZE168.08	6-006.j7	90 mg bis unter 100 mg	6.094,10 €
		ZE168.09	6-006.j8	100 mg bis unter 120 mg	6.948,62 €
		ZE168.10	6-006.j9	120 mg bis unter 140 mg	8.332,46 €
		ZE168.11	6-006.ja	140 mg bis unter 160 mg	9.648,11 €
		ZE168.12	6-006.jb	160 mg bis unter 180 mg	10.963,77 €
		ZE168.13	6-006.jc	180 mg bis unter 200 mg	12.279,42 €
		ZE168.14	6-006.jd	200 mg bis unter 220 mg	13.595,07 €
		ZE168.15	6-006.je	220 mg bis unter 240 mg	14.910,72 €

Zusatzentgelte-Katalog
- Definition und differenzierte Beträge -

ZE	Bezeichnung	ZE_D	OPS Version 2024		Betrag
			OPS-Kode	OPS-Text	
1	2	3	4	5	6
		ZE168.16	6-006.jf	240 mg bis unter 260 mg	16.226,37 €
		ZE168.17	6-006.jg	260 mg bis unter 300 mg	17.980,58 €
		ZE168.18	6-006.jh	300 mg bis unter 340 mg	20.611,88 €
		ZE168.19	6-006.jj	340 mg bis unter 380 mg	23.243,19 €
		ZE168.20	6-006.jk	380 mg bis unter 420 mg	25.756,52 €
		ZE168.21	6-006.jm	420 mg bis unter 460 mg	28.505,79 €
		ZE168.22	6-006.jn	460 mg bis unter 540 mg	32.014,20 €
		ZE168.23	6-006.jp	540 mg bis unter 620 mg	37.276,81 €
		ZE168.24	6-006.jq	620 mg bis unter 700 mg	42.539,41 €
		ZE168.25	6-006.jr	700 mg bis unter 860 mg	49.556,23 €
		ZE168.26	6-006.js	860 mg bis unter 1.020 mg	60.081,44 €
		ZE168.27	6-006.jt	1.020 mg bis unter 1.180 mg	70.606,66 €
		ZE168.28	6-006.ju	1.180 mg bis unter 1.340 mg	81.131,87 €
		ZE168.29	6-006.jv	1.340 mg bis unter 1.500 mg	91.657,09 €
		ZE168.30	6-006.jw	1.500 mg oder mehr	102.182,31 €
ZE169	Adjustierbare Harnkontinenztherapien		5-596.73	Andere Harninkontinenzoperationen: Adjustierbare Kontinenztherapie: Wechsel des Ballons	siehe Anlage 2
			5-596.74	Andere Harninkontinenzoperationen: Adjustierbare Kontinenztherapie: Implantation unter den Harnblasenhals	
			5-596.75	Andere Harninkontinenzoperationen: Adjustierbare Kontinenztherapie: Implantation in die Region der bulbären Harnröhre	
ZE170	Suspensionsoperation bei Harninkontinenz des Mannes		5-598.0	Suspensionsoperation [Zügeloperation] bei Harninkontinenz des Mannes: Mit alloplastischem Material	siehe Anlage 2
ZE171	Gabe von Pembrolizumab, parenteral			Applikation von Medikamenten, Liste 9: Pembrolizumab, parenteral	
		ZE171.01[6)]	6-009.p0	20 mg bis unter 40 mg	743,57 €
		ZE171.02[6)]	6-009.p1	40 mg bis unter 60 mg	1.301,24 €
		ZE171.03[6)]	6-009.p2	60 mg bis unter 80 mg	1.858,91 €
		ZE171.04	6-009.p3	80 mg bis unter 100 mg	2.416,59 €
		ZE171.05	6-009.p4	100 mg bis unter 150 mg	2.788,37 €
		ZE171.06	6-009.p5	150 mg bis unter 200 mg	4.182,56 €
		ZE171.07	6-009.p6	200 mg bis unter 300 mg	5.576,74 €
		ZE171.08	6-009.p7	300 mg bis unter 400 mg	8.365,11 €
		ZE171.09	6-009.p8	400 mg bis unter 600 mg	11.153,48 €
		ZE171.10	6-009.p9	600 mg bis unter 800 mg	16.730,22 €
		ZE171.11	6-009.pa	800 mg bis unter 1.000 mg	22.306,96 €
		ZE171.12	6-009.pb	1.000 mg bis unter 1.200 mg	27.883,70 €
		ZE171.13	6-009.pc	1.200 mg bis unter 1.400 mg	33.460,44 €
		ZE171.14	6-009.pd	1.400 mg bis unter 1.600 mg	39.037,18 €
		ZE171.15	6-009.pe	1.600 mg bis unter 1.800 mg	44.613,92 €
		ZE171.16	6-009.pf	1.800 mg bis unter 2.000 mg	50.190,66 €
		ZE171.17	6-009.pg	2.000 mg bis unter 2.200 mg	55.767,40 €
		ZE171.18	6-009.ph	2.200 mg bis unter 2.400 mg	61.344,14 €
		ZE171.19	6-009.pj	2.400 mg bis unter 2.600 mg	66.920,88 €
		ZE171.20	6-009.pk	2.600 mg oder mehr	72.497,62 €
ZE172	Gabe von Atezolizumab, parenteral			Applikation von Medikamenten, Liste 10: Atezolizumab, parenteral	
		ZE172.01	6-00a.10	840 mg bis unter 1.200 mg	2.692,54 €
		ZE172.02	6-00a.11	1.200 mg bis unter 1.680 mg	3.846,48 €
		ZE172.03	6-00a.12	1.680 mg bis unter 2.400 mg	5.385,07 €
		ZE172.04	6-00a.13	2.400 mg bis unter 2.520 mg	7.692,96 €
		ZE172.05	6-00a.14	2.520 mg bis unter 3.360 mg	8.077,61 €
		ZE172.06	6-00a.15	3.360 mg bis unter 3.600 mg	10.770,14 €
		ZE172.07	6-00a.16	3.600 mg bis unter 4.200 mg	11.539,44 €

Zusatzentgelte-Katalog
- Definition und differenzierte Beträge -

ZE	Bezeichnung	ZE_D	OPS Version 2024		Betrag
			OPS-Kode	OPS-Text	
1	2	3	4	5	6
		ZE172.08	6-00a.17	4.200 mg bis unter 4.800 mg	13.462,68 €
		ZE172.09	6-00a.18	4.800 mg bis unter 5.040 mg	15.385,92 €
		ZE172.10	6-00a.19	5.040 mg bis unter 5.880 mg	16.155,22 €
		ZE172.11	6-00a.1a	5.880 mg bis unter 6.000 mg	18.847,75 €
		ZE172.12	6-00a.1b	6.000 mg bis unter 6.720 mg	19.232,40 €
		ZE172.13	6-00a.1c	6.720 mg bis unter 7.200 mg	21.540,29 €
		ZE172.14	6-00a.1d	7.200 mg bis unter 7.560 mg	23.078,88 €
		ZE172.15	6-00a.1e	7.560 mg bis unter 8.400 mg	24.232,82 €
		ZE172.16	6-00a.1f	8.400 mg bis unter 9.600 mg	26.925,36 €
		ZE172.17	6-00a.1g	9.600 mg bis unter 10.800 mg	30.771,84 €
		ZE172.18	6-00a.1h	10.800 mg bis unter 12.000 mg	34.618,32 €
		ZE172.19	6-00a.1j	12.000 mg bis unter 13.200 mg	38.464,80 €
		ZE172.20	6-00a.1k	13.200 mg oder mehr	42.311,28 €
ZE173	Gabe von Ocrelizumab, parenteral			Applikation von Medikamenten, Liste 10: Ocrelizumab, parenteral	
		ZE173.01	6-00a.e0	300 mg bis unter 600 mg	5.794,89 €
		ZE173.02	6-00a.e1	600 mg bis unter 900 mg	11.589,78 €
		ZE173.03	6-00a.e2	900 mg bis unter 1.200 mg	17.384,67 €
		ZE173.04	6-00a.e3	1.200 mg bis unter 1.500 mg	23.179,56 €
		ZE173.05	6-00a.e4	1.500 mg bis unter 1.800 mg	28.974,45 €
		ZE173.06	6-00a.e5	1.800 mg oder mehr	34.769,34 €
ZE174	Gabe von Venetoclax, oral			Applikation von Medikamenten, Liste 10: Venetoclax, oral	
		ZE174.01 [6)]	6-00a.k0	250 mg bis unter 500 mg	188,82 €
		ZE174.02 [6)]	6-00a.k1	500 mg bis unter 750 mg	314,69 €
		ZE174.03 [6)]	6-00a.k2	750 mg bis unter 1.000 mg	440,57 €
		ZE174.04	6-00a.k3	1.000 mg bis unter 1.500 mg	607,62 €
		ZE174.05	6-00a.k4	1.500 mg bis unter 2.000 mg	868,64 €
		ZE174.06	6-00a.k5	2.000 mg bis unter 2.500 mg	1.115,70 €
		ZE174.07	6-00a.k6	2.500 mg bis unter 3.000 mg	1.372,59 €
		ZE174.08	6-00a.k7	3.000 mg bis unter 4.000 mg	1.728,38 €
		ZE174.09	6-00a.k8	4.000 mg bis unter 5.000 mg	2.226,91 €
		ZE174.10	6-00a.k9	5.000 mg bis unter 6.000 mg	2.722,19 €
		ZE174.11	6-00a.ka	6.000 mg bis unter 7.000 mg	3.272,75 €
		ZE174.12	6-00a.kb	7.000 mg bis unter 9.000 mg	3.991,24 €
		ZE174.13	6-00a.kc	9.000 mg bis unter 11.000 mg	5.035,00 €
		ZE174.14	6-00a.kd	11.000 mg bis unter 13.000 mg	6.042,00 €
		ZE174.15	6-00a.ke	13.000 mg bis unter 15.000 mg	7.049,00 €
		ZE174.16	6-00a.kf	15.000 mg bis unter 19.000 mg	8.559,50 €
		ZE174.17	6-00a.kg	19.000 mg bis unter 23.000 mg	10.573,50 €
		ZE174.18	6-00a.kh	23.000 mg bis unter 27.000 mg	12.587,50 €
		ZE174.19	6-00a.kj	27.000 mg bis unter 31.000 mg	14.601,50 €
		ZE174.20	6-00a.kk	31.000 mg oder mehr	16.615,50 €
ZE175 [2)]	Perkutan-transluminale Fremdkörperentfernung und Thrombektomie an intrakraniellen Gefäßen unter Verwendung eines Thrombektomie-Aspirationskatheters		8-836.60	(Perkutan-)transluminale Gefäßintervention: Fremdkörperentfernung: Gefäße intrakraniell	
			8-836.80	(Perkutan-)transluminale Gefäßintervention: Thrombektomie: Gefäße intrakraniell	
		ZE175.01	8-83b.87	1 Thrombektomie-Aspirationskatheter	1.137,64 €
		ZE175.02	8-83b.88	2 Thrombektomie-Aspirationskatheter	2.275,28 €
		ZE175.03	8-83b.89	3 oder mehr Thrombektomie-Aspirationskatheter	3.412,92 €

Fußnoten:

*) Gilt für alle entsprechenden 5-Steller oder 6-Steller des angegebenen OPS-Kodes.

1) Eine zusätzliche Abrechnung ist im Zusammenhang mit einer Fallpauschale der Basis-DRG L60 oder L71 oder der DRG L90B oder L90C und dem nach Anlage 3b krankenhausindividuell zu vereinbarenden Entgelt L90A nicht möglich.

2) Nur abrechenbar in Kombination mit einem der grau hinterlegten OPS-Kodes.

3) Dieses Zusatzentgelt ist nur abrechenbar für Patienten mit einem Alter < 3 Jahre.

Zusatzentgelte-Katalog
- Definition und differenzierte Beträge -

Fußnoten (Fortsetzung):

4) Dieses Zusatzentgelt ist nur abrechenbar für Patienten mit einem Alter < 5 Jahre.

5) Dieses Zusatzentgelt ist nur abrechenbar für Patienten mit einem Alter < 10 Jahre.

6) Dieses Zusatzentgelt ist nur abrechenbar für Patienten mit einem Alter < 15 Jahre.

7) Für eine Prozedur "(Perkutan-)transluminale Gefäßintervention: Selektive Embolisation mit Metallspiralen" in Kombination mit den Prozeduren 8-83b.34, 8-83b.35 und 8-83b.38 ist lokalisationsunabhängig ausschließlich das ZE105 abrechenbar.

8) Bei der Behandlung von Blutern mit Blutgerinnungsfaktoren erfolgt die Abrechnung der Gabe von Prothrombinkomplex über das ZE2024-97 nach Anlage 4 bzw. 6, die gleichzeitige Abrechnung des ZE30 ist ausgeschlossen.

9) Das Zusatzentgelt ist ab einer Mindestverweildauer von 5 Belegungstagen und nur in Verbindung mit einer der in Anlage 8 Tabelle 1 genannten DRG-Fallpauschale abrechenbar.

10) Das Zusatzentgelt ist ab einer Mindestverweildauer von 5 Belegungstagen und nur in Verbindung mit einer der in Anlage 8 Tabelle 2 genannten DRG-Fallpauschale abrechenbar.

Zusatzentgelte-Katalog
- Definition -

ZE [1]	Bezeichnung	OPS Version 2024	
		OPS-Kode	OPS-Text
1	2	3	4
ZE2024-01 [4]	Beckenimplantate	5-785.2d	Implantation von alloplastischem Knochenersatz: Keramischer Knochenersatz: Becken
		5-785.3d	Implantation von alloplastischem Knochenersatz: Keramischer Knochenersatz, resorbierbar: Becken
		5-785.4d	Implantation von alloplastischem Knochenersatz: Metallischer Knochenersatz: Becken
		5-785.5d	Implantation von alloplastischem Knochenersatz: Keramischer Knochenersatz, resorbierbar mit Antibiotikumzusatz: Becken
ZE2024-02 [4]	Links- und rechtsventrikuläre Herzassistenzsysteme („Kunstherz“)	5-376.20	Implantation und Entfernung eines herzunterstützenden Systems, offen chirurgisch: Extrakorporale Pumpe (z.B. Kreiselpumpe oder Zentrifugalpumpe), univentrikulär: Implantation, mit Sternotomie
		5-376.22	Implantation und Entfernung eines herzunterstützenden Systems, offen chirurgisch: Extrakorporale Pumpe (z.B. Kreiselpumpe oder Zentrifugalpumpe), univentrikulär: Isolierter Pumpenwechsel, nicht offen chirurgisch
		5-376.23	Implantation und Entfernung eines herzunterstützenden Systems, offen chirurgisch: Extrakorporale Pumpe (z.B. Kreiselpumpe oder Zentrifugalpumpe), univentrikulär: Implantation, transapikal
		5-376.30	Implantation und Entfernung eines herzunterstützenden Systems, offen chirurgisch: Extrakorporale Pumpe (z.B. Kreiselpumpe oder Zentrifugalpumpe), biventrikulär: Implantation
		5-376.33	Implantation und Entfernung eines herzunterstützenden Systems, offen chirurgisch: Extrakorporale Pumpe (z.B. Kreiselpumpe oder Zentrifugalpumpe), biventrikulär: Isolierter Pumpenwechsel einer Pumpe, nicht offen chirurgisch
		5-376.34	Implantation und Entfernung eines herzunterstützenden Systems, offen chirurgisch: Extrakorporale Pumpe (z.B. Kreiselpumpe oder Zentrifugalpumpe), biventrikulär: Isolierter Pumpenwechsel beider Pumpen, nicht offen chirurgisch
		5-376.40	Implantation und Entfernung eines herzunterstützenden Systems, offen chirurgisch: Intrakorporale Pumpe, univentrikulär: Implantation
		5-376.50	Implantation und Entfernung eines herzunterstützenden Systems, offen chirurgisch: Intrakorporale Pumpe, biventrikulär: Implantation
		5-376.60	Implantation und Entfernung eines herzunterstützenden Systems, offen chirurgisch: Kunstherz (totaler Herzersatz): Implantation
		5-376.70	Implantation und Entfernung eines herzunterstützenden Systems, offen chirurgisch: Parakorporale Pumpe, univentrikulär: Implantation
		5-376.72	Implantation und Entfernung eines herzunterstützenden Systems, offen chirurgisch: Parakorporale Pumpe, univentrikulär: Isolierter Pumpenwechsel, nicht offen chirurgisch
		5-376.80	Implantation und Entfernung eines herzunterstützenden Systems, offen chirurgisch: Parakorporale Pumpe, biventrikulär: Implantation

Zusatzentgelte-Katalog
- Definition -

ZE [1)]	Bezeichnung	OPS Version 2024	
		OPS-Kode	OPS-Text
1	2	3	4
		5-376.83	Implantation und Entfernung eines herzunterstützenden Systems, offen chirurgisch: Parakorporale Pumpe, biventrikulär: Isolierter Pumpenwechsel einer Pumpe, nicht offen chirurgisch
		5-376.84	Implantation und Entfernung eines herzunterstützenden Systems, offen chirurgisch: Parakorporale Pumpe, biventrikulär: Isolierter Pumpenwechsel beider Pumpen, nicht offen chirurgisch
ZE2024-03 [4)]	ECMO und PECLA	8-852.0*	Extrakorporaler Gasaustausch ohne und mit Herzunterstützung und Prä-ECMO-Therapie: Veno-venöse extrakorporale Membranoxygenation (ECMO) ohne Herzunterstützung
		8-852.2*	Extrakorporaler Gasaustausch ohne und mit Herzunterstützung und Prä-ECMO-Therapie: Extrakorporale Lungenunterstützung, pumpenlos (PECLA)
		8-852.3*	Extrakorporaler Gasaustausch ohne und mit Herzunterstützung und Prä-ECMO-Therapie: Anwendung einer minimalisierten Herz-Lungen-Maschine
ZE2024-04 [4)]	Individuell nach CAD gefertigte Rekonstruktionsimplantate im Gesichts- und Schädelbereich	5-020.65	Kranioplastik: Rekonstruktion des Gesichtsschädels ohne Beteiligung des Hirnschädels bis zu 2 Regionen mit computerassistiert vorgefertigtem Implantat [CAD-Implantat]
		5-020.66	Kranioplastik: Rekonstruktion des Gesichtsschädels ohne Beteiligung des Hirnschädels ab 3 Regionen mit computerassistiert vorgefertigtem Implantat [CAD-Implantat]
		5-020.67	Kranioplastik: Rekonstruktion des Hirnschädels mit Beteiligung von Orbita, Temporalregion oder frontalem Sinus (bis zu 2 Regionen) mit computerassistiert vorgefertigtem Implantat [CAD-Implantat]
		5-020.68	Kranioplastik: Rekonstruktion des Hirnschädels mit Beteiligung multipler Regionen des Gesichtsschädels (ab 3 Regionen) mit computerassistiert vorgefertigtem Implantat [CAD-Implantat]
		5-020.6b	Kranioplastik: Rekonstruktion des Gesichtsschädels ohne Beteiligung des Hirnschädels bis zu 2 Regionen mit computerassistiert vorgefertigtem Implantat, mit nicht resorbierbarem, mikroporösem Material mit fibrovaskulärer Integration
		5-020.6c	Kranioplastik: Rekonstruktion des Gesichtsschädels ohne Beteiligung des Hirnschädels ab 3 Regionen mit computerassistiert vorgefertigtem Implantat, mit nicht resorbierbarem, mikroporösem Material mit fibrovaskulärer Integration
		5-020.6d	Kranioplastik: Rekonstruktion des Hirnschädels mit Beteiligung von Orbita, Temporalregion oder frontalem Sinus (bis zu 2 Regionen) mit computerassistiert vorgefertigtem Implantat, mit nicht resorbierbarem, mikroporösem Material mit fibrovaskulärer Integration
		5-020.6e	Kranioplastik: Rekonstruktion des Hirnschädels mit Beteiligung multipler Regionen des Gesichtsschädels (ab 3 Regionen) mit computerassistiert vorgefertigtem Implantat, mit nicht resorbierbarem, mikroporösem Material mit fibrovaskulärer Integration
		5-020.71	Kranioplastik: Rekonstruktion des Hirnschädels ohne Beteiligung des Gesichtsschädels, mit alloplastischem Material: Mit computerassistiert vorgefertigtem Implantat [CAD-Implantat], einfacher Defekt

Zusatzentgelte-Katalog
- Definition -

ZE [1]	Bezeichnung	OPS Version 2024	
		OPS-Kode	OPS-Text
1	2	3	4
		5-020.72	Kranioplastik: Rekonstruktion des Hirnschädels ohne Beteiligung des Gesichtsschädels, mit alloplastischem Material: Mit computerassistiert vorgefertigtem Implantat [CAD-Implantat], großer oder komplexer Defekt
		5-020.74	Kranioplastik: Rekonstruktion des Hirnschädels ohne Beteiligung des Gesichtsschädels, mit alloplastischem Material: Mit computerassistiert vorgefertigtem Implantat [CAD-Implantat], einfacher Defekt, mit nicht resorbierbarem, mikroporösem Material mit fibrovaskulärer Integration
		5-020.75	Kranioplastik: Rekonstruktion des Hirnschädels ohne Beteiligung des Gesichtsschädels, mit alloplastischem Material: Mit computerassistiert vorgefertigtem Implantat [CAD-Implantat], großer oder komplexer Defekt, mit nicht resorbierbarem, mikroporösem Material mit fibrovaskulärer Integration
		5-774.71	Plastische Rekonstruktion und Augmentation der Maxilla: Durch alloplastische Implantate: Mit computerassistiert vorgefertigtem Implantat [CAD-Implantat], einfacher Defekt
		5-774.72	Plastische Rekonstruktion und Augmentation der Maxilla: Durch alloplastische Implantate: Mit computerassistiert vorgefertigtem Implantat [CAD-Implantat], großer oder komplexer Defekt
		5-775.71	Plastische Rekonstruktion und Augmentation der Mandibula: Durch alloplastische Implantate: Mit computerassistiert vorgefertigtem Implantat [CAD-Implantat], einfacher Defekt
		5-775.72	Plastische Rekonstruktion und Augmentation der Mandibula: Durch alloplastische Implantate: Mit computerassistiert vorgefertigtem Implantat [CAD-Implantat], großer oder komplexer Defekt
ZE2024-05 [4]	Distraktion am Gesichtsschädel	5-776.6	Osteotomie zur Verlagerung des Untergesichtes: Verlagerung des Unterkiefers durch Distraktion mit Kontinuitätsdurchtrennung im aufsteigenden Mandibulaast
		5-776.7	Osteotomie zur Verlagerung des Untergesichtes: Verlagerung der Mandibula durch Distraktion nach Osteotomie im horizontalen Mandibulaast
		5-776.9	Osteotomie zur Verlagerung des Untergesichtes: Verlagerung des Alveolarfortsatzes durch horizontale Distraktion nach
		5-777.*1	Osteotomie zur Verlagerung des Mittelgesichtes: Mit Distraktion
ZE2024-07 [4]	Andere implantierbare Medikamentenpumpen	5-028.1x	Funktionelle Eingriffe an Schädel, Gehirn und Hirnhäuten: Implantation oder Wechsel einer Medikamentenpumpe zur intraventrikulären Infusion: Sonstige
		5-038.4x	Operationen am spinalen Liquorsystem: Implantation oder Wechsel einer Medikamentenpumpe zur intrathekalen und/oder epiduralen Infusion: Sonstige
ZE2024-08 [3), 4]	Sonstige Dialyse	8-853.x	Hämofiltration: Sonstige
		8-853.y	Hämofiltration: N.n.bez.
		8-854.x	Hämodialyse: Sonstige
		8-854.y	Hämodialyse: N.n.bez.
		8-855.x	Hämodiafiltration: Sonstige
		8-855.y	Hämodiafiltration: N.n.bez.
		8-857.x	Peritonealdialyse: Sonstige
		8-857.y	Peritonealdialyse: N.n.bez.
ZE2024-09 [4]	Hämoperfusion [Vollblut-Adsorption]	8-821.30	Hämoperfusion [Vollblut-Adsorption]: Selektiv, zur Entfernung hydrophober Substanzen (niedrig- und/oder mittelmolekular)
		8-821.31	Hämoperfusion [Vollblut-Adsorption]: Selektiv, zur Entfernung sonstiger Substanzen
		8-821.32	Hämoperfusion [Vollblut-Adsorption]: Spezifisch

Zusatzentgelte-Katalog
- Definition -

ZE [1)]	Bezeichnung	OPS Version 2024	
		OPS-Kode	OPS-Text
1	2	3	4
ZE2024-10 [4)]	Leberersatztherapie	8-858.0	Extrakorporale Leberersatztherapie [Leberdialyse]: Ohne individualisierte pH-Steuerung zum Azidoseausgleich
		8-858.1	Extrakorporale Leberersatztherapie [Leberdialyse]: Mit individualisierter pH-Steuerung zum Azidoseausgleich
ZE2024-13 [4)]	Adsorption zur Entfernung von Immunglobulinen und/oder Immunkomplexen	8-821.40	Adsorption zur Entfernung von Immunglobulinen und/oder Immunkomplexen: Mit nicht wiederverwendbarem und nicht regenerierbarem Adsorber
		8-821.41	Adsorption zur Entfernung von Immunglobulinen und/oder Immunkomplexen: Mit nicht wiederverwendbarem und regenerierbarem Adsorber
		8-821.42	Adsorption zur Entfernung von Immunglobulinen und/oder Immunkomplexen: Mit wiederverwendbarem und regenerierbarem Adsorber, Erstanwendung
		8-821.43	Adsorption zur Entfernung von Immunglobulinen und/oder Immunkomplexen: Mit wiederverwendbarem und regenerierbarem Adsorber, weitere Anwendung
ZE2024-15 [4)]	Zellapherese	8-823	Zellapherese
		8-825.*	Spezielle Zellapheresеverfahren
ZE2024-16 [4)]	Isolierte Extremitätenperfusion	8-859	Isolierte Extremitätenperfusion
ZE2024-17 [4)]	Retransplantation von Organen während desselben stationären Aufenthaltes	5-125.5	Hornhaut-Retransplantation während desselben stationären Aufenthaltes
		5-335.3*	Lungentransplantation: Retransplantation während desselben stationären Aufenthaltes
		5-375.3	Herz-Retransplantation während desselben stationären Aufenthaltes
		5-375.4	Herz-Lungen-Retransplantation (En-bloc) während desselben stationären Aufenthaltes
		5-467.9*	Dünndarm-Retransplantation während desselben stationären Aufenthaltes
		5-504.3	Lebertransplantation: Retransplantation, komplett (gesamtes Organ) während desselben stationären Aufenthaltes
		5-504.4	Lebertransplantation: Retransplantation, partiell (Split-Leber) während desselben stationären Aufenthaltes
		5-504.5	Lebertransplantation: Retransplantation, auxiliär (linker Leberlappen zusätzlich zum vorhandenen Organ) während desselben stationären Aufenthaltes
		5-528.3	Retransplantation von Pankreasgewebe während desselben stationären Aufenthaltes
		5-528.4	Retransplantation eines Pankreassegmentes während desselben stationären Aufenthaltes
		5-528.5	Retransplantation des Pankreas (gesamtes Organ) während desselben stationären Aufenthaltes
		5-555.6	Nierentransplantation: Retransplantation, allogen, Lebendspender während desselben stationären Aufenthaltes
		5-555.7	Nierentransplantation: Retransplantation, allogen, Leichenniere während desselben stationären Aufenthaltes
		5-555.8	Nierentransplantation: Retransplantation, En-bloc-Transplantat während desselben stationären Aufenthaltes
ZE2024-18 [4)]	Zwerchfellschrittmacher	5-347.6*	Operationen am Zwerchfell: Implantation oder Wechsel eines Zwerchfellschrittmachers
ZE2024-22 [4)]	IABP	5-376.00	Implantation und Entfernung eines herzunterstützenden Systems, offen chirurgisch: Intraaortale Ballonpumpe:
		8-839.0	Andere therapeutische Katheterisierung und Kanüleneinlage in Herz und Blutgefäße: Perkutane Einführung einer intraaortalen Ballonpumpe

Zusatzentgelte-Katalog
- Definition -

ZE [1]	Bezeichnung	OPS Version 2024	
		OPS-Kode	OPS-Text
1	2	3	4
ZE2024-24 [4]	Andere Penisprothesen	5-649.50	Andere Operationen am Penis: Implantation einer Penisprothese: Semirigide Prothese
		5-649.5x	Andere Operationen am Penis: Implantation einer Penisprothese: Sonstige
		5-649.a0	Andere Operationen am Penis: Wechsel einer semirigiden Penisprothese: In eine semirigide Prothese
		5-649.ax	Andere Operationen am Penis: Wechsel einer semirigiden Penisprothese: Sonstige
		5-649.b0	Andere Operationen am Penis: Wechsel einer hydraulischen Penisprothese: Vollständig, in eine semirigide Prothese
		5-649.b2	Andere Operationen am Penis: Wechsel einer hydraulischen Penisprothese: Isolierter Pumpenwechsel
		5-649.b3	Andere Operationen am Penis: Wechsel einer hydraulischen Penisprothese: Isolierter Reservoirwechsel [Ballon]
		5-649.b4	Andere Operationen am Penis: Wechsel einer hydraulischen Penisprothese: Isolierter Wechsel des Schwellkörperimplantates [Zylinder]
		5-649.bx	Andere Operationen am Penis: Wechsel einer hydraulischen Penisprothese: Sonstige
ZE2024-25 [4]	Modulare Endoprothesen	5-829.k*	Andere gelenkplastische Eingriffe: Implantation einer modularen Endoprothese oder (Teil-)Wechsel in eine modulare Endoprothese bei knöcherner Defektsituation und ggf. Knochen(teil)ersatz
		5-829.m	Andere gelenkplastische Eingriffe: Implantation von oder (Teil-)Wechsel in ein patientenindividuell hergestelltes Implantat bei knöcherner Defektsituation oder angeborener oder erworbener Deformität
ZE2024-26 [4]	Anthroposophisch-medizinische Komplexbehandlung	8-975.3	Anthroposophisch-medizinische Komplexbehandlung
ZE2024-33 [2],	Gabe von Sargramostim,	6-001.4*	Applikation von Medikamenten, Liste 1: Sargramostim,
ZE2024-34 [4]	Gabe von Granulozytenkonzentraten	8-802.6*	Transfusion von Leukozyten: Granulozyten
ZE2024-35 [4]	Fremdbezug von hämatopoetischen Stammzellen		Fremdbezug von hämatopoetischen Stammzellen über Spenderdateien bei nicht-verwandten Spendern oder Bezug von hämatopoetischen Stammzellen von außerhalb Deutschlands bei Familienspendern
ZE2024-36 [4]	Versorgung von Schwerstbehinderten		Zusatzentgelt für Krankenhäuser, bei denen insbesondere wegen einer räumlichen Nähe zu entsprechenden Einrichtungen oder einer Spezialisierung eine Häufung von schwerstbehinderten Patienten auftritt. Vergütung des mit den DRG-Fallpauschalen nicht abgedeckten, wesentlichen zusätzlichen Aufwands, insbesondere im Pflegedienst
ZE2024-40 [4]	Naturheilkundliche Komplexbehandlung	8-975.23	Naturheilkundliche Komplexbehandlung: Mindestens 14 bis höchstens 20 Behandlungstage und weniger als 2.520 Behandlungsminuten oder mindestens 10 bis höchstens 13 Behandlungstage und mindestens 1.680 Behandlungsminuten
		8-975.24	Naturheilkundliche Komplexbehandlung: Mindestens 21 Behandlungstage oder mindestens 14 Behandlungstage und mindestens 2.520 Behandlungsminuten
ZE2024-41 [4], [5]	Multimodal-nichtoperative Komplexbehandlung des Bewegungssystems	8-977	Multimodal-nichtoperative Komplexbehandlung des Bewegungssystems
ZE2024-44 [4]	Stammzellboost nach erfolgter Transplantation von hämatopoetischen Stammzellen, nach In-vitro-Aufbereitung	8-805.62	Transfusion von peripher gewonnenen hämatopoetischen Stammzellen: Stammzellboost nach erfolgter Transplantation von hämatopoetischen Stammzellen: Nach In-vitro-Aufbereitung

Zusatzentgelte-Katalog
- Definition -

ZE [1]	Bezeichnung	OPS Version 2024	
		OPS-Kode	OPS-Text
1	2	3	4
ZE2024-45 [4]	Komplexe Diagnostik bei hämatologischen und onkologischen Erkrankungen bei Kindern und Jugendlichen	1-940	Komplexe Diagnostik bei hämatologischen und onkologischen Erkrankungen bei Kindern und Jugendlichen
ZE2024-46 [2], [4]	Gabe von Anti-Human-T-Lymphozyten-Immunglobulin, parenteral	8-812.3	Transfusion von Plasma und anderen Plasmabestandteilen und gentechnisch hergestellten Plasmaproteinen: Anti-Human-T-Lymphozyten-Immunglobulin vom Kaninchen, parenteral
		8-812.4	Transfusion von Plasma und anderen Plasmabestandteilen und gentechnisch hergestellten Plasmaproteinen: Anti-Human-T-Lymphozyten-Immunglobulin vom Pferd, parenteral
ZE2024-49 [4]	Hypertherme intraperitoneale Chemotherapie (HIPEC) in Kombination mit Peritonektomie und ggf. mit Multiviszeralresektion oder hypertherme intrathorakale Chemotherapie (HITOC) in Kombination mit Pleurektomie		
ZE2024-50 [4], [8]	Implantation einer (Hybrid)-Prothese an der Aorta	5-384.8	Resektion und Ersatz (Interposition) an der Aorta: Aorta ascendens, Aortenbogen oder Aorta descendens mit Hybridprothese
		5-38a.a	Endovaskuläre Implantation von Stent-Prothesen: Bei Hybridverfahren an Aorta ascendens, Aortenbogen oder Aorta thoracica
		5-38a.b	Endovaskuläre Implantation von Stent-Prothesen: Bei Hybridverfahren an der Aorta thoracoabdominalis
ZE2024-54 [4]	Selbstexpandierende Prothesen am Gastrointestinaltrakt	5-429.j0	Andere Operationen am Ösophagus: Maßnahmen bei selbstexpandierender Prothese: Einlegen oder Wechsel, offen chirurgisch, eine Prothese ohne Antirefluxventil
		5-429.j1	Andere Operationen am Ösophagus: Maßnahmen bei selbstexpandierender Prothese: Einlegen oder Wechsel, endoskopisch, eine Prothese ohne Antirefluxventil
		5-429.j3	Andere Operationen am Ösophagus: Maßnahmen bei selbstexpandierender Prothese: Einlegen oder Wechsel, offen chirurgisch, zwei Prothesen ohne Antirefluxventil
		5-429.j4	Andere Operationen am Ösophagus: Maßnahmen bei selbstexpandierender Prothese: Einlegen oder Wechsel, endoskopisch, zwei Prothesen ohne Antirefluxventil
		5-429.j9	Andere Operationen am Ösophagus: Maßnahmen bei selbstexpandierender Prothese: Einlegen oder Wechsel, offen chirurgisch, mehr als zwei Prothesen ohne Antirefluxventil
		5-429.ja	Andere Operationen am Ösophagus: Maßnahmen bei selbstexpandierender Prothese: Einlegen oder Wechsel, endoskopisch, mehr als zwei Prothesen ohne Antirefluxventil
		5-429.jb	Andere Operationen am Ösophagus: Maßnahmen bei selbstexpandierender Prothese: Einlegen oder Wechsel, offen chirurgisch, eine Prothese mit Antirefluxventil
		5-429.jc	Andere Operationen am Ösophagus: Maßnahmen bei selbstexpandierender Prothese: Einlegen oder Wechsel, endoskopisch, eine Prothese mit Antirefluxventil
		5-429.jd	Andere Operationen am Ösophagus: Maßnahmen bei selbstexpandierender Prothese: Einlegen oder Wechsel, offen chirurgisch, zwei Prothesen, eine davon mit Antirefluxventil
		5-429.je	Andere Operationen am Ösophagus: Maßnahmen bei selbstexpandierender Prothese: Einlegen oder Wechsel, endoskopisch, zwei Prothesen, eine davon mit Antirefluxventil

Zusatzentgelte-Katalog
- Definition -

ZE [1]	Bezeichnung	OPS Version 2024	
		OPS-Kode	OPS-Text
1	2	3	4
		5-429.je	Andere Operationen am Ösophagus: Maßnahmen bei selbstexpandierender Prothese: Einlegen oder Wechsel, endoskopisch, zwei Prothesen, eine davon mit Antirefluxventil
		5-429.jf	Andere Operationen am Ösophagus: Maßnahmen bei selbstexpandierender Prothese: Einlegen oder Wechsel, offen chirurgisch, mehr als zwei Prothesen, eine davon mit Antirefluxventil
		5-429.jg	Andere Operationen am Ösophagus: Maßnahmen bei selbstexpandierender Prothese: Einlegen oder Wechsel, endoskopisch, mehr als zwei Prothesen, eine davon mit Antirefluxventil
		5-449.h*	Andere Operationen am Magen: Einlegen oder Wechsel einer selbstexpandierenden Prothese
		5-469.k*	Andere Operationen am Darm: Einlegen oder Wechsel einer selbstexpandierenden Prothese
		5-489.g0	Andere Operation am Rektum: Einlegen oder Wechsel einer Prothese, endoskopisch: Selbstexpandierend
		5-513.m*	Endoskopische Operationen an den Gallengängen: Einlegen oder Wechsel von selbstexpandierenden ungecoverten Stents
		5-513.n*	Endoskopische Operationen an den Gallengängen: Einlegen oder Wechsel von selbstexpandierenden gecoverten Stent-Prothesen
		5-517.**	Einlegen oder Wechseln von selbstexpandierenden Stents und Stent-Prothesen in die Gallengänge
		5-526.e0	Endoskopische Operationen am Pankreasgang: Einlegen einer Prothese: Selbstexpandierend
		5-526.f0	Endoskopische Operationen am Pankreasgang: Wechsel einer Prothese: Selbstexpandierend
		5-529.g*	Andere Operationen am Pankreas und am Pankreasgang: Einlegen einer selbstexpandierenden Prothese
		5-529.j*	Andere Operationen am Pankreas und am Pankreasgang: Wechsel einer selbstexpandierenden Prothese
		5-529.n4	Andere Operationen am Pankreas und am Pankreasgang: Transgastrale Drainage einer Pankreaszyste: Endoskopisch mit Einlegen eines selbstexpandierenden Stents
		5-529.p2	Andere Operationen am Pankreas und am Pankreasgang: Endoskopische transgastrale Entfernung von Pankreasnekrosen: Mit Einlegen eines selbstexpandierenden Stents
		5-529.r3	Andere Operationen am Pankreas und am Pankreasgang: Transduodenale Drainage einer Pankreaszyste: Endoskopisch mit Einlegen eines selbstexpandierenden Stents
		5-529.s2	Andere Operationen am Pankreas und am Pankreasgang: Endoskopische transduodenale Entfernung von Pankreasnekrosen: Mit Einlegen eines selbstexpandierenden Stents
ZE2024-56 [4]	Gabe von Bosentan, oral	6-002.f*	Applikation von Medikamenten, Liste 2: Bosentan, oral
ZE2024-57 [4]	Gabe von Jod-131-MIBG (Metajodobenzylguanidin), parenteral	6-002.g*	Applikation von Medikamenten, Liste 2: Jod-131-Metajodobenzylguanidin (MIBG), parenteral
ZE2024-58 [4]	Gabe von Alpha-1-Proteinaseninhibitor human, parenteral	8-812.0*	Transfusion von Plasma und anderen Plasmabestandteilen und gentechnisch hergestellten Plasmaproteinen: Alpha-1-Proteinaseninhibitor human, parenteral

Zusatzentgelte-Katalog
- Definition -

ZE [1]	Bezeichnung	OPS Version 2024	
		OPS-Kode	OPS-Text
1	2	3	4
ZE2024-61 [4]	Neurostimulatoren zur Hirn- oder Rückenmarkstimulation oder zur Stimulation des peripheren Nervensystems, Mehrkanalstimulator, wiederaufladbar	5-028.92	Implantation oder Wechsel eines Neurostimulators zur Hirnstimulation mit Implantation oder Wechsel einer Neurostimulationselektrode: Mehrkanalstimulator, vollimplantierbar, mit wiederaufladbarem Akkumulator
		5-028.a2	Funktionelle Eingriffe an Schädel, Gehirn und Hirnhäuten: Wechsel eines Neurostimulators zur Hirnstimulation ohne Wechsel einer Neurostimulationselektrode: Mehrkanalstimulator, vollimplantierbar, mit wiederaufladbarem Akkumulator
		5-028.c2	Funktionelle Eingriffe an Schädel, Gehirn und Hirnhäuten: Implantation eines Neurostimulators zur Hirnstimulation ohne Implantation einer Neurostimulationselektrode: Mehrkanalstimulator, vollimplantierbar, mit wiederaufladbarem Akkumulator
		5-039.e2	Implantation oder Wechsel eines Neurostimulators zur epiduralen Rückenmarkstimulation mit Implantation oder Wechsel einer Neurostimulationselektrode: Mehrkanalstimulator, vollimplantierbar, mit wiederaufladbarem Akkumulator
		5-039.f2	Wechsel eines Neurostimulators zur epiduralen Rückenmarkstimulation ohne Wechsel einer Neurostimulationselektrode: Mehrkanalstimulator, vollimplantierbar, mit wiederaufladbarem Akkumulator
		5-039.n2	Implantation eines Neurostimulators zur epiduralen Rückenmarkstimulation ohne Implantation einer Neurostimulationselektrode: Mehrkanalstimulator, vollimplantierbar, mit wiederaufladbarem Akkumulator
		5-059.cc	Implantation oder Wechsel eines Neurostimulators zur Stimulation des peripheren Nervensystems mit Implantation oder Wechsel einer Neurostimulationselektrode: Mehrkanalstimulator, vollimplantierbar, mit wiederaufladbarem Akkumulator
		5-059.cd	Implantation oder Wechsel eines Neurostimulators zur Stimulation des peripheren Nervensystems mit Implantation oder Wechsel einer Neurostimulationselektrode: Mehrkanalstimulator, vollimplantierbar, mit elektromagnetischer Energieübertragung, induktiv
		5-059.dc	Wechsel eines Neurostimulators zur Stimulation des peripheren Nervensystems ohne Wechsel einer Neurostimulationselektrode: Mehrkanalstimulator, vollimplantierbar, mit wiederaufladbarem Akkumulator
		5-059.dd	Wechsel eines Neurostimulators zur Stimulation des peripheren Nervensystems ohne Wechsel einer Neurostimulationselektrode: Mehrkanalstimulator, vollimplantierbar, mit elektromagnetischer Energieübertragung, induktiv
		5-059.g3	Implantation eines Neurostimulators zur Stimulation des peripheren Nervensystems ohne Implantation einer Neurostimulationselektrode: Mehrkanalstimulator, vollimplantierbar, mit wiederaufladbarem Akkumulator
		5-059.g4	Implantation eines Neurostimulators zur Stimulation des peripheren Nervensystems ohne Implantation einer Neurostimulationselektrode: Mehrkanalstimulator, vollimplantierbar, mit elektromagnetischer Energieübertragung, induktiv

Zusatzentgelte-Katalog
- Definition -

ZE [1]	Bezeichnung	OPS Version 2024	
		OPS-Kode	OPS-Text
1	2	3	4
ZE2024-62 [4]	Mikroaxial-Blutpumpe	8-839.46	Andere therapeutische Katheterisierung und Kanüleneinlage in Herz und Blutgefäße: Implantation oder Entfernung einer transvasal platzierten axialen Pumpe zur Kreislaufunterstützung: Implantation einer linksventrikulären axialen Pumpe
		8-839.47	Andere therapeutische Katheterisierung und Kanüleneinlage in Herz und Blutgefäße: Implantation oder Entfernung einer transvasal platzierten axialen Pumpe zur Kreislaufunterstützung: Implantation einer rechtsventrikulären axialen Pumpe
ZE2024-63 [4]	Gabe von Dibotermin alfa, Implantation am Knochen	6-003.4*	Applikation von Medikamenten, Liste 3: Dibotermin alfa, Implantation am Knochen
ZE2024-65 [4]	Selektive intravaskuläre Radionuklidtherapie [SIRT] mit Yttrium-90- oder Rhenium-188- oder Holmium-166-markierten Mikrosphären	8-530.a5	Therapie mit offenen Radionukliden: Intraarterielle Therapie mit offenen Radionukliden: Selektive intravaskuläre Radionuklidtherapie [SIRT] mit Yttrium-90-markierten Mikrosphären
		8-530.a6	Therapie mit offenen Radionukliden: Intraarterielle Therapie mit offenen Radionukliden: Selektive intravaskuläre Radionuklidtherapie [SIRT] mit Rhenium-188-markierten Mikrosphären
		8-530.a8	Therapie mit offenen Radionukliden: Intraarterielle Therapie mit offenen Radionukliden: Selektive intravaskuläre Radionuklidtherapie [SIRT] mit Holmium-166-markierten Mikrosphären
ZE2024-66 [4]	Enzymersatztherapie bei lysosomalen	6-003.7	Applikation von Medikamenten, Liste 3: Enzymersatztherapie bei lysosomalen Speicherkrankheiten
ZE2024-67 [4]	Implantation einer Stent-Prothese an der Aorta, perkutan-transluminal	8-840.*4	(Perkutan-)transluminale Implantation von nicht medikamentefreisetzenden Stents: Aorta
		8-841.*4	(Perkutan-)transluminale Implantation von medikamentefreisetzenden Stents: Aorta
		8-843.*4	(Perkutan-)transluminale Implantation von bioresorbierbaren Stents: Aorta
		8-849.*4	(Perkutan-)transluminale Implantation von anderen ungecoverten großlumigen Stents: Aorta
		8-84a.*4	(Perkutan-)transluminale Implantation von anderen gecoverten großlumigen Stents: Aorta
		8-84b.*4	(Perkutan-)transluminale Implantation von Stents zur Strömungslaminierung bei Aneurysmen: Aorta
ZE2024-69 [4]	Gabe von Hämin, parenteral	6-004.1*	Applikation von Medikamenten, Liste 4: Hämin, parenteral
ZE2024-71 [4]	Radiorezeptortherapie mit DOTA-konjugierten Somatostatinanaloga	8-530.61	Therapie mit offenen Radionukliden: Intravenöse Therapie mit radioaktiven rezeptorgerichteten Substanzen: Radiorezeptortherapie mit Chelator-konjugierten Somatostatinanaloga aus patientenindividueller Eigenherstellung
		8-530.62	Therapie mit offenen Radionukliden: Intravenöse Therapie mit radioaktiven rezeptorgerichteten Substanzen: Radiorezeptortherapie mit Chelator-konjugierten Somatostatinanaloga aus nicht patientenindividueller Herstellung
		8-530.a0	Therapie mit offenen Radionukliden: Intraarterielle Therapie mit offenen Radionukliden: Intraarterielle Radiorezeptortherapie mit DOTA-konjugierten Somatostatinanaloga
ZE2024-72 [4]	Distraktionsmarknagel, motorisiert	5-786.j1	Osteosyntheseverfahren: Durch internes Verlängerungs- oder Knochentransportsystem: Motorisiert
		5-78a.j1	Revision von Osteosynthesematerial mit Reosteosynthese: Durch internes Verlängerungs- oder Knochentransportsystem: Motorisiert
ZE2024-74 [4]	Gabe von Sunitinib, oral	6-003.a*	Applikation von Medikamenten, Liste 3: Sunitinib, oral

Zusatzentgelte-Katalog
- Definition -

ZE [1]	Bezeichnung	OPS Version 2024	
		OPS-Kode	OPS-Text
1	2	3	4
ZE2024-75 [4]	Gabe von Sorafenib, oral	6-003.b*	Applikation von Medikamenten, Liste 3: Sorafenib, oral
ZE2024-77 [4]	Gabe von Lenalidomid, oral	6-003.g*	Applikation von Medikamenten, Liste 3: Lenalidomid, oral
ZE2024-79 [4]	Gabe von Nelarabin, parenteral	6-003.e*	Applikation von Medikamenten, Liste 3: Nelarabin, parenteral
ZE2024-80 [2), 4)]	Gabe von Amphotericin-B-Lipidkomplex, parenteral	6-003.1*	Applikation von Medikamenten, Liste 3: Amphotericin-B-Lipidkomplex, parenteral
ZE2024-82 [3), 4)]	Peritonealdialyse, kontinuierlich, maschinell unterstützt (APD)	8-857.2*	Peritonealdialyse: Kontinuierlich, maschinell unterstützt (APD), mit Zusatzgeräten
ZE2024-84 [4]	Gabe von Ambrisentan, oral	6-004.2*	Applikation von Medikamenten, Liste 4: Ambrisentan, oral
ZE2024-85 [4]	Gabe von Temsirolimus, parenteral	6-004.e*	Applikation von Medikamenten, Liste 4: Temsirolimus, parenteral
ZE2024-86 [4]	Andere Neurostimulatoren und Neuroprothesen	5-029.4	Andere Operationen an Schädel, Gehirn und Hirnhäuten: Implantation oder Wechsel einer Neuroprothese
		5-039.g	Andere Operationen an Rückenmark und Rückenmarkstrukturen: Implantation oder Wechsel eines Neurostimulators zur Vorderwurzelstimulation mit Implantation oder Wechsel einer subduralen Elektrode
		5-039.h	Andere Operationen an Rückenmark und Rückenmarkstrukturen: Wechsel eines Neurostimulators zur Vorderwurzelstimulation ohne Wechsel einer subduralen Elektrode
		5-039.p	Andere Operationen an Rückenmark und Rückenmarkstrukturen: Implantation eines Neurostimulators zur Vorderwurzelstimulation ohne Implantation einer subduralen Elektrode
		5-059.5*	Andere Operationen an Nerven und Ganglien: Implantation einer peripheren Neuroprothese
		5-059.c4	Implantation oder Wechsel eines Neurostimulators zur Stimulation des peripheren Nervensystems mit Implantation oder Wechsel einer Neurostimulationselektrode: Kardiales Vagusnervstimulationssystem
		5-059.c6	Implantation oder Wechsel eines Neurostimulators zur Stimulation des peripheren Nervensystems mit Implantation oder Wechsel einer Neurostimulationselektrode: System zur Barorezeptoraktivierung
		5-059.cb	Implantation oder Wechsel eines Neurostimulators zur Stimulation des peripheren Nervensystems mit Implantation oder Wechsel einer Neurostimulationselektrode: System zur Phrenikusnerv-Stimulation
		5-059.d4	Wechsel eines Neurostimulators zur Stimulation des peripheren Nervensystems ohne Wechsel einer Neurostimulationselektrode: Kardiales Vagusnervstimulationssystem
		5-059.d6	Wechsel eines Neurostimulators zur Stimulation des peripheren Nervensystems ohne Wechsel einer Neurostimulationselektrode: System zur Barorezeptoraktivierung
		5-059.db	Wechsel eines Neurostimulators zur Stimulation des peripheren Nervensystems ohne Wechsel einer Neurostimulationselektrode: System zur Phrenikusnerv-Stimulation
ZE2024-88 [4]	Komplexe neuropädiatrische Diagnostik mit weiteren Maßnahmen	1-942.1	Komplexe neuropädiatrische Diagnostik: Mit neurometabolischer Labordiagnostik und/oder infektiologischer/autoimmunentzündlicher Labordiagnostik
		1-942.2	Komplexe neuropädiatrische Diagnostik: Mit erweiterter genetischer Diagnostik
		1-942.3	Komplexe neuropädiatrische Diagnostik: Mit neurometabolischer Labordiagnostik und/oder infektiologischer/autoimmunentzündlicher Labordiagnostik und erweiterter genetischer Diagnostik
ZE2024-91 [4]	Gabe von Dasatinib, oral	6-004.3*	Applikation von Medikamenten, Liste 4: Dasatinib, oral

Zusatzentgelte-Katalog
- Definition -

ZE [1]	Bezeichnung	OPS Version 2024	
		OPS-Kode	OPS-Text
1	2	3	4
ZE2024-97 [4), 6)]	Behandlung von Blutern mit Blutgerinnungsfaktoren	8-810.6*	Transfusion von Plasmabestandteilen und gentechnisch hergestellten Plasmaproteinen: Rekombinanter aktivierter Faktor VII
		8-810.7*	Transfusion von Plasmabestandteilen und gentechnisch hergestellten Plasmaproteinen: Plasmatischer Faktor VII
		8-810.8*	Transfusion von Plasmabestandteilen und gentechnisch hergestellten Plasmaproteinen: Rekombinanter Faktor VIII
		8-810.9*	Transfusion von Plasmabestandteilen und gentechnisch hergestellten Plasmaproteinen: Plasmatischer Faktor VIII
		8-810.a*	Transfusion von Plasmabestandteilen und gentechnisch hergestellten Plasmaproteinen: Rekombinanter Faktor IX
		8-810.b*	Transfusion von Plasmabestandteilen und gentechnisch hergestellten Plasmaproteinen: Plasmatischer Faktor IX
		8-810.c*	Transfusion von Plasmabestandteilen und gentechnisch hergestellten Plasmaproteinen: FEIBA - Prothrombinkomplex mit Faktor-VIII-Inhibitor-Bypass-Aktivität
		8-810.d*	Transfusion von Plasmabestandteilen und gentechnisch hergestellten Plasmaproteinen: Von-Willebrand-Faktor
		8-810.e*	Transfusion von Plasmabestandteilen und gentechnisch hergestellten Plasmaproteinen: Faktor XIII
		8-810.j*	Transfusion von Plasmabestandteilen und gentechnisch hergestellten Plasmaproteinen: Fibrinogenkonzentrat
		8-812.5*	Transfusion von Plasma und anderen Plasmabestandteilen und gentechnisch hergestellten Plasmaproteinen: Prothrombinkomplex 7)
		8-812.9*	Transfusion von Plasma und anderen Plasmabestandteilen und gentechnisch hergestellten Plasmaproteinen: Humanes Protein C, parenteral
		8-812.a*	Transfusion von Plasma und anderen Plasmabestandteilen und gentechnisch hergestellten Plasmaproteinen: Plasmatischer Faktor X
ZE2024-99 [4)]	Fremdbezug von Donor-Lymphozyten		Fremdbezug von Donor-Lymphozyten über Spenderdateien bei nicht-verwandten Spendern oder Bezug von Donor-Lymphozyten von außerhalb Deutschlands bei Familienspendern
ZE2024-101 [4)]	Gabe von Mifamurtid, parenteral	6-005.g*	Applikation von Medikamenten, Liste 5: Mifamurtid, parenteral
ZE2024-103 [4)]	Gabe von Rituximab, subkutan	6-001.j*	Applikation von Medikamenten, Liste 1: Rituximab, subkutan
ZE2024-104 [4)]	Gabe von Trastuzumab, subkutan	6-001.m*	Applikation von Medikamenten, Liste 1: Trastuzumab, subkutan
ZE2024-106 [4)]	Gabe von Abatacept, subkutan	6-003.t*	Applikation von Medikamenten, Liste 3: Abatacept, subkutan
ZE2024-107 [4)]	Medikamente-freisetzende bioresorbierbare Koronarstents	8-83d.0*	Andere perkutan-transluminale Gefäßintervention an Herz und Koronargefäßen: Einlegen eines medikamentefreisetzenden bioresorbierbaren Stents
ZE2024-108 [4)]	Implantation einer Irisprothese	5-137.6	Andere Operationen an der Iris: Operation mit Implantation eines künstlichen Irisdiaphragmas
ZE2024-109 [3), 4)]	Dialyse mit High-Cut-off-Dialysemembran	8-854.8	Hämodialyse: Verlängert intermittierend, zur Elimination von Proteinen mit einer Molekularmasse bis 60.000
ZE2024-110 [4)]	Gabe von Tocilizumab, subkutan	6-005.n*	Applikation von Medikamenten, Liste 5: Tocilizumab, subkutan
ZE2024-111 [4)]	Gabe von Paclitaxel, als an Albumin gebundene Nanopartikel, parenteral	6-005.d*	Applikation von Medikamenten, Liste 5: Paclitaxel, als an Albumin gebundene Nanopartikel, parenteral
ZE2024-112 [4)]	Gabe von Abirateron, oral	6-006.2*	Applikation von Medikamenten, Liste 6: Abirateron, oral
ZE2024-113 [4)]	Gabe von Cabazitaxel, parenteral	6-006.1*	Applikation von Medikamenten, Liste 6: Cabazitaxel, parenteral

Zusatzentgelte-Katalog
- Definition -

ZE [1]	Bezeichnung	OPS Version 2024	
		OPS-Kode	OPS-Text
1	2	3	4
ZE2024-115 [4]	Molekulares Monitoring der Resttumorlast [MRD]: Molekulargenetische Identifikation und Herstellung von patientenspezifischen Markern	1-991.0	Molekulares Monitoring der Resttumorlast [MRD]: Molekulargenetische Identifikation und Herstellung von patientenspezifischen Markern für die Bestimmung der Resttumorlast (Minimal Residual Disease [MRD])
ZE2024-116 [4]	Molekulares Monitoring der Resttumorlast [MRD]: Patientenspezifische molekulargenetische Quantifizierung	1-991.1	Molekulares Monitoring der Resttumorlast [MRD]: Patientenspezifische molekulargenetische Quantifizierung der Resttumorlast [MRD-Monitoring]
ZE2024-117 [4]	Chemosaturations-Therapie mittels perkutaner Leberperfusion	8-549.01	Perkutane geschlossene Organperfusion mit Chemotherapeutika: Leber: Mit externem Blutfilter
ZE2024-118 [4]	Neurostimulatoren zur Hirnstimulation, Einkanalstimulator	5-028.90	Implantation oder Wechsel eines Neurostimulators zur Hirnstimulation mit Implantation oder Wechsel einer Neurostimulationselektrode: Einkanalstimulator, vollimplantierbar, nicht wiederaufladbar
		5-028.a0	Wechsel eines Neurostimulators zur Hirnstimulation ohne Wechsel einer Neurostimulationselektrode: Einkanalstimulator, vollimplantierbar, nicht wiederaufladbar
		5-028.c0	Implantation eines Neurostimulators zur Hirnstimulation ohne Implantation einer Neurostimulationselektrode: Einkanalstimulator, vollimplantierbar, nicht wiederaufladbar
ZE2024-119 [4]	Distraktionsmarknagel, nicht motorisiert	5-786.j0	Osteosyntheseverfahren: Durch internes Verlängerungs- oder Knochentransportsystem: Nicht motorisiert
		5-78a.j0	Revision von Osteosynthesematerial mit Reosteosynthese: Durch internes Verlängerungs- oder Knochentransportsystem: Nicht motorisiert
ZE2024-120 [4]	Gabe von Pemetrexed, parenteral	6-001.c*	Applikation von Medikamenten, Liste 1: Pemetrexed, parenteral
ZE2024-121 [4]	Gabe von Etanercept, parenteral	6-002.b*	Applikation von Medikamenten, Liste 2: Etanercept, parenteral
ZE2024-122 [4]	Gabe von Imatinib, oral	6-001.g*	Applikation von Medikamenten, Liste 1: Imatinib, oral
ZE2024-123 [4]	Gabe von Caspofungin, parenteral	6-002.p*	Applikation von Medikamenten, Liste 2: Caspofungin, parenteral
ZE2024-124 [4]	Gabe von Voriconazol, oral	6-002.5*	Applikation von Medikamenten, Liste 2: Voriconazol, oral
ZE2024-125 [4]	Gabe von Voriconazol, parenteral	6-002.r*	Applikation von Medikamenten, Liste 2: Voriconazol, parenteral
ZE2024-127 [4]	Gabe von L-Asparaginase aus Erwinia chrysanthemi [Erwinase], parenteral	6-003.r*	Applikation von Medikamenten, Liste 3: L-Asparaginase aus Erwinia chrysanthemi [Erwinase], parenteral
ZE2024-128 [4]	Gabe von nicht pegylierter Asparaginase, parenteral	6-003.n*	Applikation von Medikamenten, Liste 3: Nicht pegylierte Asparaginase, parenteral
ZE2024-129 [4]	Gabe von pegylierter Asparaginase, parenteral	6-003.p*	Applikation von Medikamenten, Liste 3: Pegylierte Asparaginase, parenteral
ZE2024-130 [4]	Gabe von Belimumab, parenteral	6-006.6*	Applikation von Medikamenten, Liste 6: Belimumab, parenteral
ZE2024-131 [4]	Gabe von Defibrotid, parenteral	6-005.k*	Applikation von Medikamenten, Liste 5: Defibrotid, parenteral
ZE2024-132 [4]	Gabe von Thiotepa, parenteral	6-007.n*	Applikation von Medikamenten, Liste 7: Thiotepa, parenteral
ZE2024-133 [4]	Spezialisierte palliativmedizinische Komplexbehandlung durch einen internen Palliativdienst	8-98h.0*	Spezialisierte palliativmedizinische Komplexbehandlung durch einen Palliativdienst: Durch einen internen Palliativdienst

Zusatzentgelte-Katalog
- Definition -

ZE [1]	Bezeichnung	OPS Version 2024	
		OPS-Kode	OPS-Text
1	2	3	4
ZE2024-134 [4]	Spezialisierte palliativmedizinische Komplexbehandlung durch einen externen Palliativdienst	8-98h.1*	Spezialisierte palliativmedizinische Komplexbehandlung durch einen Palliativdienst: Durch einen externen Palliativdienst
ZE2024-135 [4]	Basisdiagnostik bei unklarem Symptomkomplex bei Neugeborenen und Säuglingen		Basisdiagnostik bei unklarem Symptomkomplex bei Neugeborenen und Säuglingen
		1-944.10	Mit erweiterter molekulargenetischer Diagnostik
		1-944.20	Mit Chromosomenanalyse (Zytogenetische Diagnostik)
		1-944.30	Mit erweiterter molekulargenetischer Diagnostik und Chromosomenanalyse (Zytogenetische Diagnostik)
ZE2024-136 [4]	Einlegen von endobronchialen Nitinolspiralen	5-339.8*	Andere Operationen an Lunge und Bronchien: Einlegen von endobronchialen Nitinolspiralen, bronchoskopisch
ZE2024-137 [4], [6], [9]	Gabe von rekombinantem aktiviertem Faktor VII	8-810.6*	Transfusion von Plasmabestandteilen und gentechnisch hergestellten Plasmaproteinen: Rekombinanter aktivierter Faktor VII
ZE2024-138 [4], [6], [10]	Gabe von Fibrinogenkonzentrat	8-810.j*	Transfusion von Plasmabestandteilen und gentechnisch hergestellten Plasmaproteinen: Fibrinogenkonzentrat
ZE2024-139 [4], [6], [11]	Gabe von Blutgerinnungsfaktoren	8-810.7*	Transfusion von Plasmabestandteilen und gentechnisch hergestellten Plasmaproteinen: Plasmatischer Faktor VII
		8-810.8*	Transfusion von Plasmabestandteilen und gentechnisch hergestellten Plasmaproteinen: Rekombinanter Faktor VIII
		8-810.9*	Transfusion von Plasmabestandteilen und gentechnisch hergestellten Plasmaproteinen: Plasmatischer Faktor VIII
		8-810.a*	Transfusion von Plasmabestandteilen und gentechnisch hergestellten Plasmaproteinen: Rekombinanter Faktor IX
		8-810.b*	Transfusion von Plasmabestandteilen und gentechnisch hergestellten Plasmaproteinen: Plasmatischer Faktor IX
		8-810.c*	Transfusion von Plasmabestandteilen und gentechnisch hergestellten Plasmaproteinen: FEIBA - Prothrombinkomplex mit Faktor-VIII-Inhibitor-Bypass-Aktivität
		8-810.d*	Transfusion von Plasmabestandteilen und gentechnisch hergestellten Plasmaproteinen: Von-Willebrand-Faktor
		8-810.e*	Transfusion von Plasmabestandteilen und gentechnisch hergestellten Plasmaproteinen: Faktor XIII
		8-812.9*	Transfusion von Plasma und anderen Plasmabestandteilen und gentechnisch hergestellten Plasmaproteinen: Humanes Protein C, parenteral
		8-812.a*	Transfusion von Plasma und anderen Plasmabestandteilen und gentechnisch hergestellten Plasmaproteinen: Plasmatischer Faktor X
ZE2024-140 [4]	Gabe von Brentuximab vedotin, parenteral	6-006.b*	Applikation von Medikamenten, Liste 6: Brentuximab vedotin, parenteral
ZE2024-141 [4]	Gabe von Enzalutamid, oral	6-007.6*	Applikation von Medikamenten, Liste 7: Enzalutamid, oral
ZE2024-142 [4]	Gabe von Aflibercept, intravenös	6-007.3*	Applikation von Medikamenten, Liste 7: Aflibercept, intravenös
ZE2024-143 [4]	Gabe von Eltrombopag, oral	6-006.0*	Applikation von Medikamenten, Liste 6: Eltrombopag, oral
ZE2024-144 [4]	Gabe von Obinutuzumab, parenteral	6-007.j*	Applikation von Medikamenten, Liste 7: Obinutuzumab, parenteral
ZE2024-145 [4]	Gabe von Ibrutinib, oral	6-007.e*	Applikation von Medikamenten, Liste 7: Ibrutinib, oral
ZE2024-146 [4]	Gabe von Ramucirumab, parenteral	6-007.m*	Applikation von Medikamenten, Liste 7: Ramucirumab, parenteral
ZE2024-147 [4]	Gabe von Bortezomib, parenteral	6-001.9*	Applikation von Medikamenten, Liste 1: Bortezomib, parenteral
ZE2024-148 [4]	Gabe von Adalimumab, parenteral	6-001.d*	Applikation von Medikamenten, Liste 1: Adalimumab, parenteral
ZE2024-149 [4]	Gabe von Infliximab, parenteral	6-001.e*	Applikation von Medikamenten, Liste 1: Infliximab, parenteral
ZE2024-150 [4]	Gabe von Busulfan, parenteral	6-002.d*	Applikation von Medikamenten, Liste 2: Busulfan, parenteral

Zusatzentgelte-Katalog
- Definition -

ZE [1]	Bezeichnung	OPS Version 2024	
		OPS-Kode	OPS-Text
1	2	3	4
ZE2024-151 [4]	Gabe von Rituximab, intravenös	6-001.h*	Applikation von Medikamenten, Liste 1: Rituximab, intravenös
ZE2024-152 [4]	Mehrdimensionale pädiatrische Diagnostik	1-945.*	Diagnostik bei Verdacht auf Gefährdung von Kindeswohl und Kindergesundheit
ZE2024-153 [4]	Gabe von Trastuzumab, intravenös	6-001.k*	Applikation von Medikamenten, Liste 1: Trastuzumab, intravenös
ZE2024-154 [4]	Gabe von Anidulafungin, parenteral	6-003.k*	Applikation von Medikamenten, Liste 3: Anidulafungin, parenteral
ZE2024-156 [4]	Gabe von Posaconazol, parenteral	6-007.k*	Applikation von Medikamenten, Liste 7: Posaconazol, parenteral
ZE2024-157 [4]	Gabe von Pixantron, parenteral	6-006.e*	Applikation von Medikamenten, Liste 6: Pixantron, parenteral
ZE2024-158 [4]	Gabe von Pertuzumab, parenteral	6-007.9*	Applikation von Medikamenten, Liste 7: Pertuzumab, parenteral
ZE2024-159 [4]	Gabe von Blinatumomab, parenteral	6-008.7*	Applikation von Medikamenten, Liste 8: Blinatumomab, parenteral
ZE2024-161 [4]	Gabe von Nivolumab, parenteral	6-008.m*	Applikation von Medikamenten, Liste 8: Nivolumab, parenteral
ZE2024-162 [4]	Gabe von Carfilzomib, parenteral	6-008.9*	Applikation von Medikamenten, Liste 8: Carfilzomib, parenteral
ZE2024-163 [4]	Gabe von Macitentan, oral	6-007.h*	Applikation von Medikamenten, Liste 7: Macitentan, oral
ZE2024-164 [4]	Gabe von Riociguat, oral	6-008.0*	Applikation von Medikamenten, Liste 8: Riociguat, oral
ZE2024-165 [4]	Gabe von Nusinersen, intrathekal	6-00a.d	Applikation von Medikamenten, Liste 10: Nusinersen, intrathekal
ZE2024-166 [4]	Gabe von Isavuconazol, parenteral	6-008.g*	Applikation von Medikamenten, Liste 8: Isavuconazol, parenteral
ZE2024-167 [4]	Gabe von Isavuconazol, oral	6-008.h*	Applikation von Medikamenten, Liste 8: Isavuconazol, oral
ZE2024-169 [4]	Gabe von Liposomalem Irinotecan, parenteral	6-009.e*	Applikation von Medikamenten, Liste 9: Liposomales Irinotecan, parenteral
ZE2024-170 [4]	Gabe von Bevacizumab, parenteral	6-002.9*	Applikation von Medikamenten, Liste 2: Bevacizumab, parenteral
ZE2024-171 [4]	Gabe von Clofarabin, parenteral	6-003.j*	Applikation von Medikamenten, Liste 3: Clofarabin, parenteral
ZE2024-172 [4]	Gabe von Posaconazol, oral, Suspension	6-007.0*	Applikation von Medikamenten, Liste 7: Posaconazol, oral, Suspension
ZE2024-173 [4]	Gabe von Posaconazol, oral, Tabletten	6-007.p*	Applikation von Medikamenten, Liste 7: Posaconazol, oral, Tabletten
ZE2024-175 [4], [13]	Gabe von Filgrastim, parenteral	6-002.1*	Applikation von Medikamenten, Liste 2: Filgrastim, parenteral
ZE2024-176 [4], [13]	Gabe von Lenograstim, parenteral	6-002.2*	Applikation von Medikamenten, Liste 2: Lenograstim, parenteral
ZE2024-177 [4], [13]	Gabe von Pegfilgrastim, parenteral	6-002.7*	Applikation von Medikamenten, Liste 2: Pegfilgrastim, parenteral
ZE2024-178 [4], [13]	Gabe von Lipegfilgrastim, parenteral	6-007.7*	Applikation von Medikamenten, Liste 7: Lipegfilgrastim, parenteral
ZE2024-180 [4]	Gabe von Azacytidin, parenteral	6-005.0*	Applikation von Medikamenten, Liste 5: Azacytidin, parenteral
ZE2024-182 [4]	Gabe von Vedolizumab, parenteral	6-008.5*	Applikation von Medikamenten, Liste 8: Vedolizumab, parenteral
ZE2024-183 [4]	Gabe von Elotuzumab, parenteral	6-009.d*	Applikation von Medikamenten, Liste 9: Elotuzumab, parenteral

Zusatzentgelte-Katalog
- Definition -

ZE [1]	Bezeichnung	OPS Version 2024	
		OPS-Kode	OPS-Text
1	2	3	4
ZE2024-187 [4]	Neurostimulatoren zur Hypoglossusnerv-Stimulation	5-059.c7	Andere Operationen an Nerven und Ganglien: Implantation oder Wechsel eines Neurostimulators zur Stimulation des peripheren Nervensystems mit Implantation oder Wechsel einer Neurostimulationselektrode: System zur Hypoglossusnerv-Stimulation
		5-059.d7	Andere Operationen an Nerven und Ganglien: Wechsel eines Neurostimulators zur Stimulation des peripheren Nervensystems ohne Wechsel einer Neurostimulationselektrode: System zur Hypoglossusnerv-
ZE2024-188 [4], [12]	Patientenindividuell hergestellte Stent-Prothesen an der Aorta, ohne Öffnung	5-38a.70	Endovaskuläre Implantation von Stent-Prothesen: Aorta thoracica: Stent-Prothese, ohne Öffnung
		5-38a.80	Endovaskuläre Implantation von Stent-Prothesen: Aorta thoracoabdominalis: Stent-Prothese, ohne Öffnung
		5-38a.c0	Endovaskuläre Implantation von Stent-Prothesen: Aorta abdominalis: Stent-Prothese, ohne Öffnung
		5-38a.w0	Endovaskuläre Implantation von Stent-Prothesen: Patientenindividuell hergestellte Stent-Prothesen: Ohne Öffnung
ZE2024-189 [4]	Stent-Prothesen an der Aorta, mit Öffnung	5-38a.7b	Endovaskuläre Implantation von Stent-Prothesen: Aorta thoracica: Stent-Prothese, mit 1 Öffnung
		5-38a.7c	Endovaskuläre Implantation von Stent-Prothesen: Aorta thoracica: Stent-Prothese, mit 2 Öffnungen
		5-38a.7d	Endovaskuläre Implantation von Stent-Prothesen: Aorta thoracica: Stent-Prothese, mit 3 oder mehr Öffnungen
		5-38a.8c	Endovaskuläre Implantation von Stent-Prothesen: Aorta thoracoabdominalis: Stent-Prothese, mit 1 Öffnung
		5-38a.8d	Endovaskuläre Implantation von Stent-Prothesen: Aorta thoracoabdominalis: Stent-Prothese, mit 2 Öffnungen
		5-38a.8e	Endovaskuläre Implantation von Stent-Prothesen: Aorta thoracoabdominalis: Stent-Prothese, mit 3 Öffnungen
		5-38a.8f	Endovaskuläre Implantation von Stent-Prothesen: Aorta thoracoabdominalis: Stent-Prothese, mit 4 oder mehr Öffnungen
		5-38a.c1	Endovaskuläre Implantation von Stent-Prothesen: Aorta abdominalis: Stent-Prothese, mit 1 Öffnung
		5-38a.c2	Endovaskuläre Implantation von Stent-Prothesen: Aorta abdominalis: Stent-Prothese, mit 2 Öffnungen
		5-38a.c3	Endovaskuläre Implantation von Stent-Prothesen: Aorta abdominalis: Stent-Prothese, mit 3 oder mehr Öffnungen
ZE2024-190 [4]	Längerfristige Beatmungsentwöhnung	8-718.8*	Prolongierte Beatmungsentwöhnung auf spezialisierter intensivmedizinischer Beatmungsentwöhnungs-Einheit
		8-718.9*	Prolongierte Beatmungsentwöhnung auf spezialisierter nicht intensivmedizinischer Beatmungsentwöhnungs-Einheit
ZE2024-191 [4]	Gabe von Dinutuximab beta, parenteral	6-009.b*	Applikation von Medikamenten, Liste 9: Dinutuximab beta, parenteral
ZE2024-192 [4]	Gabe von Midostaurin, oral	6-00a.b*	Applikation von Medikamenten, Liste 10: Midostaurin, oral
ZE2024-193 [4]	Gabe von Onasemnogen abeparvovec, parenteral	6-00d.0	Applikation von Medikamenten, Liste 13: Onasemnogen abeparvovec, parenteral
ZE2024-194 [4]	Gabe von Ustekinumab, intravenös	6-005.p*	Applikation von Medikamenten, Liste 5: Ustekinumab, intravenös
ZE2024-195 [4]	Gabe von Ustekinumab, subkutan	6-005.q*	Applikation von Medikamenten, Liste 5: Ustekinumab, subkutan
ZE2024-196 [4]	Gabe von Micafungin, parenteral	6-004.5*	Applikation von Medikamenten, Liste 4: Micafungin, parenteral
ZE2024-198 [4]	Molekulares Monitoring der Resttumorlast [MRD]: Molekulargenetische Identifikation von krankheitsspezifischen Markern	1-991.2	Molekulares Monitoring der Resttumorlast [MRD]: Molekulargenetische Identifikation von krankheitsspezifischen Markern für die Bestimmung der Resttumorlast (Minimal Residual Disease [MRD])

Zusatzentgelte-Katalog
- Definition -

ZE [1]	Bezeichnung	OPS Version 2024	
		OPS-Kode	OPS-Text
1	2	3	4
ZE2024-199 [4]	Molekulares Monitoring der Resttumorlast [MRD]: Krankheitsspezifische molekulargenetische Quantifizierung	1-991.3	Molekulares Monitoring der Resttumorlast [MRD]: Krankheitsspezifische molekulargenetische Quantifizierung der Resttumorlast [MRD-Monitoring]
ZE2024-200 [4]	Gabe von Daratumumab, intravenös	6-009.q*	Applikation von Medikamenten, Liste 9: Daratumumab, intravenös
ZE2024-201 [4]	Gabe von Daratumumab, subkutan	6-009.r*	Applikation von Medikamenten, Liste 9: Daratumumab, subkutan
ZE2024-202 [14]	Gabe von Aldesleukin, parenteral	6-001.8*	Applikation von Medikamenten, Liste 1: Aldesleukin, parenteral
ZE2024-203 [4]	Gabe von Durvalumab, parenteral	6-00b.7*	Applikation von Medikamenten, Liste 11: Durvalumab, parenteral
ZE2024-204 [4]	Gabe von Gemtuzumab ozogamicin, parenteral	6-00b.a*	Applikation von Medikamenten, Liste 11: Gemtuzumab ozogamicin, parenteral
ZE2024-205 [4]	Gabe von Polatuzumab vedotin, parenteral	6-00c.c*	Applikation von Medikamenten, Liste 12: Polatuzumab vedotin, parenteral
ZE2024-206 [15]	Gabe von Natalizumab, parenteral	6-003.f*	Applikation von Medikamenten, Liste 3: Natalizumab, parenteral
ZE2024-207 [16]	Gabe von Itraconazol, parenteral	6-002.c*	Applikation von Medikamenten, Liste 2: Itraconazol, parenteral
ZE2024-208 [17]	Gabe von Trabectedin, parenteral	6-004.a*	Applikation von Medikamenten, Liste 4: Trabectedin, parenteral
ZE2024-209 [18]	Gabe von Plerixafor, parenteral	6-005.e*	Applikation von Medikamenten, Liste 5: Plerixafor, parenteral
ZE2024-210 [19]	Gabe von Eculizumab, parenteral	6-003.h*	Applikation von Medikamenten, Liste 3: Eculizumab, parenteral
ZE2024-211 [20]	Gabe von Tocilizumab, intravenös	6-005.m*	Applikation von Medikamenten, Liste 5: Tocilizumab, intravenös
ZE2024-212 [4]	Gabe von Idarucizumab, parenteral	6-008.f	Applikation von Medikamenten, Liste 8: Idarucizumab, parenteral
ZE2024-213 [4]	Gabe von Andexanet alfa, parenteral	6-00c.0	Applikation von Medikamenten, Liste 12: Andexanet alfa, parenteral
ZE2024-214 [4]	Gabe von Letermovir, oral	6-00b.c*	Applikation von Medikamenten, Liste 11: Letermovir, oral
ZE2024-215 [4]	Gabe von Letermovir, parenteral	6-00b.d*	Applikation von Medikamenten, Liste 11: Letermovir, parenteral
ZE2024-216 [4]	Gabe von Avelumab, parenteral	6-00a.2*	Applikation von Medikamenten, Liste 10: Avelumab, parenteral
ZE2024-217 [4]	Gabe von Apalutamid, oral	6-00c.1*	Applikation von Medikamenten, Liste 12: Apalutamid, oral
ZE2024-218 [4]	Gabe von Cemiplimab, parenteral	6-00c.3*	Applikation von Medikamenten, Liste 12: Cemiplimab, parenteral

Zusatzentgelte-Katalog
- Definition -

ZE [1]	Bezeichnung	OPS Version 2024	
		OPS-Kode	OPS-Text
1	2	3	4
ZE2024-219 [4), 21)]	Gabe von rekombinantem aktiviertem Faktor VII bei postpartaler Blutung		Transfusion von Plasmabestandteilen und gentechnisch hergestellten Plasmaproteinen: Rekombinanter aktivierter Faktor VII
		8-810.67	200 kIE bis unter 300 kIE
		8-810.68	300 kIE bis unter 400 kIE
		8-810.69	400 kIE bis unter 500 kIE
		8-810.6a	500 kIE bis unter 1.000 kIE
		8-810.6b	1.000 kIE bis unter 1.500 kIE
		8-810.6c	1.500 kIE bis unter 2.000 kIE
		8-810.6d	2.000 kIE bis unter 2.500 kIE
		8-810.6e	2.500 kIE bis unter 3.000 kIE
		8-810.6f	3.000 kIE bis unter 4.000 kIE
		8-810.6g	4.000 kIE bis unter 5.000 kIE
		8-810.6h	5.000 kIE bis unter 6.000 kIE
		8-810.6j	6.000 kIE bis unter 7.000 kIE
		8-810.6k	7.000 kIE bis unter 8.000 kIE
		8-810.6m	8.000 kIE bis unter 9.000 kIE
		8-810.6n	9.000 kIE bis unter 10.000 kIE
		8-810.6p	10.000 kIE bis unter 15.000 kIE
		8-810.6q	15.000 kIE bis unter 20.000 kIE
		8-810.6r	20.000 kIE bis unter 25.000 kIE
		8-810.6s	25.000 kIE bis unter 30.000 kIE
		8-810.6u	30.000 kIE bis unter 40.000 kIE
		8-810.6v	40.000 kIE bis unter 50.000 kIE
		8-810.6w	50.000 kIE bis unter 70.000 kIE
		8-810.6z	70.000 kIE oder mehr
ZE2024-220 [4), 22)]	Zusatzaufwand bei Behandlung mit Gabe von CAR-T-Zellen		Mehraufwand bei der Behandlung während des stationären Aufenthalts, in dem die CAR-T-Zellen appliziert werden.

Fußnoten:

*) Gilt für alle entsprechenden 5-Steller oder 6-Steller des angegebenen OPS-Kodes.

1) Weitere Untergliederungen der Entgelte sind analog der Zusatzentgelte der Anlage 5 durch Anfügen einer laufenden Nummer zu kennzeichnen.

2) Das Zulassungsrecht bleibt von der Katalogaufnahme unberührt. Die Kostenträger entscheiden im Einzelfall, ob die Kosten dieser Medikamente übernommen werden.

3) Eine zusätzliche Abrechnung ist im Zusammenhang mit einer Fallpauschale der Basis-DRG L60 oder L71 oder der DRG L90B oder L90C und dem nach Anlage 3b krankenhausindividuell zu vereinbarenden Entgelt L90A nicht möglich.

4) Nach Paragraf 5 Abs. 2 Satz 3 FPV 2024 ist für diese Zusatzentgelte das bisher krankenhausindividuell vereinbarte Entgelt der Höhe nach bis zum Beginn des Wirksamwerdens der neuen Budgetvereinbarung weiter zu erheben. Dies gilt auch, sofern eine Anpassung der entsprechenden OPS-Kodes erfolgt sein sollte.

5) Die Bewertung des Zusatzentgeltes mittels einer Differenzkostenbetrachtung hat in Abhängigkeit der abzurechnenden DRG-Fallpauschalen zu erfolgen.

6) Die jeweils zugehörigen ICD-Kodes und -Texte sind in Anlage 7 aufgeführt.

7) Bei der Behandlung von Blutern mit Blutgerinnungsfaktoren erfolgt die Abrechnung der Gabe von Prothrombinkomplex über das ZE2024-97 nach Anlage 4 bzw. 6, die gleichzeitige Abrechnung des ZE30 ist ausgeschlossen.

8) Die Bewertung des Zusatzentgeltes mittels einer Differenzkostenbetrachtung hat in Abhängigkeit der abzurechnenden DRG-Fallpauschalen und ggf.weiterer abrechenbarer Zusatzentgelte für Stent-Prothesen an der Aorta zu erfolgen.

9) Für das Jahr 2024 gilt ein Schwellenwert in der Höhe von 20.000 € für den im Rahmen der Behandlung des Patienten für Blutgerinnungsfaktoren angefallenen Betrag. Ab Überschreitung dieses Schwellenwertes ist der gesamte für die Behandlung des Patienten mit Blutgerinnungsfaktoren angefallene Betrag abzurechnen.

10) Für das Jahr 2024 gilt ein Schwellenwert in der Höhe von 2.500 € für den im Rahmen der Behandlung des Patienten für Blutgerinnungsfaktoren angefallenen Betrag. Ab Überschreitung dieses Schwellenwertes ist der gesamte für die Behandlung des Patienten mit Blutgerinnungsfaktoren angefallene Betrag abzurechnen.

Zusatzentgelte-Katalog
- Definition -

Fußnoten (Fortsetzung):

11) Für das Jahr 2024 gilt ein Schwellenwert in der Höhe von 6.000 € für die Summe der im Rahmen der Behandlung des Patienten für Blutgerinnungsfaktoren angefallenen Beträge. Ab Überschreitung dieses Schwellenwertes ist der gesamte für die Behandlung des Patienten mit Blutgerinnungsfaktoren angefallene Betrag abzurechnen.

12) Nur abrechenbar in Kombination mit einem der grau hinterlegten OPS-Kodes.

13) Bei der Vereinbarung der Entgelthöhen für die Zusatzentgelte für Granulozyten-Kolonie-stimulierende Faktoren wird in analoger Umsetzung der bisherigen Bewertung empfohlen, die Verhandlung zu den Entgelthöhen auf Basis der krankenhausindividuellen Kostensituation zu führen und bei der finalen Vereinbarung die Entgelthöhe der Zusatzentgelte für Pegfilgrastim (ZE2024-177) bzw. Lipegfilgrastim (ZE2024-178) um einen Betrag zu reduzieren, der in etwa dem dreifachen Wert der Kosten einer typischen Tagesdosis Filgrastim (ZE2024-175) bzw. Lenograstim (ZE2024-176) entspricht.

14) Nach Paragraf 5 Abs. 2 Satz 3 FPV 2024 ist für dieses Zusatzentgelt das bisher krankenhausindividuell vereinbarte Entgelt der Höhe nach bis zum Beginn des Wirksamwerdens der Budgetvereinbarung 2024 weiter zu erheben. Bei fehlender Budgetvereinbarung 2023 ist für dieses Zusatzentgelt das bewertete Zusatzentgelt ZE48 in Höhe von 70 Prozent der im DRG-Katalog 2022 bewerteten Höhe bis zum Beginn des Wirksamwerdens der Budgetvereinbarung 2023 weiter zu erheben. Dies gilt auch, sofern eine Anpassung der entsprechenden OPS-Kodes erfolgt sein sollte.

15) Nach Paragraf 5 Abs. 2 Satz 3 FPV 2024 ist für dieses Zusatzentgelt das bisherige bewertete Zusatzentgelt ZE97 aus 2023 bis zum Beginn des Wirksamwerdens der neuen Budgetvereinbarung der Höhe nach weiter zu erheben. Dies gilt auch, sofern eine Anpassung der entsprechenden OPS-Kodes erfolgt sein sollte.

16) Nach Paragraf 5 Abs. 2 Satz 3 FPV 2024 ist für dieses Zusatzentgelt das bisherige bewertete Zusatzentgelt ZE113 aus 2023 bis zum Beginn des Wirksamwerdens der neuen Budgetvereinbarung der Höhe nach weiter zu erheben. Dies gilt auch, sofern eine Anpassung der entsprechenden OPS-Kodes erfolgt sein sollte.

17) Nach Paragraf 5 Abs. 2 Satz 3 FPV 2024 ist für dieses Zusatzentgelt das bisherige bewertete Zusatzentgelt ZE117 aus 2023 bis zum Beginn des Wirksamwerdens der neuen Budgetvereinbarung der Höhe nach weiter zu erheben. Dies gilt auch, sofern eine Anpassung der entsprechenden OPS-Kodes erfolgt sein sollte.

18) Nach Paragraf 5 Abs. 2 Satz 3 FPV 2024 ist für dieses Zusatzentgelt das bisherige bewertete Zusatzentgelt ZE143 aus 2023 bis zum Beginn des Wirksamwerdens der neuen Budgetvereinbarung der Höhe nach weiter zu erheben. Dies gilt auch, sofern eine Anpassung der entsprechenden OPS-Kodes erfolgt sein sollte.

19) Nach Paragraf 5 Abs. 2 Satz 3 FPV 2024 ist für dieses Zusatzentgelt das bisherige bewertete Zusatzentgelt ZE154 aus 2023 bis zum Beginn des Wirksamwerdens der neuen Budgetvereinbarung der Höhe nach weiter zu erheben. Dies gilt auch, sofern eine Anpassung der entsprechenden OPS-Kodes erfolgt sein sollte.

20) Nach Paragraf 5 Abs. 2 Satz 3 FPV 2024 ist für dieses Zusatzentgelt das bisherige bewertete Zusatzentgelt ZE157 aus 2023 bis zum Beginn des Wirksamwerdens der neuen Budgetvereinbarung der Höhe nach weiter zu erheben. Dies gilt auch, sofern eine Anpassung der entsprechenden OPS-Kodes erfolgt sein sollte.

21) Das Zusatzentgelt kann ausschließlich bei postpartaler Blutung (ICD Kode O72.-) abgerechnet werden. Bei Vorliegen einer dauerhaften Gerinnungsstörung ist ggf. das Zusatzentgelt ZE2024-97 abzurechnen.

22) Die Bewertung des Zusatzentgeltes erfolgt mittels einer Differenzkostenbetrachtung in Abhängigkeit der abzurechnenden DRG-Fallpauschalen. Die Kosten des CAR-T-Produkts selbst sind nicht zu berücksichtigen.

Zusatzentgelte-Katalog
- Blutgerinnungsstörungen -

ICD-Kodes, die dem extrabudgetären ZE2024-97 „Behandlung von Blutern mit Blutgerinnungsfaktoren" zuzuordnen sind. 1)

ZE	Bezeichnung	ICD Version 2024	
		ICD-Kode	ICD-Text
1	2	3	4
ZE2024-97	Behandlung von Blutern mit Blutgerinnungsfaktoren	D66	Hereditärer Faktor-VIII-Mangel
		D67	Hereditärer Faktor-IX-Mangel
		D68.00	Hereditäres Willebrand-Jürgens-Syndrom
		D68.1	Hereditärer Faktor-XI-Mangel
		D68.20	Hereditärer Faktor-I-Mangel
		D68.21	Hereditärer Faktor-II-Mangel
		D68.22	Hereditärer Faktor-V-Mangel
		D68.23	Hereditärer Faktor-VII-Mangel
		D68.24	Hereditärer Faktor-X-Mangel
		D68.25	Hereditärer Faktor-XII-Mangel
		D68.26	Hereditärer Faktor-XIII-Mangel
		D68.28	Hereditärer Mangel an sonstigen Gerinnungsfaktoren
		D68.31	Hämorrhagische Diathese durch Vermehrung von Antikörpern gegen Faktor VIII
		D68.32	Hämorrhagische Diathese durch Vermehrung von Antikörpern gegen sonstige Gerinnungsfaktoren
		D69.40	Sonstige primäre Thrombozytopenie, als transfusionsrefraktär bezeichnet
		D69.41	Sonstige primäre Thrombozytopenie, nicht als transfusionsrefraktär bezeichnet
		D82.0	Wiskott-Aldrich-Syndrom
		M31.1	Thrombotische Mikroangiopathie
		P61.0	Transitorische Thrombozytopenie beim Neugeborenen

ICD-Kodes, die den intrabudgetären ZE2024-137 "Gabe von rekombinantem aktiviertem Faktor VII", ZE2024-138 " Gabe von Fibrinogenkonzentrat" oder ZE2024-139 "Gabe von Blutgerinnungsfaktoren" zuzuordnen sind. 1)

ZE	Bezeichnung	ICD Version 2024	
		ICD-Kode	ICD-Text
1	2	3	4
ZE2024-137 / ZE2024-138 / ZE2024-139	Gabe von rekombinantem aktiviertem Faktor VII / Gabe von Fibrinogenkonzentrat / Gabe von Blutgerinnungsfaktoren	D65.9	Defibrinationssyndrom, nicht näher bezeichnet
		D68.33	Hämorrhagische Diathese durch Cumarine (Vitamin-K-Antagonisten)
		D68.34	Hämorrhagische Diathese durch Heparine
		D68.35	Hämorrhagische Diathese durch sonstige Antikoagulanzien
		D68.9	Koagulopathie, nicht näher bezeichnet
		D69.0	Purpura anaphylactoides
		D69.2	Sonstige nichtthrombozytopenische Purpura
		D69.3	Idiopathische thrombozytopenische Purpura
		D69.52	Heparin-induzierte Thrombozytopenie Typ I
		D69.53	Heparin-induzierte Thrombozytopenie Typ II
		D69.57	Sonstige sekundäre Thrombozytopenien, als transfusionsrefraktär bezeichnet
		D69.58	Sonstige sekundäre Thrombozytopenien, nicht als transfusionsrefraktär bezeichnet
		D69.59	Sekundäre Thrombozytopenie, nicht näher bezeichnet
		D69.60	Thrombozytopenie, nicht näher bezeichnet, als transfusionsrefraktär bezeichnet
		D69.61	Thrombozytopenie, nicht näher bezeichnet, nicht als transfusionsrefraktär bezeichnet
		D69.80	Hämorrhagische Diathese durch Thrombozytenaggregationshemmer
		D69.9	Hämorrhagische Diathese, nicht näher bezeichnet

Zusatzentgelte-Katalog
- Blutgerinnungsstörungen -

Zu differenzierende ICD-Kodes:
Dauerhaft erworbene Blutgerinnungsstörungen (zu kennzeichnen mit dem ICD-Kode U69.11!) sind dem extrabudgetären ZE2024-97 zuzuordnen. [1)]
Temporäre Blutgerinnungsstörungen (zu kennzeichnen mit dem ICD-Kode U69.12!) sind den intrabudgetären ZE2024-137, ZE2024-138 oder ZE2024-139 zuzuordnen. [1)]

ZE	Bezeichnung	ICD Version 2024	
		ICD-Kode	ICD-Text
1	2	3	4
ZE2024-97 / ZE2024-137 / ZE2024-138 / ZE2024-139		D65.0	Erworbene Afibrinogenämie
		D65.1	Disseminierte intravasale Gerinnung [DIG, DIC]
		D65.2	Erworbene Fibrinolyseblutung
		D68.01	Erworbenes Willebrand-Jürgens-Syndrom
		D68.09	Willebrand-Jürgens-Syndrom, nicht näher bezeichnet
		D68.38	Sonstige hämorrhagische Diathese durch sonstige und nicht näher bezeichnete Antikörper
		D68.4 [2)]	Erworbener Mangel an Gerinnungsfaktoren
		D68.8	Sonstige näher bezeichnete Koagulopathien
		D69.1	Qualitative Thrombozytendefekte
		D69.88	Sonstige näher bezeichnete hämorrhagische Diathesen
		P53	Hämorrhagische Krankheit beim Fetus und Neugeborenen
		P60	Disseminierte intravasale Gerinnung beim Fetus und Neugeborenen

Fußnoten:

1) Die Abrechnung des ZE2024-97 bzw. ZE2024-137, ZE2024-138 oder ZE2024-139 ist möglich, sofern einer der ICD-Kodes aus der jeweiligen Definition der Anlage 7 und einer der OPS-Kodes aus der jeweiligen Definition der Anlage 6 vorliegt. Die ergänzende Auflistung von ICD-Kodes bei diesen Zusatzentgelten erfolgt nur aufgrund des extrabudgetären Status des ZE2024-97.

2) Blutgerinnungsstörungen, die nur durch eine Lebertransplantation heilbar wären, sind dem ZE2024-97 zuzuordnen.

Ergänzende Informationen zur Abrechnung von bewerteten Zusatzentgelten aus dem Zusatzentgelte-Katalog (Anlage 2 bzw. Anlage 5)

Tabelle 1: Liste der DRG Fallpauschalen, für die das Zusatzentgelt ZE162 abgerechnet werden darf.

801B, 802C, 863Z, A01A, A02Z, A03A, A04B, A06B, A06C, A07C, A07D, A07E, A07F, A09B, A09E, A09F, A11B, A11C, A11D, A13A, A13E, A13F, A13G, A13H, A15C, A18Z, A42C, A60B, A60C, A61B, A61C, A62Z, A66Z, A69Z, B02A, B02C, B02E, B04B, B04C, B05Z, B17A, B17D, B17E, B18C, B18D, B19A, B19B, B19C, B20A, B20B, B20C, B20D, B20E, B21A, B21B, B36B, B39A, B39B, B44B, B44C, B45Z, B63Z, B66A, B66D, B68B, B68C, B68D, B69A, B69B, B69C, B69D, B70B, B70D, B70E, B70F, B71A, B71D, B72A, B73Z, B75Z, B76D, B76E, B77Z, B78A, B78B, B80Z, B81B, B82Z, B85D, B86Z, C01B, C03A, C03B, C03C, C04A, C04B, C05Z, C06Z, C07A, C07B, C08A, C08B, C10A, C10B, C10C, C12Z, C13Z, C15Z, C16Z, C20B, C61Z, C63Z, C64Z, D01B, D02A, D04A, D04B, D05A, D05B, D06A, D06B, D06C, D08B, D12A, D12B, D16Z, D20A, D20B, D22A, D22B, D24B, D25C, D25D, D28Z, D29Z, D30A, D30B, D30C, D33Z, D35Z, D36Z, D37A, D37B, D38Z, D40Z, D60B, D61Z, D63A, D63B, D65Z, D67Z, E01B, E02C, E02D, E03Z, E06B, E06C, E06D, E07Z, E08C, E08D, E36Z, E40B, E40C, E60B, E63A, E63B, E64B, E65B, E65C, E66A, E66B, E69B, E69C, E71C, E71D, E73B, E74Z, E75A, E75B, E76C, E77D, E78Z, E79B, E79C, F01C, F01D, F01F, F02A, F03C, F03E, F05Z, F06A, F06D, F06E, F07B, F07C, F08A, F08F, F09C, F12B, F12F, F17B, F18B, F18C, F18D, F19B, F20Z, F21E, F24B, F27C, F39A, F39B, F41A, F41B, F43A, F43C, F49B, F49D, F49E, F49F, F49G, F50A, F50C, F51B, F52A, F52B, F56A, F56B, F58A, F58B, F59B, F59C, F59D, F59E, F59F, F60B, F62C, F63B, F64Z, F65B, F66B, F67C, F68A, F68B, F69B, F70A, F70B, F71B, F72B, F73B, F74Z, F75A, F75B, F75C, F95B, F98A, F98B, F98C, G01Z, G02A, G03A, G07A, G07C, G08B, G10Z, G11A, G12A, G12D, G12E, G13A, G13B, G17B, G18C, G19A, G19B, G19C, G21A, G21B, G22A, G22C, G23B, G24B, G24C, G26A, G26B, G27A, G29A, G29B, G40A, G46C, G46D, G47B, G48A, G60A, G60B, G64B, G67B, G67C, G70B, G71Z, G72A, G72B, G74Z, H05Z, H06B, H06C, H07B, H08A, H08B, H08C, H09B, H12B, H15Z, H16B, H38B, H40B, H41D, H41E, H44Z, H61B, H61C, H62C, H63A, H63B, I02A, I04Z, I05A, I05B, I06A, I06B, I08C, I08D, I08E, I08F, I08I, I09A, I09C, I09F, I09G, I09H, I09I, I10C, I10D, I10E, I10F, I10G, I10H, I11Z, I12A, I12C, I13C, I13D, I13E, I13F, I13G, I14Z, I15A, I16A, I16B, I18A, I20A, I20B, I20C, I20E, I21Z, I23B, I23C, I24A, I27B, I27C, I27D, I27E, I28B, I28D, I28E, I29B, I29C, I30A, I30B, I30C, I31B, I31C, I32B, I32C, I32E, I32F, I33Z, I36Z, I39Z, I42A, I42B, I43B, I44A, I44B, I44C, I45A, I45B, I46C, I47B, I47C, I50C, I54B, I59Z, I64C, I65C, I66F, I66G, I68A, I68C, I68D, I68E, I71B, I72Z, I74A, I74C, I74D, I75A, I75B, I76B, I77Z, I79Z, I97Z, J04Z, J07A, J07B, J09A, J10A, J10B, J11B, J11C, J11D, J12Z, J14Z, J16B, J18B, J22Z, J23Z, J24D, J25Z, J26Z, J44Z, J61A, J62B, J64C, J65A, K03B, K04Z, K06E, K07A, K07B, K09B, K09D, K14Z, K15A, K15C, K33Z, K38Z, K44Z, K60D, K60F, K62A, K62B, K62C, K64C, K77Z, L04A, L06B, L06C, L07Z, L09C, L09D, L11Z, L13A, L13B, L16A, L16B, L16C, L17A, L17B, L18B, L19Z, L20B, L20C, L36B, L40Z, L42B, L60D, L62A, L62C, L63C, L63D, L64A, L64B, L64C, L64D, L68B, L69A, L69B, L74Z, M01A, M01B, M02B, M03A, M04B, M04C, M04D, M05Z, M06Z, M07Z, M09A, M09B, M10A, M10B, M10C, M11Z, M38Z, M60B, M61Z, M62Z, N01A, N02C, N02D, N05B, N06Z, N07A, N07B, N08Z, N09B, N10Z, N11B, N13A, N13C, N15Z, N16A, N21A, N23Z, N33Z, N34Z, N60B, N61Z, N62A, O01A, O01B, O01C, O01D, O01F, O02A, O02B, O03Z, O04A, O04B, O04C, O05A, O05B, O05C, O05D, O60A, O60B, O60C, O60D, O61Z, O63Z, O65A, O65B, P02A, P02B, P02C, P03A, P03B, P04A, P04B, P05A, P05B, P05C, P06A, P06B, P06C, P60B, P60C, P61A, P61B, P61C, P61D, P61E, P62A, P62C, P62D, P63Z, P64Z, P65A, P65B, P65C, P65D, P66A, P66B, P66C, P66D, P67A, P67B, P67C, P67D, P67E, Q01Z, Q02B, Q02C, Q03A, Q60A, Q60C, Q61B, Q63B, R01A, R01C, R04B, R06Z, R07B, R11B, R12B, R13A, R13B, R14Z, R60E, R61D, R61H, R62A, R62B, R62C, R63A, R63D, R66Z, S01Z, S62Z, S63A, S65A, T01C, T01E, T36Z, T60B, T60C, T61Z, T62A, T62B, T63C, T63D, U42C, U63Z, U64Z, V60A, V60B, V61Z, V63Z, W01B, W04B, W04C, W61B, X01A, X01B, X01C, X05A, X05B, X06B, X06C, X07A, X07B, X60A, X60B, X62Z, X64Z, Y03Z, Y62Z, Z01B, Z01C, Z64A, Z64B, Z64C, Z65Z, Z66Z

Tabelle 2: Liste der DRG Fallpauschalen, für die das Zusatzentgelt ZE163 abgerechnet werden darf.

801A, 801C, 801D, 801E, 802B, 802D, A01B, A04D, A04E, A06A, A09A, A11G, A13B, A13D, A15B, A15D, A17A, A36A, A42A, A60A, A63Z, A64Z, B01A, B01B, B02B, B02D, B03Z, B04A, B12Z, B15Z, B16A, B17B, B17C, B18A, B18B, B36A, B39C, B42A, B42B, B44A, B47A, B48Z, B60A, B66C, B67B, B70A, B70C, B71B, B71C, B72B, B74Z, B76B, B76C, B79Z, B81A, B84Z, B85A, B85B, B85C, C01A, C60Z, C65Z, D02B, D08A, D09Z, D15A, D15B, D19Z, D24A, D25A, D25B, D60A, E01A, E02A, E02B, E05A, E05C, E06A, E08B, E40A, E42B, E60A, E64A, E64C, E65A, E71A, E75C, E77B, E77C, E79A, F03A, F03B, F03D, F06B, F07A, F08B, F08C, F08D, F08E, F09A, F09B, F12A, F12C, F12D, F12E, F13A, F13B, F13C, F13D, F14A, F14B, F15Z, F19A, F21A, F21C, F21D, F27A, F27B, F28A, F28B, F28C, F30Z, F36A, F36B, F36C, F42Z, F48Z, F49A, F49C, F59A, F61A, F61B, F62A, F62B, F63A, F65A, F67A, F71A, F72A, F77A, F77B, G02B, G02C, G03B, G04Z, G08A, G11B, G12B, G12C, G14Z, G15Z, G16A, G16B, G17A, G18A, G18B, G18D, G27B, G33Z, G35Z, G36A, G36B, G36C, G40B, G46A, G46B, G48B, G50Z, G52Z, G64A, G66Z, G67A, G70A, G73Z, G77A, G77B, H01B, H02A, H02B, H06A, H09A, H12A, H12C, H16A, H29Z, H36A, H36B, H40A, H41A, H41B, H41C, H60Z, H61A, H62A, H62B, H63C, H64Z, H77Z, H78Z, I01Z, I02B, I02C, I02D, I03A, I03B, I06C, I07A, I08B, I09B, I09D, I09E, I10A, I10B, I12B, I13A, I13B, I17A, I17B, I22A, I22B, I26A, I27A, I32A, I34Z, I41Z, I43A, I46B, I47A, I50A, I50B, I54A, I64B, I65A, I66B, I66E, I68B, I69A, I69B, I71A, I73Z, I74B, I87A, I95A, I95B, I98Z, J02A, J02B, J02C, J03Z, J08A, J08B, J11A, J17Z, J21Z, J24A, J35Z, J61B, J61C, J62A, J64A, J64B, J67A, J67B, J77Z, K03A, K06A, K09A, K09C, K15B, K15E, K25Z, K60C, K60E, K63B, K64A, K64D, L02A, L03Z, L08Z, L09A, L09B, L10Z, L12B, L18A, L20A, L36A, L37Z, L38Z, L44Z, L60A, L60B, L60C, L62B, L63B, L63E, L73Z, M02A, M04A, M37Z, M60A, N01B, N01D, N02A, N02B, N04Z, N05A, N14Z, N16B, N38Z, Q60B, Q61A, Q62Z, Q63A, R01B, R01D, R02Z, R03Z, R04A, R05Z, R07A, R11A, R12C, R16Z, R60A, R60B, R60C, R60D, R61A, R61B, R61C, R61F, R61G, R63C, R63E, R63F, R63G, R63H, S63B, T01A, T01B, T01D, T44Z, T60E, T63B, T64B, T64C, T77Z, U40Z, U61Z, V64Z, W02A, W02B, X06A, X33Z, Y02A, Y02B, Y02C, Y02D, Z01A

Klarstellungen der Vertragsparteien nach § 17b Absatz 2 Satz 1 KHG zur Fallpauschalenvereinbarung 2024 (FPV 2024)

1. **Fallzählung bei Fallpauschalen für teilstationäre Leistungen**
Bei der Abrechnung von tagesbezogenen teilstationären Fallpauschalen wird gemäß § 9 Absatz 1 Satz 4 für jeden Patienten, der wegen derselben Erkrankung regelmäßig oder mehrfach behandelt wird, je Quartal ein Fall gezählt. Dagegen ist zur sachgerechten Ermittlung der Summe der effektiven Bewertungsrelationen im Abschnitt E1 als Fallzahl (Anzahl der DRG) in Spalte 2 die Anzahl der einzeln berechenbaren tagesbezogenen Fallpauschalen auszuweisen. Dadurch ergeben sich bzgl. der mit teilstationären Fallpauschalen abgegoltenen Leistungen unterschiedliche Fallzahlen.

2. **Anwendung der Beurlaubungsregelung**
Die Vorgaben zur Beurlaubung finden keine Anwendung bei onkologischen Behandlungszyklen, bei denen eine medizinisch sinnvolle Vorgehensweise mit mehreren geplanten Aufenthalten zu Grunde liegt. Es handelt sich in diesen Fällen um einzelne abgeschlossene Behandlungen, die durch eine reguläre Entlassung beendet werden.

3. **Abrechnung teilstationärer Leistungen in Verbindung mit Fallzusammenführungen**
Werden zwischen zwei vollstationären Krankenhausaufenthalten, die gemäß § 2 Absatz 4 zu einem Fall zusammenzuführen sind, teilstationäre Leistungen erbracht, so ist für die Anwendung von § 6 Absatz 2 Satz 1 die mittlere Verweildauer der Fallpauschale zu Grunde zu legen, die sich aus der DRG-Fallpauschale des zusammengefassten Falls gemäß § 2 Absatz 4 ergibt.

4. **Hinweise zur Erläuterung der Regelung nach § 3 Absatz 3 Sätze 2 bis 4 FPV 2024 „Kombinierte Fallzusammenführung" (siehe Anlage 1)**

5. **Eingruppierung und Fallzählung bei tagesbezogenen Entgelten für die teilstationäre geriatrische Komplexbehandlung (A90A und A90B)**
Zur Ermittlung von tagesbezogenen Entgelten für die unbewerteten teilstationären Leistungen A90A Teilstationäre geriatrische Komplexbehandlung, umfassende Behandlung und A90B Teilstationäre geriatrische Komplexbehandlung, Basisbehandlung aus Anlage 3b sind die teilstationären Behandlungstage jeweils einzeln einzugruppieren. Werden für einen Patienten, der wegen derselben Erkrankung regelmäßig oder mehrfach behandelt wird, in einem Quartal sowohl tagesbezogene Entgelte für die A90A als auch für die A90B abgerechnet, wird insgesamt nur ein Fall im Sinne von § 9 Absatz 2 Nummer 2 Buchstabe b FPV 2024 gezählt.

6. **Abrechnung von Neugeborenen-Fallpauschalen**
Die besonderen Vorschriften zur Abrechnung von Fallpauschalen für Neugeborene nach § 1 Absatz 5 finden nur Anwendung, sofern die Geburt Bestandteil des Krankenhausaufenthalts ist. Liegt hingegen eine (Wieder-)Aufnahme oder Rückverlegung des Neugeborenen vor, sind die besonderen Vorschriften nach § 1 Absatz 5 nicht zu berücksichtigen.

7. **Fristenberechnung bei Wiederaufnahmen und Rückverlegungen**
Die jeweils nach § 2 Absatz 1 bis 3 maßgebliche Frist (obere Grenzverweildauer bzw. 30 Kalendertage) für Fallzusammenführungen bei Wiederaufnahmen beginnt mit dem Tag der Aufnahme, d. h. der Aufnahmetag wird bei der Fristberechnung mit einbezogen. Gleiches gilt für den Tag der Entlassung bei der Regelung zur Rückverlegung nach § 3 Absatz 3 Satz 1.

8. **Explizite Ein-Belegungstag-DRGs:**
Als explizite Ein-Belegungstag-DRGs im Sinne des § 6 Absatz 2 Satz 5 gelten:
A60D, B60B, B70I, E02E, E64D, F62D, F73A, G47A, I66H, I68F, J65B, J68A, J68B, K63C, L70A, L70B, L71Z, N09A, R65Z, S60Z, T60G, U60A, U60B, Y63Z.

9. **Abrechnung des Zuschlags für Begleitpersonen bei gesunder Mutter und krankheitsbedingt behandlungsbedürftigem Neugeborenen gemäß § 1 Absatz 5 Satz 9:**
Erfolgt ein Verbleib der gesunden Mutter aufgrund des krankheitsbedingt behandlungsbedürftigen Neugeborenen, so ist der gemäß § 1 Absatz 5 Satz 9 abrechenbare Zuschlag für Begleitpersonen auf der Rechnung des Neugeborenen auszuweisen. In diesem Fall ist bei Mehrlingen die Mitaufnahme eines oder mehrerer neugeborener Geschwisterkinder mit dem Zuschlag für Begleitpersonen abrechenbar und auf der Rechnung des krankheitsbedingt behandlungsbedürftigen Neugeborenen gesondert auszuweisen.

10. **Fallzusammenführung bei Aufenthalten mit nur einem Belegungstag**
Sind zwei Aufenthalte an unterschiedlichen Tagen mit einem jeweils nur eintägigen Aufenthalt (das heißt die Entlassung fällt auf den gleichen Tag wie die Aufnahme oder den Folgetag) zusammenzuführen, so ist für den zusammengeführten Aufenthalt eine Verweildauer von 2 Belegungstagen zu zählen. Abweichend hiervon ergibt sich bei der Zusammenführung von zwei Fällen, deren Aufnahmen auf den gleichen Kalendertag fallen, eine Verweildauer von einem Belegungstag.

11. **Behandlung in einer Haupt- und Belegabteilung an einem Tag**
§ 1 Absatz 4 Satz 1 Nummer 2 gilt entsprechend, wenn bei einer Gesamtbehandlungsdauer von einem Belegungstag die Behandlung sowohl in der Haupt- als auch in der Belegabteilung erfolgt.

12. **Stationäre Voruntersuchung bei möglichen Lebendspendern**
Stationär notwendige Voruntersuchungen bei möglichen Lebendspendern, die im Hinblick auf die Transplantation bei einem Transplantatempfänger durchgeführt werden, sind auch dann mit der DRG Z66Z abrechenbar, wenn es tatsächlich zu einer Lebendspende kommt. Die Vorgaben des § 2 bleiben davon unberührt.

13. **Abrechnung von gesunden Neugeborenen bei behandlungsbedürftiger Mutter**
Wird ein gesundes Neugeborenes aufgrund einer behandlungsbedürftigen Mutter in einem Krankenhaus, in dem die Geburt nicht stattgefunden hat, mit aufgenommen, so ist für das Neugeborene im aufnehmenden Krankenhaus ein eigenständiger Fall zu bilden, der über eine gesonderte Fallpauschale abzurechnen ist.

14. **Abrechnung von sonstigen Entgelten nach § 8 Absatz 5**
Die Regelungen des § 8 Absatz 5 kommen erst mit Beginn des Wirksamwerdens der neuen Budgetvereinbarung für den Vereinbarungszeitraum 2020 zur Anwendung. Bis dahin sind die Entgelte in der bisher vereinbarten Höhe weiter zu erheben.

15. **Verlegungen in bzw. aus Einrichtungen nach § 22 Absatz 1 KHG**
Einrichtungen nach § 22 Absatz 1 KHG gelten als Krankenhäuser im Sinne der Vorgaben des § 3 „Abschläge bei Verlegung".

16. **Eingruppierung und Fallzählung bei tagesbezogenen Entgelten für teilstationäre pädiatrische Diagnostik und Behandlung (MDC25)**
Zur Ermittlung von tagesbezogenen Entgelten für die unbewerteten teilstationären pädiatrischen Leistungen der MDC 25 Teilstationäre pädiatrische Diagnostik und Behandlung aus Anlage 3b sind die teilstationären Behandlungstage jeweils einzeln einzugruppieren und abzurechnen. Werden für einen Patienten, der wegen derselben Erkrankung regelmäßig oder mehrfach behandelt wird, in einem Quartal mehrere tagesbezogene teilstationäre Entgelte der MDC 25 abgerechnet, wird in diesem Quartal insgesamt nur ein Fall im Sinne von § 9 Absatz 2 Nummer 2 Buchstabe b FPV 2024 gezählt.

17. **DRG 748Z: Bestimmte Behandlung ohne Sedierung oder Anästhesie, Alter < 18 Jahre, teilstationär**
Je Quartal werden summierbare Gaben von Medikamenten oder andere nur einmal pro Aufenthalt anzugebende OPS, die ein Zusatzentgelt auslösen, ausschließlich am ersten Aufenthalt des Quartals als summierter OPS angegeben und abgerechnet. Die Aufenthalte der DRG 748Z eines Quartals werden erst nach dem letzten Aufenthalt im Quartal abgerechnet. Alle Zusatzentgelte im Rahmen der DRG 748Z werden ausschließlich mit dem ersten Aufenthalt des Quartals abgerechnet.

Hinweise zur Erläuterung der Regelung nach § 3 Abs. 3 Sätze 2 bis 4 FPV 2024 „Kombinierte Fallzusammenführungen“

Vorbemerkung:

Die in dieser Anlage zur Erläuterung der Regelung nach § 3 Abs. 3 Sätze 2 bis 4 aufgeführten Fallkonstellationen sind nicht als abschließend zu sehen.

Fallkonstellation 1: Erst Rückverlegung nach § 3 Abs. 3 Satz 1, dann Wiederaufnahme innerhalb Prüffrist

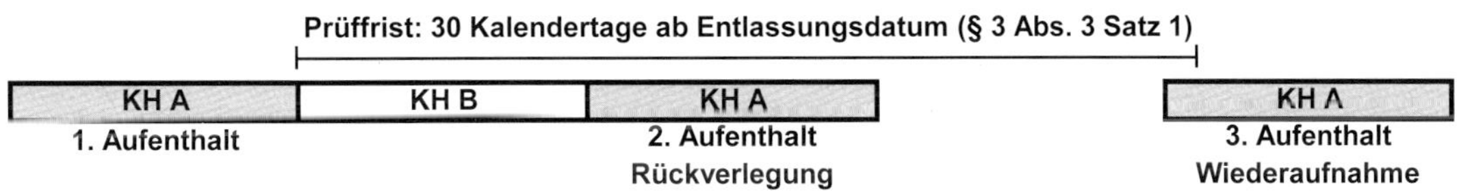

Alle drei Aufenthalte werden zusammengefasst, da sowohl eine Rückverlegung im Sinne von § 3 Abs. 3 Satz 1 (1. und 2. Aufenthalt) als auch eine Wiederaufnahme (3. Aufenthalt) innerhalb der Prüffrist der Rückverlegung („Prüffrist des ersten Falles, der die Fallzusammenführung auslöst“) vorliegt. Weitere Voraussetzung für die Einbeziehung des 3. Aufenthalts ist die Erfüllung des entsprechenden Kriteriums aus § 2 Abs. 1 (Basis-DRG), Abs. 2 (Partitionswechsel innerhalb der MDC) oder Abs. 3 (Komplikationen). Für eine Fallzusammenführung ist die DRG-Fallpauschale des 3. Aufenthalts gegenüber der DRG-Fallpauschale, die sich aus der Zusammenfassung der beiden vorherigen Aufenthalte ergibt, zu prüfen.

Fallkonstellation 2: Erst Wiederaufnahme nach § 2 Abs. 1 oder 3, dann Rückverlegung innerhalb Prüffrist

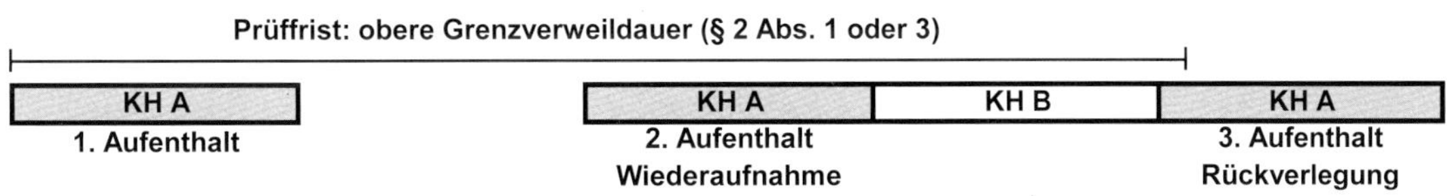

Alle drei Aufenthalte werden zusammengefasst, da sowohl eine Wiederaufnahme im Sinne von § 2 Abs. 1 oder Abs. 3 (1. und 2. Aufenthalt) als auch eine Rückverlegung (3. Aufenthalt) innerhalb der Prüffrist der Wiederaufnahme („Prüffrist des ersten Falles, der die Fallzusammenführung auslöst“) vorliegt. Die in diesem Zusammenhang maßgebliche obere Grenzverweildauer ergibt sich aus der Eingruppierung des 1. Aufenthalts in eine DRG-Fallpauschale. Bei der Ermittlung zusätzlich abrechenbarer Belegungstage nach § 1 Abs. 2 ist die obere Grenzverweildauer maßgeblich, die sich aus der Zusammenführung aller drei Aufenthalte ergibt.

Fallkonstellation 3: Erst Wiederaufnahme nach § 2 Abs. 2, dann Rückverlegung innerhalb Prüffrist

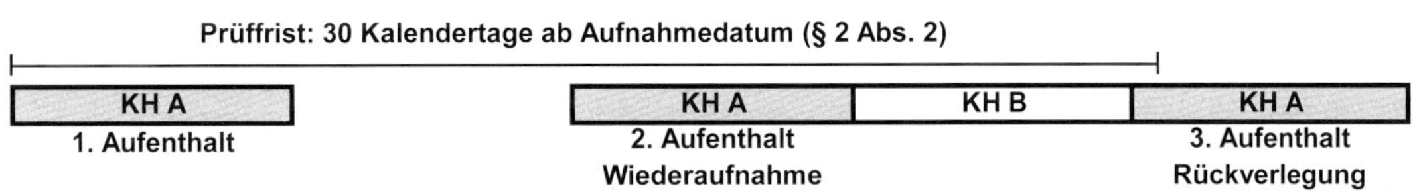

Alle drei Aufenthalte werden zusammengefasst, da sowohl eine Wiederaufnahme im Sinne von § 2 Abs. 2 (1. und 2. Aufenthalt) als auch eine Rückverlegung (3. Aufenthalt) innerhalb der Prüffrist der Wiederaufnahme („Prüffrist des ersten Falles, der die Fallzusammenführung auslöst“) vorliegt.

Fallkonstellation 4: Erst Rückverlegung nach § 3 Abs. 3 Satz 1, dann Wiederaufnahme außerhalb Prüffrist

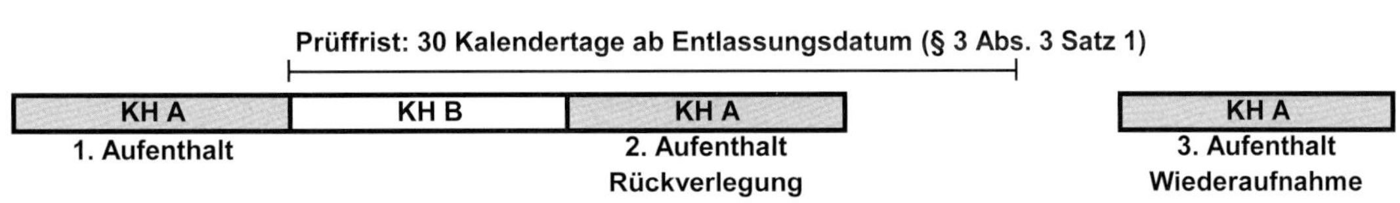

Die ersten beiden Aufenthalte werden lediglich zusammengefasst, da aufgrund der chronologischen Prüfung zunächst eine Rückverlegung im Sinne von § 3 Abs. 3 Satz 1 (1. und 2. Aufenthalt) vorliegt und die Wiederaufnahme (3. Aufenthalt) außerhalb der Prüffrist der Rückverlegung („Prüffrist des ersten Falles, der die Fallzusammenführung auslöst“) erfolgt.

Fallkonstellation 5: Erst Wiederaufnahme nach § 2 Abs. 1 oder Abs. 3, dann Rückverlegung außerhalb Prüffrist

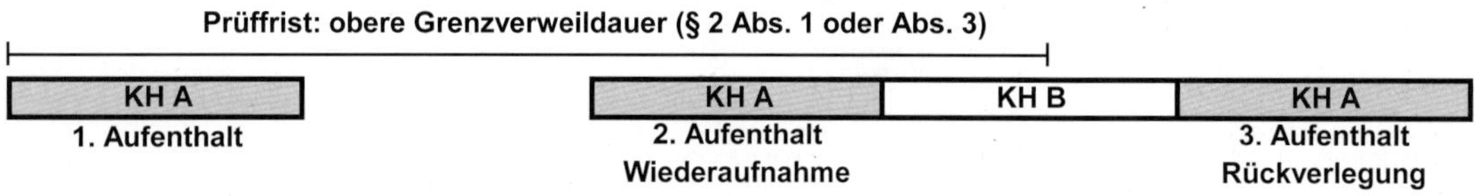

Die ersten beiden Aufenthalte werden lediglich zusammengefasst, da aufgrund der chronologischen Prüfung zunächst eine Wiederaufnahme im Sinne von § 2 Abs. 1 oder Abs. 3 (1. und 2. Aufenthalt) vorliegt und die Rückverlegung (3. Aufenthalt) außerhalb der Prüffrist der Wiederaufnahme („Prüffrist des ersten Falles, der die Fallzusammenführung auslöst") erfolgt.

Fallkonstellation 6: Erst Wiederaufnahme nach § 2 Abs. 2, dann Rückverlegung außerhalb Prüffrist

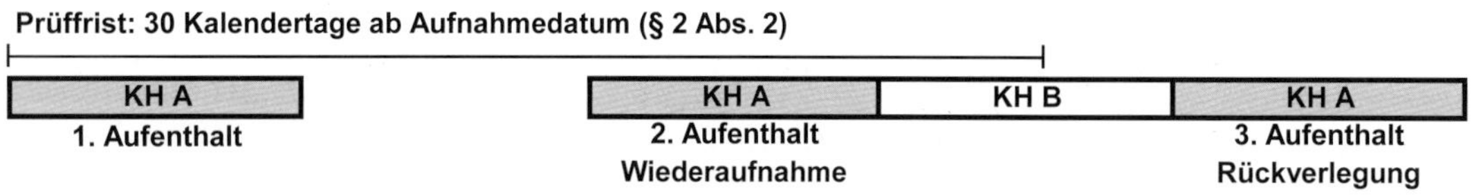

Die ersten beiden Aufenthalte werden lediglich zusammengefasst, da aufgrund der chronologischen Prüfung zunächst eine Wiederaufnahme im Sinne von § 2 Abs. 2 (1. und 2. Aufenthalt) vorliegt und die Rückverlegung (3. Aufenthalt) außerhalb der Prüffrist der Wiederaufnahme („Prüffrist des ersten Falles, der die Fallzusammenführung auslöst") erfolgt.

Fallkonstellation 7: Erst Rückverlegung nach § 3 Abs. 3 Satz 1, dann Wiederaufnahme innerhalb Prüffrist

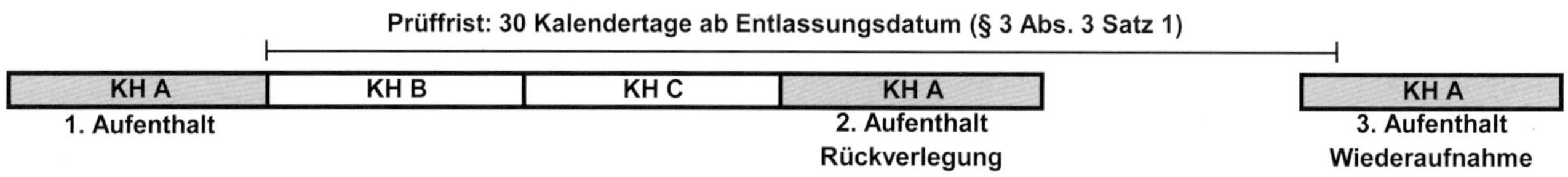

Alle drei Aufenthalte werden zusammengefasst, da sowohl eine Rückverlegung im Sinne von § 3 Abs. 3 Satz 1 (1. und 2. Aufenthalt) als auch eine Wiederaufnahme (3. Aufenthalt) innerhalb der Prüffrist der Rückverlegung („Prüffrist des ersten Falles, der die Fallzusammenführung auslöst") vorliegt. Weitere Voraussetzung für die Einbeziehung des 3. Aufenthalts ist die Erfüllung des entsprechenden Kriteriums aus § 2 Abs. 1 (Basis-DRG), Abs. 2 (Partitionswechsel innerhalb der MDC) oder Abs. 3 (Komplikationen). Für eine Fallzusammenführung ist die DRG-Fallpauschale des 3. Aufenthalts gegenüber der DRG-Fallpauschale, die sich aus der Zusammenfassung der beiden vorherigen Aufenthalte ergibt, zu prüfen.

Fallkonstellation 8: Erst Wiederaufnahme nach § 2 Abs. 1 oder 3, dann Rückverlegung innerhalb Prüffrist

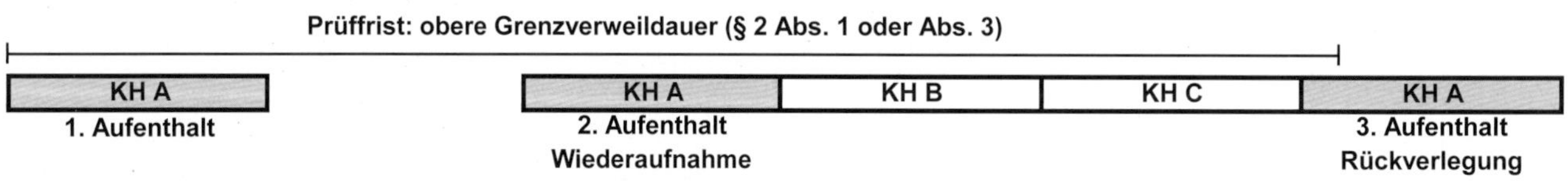

Alle drei Aufenthalte werden zusammengefasst, da sowohl eine Wiederaufnahme im Sinne von § 2 Abs. 1 oder 3 (1. und 2. Aufenthalt) als auch eine Rückverlegung (3. Aufenthalt) innerhalb der Prüffrist der Wiederaufnahme („Prüffrist des ersten Falles, der die Fallzusammenführung auslöst") vorliegt. Die in diesem Zusammenhang maßgebliche obere Grenzverweildauer ergibt sich aus der Eingruppierung des 1. Aufenthalts in eine DRG-Fallpauschale. Bei der Ermittlung zusätzlich abrechenbarer Belegungstage nach § 1 Abs. 2 ist die obere Grenzverweildauer maßgeblich, die sich aus der Zusammenführung aller drei Aufenthalte ergibt.

Fallkonstellation 9: Erst Wiederaufnahme nach § 2 Abs. 2, dann Rückverlegung innerhalb Prüffrist

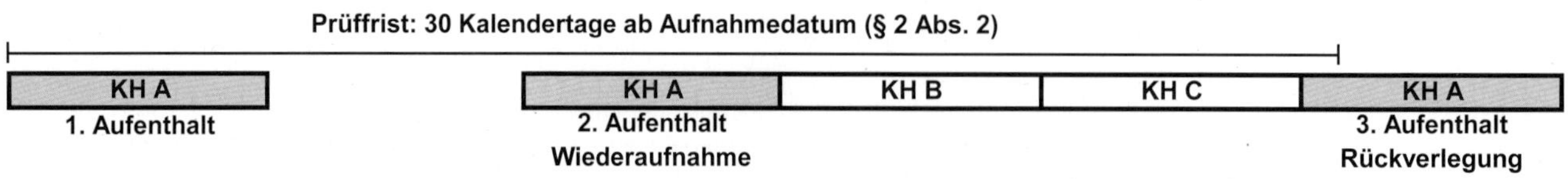

Alle drei Aufenthalte werden zusammengefasst, da sowohl eine Wiederaufnahme im Sinne von § 2 Abs. 2 (1. und 2. Aufenthalt) als auch eine Rückverlegung (3. Aufenthalt) innerhalb der Prüffrist der Wiederaufnahme („Prüffrist des ersten Falles, der die Fallzusammenführung auslöst") vorliegt.